（第二版）

世界经济学

黄梅波　主编

丛书主编
黄建忠　李坤望
尹翔硕　赵忠秀

 复旦大学 出版社

内容简介

本书第二版根据世界经济的研究对象,全面论述了世界经济的形成基础与动力、主要国家经济特征与国际经济地位、经济全球化下的国际经济关系、世界经济中的全球性问题、世界经济与全球经济治理等问题,尤其是次贷危机后的国际经济,并结合世界经济和我国经济的发展状况,概述世界经济和我国经济发展的矛盾和问题。本书吸收了编者最新研究成果,借鉴了国内外已有著作之长,内容全面,结构新颖,既适合于高等院校财经类专业师生的教学和研究,对于从事涉外经贸领域的实际工作者和开展这一领域的培训、自学和科研等广大读者,也不失为一本有益的教材和读物。

目录

导言 / 1

第一篇　世界经济的形成动力与基础

第一章　科技革命、国际分工与世界市场 / 15
第一节　科技革命 / 17
第二节　国际分工 / 26
第三节　世界市场 / 32

第二篇　主要国家和地区经济特征与国际经济地位

第二章　发达国家和地区经济及其经济模式 / 39
第一节　战后美国经济及其经济模式 / 41
第二节　战后西欧经济及其经济模式 / 49
第三节　战后日本经济及其经济模式 / 57

第三章　发展中国家和地区经济发展模式 / 67
第一节　东亚经济及其赶超型经济发展模式 / 69
第二节　拉美经济发展模式 / 78
第三节　俄罗斯、东欧经济及其经济体制改革 / 83
第四节　非洲经济发展模式 / 91
第五节　石油输出国经济发展模式 / 94

第四章　发达国家与发展中国家的国际经济地位 / 97
第一节　发达国家的国际经济地位 / 99
第二节　发展中国家的国际经济地位 / 108

第五章　世界经济格局 / 121
第一节　世界政治格局的演变 / 123
第二节　世界经济格局的演变 / 127
第三节　南北关系、南南关系与国际经济新秩序 / 134

第三篇　经济全球化下的国际经济关系

第六章　经济全球化 / 141
第一节　经济全球化概述 / 143
第二节　经济全球化历史进程 / 153
第三节　经济全球化的利弊 / 158
第四节　反全球化 / 161

第七章　贸易全球化 / 165
第一节　贸易自由化 / 167
第二节　贸易全球化的特征 / 173
第三节　贸易全球化与世界经济发展 / 182

第八章　金融全球化 / 191
第一节　金融自由化 / 193
第二节　金融全球化的特征 / 198
第三节　金融全球化与世界经济发展 / 204
第四节　金融危机与金融监管 / 208

第九章　生产全球化 / 215
第一节　生产要素全球化 / 217
第二节　跨国公司 / 227

第四篇　世界经济中的全球性问题

第十章　世界经济的周期与波动 / 239
第一节　经济周期及世界经济周期 / 241
第二节　二战后至20世纪90年代的世界经济危机及其特点 / 246
第三节　20世纪90年代的新经济与经济周期 / 254
第四节　世界经济的长周期 / 258

第十一章　经济增长中的人口、贫困、环境、能源问题 / 263
第一节　世界经济增长与人口问题 / 265

第二节　世界经济增长与消除贫困 / 271
　　第三节　世界经济增长与环境代价 / 276
　　第四节　世界经济增长与能源危机 / 281

第十二章　世界经济的可持续发展 / 289
　　第一节　可持续发展思想的由来 / 291
　　第二节　可持续发展及其评价指标体系 / 296
　　第三节　可持续发展面临的问题 / 299

第五篇　世界经济与全球经济治理

第十三章　国际经济协调 / 307
　　第一节　国际经济协调的形成与发展 / 309
　　第二节　国际经济协调的内容 / 318
　　第三节　国际经济协调的效应分析 / 327

第十四章　区域经济一体化与世界经济一体化 / 333
　　第一节　区域经济一体化：内涵、类型与经济学分析 / 335
　　第二节　区域经济一体化理论与实践 / 343
　　第三节　世界经济一体化 / 359

参考文献 / 365

第一版后记 / 370

第二版后记 / 371

图表索引

表1-1 三次科技革命的比较 / 23
表1-2 部分发展中国家出口初级产品的单一程度(1950~1976年) / 29
表1-3 美日欧在全球高技术制成品市场上所占的份额 / 31
表2-1 美国主要经济指标(1991~2001年) / 43
表2-2 西欧主要国家经济指标(1950~1973年) / 50
表2-3 西欧主要国家经济指标(1974~1991年) / 51
图2-1 二战后美国经济发展各阶段主要经济指标(1950~2000年) / 41
图2-2 美国主要经济指标(2001~2009年) / 44
图2-3 欧元区主要经济指标(2000~2009年) / 52
图2-4 二战后日本经济发展各阶段主要经济指标(1950~2003年) / 57
图2-5 日本主要经济指标(2000~2009年) / 59
表3-1 拉美主要国家的偿债率和负债率(1974~1983年) / 81
表3-2 叶利钦时期的主要经济指标(1992~1999年) / 87
图3-1 东亚GDP占世界GDP的比重(1970~2009年) / 69
图3-2 新加坡的经济发展阶段 / 70
图3-3 香港的经济发展阶段 / 72
图3-4 亚洲"四小虎"的经济增长率(1980~1990年) / 73
图3-5 东亚8个国家和地区进出口总额占世界进出口贸易的比例(1960~2005年) / 74
图3-6 世界部分国家和地区外国直接投资在国内(地区内)固定资本形成中所占比重(1970~2000年) / 74
图3-7 东亚部分国家和地区的储蓄占国民生产总值的比重(1970~2000年) / 76
图3-8 东亚部分国家和地区的投资占国民生产总值的比重(1970~2000年) / 76
图3-9 拉美主要国家的贸易余额(1950~1980年) / 80
图3-10 拉美主要国家的经济增长率(1980~1989年) / 82
图3-11 俄罗斯的主要经济指标(2000~2009年) / 88
图3-12 东欧国家实际GDP增长率(2000~2008年) / 90
表4-1 美国三大产业占国民经济的比重(1974~2008年) / 100
表4-2 主要发达国家新开一家商业机构所需要的时间(2004年) / 100
表4-3 市场汇率计GDP前十位的国家(2008年) / 101
表4-4 发达国家GDP、货物与服务贸易、人口占世界的比例(2008年) / 101

表 4-5　发达国家 FDI 在世界中的份额(2008 年) / 102
表 4-6　发达国家的国际储备在世界中的比重(2008 年) / 102
表 4-7　发达国家与发展中国家信息技术部分情况对比(2008 年) / 102
表 4-8　发达国家和发展中国家实际 GDP 增长率(1970~2008 年) / 103
表 4-9　七国集团 GDP 及其在世界 GDP 中的份额(1995~2007 年) / 105
表 4-10　七国集团在世界进出口贸易总额中的比重(1950~2008 年) / 105
表 4-11　五国货币及欧元在世界外汇储备中所占的比重(1978~2008 年) / 106
表 4-12　七国储备在国际储备中所占的比重(1950~2008 年) / 106
表 4-13　七国集团在世界黄金储备中的比重(1950~2008 年) / 107
表 4-14　七国集团对外直接投资在世界中的份额(1970~2008 年) / 107
表 4-15　发达国家与发展中国家的经济结构对比(1970~2008 年) / 109
表 4-16　发展中国家进出口贸易占世界进出口贸易总额的份额(1960~2008 年) / 110
表 4-17　发达国家与发展中国家的人均 GDP 对比(1990~2008 年) / 112
表 4-18　BRICs 各国实际 GDP 增长率(1970~2007 年) / 113
表 4-19　BRICs 的 GDP、进出口总额、人口在世界和发展中国家的比重(2007 年) / 113
表 4-20　BRICs 当期和累计流入 FDI、国际储备在世界和发展中国家的比重(2008 年) / 114
表 4-21　BRICs 各国超过 G6 各国经济总量的预测时间 / 114
表 4-22　BRICs 实际 GDP 增长率(预测) / 115
表 4-23　先进经济体细分类别 / 117
表 4-24　综合国力指标构架 / 118
表 5-1　世界政治格局、经济格局和科技革命对照表 / 134
表 6-1　世界货物和服务出口的增长率(1990~2008 年) / 145
表 6-2　不同收入水平国家货物和服务贸易占国内生产总值的比重(1990~2008 年) / 145
表 6-3　全球外国直接投资和国际生产的若干指标(1982~2008 年) / 148
表 6-4　早期全球化大事纪要 / 156
表 7-1　GATT 的八轮多边贸易谈判 / 170
表 7-2　WTO 的主要协议 / 171
表 7-3　部分国家和地区商品与服务进出口占 GDP 的比重(1980~2008 年) / 176
表 7-4　世界商品贸易排名前十位的国家(2008 年) / 179
表 7-5　世界服务贸易排名前十位的国家(2008 年) / 179
表 7-6　各类货物在出口中所占比重的变化(1980~2008 年) / 180
表 7-7　不同收入国家的商品出口结构(1990,2004 年) / 187
表 7-8　部分发展中国家的商品出口结构(1990,2004 年) / 188
图 7-1　世界商品进出口的增长(1948~2008 年) / 173
图 7-2　世界商品与服务及世界 GDP 的增长率(1971~2008 年) / 174
图 7-3　关贸总协定与世贸组织成员数(1948~2005 年) / 174
图 7-4　世界贸易组织成员商品进出口占世界商品进出口的比重(1999~2008 年) / 175

图7-5　世界对外贸易依存度(1970~2008年) / 176
图7-6　不同地区所占全球商品贸易份额(1999~2008年) / 178
图7-7　服务贸易在世界贸易中的比例(2008年) / 181
图7-8　战后世界商品出口与世界GDP增长(1950~2008年) / 184
图7-9　贸易自由化与经济增长的关系(1960~1990s) / 185
图7-10　战后不同类型国家的贸易条件(1952~2005年) / 186
图7-11　韩国、印度、巴基斯坦与巴西的贸易条件(1971~2003年) / 187
表8-1　主要国家与地区的资本流动(2008年) / 199
表8-2　美日欧资本市场规模对比(2008年) / 200
表8-3　金融衍生产品的分类 / 201
表8-4　按借款人国籍分类的国际银团信贷(2005~2009年) / 202
图8-1　全球场外交易衍生工具市场未清偿合约的名义数额(1998~2009年) / 201
图8-2　国际债券的发行方(2000~2009年) / 203
图8-3　全球主要地区股票交易总量(2000~2009年) / 203
表9-1　美国官方关于合法移民的记录(1820~2000年) / 222
表9-2　全球最大的100家跨国公司资产和销售额情况(2006~2008年) / 229
表9-3　全球跨国并购金额及年增长率(1990~2008年) / 231
表9-4　跨国并购：出售与收购的地区分布表(2000~2008年) / 232
表10-1　发展中国家和地区与七国产出的相关性(1971~2000年) / 244
表10-2　七国产出缺口的相关性 / 245
表10-3　发展中国家与七国产出共同变化的决定因素 / 245
表10-4　战后历次世界资本主义经济危机简况(二战后至20世纪90年代) / 247
表10-5　战后历次世界经济危机——美国和日本经济状况(1957~1993年) / 250
表10-6　战后历次世界经济危机——德国和英国经济状况(1957~1993年) / 251
图10-1　美国经济增长率、通货膨胀率和失业率(1992~2000年) / 256
表11-1　世界人口及年均增长率(1990~2020年) / 265
表11-2　世界人口与经济发展状况(1990~2008年) / 267
表11-3　世界各地区年龄中位数情况分析(1950,2000年) / 268
表11-4　世界人口城市化进度表(1990~2004年) / 270
表11-5　部分国家基尼系数对照表 / 273
表11-6　国际主要原油价格(2007~2009年) / 283
表11-7　世界主要能源大国能源需求情况(2000~2007年) / 284
图11-1　1990年以来发展中国家的城市人口增长迅速 / 269
图11-2　日均消费低于1美元的人口比例(1981~2001年) / 272
图11-3　撒哈拉以南非洲及南亚辍学儿童数量(2003年) / 274
图11-4　世界各地区儿童平均入学年数(1990~2001年) / 274
图11-5　世界前十位国家二氧化碳排放量(2006年) / 280
图11-6　二战后世界石油价格走势(1947~2009年) / 282
图11-7　可再生能源的使用率不断增加,但比重仍很小 / 286

表13-1　五次洛美协定(Lome convention) / 329
表14-1　世界主要区域经济一体化组织 / 341
表14-2　欧洲经济一体化进程大事年表(1950～2009年) / 347
表14-3　欧洲共同体成员国相互贸易的增长(1960～1986年) / 349
表14-4　1992年统一大市场对欧洲共同体经济福利影响的估计 / 351
表14-5　北美自由贸易区进程大事年表(1965～1994年) / 352
表14-6　亚太经济合作组织进程大事年表(1966～2009年) / 354
图14-1　欧盟商品贸易出口额(1991～2008年) / 350
图14-2　欧盟商品贸易进口额(1991～2008年) / 350
图14-3　NAFTA商品贸易出口额(1991～2008年) / 353
图14-4　NAFTA商品贸易进口额(1991～2008年) / 353
图14-5　APEC商品贸易出口额(1991～2003年) / 357
图14-6　APEC商品贸易进口额(1991～2003年) / 357

导言

作为世界经济学研究的起点,本导论主要介绍世界经济学科建设的历程,明确世界经济学的研究对象和研究范围,探讨世界经济学的理论体系和世界经济学的学科性质——世界经济与其他学科的区别和联系,最后介绍本书篇章的安排。

序

一、世界经济学学科建设的历程

世界经济学的研究最早起源于马克思在其政治经济学研究中对世界经济问题的相关论述，以及马克思政治经济学研究和写作的"六册计划"。其后，其他一些马克思主义者如列宁、布哈林等在研究资本主义的新发展时，也对当时的世界经济问题进行了研究。20世纪初，西方国家的一些学者开始将世界经济作为独立的研究对象进行研究。但是，作为一门独立的经济学科，世界经济学主要是在我国形成、发展并逐步完善的。

（一）马克思主义者对世界经济的研究

马克思主义经典作家并没有建立独立的世界经济学学科，但在他们的著述中已经有大量的关于世界经济问题的思想和观点。19世纪中叶，马克思研究资本主义经济问题，撰写《资本论》时，正是以英国为代表的资本主义国家进行或完成工业革命，工业生产蓬勃发展的时期。在机器大工业的推动下，世界商品贸易迅速发展，世界市场开始形成。当时，马克思就对国际分工、世界市场、世界货币、国际价值规律、世界经济危机等范畴进行了深刻论述。而且，马克思在《资本论》开始写作之前，阐述其政治经济学理论的研究和写作的"六册计划"时就已把世界经济的研究纳入他对政治经济学研究的总体框架之内。马克思说："我考察资产阶级经济制度是按照以下的次序：资本、土地所有制、雇佣劳动；国家、对外贸易、世界市场。"[①]在马克思写作的"六册计划"中，前三册以资本主义社会的生产方式为研究对象，而后三册则突破国家界限来考察各国在世界市场上所形成的经济关系。

马克思1867年出版的《资本论》第一卷以及后来由恩格斯整理出版的《资本论》第二、三卷，从总体上看只是"六册计划"中的第一册第一篇《资本一般》三章的内容，但是，在《资本论》中，马克思也或多或少地涉及和论述了"六册计划"中其他各册的内容，始终把国际经济关系和世界市场经济理论作为其政治经济学理论体系的一个重要组成部分，并把它作为《资本论》的一个"可能的续篇"。他认为"世界市场既是资本主义生产的前提，又是它的结果"。"资本主义生产方式只有在世界市场上才能得到最充分的发展。"遗憾的是，马克思本人来不及完成其宏伟的政治经济学研究与写作计划，无法亲自建立其所设想的世界市场经济理论体系。

世界经济的概念是在19世纪末20世纪初出现的，当时正值资本主义从自由竞争转变到垄断阶段，金融资本以其巨大力量统治了整个世界。当时的马克思主义者在研究当时资本主义的新发展时，也对世界经济进行了研究。列宁指出："交换的发展，大生产的发展，这是几百年来全世界范围内的基本趋势。当交换和大生产发展到一定阶段，大约在19世纪和20世纪之交，交换就造成了经济关系的国际化和资本的国际化，大生产已经达到了十分庞大的规模，自由竞争开始由垄断取而代之。"[②]列宁关于帝国主义的理论，对垄断资本主义，即帝国主义进行了全面、深刻的研究和论述。其研究的如垄断及在此基础上资本输出的发展、资本家同盟分割世界、列强瓜分世界领土以及资本主义发展不平衡等问题，实际上就是当时世界经济理论的核心问题。列宁对社会主义国家与资本主义国家政治经济关系、对国家之间政治经济发展的不平衡规律也作了论述。布哈林在他所著《世界经济和帝国主义》一书中，对世界经济研究的对象作了规定，把世界经济作为一个独立的范畴进行了论述。

---

① 《马克思恩格斯全集（第29卷）》，人民出版社1975年版，第553~554页。
② 《列宁全集（第22卷）》，人民出版社1958年版，第94~95页。

随着资本主义从自由竞争转变到垄断阶段,世界经济作为在国民经济的基础之上产生同时又超越国民经济的更高层次的经济体系的存在,以及其对各个国家乃至整个世界的作用和影响,越来越不容忽视。于是把世界经济作为独立的、特定的研究对象,并与经济学其他各分支学科区分开来成为独立的新学科就成为客观需要。第二次世界大战后,前苏联、东欧国家的学者主张建立世界经济学,并对世界经济问题进行了多方面的研究。如前苏联著名学者E·C·瓦尔加就是当时世界经济研究的一位杰出的代表。他关于资本主义经济及其周期和危机问题的研究,在当时颇受重视。匈牙利学者约·努伊拉斯等人在《世界经济现行结构变化的理论问题》、《世界经济及其主要发展变化》等著作中,论述了世界经济的研究对象、世界经济的发展规律等重要问题。20世纪70年代以来,匈牙利的Y·热拉斯基等学者在世界经济学的研究对象和世界经济的发展规律方面也进行了大量的研究工作。同时期,原民主德国经济学家库钦斯基出版《世界经济史研究》,把世界经济作为一个客观存在的体系,进行了历史的论述①。

(二)西方学者对世界经济学的研究

20世纪初,西方国家的一些学者也将世界经济作为独立的研究对象进行研究,并进行了创建世界经济学的工作。1912年,德国经济学家B·哈尔姆斯(Berhard Harms)的著作《国民经济与世界经济——世界经济学原理》对世界经济学的建立进行了先导性的工作。该书提出建立世界经济学,并把世界经济界定为:由于高度发展的交通体系,由国际条约所规定、所促进的地球上的个别经济间的关系以及这种关系的相互作用的全体。

其后,由于第一次世界大战和20世纪30年代大危机对世界资本主义经济的大破坏,国际贸易的大幅度缩减,金本位制度的崩溃,不同货币集团的建立,使西方经济学界更着重于国际贸易和国际金融的研究,并建立了以这两个领域为主体的国际经济学。这一时期,世界经济学的进展虽然不大,但也并未完全中断。1933年,日本经济学家作田庄一出版了《世界经济学》,这是第一本直接以世界经济学命名的著作。1947年,美国经济学家派特逊出版了《世界经济概论》,这是西方学者论述世界经济的著作中比较有代表性的一本。

第二次世界大战后,世界经济这一概念,无论在东方或是西方,也无论是在学者的著述中或是在报刊的评论和报道中都更加频繁地出现,但是,把世界经济作为独立学科进行系统研究的仍不多见。人们多把世界经济简单地看作是国民经济的对外延伸,是国民经济在地域上的扩大,因此,人们的着眼点仍然是国民经济以及各国国民经济通过贸易、金融、投资等渠道进行的联系。在西方国家的学科分类中,也只有国际经济学,没有世界经济学。

(三)我国对世界经济的研究及对世界经济学科的创建

世界经济学作为一门独立的经济学科,主要是在我国形成、发展并逐步完善的②。

我国对世界经济问题的研究开始于1949年新中国成立后,20世纪50年代有关学者在马克思主义政治经济学的指导下对一些重要国家的经济和一些重要的世界经济问题进行了专题性研究,但没有提出建立世界经济学这一学科。陶大镛先生当时就发表文章③对世界经济的研究对象、范围、方法以及世界经济的本质、发展规律和动向等问题进行了探讨,提出了建立独立的世界经济学的任务。60年代初,学术界开始提出建设世界经济学科的问题,并就世界经济学

---

① 李琮:《世界经济学新编》,经济科学出版社2000年版,第3~4页。
② 庄宗明:《世界经济学》,科学出版社2003年版,第6页。
③ 如陶大镛:"世界经济讲话",载《陶大镛文集》,北京师范大学出版社1998年版,第173页。

的研究对象、范围及其具体内容、研究方法等问题展开了讨论,提出了很多有益的看法。令人遗憾的是,这一良好的发展势头在"文化大革命"中中断了。

直到70年代末80年代初,当时中国社会科学院世界经济与政治研究所所长钱俊瑞,正式提出了建立马克思主义世界经济学的倡议,引起了我国学者的广泛讨论。这次大讨论涉及世界经济学的研究对象、范围、理论体系、与其他有关学科的关联和分野以及世界经济的矛盾、规律等一系列问题。1979年,在全国世界经济学科规划会议上,提出了要积极"创建和发展世界经济学"这门学科;1980年,成立了全国性的学术团体——中国世界经济学会,汇集了全国研究世界经济问题的骨干力量,并编写了《世界经济概论》作为大学教材。

在有关建立世界经济学的大讨论和对世界经济问题广泛研究的基础上,20世纪80年代下半期,一些学者编著的有关世界经济学的著作相继问世,推动了学科建设的步伐,促进了世界经济学研究水平的提高[1]。但这些著作的研究对象、范围、理论体系都各不相同。我国世界经济学科的建立,仍处在草创阶段[2]。

(四) 20世纪90年代中后期到21世纪初的世界经济研究

20世纪90年代以来,世界经济处于一种大转变、大发展的时期:前苏联解体,东欧剧变,冷战结束,世界形势和格局发生重大变化;高科技迅猛发展,经济信息化、自由化、市场化、全球化、区域化趋势不断加强;西方发达国家开始从工业经济向知识经济转变;国家对经济的宏观调节,从指导思想到方针政策,都在重新调整;世界经济政治发展不平衡加剧,斗争激化,经济因素在国际关系中的地位更加突出;世界经济的发展很不稳定,金融风暴此起彼伏。

面对世界经济的新发展、新变化、新问题,我国从事世界经济教学与研究的各主要高校和研究机构,如中国社会科学院世界经济与政治研究所、南开大学、复旦大学、辽宁大学、上海社会科学院世界经济研究所、吉林大学、厦门大学、中共中央党校等都加强了对世界经济的理论研究和应用研究,在研究的同时,配合教学的需要都各自编著和出版了以《世界经济》、《世界经济概论》、《世界经济学》、《世界经济新论》、《世界经济学新编》为题的世界经济的专著和教材,不下二三十部,对世界经济学学科性质的认识、研究对象和内容的设定、研究方法的运用等方面都有了进一步的深化,对人们关注的世界经济专题和重要国别及地区经济问题进行了深入的研究。但是总的说来,这些书缺乏明确的对象、确定的范围和完整的理论体系,还不能说是严格意义上的世界经济学专著[3]。一个能为大家普遍接受的稳定完善的世界经济学科体系,至今尚未形成。

二、世界经济学的研究对象

世界经济学,是一门重要的独立学科。任何一门独立的学科,都应有其特定的研究对象。

世界经济学的研究对象无疑是世界经济。世界经济就是指各国国民经济相互依存、相互联系而构成的有机整体,是超越民族、国家界限之上的一种经济体系。在界定世界经济的概念时应注意把握以下两点。

---

[1] 如钱俊瑞的《世界经济概论》(1983年),陶季侃主编的《世界经济概论》(1984年),郭吴新主编的《世界经济》(1989年),仇启华主编的《世界经济学》(1989年),褚葆一、张幼文主编的《世界经济学原理》(1989年),韩世隆的《世界经济简明教程》(1988年,1990年)。
[2] 李琮:《世界经济学新编》,经济科学出版社2000年版,第5页。
[3] 同上书,第6页。

（一）世界经济是超越国民经济的一个全球规模的经济体系，而不是各国国民经济的简单加总

世界经济是一个世界规模的经济体系，或者说是一个世界规模的经济有机整体，是由无数个国民经济相互依存、相互联系形成的超国民经济实体，而不是各个国家国民经济的简单加总求和。

1. 世界经济是在国民经济的基础上产生的，但它不是各国国民经济机械的总和

布哈林在说明世界经济的含义时就曾强调指出，世界经济绝不是各国国民经济的算术总和①。德国著名经济学家库钦斯基在《世界经济史研究》中也强调，世界经济不等于各个国家经济的总和。

中国的学者也强调，世界经济不是各国国民经济简单的总和，它的规律也不是各国经济运动规律的简单延伸。李琮认为，世界经济离不开各国国民经济，它是在各国国民经济基础上存在和发展的一个更高层次的世界有机整体。同时，其存在和发展对各国国民经济又有重大的影响，为国别问题的研究提供多方面的视角和广阔的视野，从而有助于加深对国别经济的研究和了解。张伯里认为，单独地对各国国民经济的研究是国别经济学的任务。世界经济学所研究的国民经济，是作为世界经济有机组成部分的国民经济，而不是各国国民经济自身。世界经济着眼于各种国民经济的特性及其在世界经济中的地位和作用，而这只需要对各国国民经济按照其生产力发展水平、经济体制和经济运行状况及占统治地位的生产关系性质进行分类研究②。

2. 世界经济是超越国民经济的一个全球规模的经济体系

前苏联经济学家Β·Β·苏辛科等编写的《世界经济》一书认为，世界经济是"处于复杂的相互作用和相互依存之中的各国经济的总和"③。美国经济学家瓦西里·里昂耶夫在其《世界经济的结构》一文中写道，世界经济可以看作是由许多相互依赖的过程所构成的一个体系。日本的大崎平八郎、久保田顺在1970年出版的《世界经济论》中指出，所谓世界经济，是世界各主要国民经济通过世界规模的紧密的相互联系、相互依存、竞争、对抗关系而形成的经济结合体。

中国学者韩世隆认为，世界经济是一个世界规模的经济体系，是在国际分工与世界市场基础上世界范围内的生产力、生产关系同与其相适应的交换关系的体系④。宋则行、樊亢指出，"世界经济是指人类社会生产发展到一定历史阶段而形成的客观经济实体。它建立在资本主义生产方式和世界市场形成的基础上，是世界各国通过世界市场而形成的相互联系、相互依赖、共同运动的有机整体"⑤；陶季侃、姜春明⑥认为，"世界经济是世界各国的经济相互联系和相互依存而构成的世界范围的经济整体。它是在国际分工和世界市场的基础上，把世界范围内的各国经济通过商品流通、劳务交换、资本流动、外汇交易、国际经济一体化等多种形式和渠道，把各国的生产、生活和其他经济方面有机地联系在一起"⑦。池元吉认为，"世界经济是世界各国和各地区在国际分工、世界市场的基础上，通过商品和各种生产要素的国际流动而相互联结、相互依

---

① 布哈林：《世界经济和帝国主义》中译本，中国社会科学出版社1983年版，第33页。
② 张伯里：《世界经济学》，中共中央党校出版社2004年版，第6页。
③ Β·Β·苏辛科等：《世界经济》中译本，对外贸易出版社1982年版，第6页。
④ 韩世隆：《世界经济简明教程》，四川大学出版社1988年版，第6页。
⑤ 宋则行、樊亢：《世界经济史》（上卷），经济科学出版社1998年版，第1页。
⑥ 陶季侃、姜春明：《世界经济概论》，天津人民出版社2003年版。
⑦ 世界经济百科全书编委会：《世界经济百科全书》，中国大百科全书出版社1987年版。

赖和相互渗透的有机整体,是超越于民族国家界限的全球经济体系"①。

(二)世界经济学的研究对象是世界范围内的生产力和生产关系,研究生产要素在世界范围内的优化配置过程及其规律(而不局限为世界生产关系)

传统观点认为,世界经济学的研究对象是国际生产关系。因为,马克思在研究政治经济学时,界定政治经济学的研究对象是生产关系,研究人与人之间的关系。按照马克思的这一界定,作为再生产过程超越国界、在世界范围内展开的世界经济学,其研究对象也应当是政治经济学研究对象在世界范围的延伸,即国际生产关系。关于这一问题,马克思主义学者曾经做过很多研究。布哈林就曾经指出,"世界经济是全世界范围的生产关系和与之相适应的交换关系的体系。……生产者之间建立的联系,不管是什么形式,不管是直接还是间接的联系,只要这种联系已经建立起来,而且具有巩固的性质,我们就可以说它是一个生产关系的体系,也可以说是一种社会经济的成长(或形成)。……世界经济是一般社会经济的种类之一。"②

中国的许多学者也认为,世界经济的研究对象是世界范围内的生产关系或国际生产关系。如钱俊瑞强调"马克思主义世界经济学……特别要研究世界经济的整体,要研究不同时期不同形态的国际生产关系"③。陶大镛认为,世界经济"是一种更高形态的国际经济关系,是在各国国民经济及其组成部分的基础上结合起来的一种全球规模的经济体系",世界经济学要研究的,就是这种"更高形态的国际经济关系"和"全球规模的经济体系"④。李琮也主张,"经济学研究的对象是生产关系,世界经济学研究对象的重点也应是世界范围的生产关系或国际生产关系"⑤。

但是,随着经济的发展,也有不少学者认为,将世界经济学的研究对象局限于国际生产关系是值得商榷的。因为,马克思政治经济学研究的主要目的是从制度层面上来研究人类社会的兴衰更替,而并非研究经济发展的规律。我们研究世界经济学,并非是研究某一种制度必然灭亡,必然要取代另一种制度,而是要研究世界范围内的生产、交换、分配、消费是怎样运行的,世界范围内的经济是按照什么样的规律发展的,换句话说,就是要研究世界经济增长过程中各种生产要素在世界范围内如何更有效地配置。因此,世界经济学的研究对象应该为世界范围内的生产力和生产关系,即世界科学技术的发展及其由此引起的生产力的变化,国际生产、交换、分配等经济关系的变化及其运作规律,研究生产要素如何在世界范围内的优化配置及其规律⑥。

综上所述,关于世界经济的概念,我们可以这样理解,世界经济不是各国国民经济的简单总和,是各国国民经济相互依存、相互联系而形成的经济有机整体;其研究对象是世界范围内的生产力和生产关系,以及生产要素在世界范围内的优化配置过程及其规律。

三、世界经济学的理论体系

改革开放以来,我国以《世界经济概论》、《世界经济》、《世界经济学》为题,或与此内容相近的著作有数十部。但是在世界经济的教学和研究中,大多数学者感到,大部分的世界经济著作,

---

① 池元吉:《世界经济概论》,高等教育出版社2003年版,导论,第1页。
② 布哈林:《世界经济和帝国主义》中译本,中国社会科学出版社1983年版,第33页。
③ 世界经济百科全书编委会:《世界经济百科全书》,中国大百科全书出版社1987年版。
④ 《陶大镛文集·世界经济卷》,北京师范大学出版社1998年版,第80页。
⑤ 李琮:"关于世界经济学研究对象的一些意见",《世界经济》2000年第3期。
⑥ 唐任伍:《世界经济大趋势研究》,北京师范大学出版社2001年版,导言,第1页。

只是板块式的组合①(唐任伍),缺乏一个独立的、统一的理论体系②。但无论如何,这并不能抹杀这些著作在探索形成世界经济独特的、完整的理论体系方面所做出的不懈的努力,从某种意义上说,这些探索已经从多方面推动了世界经济的学科建设。

(一) 20 世纪 80 年代,世界经济学者普遍认为,世界经济是研究国际生产关系的学科

20 世纪 80 年代,对于世界经济学的理论体系,在我国学术界占主导地位的看法是,世界经济学是以马克思主义政治经济学理论为基础的,是政治经济学在世界经济领域的应用和延伸。这主要以钱俊瑞、韩世隆、李琮等学者为代表。他们认为世界经济学即马克思主义世界经济学,是政治经济学的一个分支。世界经济应以国际生产关系为研究对象,即把世界经济作为一个整体,通过对世界经济现状、矛盾的分析揭示其变化和发展的内在规律。

钱俊瑞(1983)认为世界经济学的研究对象是国际生产关系,主要研究资本主义社会存在以来世界范围内的生产关系即国际生产关系③。褚葆一、张幼文(1989)试图以马克思主义政治经济学体系为参照,以国际价值论为基础构筑世界经济的学科体系。他们认为世界经济的研究对象是"生产的国际关系",生产的国际关系是世界范围人们(本质上是各国)在再生产过程中的相互关系,其中包括生产、交换、分配、消费的各个环节,包括国际分工和国际交换发生的原因,以及这中间的利益分配等所有内容。其提出的"生产的国际关系"本质上与上述国际生产关系是一致的④。《世界经济百科全书》指出:"世界经济是人们超越国界,在世界范围内进行生产、分配、交换、消费等经济活动的总体。"⑤韩世隆认为马克思为政治经济学所确定的研究对象,从根本上已为我们规定了世界经济学的对象。世界经济学作为政治经济学的一门分支学科,固然有其特定的研究领域,但在以生产方式(主要是生产关系)为其研究对象这一点上,是与政治经济学一致的。韩世隆还指出,如果认为马克思主义世界经济学的研究对象是从世界经济形成以来世界范围内的生产方式(包括生产关系和生产力)的总体,兼及有关上层建筑,其重点则是研究国际生产关系。国际生产关系是超出国家和民族界限的、世界范围的生产关系,狭义上说,主要是世界范围内的生产资料所有制形式。广义上说,除了指世界范围各个国家与民族的生产资料所有制形式外,还包括三方面重要内容:第一,就是"生产的国际关系"(也即生产的国际化、生产的国际条件与各国在生产中的相互关系);第二,与生产关系相适应的国际交换关系;第三,国际的产品分配形式⑥。

(二) 20 世纪 90 年代,世界经济学的研究对象扩展为国际经济关系

20 世纪 90 年代后,马克思主义世界经济学的研究对象逐步有所扩展。许多学者开始认为,世界经济的研究对象应扩展为国际经济关系及其运行规律。国际经济关系观点比上述的国际生产关系观点的范围宽一些。国际经济关系包括国际生产关系也即世界范围内各国生产、交换、分配、消费的关系,此外它还包括了国际生产力的内容。

陶季侃认为世界经济学科的研究对象,是探讨当代世界范围内的经济关系及其运动规律……这种世界中的多方面经济联系又集中表现为国际经济关系,因此世界经济学必须研究构

---

① 唐任伍:《世界经济大趋势研究》,北京师范大学出版社 2001 年版,导言,第 8~10 页。
② 谷源洋:《世界经济概论》,经济科学出版社 2002 年版,引论,第 25 页。
③ 钱俊瑞:《世界经济概论》,人民出版社 1983 年版。
④ 褚葆一、张幼文:《世界经济学原理》,中国财政经济出版社 1989 年版。
⑤ 世界经济百科全书编委会:《世界经济百科全书》,中国大百科全书出版社 1987 年版。
⑥ 韩世隆:《世界经济简明教程》,四川大学出版社 1988 年版。

成国际经济关系的各个方面及其运动规律,以及影响国际经济关系发展变化的各种经济条件和因素。他认为国际经济关系由以下内容构成:世界经济全球化;国际商品交换关系;国际资本关系(跨国公司的发展);国际货币关系;国际经济一体化(区域经济一体化)①。

唐任伍认为,世界经济学是专门研究世界范围内的生产力和生产关系发展、变化及其运作规律的一门科学,世界经济学的研究范围应该包括世界生产力、生产关系及其形成的影响国际经济关系的经济基础。因此,他认为,世界经济学研究的范围和领域包括下列几个方面。

(1) 国际生产力发展,即世界科技革命引起的生产力的变化。

(2) 国际经济关系,即整个世界中国与国之间、国际组织之间、地区集团之间、国家集团之间的关系组成的国际生产关系。

(3) 国际经济基础,包括世界经济全球化、区域化、一体化等。

(4) 生产要素的国际配置,即国际生产、国际分工、国际金融、国际贸易、跨国公司等。

(5) 国际上层建设,即影响国际经济基础运行的世界政治、意识形态和文化思想等制度因素。

(6) 国际经济关系的动态变动,即国际经济关系的形成、发展、过去、现在和未来以及世界经济的可持续发展,包括全球性的经济社会发展、人口问题、环境问题、生态问题、伦理问题、道德问题等②。

(三) 20 世纪 90 年代末以来,不少学者尝试了对世界经济学理论体系的创新

随着改革开放的发展和深入,国际经济学被引进,并被国内学术界认同,尚未成型的世界经济学受到了严峻的挑战,其作为一门独立学科的存在受到怀疑和冲击③。尽管如此,我国从事世界经济教学与研究的学者仍大胆对世界经济的理论体系进行了有益的探索。比较典型的有:

1. 谷源洋——世界经济是市场经济在世界范围的扩展,世界经济是世界范围的市场经济

谷源洋认为世界经济之所以形成,并发展至今,其制度上的基本推动力就是市场经济的确立和发展。世界经济是世界范围的市场经济,市场经济制度是世界经济的制度基础。世界经济是市场经济超越国家疆界,在世界范围拓展而形成的世界规模的经济体系。它是在国际分工和世界市场的基础上,通过克服民族国家设置的种种壁垒,促进各种生产要素在世界范围的流动和配置而逐步形成和发展起来的;它基本遵循市场经济的运行原则和规律,尽管与一国范围内的市场经济相比,其遭遇的壁垒更多,其运行机制的表现形式也有所差异④。

世界经济既然是市场经济在世界范围的扩展,那么,推动市场经济发展的动力也就是推动世界经济发展的动力。这种推动世界市场经济发展的动力可以概括为如下三个主要方面。

(1) 市场经济自身的制度创新。即作为世界经济制度基础的市场经济制度的自身沿革,及其对各国国民经济和世界经济的发展的推动。

(2) 社会分工与国际分工的发展。一方面市场经济在世界范围内的扩展使一批又一批国家被纳入世界市场经济体系之中;另一方面,它使社会分工和国际分工不断深化,使各个国家或各个地区的资源优势得以发挥,从而提高了各种生产要素的使用效率。

---

① 陶季侃:《世界经济概论》,天津人民出版社 2000 年版,第 18~20 页。
② 唐任伍:《世界经济大趋势研究》,北京师范大学出版社 2001 年版,第 11~14 页。
③ 张幼文:《世界经济学》,立信会计出版社 1999 年版。
④ 谷源洋:《世界经济概论》,经济科学出版社 2002 年版,第 4~5 页。

(3) 科技进步。市场经济从制度上保证了技术创新机制和技术创新能力的不断完善和发展,并从根本上转变了经济增长方式,使世界经济在科技进步的推动下向纵深发展①。

2. 张幼文——2000 年以世界经济一体化作为世界经济研究的主线

张幼文于 1999 年开始尝试将世界经济研究的角度从政治经济学角度转变为世界经济一体化角度,试图重建世界经济学科体系。张幼文认为,世界经济一体化可以作为世界经济研究的主线,因为世界经济一体化趋势已经如此显著,各国之间的经济联系日益密切和深化,以至于我们不仅能够而且也必须从整体上研究和把握这种趋势②。因此,张幼文 2000 年主编的《世界经济学》教材就以经济一体化作为世界经济研究的主线,研究世界经济一体化的发展进程、表现形式、运行特点及其相互依赖关系。

3. 张幼文——2001 年以经济全球化为主线,以现代经济学的理论体系和框架来剖析世界经济

世纪之交经济全球化趋势迅速发展。全球化的实质是市场经济制度在全球的扩张、渗透和蔓延,是以发达国家为主导、以跨国公司为主要动力的全球范围内的产业结构的重大调整。张幼文调整其思路,认为,经济全球化是世界经济发展的最新现实,也是世界经济成型的表现形式,以经济全球化为对象对世界经济的分析研究不仅体现了学科对象的现实特性,而且体现了学习的最新需要。因此,其 2001 年编写的《世界经济学》转而以经济全球化为主线安排世界经济学的主要内容。具体结构安排上,该教材应用了现代经济学的成熟的理论体系和框架来剖析世界经济,将世界经济中相对应的各个主题纳入微观经济学和宏观经济学的理论框架之中,分微观篇和宏观篇论述世界经济的相关内容③。对世界经济学学科体系的建设又进行了一次有益的尝试。

4. 季铸——以经济增长和发展为主线构建世界经济理论体系

同已有的世界经济学教材的一般结构不同,季铸另辟蹊径,从全球的角度和视野出发,以系统的方法构建了一个以地球资源环境为背景、以人类为主体、以市场为枢纽、以经济增长和发展为主线的世界经济理论体系④。其主编的教材《世界经济导论》首先从增长的轨迹和源泉两方面来分析增长本身的规律,然后将增长放在世界经济体系中的各个领域之中,分析其与各种经济传导机制和运行规律的辩证关系。与国际经济学重点考察国际金融、国际贸易问题的狭隘视野相比,季铸在《世界经济导论》中还充分强调了世界经济的整体性和人类的未来发展,考察了全球性的消费、人口、贫困、环境和资源问题,对平等与效率、人与自然、多元化等问题进行了全面的分析,表现出对发展中国家和欠发展国家的深切关注,也非常重视环境和可持续发展问题,增强了世界经济理论体系的整体感和现实感。

四、世界经济学的学科性质——世界经济与其他学科的区别和联系

总的来说,世界经济学属于经济学的一门基础性学科,它借用经济学的一般原理和分析工具,研究整体世界经济的内部结构及发展运动的过程和原因,并揭示其中的规律,帮助人们提高

---

① 谷源洋、林水源:《世界经济概论》,经济科学出版社 2002 年版,第 25~27 页。
② 张幼文:《世界经济学》,立信会计出版社 1999 年版,第 2~4 页。
③ 张幼文:《世界经济学》,高等教育出版社、上海社会科学院出版社 2001 年版,第 1~3 页。
④ 季铸:《世界经济导论》,人民出版社 2003 年版。

对世界经济的认识水平,为具体的经济学研究提供背景知识,为有关的政策决策提供理论依据。

有关各经济学科的序列中,世界经济学占有特殊地位。

(一)世界经济学属于理论经济学的内容,政治经济学和西方经济学是其理论基础

(1)世界经济学是政治经济学的一个重要分支学科,其建立和发展将有助于政治经济学理论的不断丰富和发展。世界经济学是从马克思主义政治经济学延伸出来,以政治经济学所阐明的基本经济范畴和一般经济规律作为依据和出发点,研究世界范围内的生产力及其生产关系发展、变化及其运作规律,包括世界生产力、生产关系及其形成的影响国际经济关系的经济基础的学科。

(2)世界经济学与西方经济学。所谓西方经济学,是西方国家各种经济学流派的一种总称,其主要线索是古典-新古典传承的主流经济学。我们知道,马克思主义政治经济学也同样从古典经济学家那里继承了很多理论素材,因此,世界经济学完全可以从西方经济学那里吸取一些有价值的东西,用以充实自己的理论体系。特别是在研究方法上应更多地借鉴西方经济学(包括宏观、微观和国际经济学)的内容,将西方经济学的理论与世界经济的现实相结合,这样必定会使世界经济的研究更有深度。

(二)世界经济学与国际经济学

作为一门独立的经济学科,国际经济学主要是第二次世界大战以后,在国际贸易理论和国际金融理论(包括政策)的基础上发展起来的。

国际经济是指各国之间的经济关系。国际经济学的名家查尔斯·金德尔伯格(Charles P. Kindleberger)认为,国际经济学主要考察各国之间的经济活动和经济关系,主要是以国际贸易理论与政策以及国际金融理论与政策作为自己研究的对象,有时也会把论述扩展到国际资本流动以及劳动力国际流动等方面。

世界经济的研究范围更加广泛,主要包括三个部分:国别经济;国与国之间的经济关系;世界经济整体。它以世界经济为一个整体,不仅体现在这个体系中发生的国与国之间的经济关系,而且反映超越这些联系的全球化的经济问题,如全球经济增长问题,经济周期问题,世界人口问题,世界粮食问题,世界资源和能源问题,世界环境和生态问题,世界经济发展不平衡问题,世界经济制度和经济体制比较问题,世界经济组织、国际经济政策协调问题和区域经济一体化问题等。通过对世界经济现状、矛盾、问题等的分析,揭示作为一个整体的世界经济运动、变化和发展的内在规律。

值得注意的是,近年来世界经济学和国际经济学在发展的过程中,出现了一种逐渐靠近的趋势:一方面,世界经济学加强了对国际经济关系的分析研究;另一方面,国际经济学也开始重视对世界经济整体性问题的研究,如经济一体化、国际经济协调等内容。因此有的学者认为,世界经济学与国际经济学相互补充而形成一门新学科的可能性是存在的①。

(三)世界经济学与国际贸易、国际金融、国际投资等应用经济学科

世界经济学与这些学科之间是一般和具体、基础和应用的关系。作为一般性的基础学科,世界经济学只是在宏观层面上对国际经济问题(国际贸易、国际投资、国际金融)进行研究,并将其作为把各国国民经济联系为一个有机的世界经济整体的纽带、媒介来研究的,并对国际贸易、国际金融、国际投资之间的相互联系、相互渗透以及它们在世界经济整体发展中的地位和作用

---

① 庄宗明:《世界经济学》,科学出版社2003年版。

进行分析。它居于国际金融学、国际贸易学、国际投资学等实用性、专业性较强的学科之上,又有对这些学科提供理论指导的作用。

国际贸易、国际金融、国际投资等具体的涉外经济学科以某种特定的国际经济关系形式为研究对象,对它们分别进行专门、具体的从而是更翔实、更具应用性的研究。它们是在各自相对狭小的领域里进行研究,从而在相关领域理论研究的深度上,也会比注重整体性研究的世界经济学更为深入。

五、本书的篇章安排

本书认为,世界经济学是研究世界经济运动、变化、发展规律的科学,应包括三个方面的内容:作为世界经济组成部分的各国国民经济;国际经济关系,即从宏观角度研究国际贸易关系、国际金融关系和国际投资关系;世界经济整体的运动、变化的内在规律。本书的篇章结构就是按照这一逻辑思路进行安排的。

本书第一篇是对世界经济的形成动力与基础的论述。本篇只安排了一章,即科技革命、国际分工与世界市场。本书将科技革命、国际分工等内容作为开篇,目的是突出其在世界经济形成和发展过程中的基础性作用和推动作用。其中,一直以来,科技革命都是世界经济形成和发展的根本动力,而国际分工的形成与世界市场的建立是世界经济形成和发展的基础。

本书第二篇从横向角度考察了各主要国家和地区经济的特征及其在世界经济中的地位和作用。第二章主要考察主要发达经济体美国、西欧、日本的经济特征、经济模式。第三章主要讨论主要发展中国家和地区的经济发展模式,包括:东亚赶超型的经济发展模式、拉美松散型的市场经济发展模式、俄罗斯、东欧经济及其经济体制改革、非洲以及石油输出国组织的经济发展模式。第四章对发达国家与发展中国家的经济发展状况及国际经济地位进行了研究,特别是对发达国家集团——七国集团及主要发展中大国 BRICs 的国际经济地位进行了分析。第五章主要探讨了世界政治格局以及世界经济格局的演变。

世界经济并非各国国民经济的简单相加,而是通过各种经济纽带联结起来的有机整体,这些联结各国的经济纽带自身体现的是某一领域的国际经济关系。世界各国和地区通过各种经济纽带和渠道(国际贸易、国际金融、国际投资、国际技术转让、劳动力国际流动等)将其生产、分配、交换、消费等经济活动联系在一起。本书第三篇探讨的是经济全球化及经济全球化下的国际经济关系。第六章主要探讨全球化的内涵、表现和推动因素,全球化的历史进程以及经济全球化的利弊及反全球化问题。第七、八、九章分别从国际贸易、国际金融、国际投资角度探讨了国际经济关系在经济全球化下的表现,以及其对加深世界各国和地区之间的经济联系以及推进世界经济不断发展的重要作用。

既然世界经济是一个有机的整体,那么世界经济就不仅要研究组成这个整体的各类国民经济和联结各个国民经济的经济纽带,还要研究这个整体本身的问题和规律。本书第四篇、第五篇主要是对世界经济整体性问题的研究。其中第四篇从经济增长角度探讨了世界经济整体问题,主要研究各国国民经济和地区经济通过各种联系渠道构成世界经济之后,作为系统存在的世界经济就表现出一系列不同于其组成单位的运动规律,或者说,表现出其组成单位所不具备的一系列特征,包括世界经济增长与经济周期问题,经济增长过程中所遇到的人口、资源、环境、贫困问题,最后探讨了世界经济的可持续发展问题。

如果说世界经济发展的方向是世界经济的一体化,世界经济要协调发展,就必须形成一定的制度条件和共同的运行机制,以便在世界范围内形成一个现实的经济体系。本书第五篇从全球治理角度探讨世界经济整体面临的问题。第十三章探讨了国际宏观经济政策协调问题,第十四章探讨区域经济一体化问题。

第一篇　世界经济的形成动力与基础

第一章

科技革命、国际分工与世界市场

　　科技革命、国际分工以及世界市场是世界经济的形成动力和基础。科学技术是推动世界经济发展的根本动力源泉。历次科技革命促使了国际分工向广度与深度不断发展,也改变了原有的分工格局。国际分工是一国分工的国际延伸,它依赖于生产力的高度发展。国际分工的发展促进了统一的世界市场的形成和发展。随着技术的进步,进入世界市场的商品无论是有形的还是无形的都从深度和广度上得到了扩展,与此同时,这也导致了世界市场的竞争更趋激烈。20世纪末的信息革命,标志着知识经济时代的来临,也意味着人类经济增长新纪元的到来。

第一章　科技革命、国际分工与世界市场

 学习目标

学习本章后,你应该能够:
1. 了解科技革命的基本内容、发展历史及其对世界经济的促进作用;
2. 了解国际分工的含义、发展历程及其对世界经济的影响;
3. 了解世界市场的形成及其发展历程,并且能够分析其对世界经济的影响。

第一节　科技革命

一、科技革命的内涵

科技革命是科学革命和技术革命的合称。科学革命是人们在对客观世界认识上所取得的质的飞跃,一般指自然科学理论的重大发展和自然界客观规律的重要发现;技术革命是人们在对客观世界改造上取得的质的飞跃,通常指人们改造自然界的手段和方法的重大发明和改进。科学革命和技术革命相互影响、相互促进,两者密不可分,平时在讨论与世界经济的关系时通常合在一起简称"科技革命"。

总的来说,科技革命是指科学与技术经过长期的累积,在某一特定时间发生了质的飞跃,导致人们对客观世界的认识与操作有了突破性的进展,从而造成社会生活的各个方面诸如世界经济格局、产业结构等的巨大转变。科技革命与世界经济的发展息息相关,如果不是近代爆发的一次又一次的科技革命,世界经济不会取得如此辉煌的成就;但反过来说,正是人类社会经济文化的不断进步,物质生产要求的不断提高才导致科学技术不断向前发展,最终引发了科技革命。

二、科技革命的历史回顾

(一)第一次科技革命

随着资本主义在欧洲的萌芽与成长,新兴资产阶级为维护和拓展其经济利益并从政治上逐渐取代封建统治,需要新的思想和精神武器,这导致了文艺复兴运动和宗教改革运动的兴起。在16~17世纪摆脱神学统治的斗争中,近代自然科学走上了独立发展的道路。1543年哥白尼发表《天体运动论》,宣告科学革命的开始,1687年牛顿发表《自然哲学的数学原理》,完成经典力学理论的综合,确立了科学在社会中的地位,将这场革命推向高潮。科学革命催生了18世纪以纺织机和蒸汽机的发明与改良为先导的技术革命,并引发了工业革命,把人类带入工业化社会。

以蒸汽机的广泛使用为主要标志的第一次技术革命发生在18世纪中叶至19世纪中叶,首先出现在当时最先进的资本主义国家英国,它从最早的棉纺织业起步,扩展到机器制造业、钢铁工业以及交通运输业。这次技术革命主要可以分为三个阶段:第一阶段是纺织机的发明。1733年约翰·凯伊发明了飞梭,1738年约翰·惠和路易斯·鲍尔制造了滚轮式纺织机,1764年哈格里夫斯制造了珍妮纺纱机,1768年阿克莱特制造出水力推动的桨叶式纺织机,1779年克伦普顿综合珍妮机和水力机的优点,制造出走锭精纺机,1787年卡特莱特制造出蒸汽织机(靠蒸汽运转的织布机)。这些发明都极大地提高了织布效率,不过这些机器从本质上来说还是家庭工业机械,多靠人力、畜力转动。工业革命的第二阶段是蒸汽机的发明。有了上述的准备以后,1769年瓦特的蒸汽机应运而生,用蒸汽代替了水力和畜力,不管是城市还是其他一切地方,凡有制造蒸汽的水和煤的地方,都可以集中建立工厂了。这是一场伟大的革命,它从根本上解决了机器生产的动力问题,人类由此正式进入了近代资本主义时代。工业革命的第三阶段是使用机器制造机器。该阶段最重要的环节在于车床与刀架的发明和应用。只有在可以做到用机器生产机器的时候,大工业才奠定了自己的技术基础并得以确立。

第一次科技革命通常又被称作工业革命,它是指资本主义机器大工业代替工场手工业的过程。工业革命的技术实质就是把技术引入生产过程,用机器代替人的部分体力和脑力劳动。第一次科学与技术的变革引发的工业革命,为自然科学的发展和运用开辟了广阔的道路。工业革命使科学和技术成为生产过程中不可缺少的因素,运用到生产过程中,使得科学成为同劳动相分离的独立力量,技术发明成为一种职业。"只有资本主义生产方式才第一次使自然科学为直接的生产过程服务,同时,生产的发展反过来又为从理论上征服自然提供了手段。""随着资本主义的扩展,科学因素第一次被有意识地和广泛地加以发展、应用并体现在生活中,其规模是以往时代根本想象不到的。"①

第一次科技革命对人类社会造成了极为深远的影响,它极大地促进了生产力的发展,改变了社会生产力结构,建立起了以大机器生产为特点的工业体系。在这段时期里,世界经济以前所未有的速度向前发展,尤其是英美法德等主要的资本主义国家在煤炭产量、铁路里程和轮船吨位等方面都有了很大的增长。恩格斯在总结第一次科技革命的意义时指出:"蒸汽机和新的工具机把工场手工业变成了现代的大工业,从而把资产阶级社会的整个基础革命化了。"②

(二) 第二次科技革命

19世纪的科学与17~18世纪的科学相比有两个显著的不同:从方式上看,前者进入了系统的整理阶段,而后者则是处于自然知识的收集和积累阶段;从形态上讲,前者进入了理论科学阶段,而后者主要是处于经验科学阶段。这些明显的变化不仅导致形成牛顿时代以来又一次的科学高潮,几乎在各个学科、各个领域内都取得了革命性的进展,同时也引起了哲学观念方面,特别是自然观认识方面的根本变革。科学革命必然导致技术革命和产业革命。19世纪最杰出的成就无疑是电气工业的产生和发展。由于电磁理论的建立和发展促成了发电机、电动机和其他电磁机器的发明,并带来了无线电报和无线电话,标志着电气时代的到来,引起了人类历史上继蒸汽革命以后的第二次技术革命,其作用和影响一直持续到今天。

第二次科技革命发生在19世纪末至20世纪初,以电力和内燃机的发明和广泛应用为主要标志。

与蒸汽力相比,电力有着更多的优势,例如它可以在一定程度上摆脱地理资源的限制,集中生产、分散使用,而且电的转化能力很强,不仅可以转换成机械能,还可以转换成热能、光能、化学能等多种能源形式。这些优势使电力取代了蒸汽动力,成为新的能源。在19世纪上半期,电的基础理论研究就有了很大的突破,此后,一批专家学者为了将电应用于实际生产,先后制造出了发电机、电动机,并对其进行不断的改良,这些都为日后电的广泛应用作出了突出的贡献。到

---

① 马克思:《机器、自然力和科学的应用》,人民出版社1978年版,第206,208页。
② 《马克思恩格斯选集(第三卷)》,人民出版社1972年版,第301页。

了 19 世纪末,电的生产成本已经被大幅地降低,成为一种相对廉价的能源,而从直流电到交流电的使用更是解决了远距离高压送电的问题,使得电动机可以大规模广泛应用于生产。

在电动机大量应用于生产的同时,蒸汽机也不断地得到改进,发明了内燃机。内燃机体积小、轻便、功效大,它的发明极大地拓宽了蒸汽动力的应用领域,对农业和交通运输业的发展产生了积极的影响。该时期,世界的钢产量增长极快,在 1870~1913 年的 43 年间世界钢铁产量增加了 146 倍,使世界生产从"棉织时代"进入"钢铁时代",重工业在工业中开始占主导地位。世界工业产量在 1850~1870 年的 20 年间增长了 1 倍,而在 1870~1900 年的 30 年间增长了 2.2 倍,到 20 世纪初的 30 年间又增长了 66%①。

第二次科技革命有两个突出的特点:第一,此次科技革命在多个国家同时进行,并且从重工业开始,这就使得许多国家能够交叉利用两次科技革命的成果,从而为相对落后的国家提供了一个赶超先进国家的机遇。第一次科技革命虽然促进了生产力的飞速发展,但直到第二次科技革命爆发以前,除英国以外的主要资本主义国家仍然是农业占优势,而且在这些国家的工业体系中基本上以轻工业为主,重工业非常薄弱。而凭借着第二次科技革命,一些相对落后的国家如德国、美国抓住机遇,后来居上,建立起完善的工业体系,使得本国经济获得了飞速的发展。第二,科学理论的先导作用日益明显。第一次科技革命中的许多发明、创新是源于劳动者在实际操作过程中经验的累积,科学理论的指导作用并不明显。而在第二次科技革命中科学理论的发展起到了积极的先导作用,尤其是电学的发展更是带动了一系列新兴产业的建立,为人们的经济生活带来了翻天覆地的变化。

三、二战后科技革命的基本内容及其主要特点

(一)二战后科技革命的基本内容

第二次世界大战以后,西方主要发达资本主义国家爆发了第三次科技革命。它是以原子能、电子计算机和空间科学的发明和应用为主要标志的。这次科技革命从 20 世纪 50 年代的美国开始,后逐渐扩散到西欧、日本等其他地区和国家,其内容空前、规模巨大并同时引发了高技术。所谓的高技术是指在本次科技革命中涌现出来的、以科学最新成就为基础的、知识高度密集的、对经济和社会发展起先导作用并具有重大意义的新兴技术群,主要包括信息技术、材料技术、能源技术、空间技术、生物技术等。其大体内容如下。

1. 信息技术

所谓信息技术简单说来就是指对信息的获取、传输、处理和应用等各方面的控制。自 20 世纪 60 年代开始随着微电子技术、电子计算机科学的发展,信息的获取、传递、加工、处理、存储等方面发生了革命性的变化,逐步形成了现代信息技术。其主要涵盖计算机、微电子、通信以及网络等多个领域。

2. 新材料技术

材料是指人类能够用来制作有用物件的物质,它是人们改造物质世界的基础,也是人类社会发展的基石。新材料,主要是指最近发展或正在发展之中的、具有比传统材料更为优异性能的一类材料。二战后,由于各项科技的发展,人们对各种高性能的材料需求越来越大,从而使得各种新材料的发明层出不穷,其中从大类上主要可分为金属材料、非金属材料和复合材料。

---

① 王娟、崔朝东:《世界经济概论》,中国统计出版社 2004 年版,第 7 页。

3. 新能源技术

新能源技术主要是指二战后,人们开发和利用可再生、无污染的新能源,用以取代传统常规能源的现代能源技术。新能源技术主要包括生物质能利用技术、太阳能利用技术、受控核能利用技术、氢能利用技术、地热能利用技术、水能利用技术、风能利用技术、海洋能利用技术。

4. 空间技术

空间技术也称为航天技术和太空技术,是研究如何使空间飞行器飞离大气层,进入宇宙空间,并在那里探索、研究、开发和利用太空以及地球以外天体的高度综合性技术,主要包括人造地球卫星、火箭、载人航天、空间站、深空探测等。空间技术是第三次科技革命的标志性技术之一,也是衡量一个国家科学技术发展水平和工业发展程度的重要标志之一,是高技术的综合体现。空间技术的形成以1957年10月4日苏联发射第一颗人造地球卫星为标志,此后,美国、法国、日本和中国等国也先后发射了自己的人造卫星。半个世纪以来,人类在航天运载工具、人造地球卫星、载人航天和深空探测等领域取得了巨大成就。现在,空间技术广泛应用于对地观测、通信、气象、导航等许多方面,渗透到自然科学的众多领域,对发展生产力、改善人们生活、推动社会进步起到越来越大的作用,其影响也越来越深远。

5. 生物技术

生物技术也称为生物工程,是在分子生物学、细胞生物学和生物化学等理论基础上建立起来的一个综合性技术体系。按历史发展和使用方法,生物技术可分为传统生物技术和现代生物技术两大类。传统生物技术主要是指发酵工程、酶工程、遗传育种技术等,现代生物技术主要包括基因工程技术、蛋白质工程、克隆技术、人类基因组计划等。

(二)第三次科技革命的主要特点

第三次科技革命在参与的国家数量、涉及的科技领域以及对整个世界经济的改造上都是前两次科技革命所无法媲美的。而就科技本身而言,第三次科技革命也具有其自身的特点。

1. 科学与技术紧密结合,科学理论转化为实际生产的周期变短

第一和第二次科技革命,其研究成果往往要经过相当长的时间才能导致生产过程的深刻变化,而许多在技术领域里的革新也常常要经过相当长的时间才会出现科学理论的概括总结。第二次世界大战之后,随着第三次科技革命的爆发,科学研究与技术创新的界限越来越模糊,两者相互促进、渗透,科学理论为技术创新提供理论上的指导,而在技术革命的具体实践和推广过程中,科学理论又进一步得到检验与拓展。正是由于科学与技术的紧密配合,许多科研成果转化为技术应用的周期都大大地缩短了,科学技术越来越成为直接的生产力。据计算,1885~1919年间,从一种发明到其在工业上的实际应用,平均时间是30年;从生产上的掌握到最终投入市场,平均时间是7年,整个实现时间是37年。1920~1944年间,上面三个时间分别缩短为16年、8年和24年;1945~1964年间,又分别缩短为9年、5年和14年。随着近代科技的发展和开发研究的科学性的日益增强,这个过程还在不断地缩短。

2. 各种科学与技术相互渗透,科学技术集群出现

以往的科技革命往往都是在个别技术领域的突破或是某一学科的发展,例如蒸汽机、电力以及内燃机的发明和应用,它们虽然能够带动其他技术的创新发展,但它们都是以单一的形式出现。在二战后的科技革命中,新技术多是以群体的形式出现,在一系列重要的领域形成技术产业群。新的技术发明涉及工业、农业、交通运输业、服务业等各个领域和社会生活

第一章　科技革命、国际分工与世界市场

的各个方面,而且在各项技术之间还存在着紧密的联系。例如,通信技术的突破与发展为其他各项技术提供了一个很好的技术支持,而反过来通信技术要想取得进展又与新材料技术的提高是分不开的。随着人类科技水平的不断提高,科技革命全方位、联动性的特点将体现得更为明显。

3. 第三次科技革命使人类逐渐步入信息社会,人才资源成为主要战略资源

在第三次科技革命的推动下,人类社会逐步由工业社会向信息社会转变,经济发展所依赖的主要战略资源也逐渐地从资本、原材料等物质资本转变为人力资本。而人才作为人力资本的核心,担负着不断吸收和利用新的知识技能并将它们转化为实际生产力的任务。在当今科学技术是第一生产力的时代,产品价值和社会经济的增长主要都是通过人才来实现的。研究表明,一个企业的经济效益是和这个企业职工的科技文化水平成正比的。也正因为如此,培养和造就掌握现代科技和专业知识的人才已成为当前世界各国竞争的焦点。例如,日本的教育经费从1985年到1988年的3年中就增加了2倍,而美国的许多经济学家也都认为近代美国生产力的提高,相当程度要归功于技术创新,即科学家和工程师们知识与技能的结晶。

四、科技革命对世界经济的影响

科技革命最直接的表现就是人们对科学认识的扩展及对新技术的发明和广泛应用。技术进步是近代世界经济增长最重要的动力来源,因而每次科技革命的爆发都伴随着世界经济在较长一段时期内狂飙式的增长,人们的社会生活也相应地发生了极大的变化。其具体表现在以下几个方面。

(一)科技进步改变了传统的生产方式,极大提高了生产效率

18世纪,纺织机械的改良、炼铁技术的进步、蒸汽机的出现和煤炭的使用,改变了传统依赖人力和手工劳动的生产方式,实现了工业化大机器生产的变革。19世纪,电力和内燃机的发明及广泛应用,出现了具有经济规模特征的工厂化流水线生产,使生产产量大幅度增加。20世纪中后期,以原子能、计算机技术带动的高新技术产业的发展,导致了生产方式的创新,再一次极大地带动了世界经济的增长。以往,人们主要是依靠提高劳动强度来提高劳动生产率,而现在,科学技术才是经济增长最重要的源泉。西方国家工业生产的年平均增长率,在两次大战之间为1.7%,在1950~1972年增至6.1%。而在增长的因素中,科技进步的因素20世纪70年代约占60%,80年代达到80%。在新科技革命的条件下,主要通过生产技术的不断进步、劳动者素质和技能的不断提高、劳动手段的不断改进来提高劳动生产率。马克思、恩格斯在《共产党宣言》中说:"资本主义在它的不到一百年的阶级统治中所创造的生产力,比过去一切时代创造的全部生产力还要多,还要大。"这实际上是对工业革命的描述,而后来的每一次新科技革命对经济的影响又是先前的科技革命所无法比拟的。

(二)科技进步推动了产品创新,带动了世界各国产业结构的升级

每一次科技革命不仅是对原有的科学技术进行改良,往往还伴随着许多科学领域的突破和技术领域的创新。不仅如此,这些领域往往就是当时世界经济发展的火车头,带动一系列相关产业的发展,从而促使世界各国产业结构的升级。例如,以电力和内燃机的发明和广泛应用为标志的第二次科技革命,不仅有诸如电灯和马达等一系列产品的发明,还推动了以电力为基础的许多新兴产业、重工业的发展。这些产业自身创造了许多社会财富,同时还为世界各国产业

结构的调整提供了方向,奠定了新一轮世界工业体系的基础。第二次世界大战以后,以电子信息、生物技术和新材料为支柱的一系列高新技术产业取得重大突破和飞速发展,一方面丰富了人们的物质生活,另一方面又对世界经济的产业结构格局产生了巨大的影响。世界上许多国家,尤其是发达国家的第二产业在国民经济中的比重不断下降,而服务业和知识产业的地位不断上升,并占据了主导地位。例如,德国在 1935~1939 年第二产业比重是 50.3%,1963 年为 50.4%,1971 年仍为 53.3%,到 1993 年下降为 38%;法国的第二产业比重一直很高,1896 年占 46.2%,1963 年为 51%,1971 年为 52%,1994 年则下降为 22.8%①。

(三)科技进步导致了各国经济发展的不平衡,改变了世界经济的格局

到了近代,科学技术已经成为世界各国经济发展的决定因素,谁掌握了科学技术的前沿,谁就能在经济竞争中占据有利的地位。也正因为如此,科技进步也为后进国家赶上并超越先进国家提供了条件。在 18 世纪中叶,法国的工业实力要强于英国,但是由于英国抓住了第一次科技革命的机会,成为当时世界经济的中心。到 19 世纪末 20 世纪初,美国和德国率先发起了第二次科技革命,这使得英国失去了其经济霸主的地位。第二次世界大战结束以后,美国和苏联较好地利用了这段时期的科技成果,成为世界经济的两极。到了 20 世纪 80 年代,苏联的经济不断衰弱,日本和西欧却凭借着第三次科技革命令它们自身经济实力不断增强,从而形成了至 20 世纪 80 年代以来的美、日、欧三足鼎立的局面。在发展中国家里,也有部分国家依靠科技进步,摆脱了不利地位,逐步跻身到发达国家的行列,如新加坡、韩国等新兴工业化国家。不过值得注意的是,科技进步并不会给每一个国家带来经济上的巨大收益,许多国家尤其是发展中国家,由于自身的经济基础薄弱以及在世界经济中所处的不利经济地位,往往无法充分享受到科技进步所带来的成果,从而与其他国家的差距越拉越大,进一步导致了南北经济发展的不平衡。

(四)科技进步使世界各国的联系更加紧密,推动了经济全球化的发展

第二次世界大战结束以后,经济全球化的步伐大大加快,具体表现在以下三个方面:(1)由于科技革命促使国际分工不断地向深度和广度发展,世界各国在生产过程和工艺过程中的分工与协作日益紧密,这就使得国际贸易的商品种类和数量大幅增加,参与到国际贸易中的地域范围也更加广泛。据统计,战后国际贸易的增长速度在多数年份均超过工业生产的增长速度。1950~1973 年,世界工业生产年平均增长 5.4%,世界贸易出口量每年平均增长 7.2%。(2)二战后科技革命使得生产力水平空前提高,而生产能力的增强与国内狭小的市场以及资源的稀缺性产生矛盾,这就要求进行国际投资。正因如此,战后跨国公司获得了巨大的发展。据统计,1968 年,拥有一个海外子公司的跨国公司有 7 276 家,其海外机构为 27 300 家。1973 年,跨国公司增加到 10 727 家,其海外机构增加到 82 266 家。到了 1980 年跨国公司拥有的海外分支机构增加到了 104 000 家,其发展十分迅速。(3)科技革命促进了世界各国的科技交流与合作。由于世界各国经济相互依赖性的增强,为了共同的利益,各个国家不得不加快科技知识的交流与合作。而且随着通讯工具的不断改善,网络信息的不断推广,科学技术在世界范围内的推广和运用要比过去快得多,也容易得多。因此,战后科技革命的出现和广泛传播使得世界各国的经济联系日益紧密,世界经济也获得了长足的发展。上述三次科技革命的比较见表 1-1。

---

① 陈漓高、杨新房、赵晓晨:《世界经济概论》,首都经济贸易大学出版社 2006 年版,第 279 页。

第一章 科技革命、国际分工与世界市场

表 1-1　三次科技革命的比较

	第一次科技革命	第二次科技革命	第三次科技革命
时间	始于 18 世纪中叶	始于 19 世纪 70 年代	始于 20 世纪四五十年代
背景	1. 前提：资产阶级统治的确立 2. 资本：海外贸易、奴隶贸易和殖民掠夺 3. 劳动力：圈地运动 4. 技术：工场手工业积累的丰富生产技术知识 5. 市场：英国先后打败西班牙、荷兰、法国，海外市场不断扩大	1. 政治保障：资本主义制度在世界范围内确立 2. 生产技术：自然科学的突破性进展 3. 资金：资本的积累和对殖民地的掠夺 4. 市场：世界市场的出现和资本主义世界体系的形成，扩大了对商品的需求	1. 政治保障：资本主义发展相对稳定和国家垄断资本主义发展 2. 先决条件：科学理论的重大突破 3. 必要手段：科学技术的发展具备了一定的物质和技术基础 4. 推动力：社会需要（二战中的军事需求、战后军备竞赛和发展经济的要求）
标志	蒸汽机的发明和应用	电力和内燃机的广泛应用	电子计算机、原子能和空间科学技术的应用
主要成就	1. 机械：哈格里夫斯——珍妮纺纱机；骡机；水力织布机 2. 动力：瓦特——改良蒸汽机 3. 交通运输：富尔顿——轮船；史蒂芬逊——蒸汽机车	1. 电力的广泛应用：西门子——发电机；爱迪生——电灯 2. 内燃机和新交通工具的发明：卡尔·本茨——内燃机驱动的汽车，莱特兄弟——飞机 3. 新通讯手段的发明：贝尔——电话；马可尼——无线电报 4. 化学工业的建立：诺贝尔——炸药	以原子能技术（1945 年美国——原子弹爆炸、1954 年前苏联——第一座核电站建成）、航天技术（1957 年前苏联——第一颗人造卫星上天、1981 年美国——第一架航天飞机升空）、电子计算机的应用（1946 年美国——电子计算机诞生等）为代表，还包括人工合成材料、分子生物学和遗传工程（1972 年美国——重组 DNA 生物基因工程首创成功）等高新技术
特点	1. 首先发生在英国，从发明和使用机器开始到机器生产机器 2. 开始于轻工业（棉纺织）部门，发明机器者大多是具有实践经验的工人和技师 3. 大机器生产代替工场手工业	1. 有坚实的科学基础，科学开始与工业生产紧密结合，与技术结合 2. 同时在几个国家发生，规模广泛，发展迅速 3. 在许多国家与第一次工业革命交叉进行	1. 科学技术转化为直接生产力的速度加快 2. 科学和技术密切结合相互促进 3. 科学技术各个领域间相互渗透，高度分化又高度综合
影响	1. 极大地提高了生产力，资本主义制度得以巩固并广泛建立 2. 社会结构发生重大变革，社会日益分裂为两大对立阶级 3. 经济结构发生重大变化，开始了城市化进程 4. 世界格局发生变化，东方从属于西方 5. 自由资本主义发展起来，殖民侵略进入以商品输出为主的时期	1. 生产力迅猛发展 2. 垄断与垄断组织形成，主要资本主义国家进入帝国主义阶段 3. 帝国主义列强加紧瓜分世界，殖民侵略进入以资本输出为主的时期 4. 政治经济发展的不平衡加剧，世界力量对比格局发生改变	1. 极大地推动了社会生产力的发展——提高劳动生产率的手段改变 2. 促进了社会经济结构和社会生活结构的变化——第三产业比重上升，人们的衣食住行等日常生活发生变革 3. 推动了国际经济格局的调整——扩大了发达国家同不少发展中国家的经济差距。对发展中国家来说，既是机遇，又是挑战

资料来源：根据相关资料收集整理。

五、信息革命与知识经济

（一）信息革命及其对世界经济的影响

20世纪末，一场以数字化与网络化信息技术为标志的科技革命在世界范围内蓬勃兴起，这不仅扩大了人们获取和交换信息的机会，而且从根本上改变了人们加工和运用信息的能力。信息技术相对于其他技术领域对人类社会的影响最为深远，已经渗透到人类社会运行的各个角落，标志着一个新的经济时代的来临。

1994年美国宣布开始实施"信息高速公路计划"，日本、德国、英国、法国等发达国家甚至一些发展中国家纷纷响应，将其视为经济再次腾飞的新契机。信息技术的发展大大提高了国际信息的流通和传递效率，使得跨国公司对国外子公司的控制调整更为容易，促进了跨国公司在全球范围内的扩展，同时也加快了国际资金的流通和技术知识的传递。世界各国之间的经济联系和合作明显地增加。

信息革命作为第三次科技革命的延伸，对世界经济的影响主要表现在以下几个方面。

（1）信息革命为全球性金融市场的形成提供了重要的技术支持。凭借通信卫星的发明和计算机网络的推广，现已形成了包括纽约、东京、伦敦、香港、巴黎等全球性国际金融市场，极大地促进了国际资本的流通以及规模的扩大。

（2）信息革命推动了国际贸易和国际金融的发展。由于各项信息技术的不断完备，使得世界上各个国家的联系更为密切，经济之间相互影响的程度也越来越大。

（3）信息技术在世界各国的应用程度不同从而加剧了世界经济增长的不平衡性。由于发展中国家投入新科技研究的资金相对不足，且它们自身的硬件基础较差，这使得信息革命的成果在发展中国家应用和推广的速度较为缓慢，加剧了贫国和富国之间的收入差距。

随着个人计算机的普及以及互联网的推广，信息产业已经在某些国家中占据了举足轻重的地位。2000年9月在冲绳举行的八国首脑会议通过了《全球信息社会冲绳宪章》，其中指出：信息通信技术是21世纪社会发展的最强有力的动力之一，信息通信技术将对人类生活和经济活动带来前所未有的冲击和变革。占全球国民生产总值2/3的8个国家达成共识，要协调一致，最大限度地利用信息技术所带来的成果和益处，保证世界经济持续稳定地发展。

（二）信息革命与美国的新经济[①]

20世纪90年代美国经济呈现出高增长、高就业以及低通胀的经济运行态势，实际国内生产总值增长率由1990年的1.3％上升为1997年的3.8％，失业率由1992年的7.5％下降到1997年的4.7％，而通货膨胀率则由1991年的4.5％以上下降到1997年的1.5％。许多经济学家、学者将美国这种两高一低的经济运行状态称为"新经济"。最早宣传"新经济"思想的《商业周刊》，在界定这个名词时指出："谈'新经济'时我们的意思是指这几年已经出现的两种趋势。第一种趋势是经济的全球化，第二种趋势则是信息技术革命。"这两种趋势在美国八九十年代的经济数据中可以找到证明：美国进出口占其国内生产总值比重由1984年的17.7％上升为1996年的23.7％；高新技术产值从1984年占国内生产总值不到15％增加到1997年的30％以上。1997年，在高技术领域中，核心产业的就业人数约为380万，如果加上相关产业和其他经济部门中的程序员和网络技术人员，总就业人数将达到910万，而汽车、飞机、船舶等制造业加

---

① 裴长洪：《世界问题报告》，经济管理出版社1999年版，第1～17页。

在一起的就业人数不过 152 万。

为何美国在 20 世纪 90 年代能够保持两高一低的良好的经济运行状况呢？从信息产业的角度出发主要有以下几点原因：其一，美国在 90 年代初，抓住机遇大力发展网络技术，建立信息高速公路，从而有效地改善了企业的运作管理并提高了劳动生产效率。这样企业就能在不提高价格的情况下保持利润的增加。其二，信息产业与传统产业不同，不存在生产的瓶颈。在传统的产业中，当工厂达到生产能力的极限时，价格上涨，劳动生产率的增长放缓，信息产业则不存在这个问题。信息产业的投资主要集中在产品的研发和试验阶段，而一旦产品进入批量生产和销售阶段时，其成本和价格则不断地降低，下降的价格反过来又会促进更多新的需求。这种现象在电脑、手机等电子类产品中表现得最为明显。其三，信息产业对就业的倍增效应要强于传统产业，甚至是高技术产业。例如，微软公司每个就业机会可以创造出 6.7 个新的工作岗位，而波音公司每个就业机会只能创造出 3.8 个新工作岗位。这一方面是由于微软公司的工资高、购买力强，高消费带动了更多的就业，但更关键的在于其他的制造业越来越多地将自己的部分产品生产转移到国外，而信息产业主要依靠高素质的熟练劳动，因而对本国的就业贡献十分明显。

（三）知识经济

由于信息和通讯技术的改进，信息流量在不同国家之间乃至全球范围内都有了显著的增加，知识经济的概念在世界出现，并成为世界范围关注的热点。根据经济合作与发展组织（OECD）在 1996 年的表述，知识经济是指当今世界上的一种新型的富有生命力的经济，是建立在知识和信息的生产、分配和使用上，以高技术产业为第一支柱产业，以智力经济为首要依托的经济。《世界知识年鉴 1998/1999》将知识经济概括为："以智力资源的占有、配置，以科学技术为主的知识的生产、分配和使用（消费）为最重要因素的经济。"

从社会经济发展进程角度出发，以产业结构作为划分标准，可以把人类社会的经济形态划分为农业经济、工业经济和高科技经济；从当代经济学来看，以资源配置来划分，经济形态又可分为劳动力经济、资源经济和智力经济。所谓知识经济，其根本特征就是高科技经济、高智力经济。与传统经济形态相比较，知识经济具有如下特点。

（1）知识经济是一种智力型经济。知识已经不再是经济增长的"外生变量"，而是经济增长的内在核心因素。在知识经济的背景下，知识、智力不仅和土地、机器、资金等物质要素一样，是直接存在的生产要素，而且其他的生产要素都必须通过知识来更新、改良和整合。正因为如此，国家竞争力强弱的标准也逐渐地由一国所拥有的科技文化知识水平所决定。

（2）知识经济是一种创新型经济。知识经济的灵魂和发展动力是创新，与传统产业中需要大量资本、设备和原材料等有形资产的投入不同，它主要是通过对知识、智力等无形资产的积累、整合、创新，使之最终转化为直接的生产力。当然，在知识经济时代，创新的范畴被大大地扩展了，包括知识创新、技术创新、管理创新和体制创新，甚至是国家制度的创新。

（3）知识经济是一种全球化的经济。由于知识经济产生的背景和知识本身所具有的流动性特点，知识经济不是个别国家或区域的经济，而是一种全球化的经济。一方面，由于世界各国的经济联系日益紧密，技术创新能够在更大的范围内不断推广，而知识经济也能在各个国家的交流中发展壮大；另一方面，随着互联网络的发展，信息、知识、技术在世界各国的不断流动，经济全球化的进程也在逐渐地加快。

（4）知识经济是可持续发展的经济。传统产业由于对自然资源和不可再生资源的依赖，其发展往往都伴随着对自然的掠夺以及环境的破坏。知识由于其可以重复利用、报酬递增并且无地域限制,再加上人们通过高新技术对传统产业进行改造,对新能源以及新材料的不断研发,从而能够从根本上解决资源消耗和环境污染等问题。

毫无疑问,知识经济的出现意味着人类经济增长的一个新纪元的到来。据估计,在知识经济时代,科技进步对经济增长的贡献率将超过80%,目前经济合作与发展组织(OECD)主要成员国的知识密集型产业在GDP中所占的比重已经过半。世界各国,尤其是发达国家也越来越重视对高新技术产业的投入。美国作为知识经济最早的发起国,最先认识到计算机和信息技术的重要性,其对计算机产业的投资占全世界计算机总投资的40%。依靠知识经济,发展信息产业已经成为未来世界经济发展的一个趋势,它也是世界各国经济获得健康、稳定发展的必然选择。

第二节 国 际 分 工

国际分工是世界经济运行的基础,各国国民经济之所以能够结合成为完整的世界经济,国际分工提供了一个基础性的条件。

一、国际分工的含义及其决定因素

国际分工简单地讲就是跨国界的劳动分工,它是社会生产力发展到一定阶段的产物。社会分工—地区分工—国际分工是分工随着社会生产力的发展而不断向前推进的一般路径。布哈林指出:"除了其他形式的社会分工以外,还存在着一种各'国民经济'之间的分工,或者说各国家之间的分工。这种超越'国民经济'疆界的分工,就是国际分工。"[①]

国际分工的产生和发展受到多种因素的影响。根据生产力发展水平的不同,国际分工所受到的具体的制约因素也不相同,但各个时期影响国际分工的主要因素大体可分为两类:各国的自然要素禀赋和社会经济条件,其中社会经济条件是起决定作用的。自然要素禀赋包括一国的自然资源、气候、领土、人口等,是国际分工的一个重要条件。以亨廷顿为代表的地理环境决定论,赫克歇尔、俄林的要素禀赋论等都强调了自然要素禀赋对国际分工的作用。自然要素禀赋对经济发展水平较低的国家以及早期的国际分工有着较大的影响。随着全球科技水平的提高以及生产力的不断发展,自然要素禀赋对国际分工的影响已经越来越小。社会经济条件主要包括一个国家的科学技术、生产力发展水平、社会经济体制、国内市场运行机制等等,其直接决定了各国在当今世界市场上的地位。从经济发展史的角度看,对国际分工形成和发展产生重大影响的主要历史事件,是地理大发现、工业革命和殖民掠夺与扩张。

二、国际分工的类型

(一)按分工的基础和稳定性划分

按分工的基础和稳定性划分,国际分工可划分为基于自然资源差异上的分工、基于要素密集度差异上的分工、协议分工。

---

① 布哈林:《世界经济和帝国主义(中译本)》,中国社会科学出版社1983年版,第2页。

1. 基于自然资源差异上的国际分工

各国的自然条件决定了该国能够生产何种初级品以及应该生产多少,是否参与国际贸易。由于世界上的土地、气候、矿产等自然资源分布基本上不会发生变化,因此建立在该基础上的国际分工的稳定性是最强的,它与各国的经济发展水平并没有直接关系。

2. 基于要素密集差异上的国际分工

各种产品的生产都是生产要素的有机结合,而各个国家所拥有的生产要素,如土地、劳动力、资本是不同的,从而依据这些要素的密集程度而参与国际分工所产生的比较优势也是不同的。用各国生产要素丰裕程度的差异解释国际分工的原因和结构的最主要的理论是要素禀赋论。该理论认为每个国家在国际分工和国际贸易体系中生产和输出它们相对富裕的生产要素所生产的产品,进口相对稀缺的生产要素所生产的产品。与自然资源的稳定性相比,各个国家的要素丰裕程度会随着时间的推移而逐渐发生变化。例如一个资本稀缺的国家可以通过不断地积累资金,从而逐步成为资本比较丰裕的国家。即使它的资本规模依然有限,至少也会令生产要素的密集度发生某种结构性的变化,从而引起该国对其产业结构乃至国际分工的参与进行调整。因此以要素密集度差异为基础的国际分工,其稳定性相对较低。

3. 协议分工

协议分工是由日本经济学家小岛清提出来的,它是指两国在生产同类产品且生产效率相近的情况下,通过相互协议分别专门生产其中的一种产品,实现规模经济,形成国际分工。他指出,即使在两国不存在比较优势差异的极端情况下,也可以实现规模经济和协议分工。这种国际分工有两个特点:第一,从表面看,有关国家并不存在明显的技术差异或要素生产率的差异;第二,通过达成协议实现国际分工,获得规模经济。从根本上看,这种国际分工既不是建立在自然资源的基础上,也不是建立在技术差异的基础上,而是借助人为的协议所引发的分工。由于政府之间的协议会因为协议双方各自利益的变化而不断地进行修改,因此协议分工的稳定性最差。

(二) 按参与国的产业关联性划分

按参与国的产业关联性划分,国际分工可分为垂直型分工、水平型分工、混合型分工。

1. 垂直型分工

传统上的垂直型国际分工与当代世界经济尤其是 20 世纪 90 年代以后的垂直型国际分工有着明显的不同。早期的国际分工多发生于经济发展水平相差悬殊的国家之间,一般指发达国家和发展中国家或先进国家和后进国家之间的制造业与农矿业、工业制成产品与初级产品之间的分工,它反映了双方在技术水平和产业结构上的差距,因而在分工形式上呈垂直型。垂直型分工在生产的各个阶段存在着前向和后向的联系,从原材料的采集、存储到加工生产,从零部件到最终制成品,是一种递进关系,存在"投入—产出"关系。采用这种类型分工的产业之间有较强的关联度,因此,主要集中在工业部门,而第三产业部门间由于缺少明显的关联性,一般不进行这种类型的分工。

20 世纪 90 年代以来,随着科学与技术的发展,发达国家和发展中国家之间的垂直分工逐渐表现为资本、技术、知识密集型工序或零部件生产与劳动密集型工序或零部件生产之间的分工,甚至是设计与制造的分工,即发达国家从事产品的研究与开发,而发展中国家则从事产品的制造与加工。如果我们把一种产品的生产过程分解为一系列的互不相同但又互相关联的经济活动,其总和即构成生产的价值链,每一生产环节就是这一价值链上的一环。国与国之间的优势更多体现为价值链上某一特定环节上的优势,从而导致国与国之间按价值链不同环节分工的现象。国际分工形式的改变也使国际分工利益不再完全取决于各个国家生产何种产品,而是取决于参与国际分工要素的数量和质量。从某种意义上讲,世界各国已在按要素分配参与全球化了。

2. 水平型分工

水平型分工是指经济发展水平相同或接近的国家或地区之间在工业制成品生产上的国际分工。当代发达国家之间的贸易、投资主要是建立在水平型国际分工的基础上的。水平型分工可以分为产业间分工和产业内分工。产业间分工是指不同产业所生产的制成品之间的国际分工与贸易。由于发达资本主义国家的工业发展有先有后,侧重的工业部门有所不同,各国技术水平和发展状况存在差异,因此,各国以其重点工业部门的产品去换取非重点工业部门的产品,从而提高各自的经济福利。工业制成品生产之间的分工不断向纵深发展,由此形成产业内分工。产业内分工又称为"产品差异分工",是指同一产业内不同厂商生产的产品虽有相同或相近的技术程度,但在外观设计、内在质量、规格、品种、商标、牌号或价格上有所差异,从而产生国际分工和相互交换,它反映了寡占企业的竞争性和消费者偏好的多样化。随着科学技术和经济的发展,工业部门内部专业化生产程度越来越高,部门内部的分工、产品零部件的分工、各种加工工艺间的分工越来越细。

3. 混合型分工

混合型分工实际上就是一个国家既参与垂直型分工又参与水平型分工。德国是"混合型"的典型代表。它对发展中国家的分工是"垂直型"的,向发展中国家进口原料,出口工业品,而对发达国家的分工则是"水平型"的。从严格意义上讲,当今世界的国际分工体系中,完全属于垂直型分工或水平型分工的国家几乎是不存在的,它们都不同程度地既存在垂直型分工,也存在水平型分工。一般情况下,经济发展水平越高的国家,其水平型分工的比重就越大。

三、国际分工的形成与发展

国际分工真正意义上的开始是在第一次科技革命后。在第一次科技革命之前,只存在因各国和各地区的地理、民族传统以及国民经济特点的差异而导致的地域分工和社会分工[1]。尽管地理大发现之后,贸易的区域及规模有所扩大,同时由于西欧国家倚仗其强大的国力,对广大的亚、非、拉地区进行殖民侵略,强行将这些国家和地区转变成自己的经济附庸,纳入自己的分工体系中。但是,这种国家间的经济往来仅仅是在暴力压迫下所构成的宗主国与殖民地之间的分工,从根本上说不能算是一种真正意义上的国际分工,充其量只能算作当时某些发达国家的一种经济掠夺,或是这些国家国内经济向国际范围的延伸。

(一)国际分工的初步形成

国际分工形成阶段的起点是18世纪60年代爆发的以蒸汽机的发明为标志的工业革命(第一次科技革命)。此次革命首先爆发于英国,随后又逐渐蔓延到法国、德国、美国以及西欧的其他一些国家,其最突出的表现是一系列重大的技术革新与发明。其中,棉纺织业、机械制造业以及交通运输业的发展最为显著。在这次革命中,由于各项机械的不断改良及广泛应用,英国和其他欧美发达国家率先从手工工具时代过渡到大机器时代,从而使生产力和生产规模得到了前所未有的发展,为国际分工奠定了物质基础。工业革命使工业和农业相分离,使工业成为独立的生产部门,并且在工业内部分工也不断地细化。科学技术的飞速发展和分工规模的不断扩

---

[1] 宋则行、樊亢:《世界经济史(上卷)》,经济科学出版社1998年版,第212~213页。

大，使得英法等发达国家的分工不断向国际范围扩展，从而逐渐形成了一种同机器大生产相适应的国际分工体系。正如马克思指出的那样，"由于机器和蒸汽的应用，分工的规模已使大工业脱离了本国基地，完全依赖于世界市场、国际交换和国际分工"①。

工业革命通过供给和需求两方面推动了生产的向外扩张，促进了世界市场的发展。它一方面使物质生产规模迅速地扩大，使得本国的市场趋于饱和，需要寻找新的产品销售市场；另一方面，机器大工业生产需要更多的原料、燃料，国内的供给已不能完全满足原材料的需求，需要到国外去开辟新的原料供应地。为了适应机器大工业的产品在国际交换中的大规模长途运输的要求，交通运输业也发生了革命性的变革，各种新的交通工具的发明不断地涌现。这些都加快了英法等国的向外扩张，从而使整个世界都被纳入了以英国为中心的国际分工体系。

由此可见，工业革命的爆发和完成，推动了社会生产力的发展，标志着资本主义经济体系和生产方式的确立，它加快了商品经济的推广、社会分工的发展，也促进了国际分工的形成。

（二）国际分工的发展

从19世纪70年代到第二次世界大战结束是国际分工的发展阶段。在这一时期爆发了以电力和内燃机的广泛应用为标志的第二次科技革命，社会生产力再一次获得了飞速的发展。在第一次科技革命中，机器主要应用于棉纺织业等轻工业部门，而第二次科技革命推动了电力、汽车制造、钢铁、石化等重工业的发展，各主要资本主义国家都将发展的重点由轻工业部门转向重工业部门。由于工业技术的巨大进步和生产力的迅速发展，资本主义自由竞争导致了资本的集中从而最终由自由资本主义过渡到垄断资本主义。

第二次科技革命使得世界财富迅速增加，一些主要的发达国家出现了"资本的相对过剩"，它们在继续争夺原材料产地和产品销售市场的同时，增加了对殖民地和半殖民地的资本投入，资本输出逐渐取代商品输出成为主要的国际输出方式，资本国际化得到了迅速的发展，从而形成了一个囊括全球的资本主义世界经济体系，由此形成了一个由一组西方发达国家为中心的资本主义国际分工体系。宗主国和殖民地之间的工业与农业的产业间分工进一步深化，同时还伴随着产业内部的分工，这也直接导致了亚、非、拉国家的经济变为畸形的片面的单一经济（见表1-2）。

表1-2　部分发展中国家出口初级产品的单一程度（1950～1976年）　　单位：%

国　家	出口初级产品	1950	1960	1970	1973	1976
伊　朗	石　油	89.6	85.7	89.9	91.8	97.4
马来西亚	橡胶、锡	67.1	69.1	53.0	46.2	34.4
利比亚	石　油	na	51.0	99.9	99.6	na
冈比亚	花生制品	na	73.2	62.5	32.8	na
巴　西	咖啡、棉花	77.3	65.2	42.8	25.0	32.0
智　利	铜、硝石	na	75.7	69.3	85.2	62.3

注：na为数据不可得。下同。

资料来源：《国外经济统计资料》（1949～1976），中国财政经济出版社1979年版。

---

① 《马克思、恩格斯全集（第三卷）》，人民出版社1960年版，第51页。

发展不平衡是资本主义发展的绝对规律。在第二次科技革命的推动下,美国、德国迅速发展壮大,在经济上很快超过了老牌的帝国主义①国家英国、法国,同时日本、俄国、意大利也在迅速地崛起。后起的帝国主义国家对既定的以英国和法国为中心的国际政治经济秩序日益不满,要求重新瓜分世界领土和市场。这使帝国主义国家之间的矛盾日益激化。这一矛盾表现为帝国主义之间不断的贸易战、投资战和各种殖民地争夺战,最后导致了两次世界大战的爆发。这一切使得世界经济遭到极大的破坏,资本主义经济体系迅速破裂,世界经济的全球局面彻底瓦解,国际分工也因此停滞甚至中断。

(三) 国际分工的深化

在第二次世界大战之后,随着第三次科技革命的爆发,从美国开始,发展到世界上其他国家,出现了以原子能、电子计算机和空间科学技术的应用为主要标志的一系列现代化新兴工业部门,社会生活也由此进入原子时代、电子时代,社会物质生产各领域的面貌为之一新。整个世界经济迅速进入了复苏阶段,国际分工在原有的基础上进一步深化、细化。其主要体现在以下几个方面。

1. 以自然资源为基础的垂直型分工的地位不断下降,取而代之的是制造业内部的水平型分工

在二战以前,工业品生产国与农业或初级产品生产国之间的分工,主要是建立在自然资源差异的基础上,制造业的分工也仅限于各国不同产业部门之间的分工。而二战后,制造业分工的深化,使各国的产业、部门之间的分工深入到部门内部,发展为不同产品、同一产品的不同零部件,甚至不同工艺工序过程的生产专业化。

2. 战后跨国公司迅速发展,企业内部分工逐渐成为一种主要的国际分工形式

在二战前,国际分工通常意味着不同国家专门从事某种产品或零部件的生产。二战后,由于第三次科技革命与前两次科技革命相比,涉及范围广泛得多,所需资本也更庞大,加上各国各地原有自然条件和经济基础的差异,使得科学技术的研究和应用在各国和各地区极不平衡地发展,再加上跨国公司的全球战略,国际分工更多地表现为大企业或企业集团根据不同国家的生产要素优势或资源优势,将自己产品的不同生产环节或工序安排在不同国家进行,以追求生产要素或资源的综合优势,结果使国际分工成为企业内的生产分工或劳动分工。

3. 国际分工在不断深化的同时,也表现出不完全化的趋势

在二战前,国际分工主要表现为帝国主义国家同殖民地、半殖民地国家之间的强制性的完全专业化分工。二战后,由于殖民地半殖民地国家民族独立运动的兴起,帝国主义的殖民体系彻底瓦解了,旧的国际分工难以为继。经济落后的国家为了振兴本国经济,摆脱在国际分工中的不利地位,大力保护和发展民族工业,走工业化道路。而发达国家出于自身发展战略的考虑,

---

① 帝国主义特指资本主义发展中的一个特殊阶段。英国经济学家霍布森在其1902年出版的《帝国主义》和德国经济学家希法亭在其1910年出版的《金融资本》等著作中试图系统阐述自己关于帝国主义的观点。列宁在1917年出版的《帝国主义是资本主义的最高阶段》一书中,批判、继承和发展了他们的思想,第一次对作为资本主义特殊阶段的帝国主义开展系统的马克思主义的理论分析。列宁认为,"如果必须给帝国主义下一个尽量简短的定义,那就应当说,帝国主义是资本主义的垄断阶段"(《列宁选集(第2卷)》第808页)。列宁指出,资本主义从自由竞争阶段向垄断阶段的过渡是在19世纪末20世纪初最后完成的。当时的帝国主义有如下的经济特征:(1)在生产和资本集中高度发展的基础上形成的垄断统治,是它的基本特征;(2)银行资本和工业资本融合为一,形成金融资本,并在此基础上产生金融寡头;(3)和商品输出不同的资本输出具有特别重要的意义;(4)瓜分世界的资本家国际垄断同盟业已形成;(5)资本主义列强已把世界领土分割完毕。列宁还从帝国主义是寄生的或腐朽的资本主义,帝国主义是过渡的或垂死的资本主义,论述了帝国主义的历史地位。

在保持原有优势的同时,也对一些初级产业进行扶持,使之得到较快的发展。因此,国际分工在不断深化的同时非但没有朝着绝对专业化的方向发展,各个国家的部门或行业跨度反而增大了。

4. 出现了第三产业与第一、第二产业之间分工的发展趋势

第三产业的形成由来已久,但是它直到20世纪60年代才成为国际分工的一个重要组成部分。发达国家在发展中国家逐渐向工业化方向迈进的同时,已经将生产重心逐渐转移到高新技术产业和以服务业为主的第三产业,呈现出后工业化社会的某些特点。两类国家产业结构升级的进程明显不同,表现出某种梯度,这就为产业结构的国际重组提供了条件。一些传统产业,如钢铁、化工、机械制造等逐渐从发达国家向发展中国家转移。

(四) 20世纪90年代以来国际分工发展的新趋势

由于科技革命的推动,20世纪90年代以来国际分工又表现出一些新的特点:国际分工的形式从19世纪中后期形成的以制成品生产为基础的生产部门专业化发展到二战结束后的产品生产的专业化,到现在以零部件生产分工和工序分工为主的中间产品生产的分工,甚至是产品设计与制造的分工的专业化格局,即按生产要素为界限而建立起的新的国际分工形式。以韩国生产的庞迪亚克·莱曼牌汽车为例。该车于1989年由联邦德国设计,其零部件来自7个国家。其中,韩国生产1.6升发动机、制动器零件、轮胎、电气配线、手动驱动桥、车身外壳部件、后轴零件、挡风玻璃和电池等;美国生产传动装置和自动驱动桥、燃油泵、燃油喷射系统、后轴零件和转向系统零件;加拿大生产传动零件和自动驱动桥;澳大利亚生产2.0升发动机;法国生产手动驱动桥;日本生产金属板;新加坡生产无线电装置;最后在韩国装配成车,运销世界各地。我们已经无法单纯从一个国家的进出口商品来判断这个国家在国际分工中的地位。在全球化经济的背景下,许多发展中国家仅仅是依靠国内廉价的劳动力优势对产品进行最后的组装,赚取极为微薄的加工费,而真正赚取高额利润的却是那些拥有核心技术、专利品牌、营销渠道的发达国家。

随着科学技术在社会经济领域中的不断渗透,科技因素已成为生产要素中的决定性因素,从某种意义上讲,当代国际生产的专业化分工很大程度上就是由科技专业化领域的国际分工所决定的。根据美国1991年的资料,美国、欧洲和日本三大世界主要科学技术成果产生地区之间存在着明显的专业化水平型国际分工,而相对于世界上其他国家,它们又几乎将各个领域的高新科学技术垄断了。因此,世界上的大多数国家,尤其是发展中国家只能从事低端的生产加工,在国际分工中处于极为不利的地位。

表1-3 美日欧在全球高技术制成品市场上所占的份额   单位:%

领　　域	美　国	日　本	欧　洲
高技术制成品	35.9	29.2	31.4
工业用化学品	32.5	14.1	50.4
药品与医疗用品	29.2	20.3	47.5
发动机与涡轮机	34.9	15.3	49.6
办公自动化与计算机	34.8	37.5	21.8

续 表

领　域	美　国	日　本	欧　洲
无线电、电视与通讯	30.6	42.0	25.9
飞机	55.9	3.6	37.7
科学仪器	53.4	15.4	30.5

资料来源：美国全国科学基金会年度报告，1991年。

四、国际分工对世界经济的影响

国际分工是社会历史发展的一种必然趋势，它随着世界经济的发展而逐渐深化，反过来对世界经济的形成和发展又有着强力的推动作用。国际分工一方面能够提高世界各国的经济效率，促进国际贸易的发展，使得世界各国发挥自身的比较优势，扩大生产可能性曲线，对世界经济的发展有积极的促进作用。但另一方面，国际分工从产生之初就是由发达国家推动和主导的，广大发展中国家在廉价商品和各种超经济强制手段的压力下，被迫参与到国际分工体系之中接受由发达国家制定的各种规则，这使得国际分工从一开始就体现着不平等性。第二次世界大战后，尽管世界各地的殖民地、半殖民地通通被废除，大多数发展中国家在政治上取得了独立，然而经济上的独立性却要滞后得多。这主要是由于现行的国际经济秩序仍然是由发达国家主导，发展中国家对发达国家经济上的依附并未消除，在国际分工中仍然处于不利地位。大多数发展中国家与发达国家的经济差距并未缩小，反而进一步扩大，部分极不发达的国家甚至被边缘化，长期以来经济处于停滞状态。第二次世界大战结束以后，发达国家出口的工业制成品价格指数从1950年的100上升到1973年的202；与此同时，发展中国家出口的初级产品价格指数却仅从100上升到157，大大低于前者。归纳起来，国际分工从总体上推动了世界经济的发展，但是由于旧的国际经济秩序，由国际分工所产生的经济利益在参与国之间的分配往往是不平等的。

第三节　世　界　市　场

一、世界市场的内涵

世界市场是世界各国和各地区商品及各种生产要素交换的场所，是世界范围内通过国际分工联系起来的各个国家内部以及各国之间的市场组成的综合体。世界市场是在各国国内市场的基础上形成的，是联系各国商品和要素流通领域的纽带，但它并不是各国国内市场的简单加总。原因主要有两点：第一，世界市场仅包括各国国内市场进入国际交换的部分，而一国生产要素的交换总是有相当一部分局限在国内并没进入世界市场；第二，各国的国内市场是一个国家内部交换关系的反映，是国内交换的场所或领域，而世界市场则是超越国家界限的生产要素交换场所或领域。正因如此，国内市场要受到每个国家的政治制度和经济制度的制约和影响，而世界市场则主要受国际政治经济关系的制约和影响。

二、世界市场的形成与发展

(一) 世界市场的萌芽

世界市场的形成过程是一个由区域性国际市场逐渐扩大完善,最终形成统一的世界市场的过程。早在中古时期,人类社会就有了区域性的国际贸易。不过那时候由于生产力低下,各国主要是以自给自足的国内经济为主,再加上落后的交通工具,只能在相邻的国家之间进行少量的国际贸易。因此,在 15 世纪,以一些较为发达的国家或城市为中心形成了一些区域性世界市场,如欧洲的地中海贸易区、波罗的海贸易区、汉萨同盟①、不列颠贸易区等。这些区域性国际市场为世界市场的形成提供了基础。

到了 15,16 世纪,出于西欧封建贵族对贵金属的渴求,欧洲国家,尤其是非地中海沿岸的西欧国家都积极地进行海外探险,以求寻找到一条新的航线。这个时候欧洲的天文学和航海技术已经有了很大的发展,"地圆学说"已经逐渐被人们所接受,中国的罗盘已经传入西欧并得到了广泛的应用,西班牙和葡萄牙等国的造船技术也达到了较高的水平,这些都让远航成为可能。终于,通过许许多多航海家的不懈努力,西欧各国不仅开辟了通往东方的新航路,还同时发现了美洲大陆,人们把这一时期西欧诸国通过大规模的海外探险所获得的发现称为"地理大发现"。

马克思和恩格斯在 1848 年 2 月出版的《共产党宣言》中指出:"美洲的发现,绕过非洲的航行,给新兴的资产阶级开辟了新的活动场所。东印度和中国的市场、美洲的殖民化、对殖民地的贸易、交换手段和一般的商品增加,使商业、航海业和工业空前高涨。"地理大发现使得世界各国的联系更加紧密,贸易往来也更加频繁。国际贸易地域上的扩大和商品种类的增加,引起了西欧商业的革命性变化,促进了以分工为特征的工场手工业的发展。从 16 世纪开始,西欧的封建制国家大力推行重商主义政策,积极鼓励发展航海业和对外贸易,促进了为出口而生产的国际分工。

在这一时期,资本主义的生产方式在英国、荷兰、法国等国家逐步建立,资产阶级的地位不断地上升。资本主义的生产方式一经萌芽就有强烈的扩张性,而资本原始积累的需求与一国国内资源和市场相对有限构成了矛盾,这一矛盾最终导致了这些国家疯狂地向外扩张。于是,西欧商业强国纷纷在亚洲、非洲、拉丁美洲地区争夺殖民地,建立起以殖民经济为特征的早期的资本主义专业化生产,把原来只具有区域色彩的国际分工逐渐扩展到世界各地。

欧洲的殖民政策打破了原有的相对封闭的各区域性国际市场,建立在区域性市场内部的分工开始服从于以欧洲为核心的国际分工体系,世界形成了以欧洲为中心的早期统一市场。由于商品贸易更多地服从于宗主国的意志,而不是以国际价值为核心的国际价格机制,因此这个市场带有强烈的不公平性质。但它毕竟是人类历史上第一次由不同的民族、不同的制度通过贸易这一渠道把世界各国联系起来了。

(二) 世界市场的初步形成

这个时期开始于 18 世纪 60 年代末,结束于 19 世纪 70 年代初。从 18 世纪最后的 30 年到

---

① 汉萨同盟是德意志北部城市为主形成的商业、政治联盟。汉萨(Hanse)一词,德文意为"公所"或者"会馆"。12 世纪中叶逐渐形成,14 世纪达到兴盛,加盟城市最多达到 160 个。1367 年成立以吕贝克城为首的领导机构,有汉堡、科隆、不莱梅等大城市的富商、贵族参加。拥有武装和金库。1370 年战胜丹麦,订立《斯特拉尔松德条约》。同盟垄断波罗的海地区贸易,并在西起伦敦,东至诺夫哥罗德的沿海地区建立商站,实力雄厚。15 世纪转衰,1669 年解体。

19世纪初,欧洲主要资本主义国家以及美国都先后完成了产业革命,建立了机器大工业,从而使资本主义的生产体系得到不断的巩固和完善。随着国际分工的细化,交换的逐渐频繁,世界市场也得以不断扩展。因此从某种程度上,我们可以认为世界市场的形成和发展与国际分工的形成和发展基本上是同步的。

世界市场形成需要具备一定的基础条件,其主要包括:

(1) 国际分工体系的建立。国际分工是世界经济运行的基础,是世界市场形成和发展的先决条件。国际分工体系的建立,将原本独立分散的各国国民经济有机地结合起来,使得国家之间的经济交往日益密切,到19世纪60年代,伴随着资本主义国际分工体系的形成,世界市场也同时建立起来。

(2) 资本主义生产方式的确立。资本主义生产方式从两个方面推动了世界市场的形成。一方面资本家对最大化利润的追逐以及面临巨大的竞争压力,使得资本主义生产本身就有不断向外扩张的动力;另一方面,资本主义生产方式本身所固有的内在矛盾也使得其不断地开拓国外市场,将矛盾转嫁给其他国家。所以,资本主义生产方式的确立是世界市场形成的内在动力。

(3) 机器大工业体系的建立。通过工业革命建立起来的机器大工业生产从对产品销售市场和原料供应来源两方面的需求把商品交换关系推向整个世界市场,同时由于大工业的建立所带来的交通工具的变革,进一步扩大了国际经济往来的规模,因此,机器大工业体系的建立为世界市场的形成准备了必要的物质基础。

工业革命对世界市场的形成起着决定性的作用,最明显地表现在两个方面。

首先,世界市场的商品结构发生变化。早期的世界市场在重商主义的指导下,奢侈消费品和金银等贵金属始终占据着主导地位,商人和手工场主原始积累的主要手段也是依靠从海外掠夺金银。由于早期手工工场生产能力有限,难以形成规模经济,因此难以对殖民地自给自足的自然经济形成冲击。工业革命的发生使欧洲生产出大量成本低廉的工业制成品,如纺织品、金属制品和机器等。这些产品的出口彻底瓦解了殖民地自给自足的自然经济。例如,从1814~1835年英国输往印度的棉纺织品从818万码猛增至5 177万码。而在此之前,印度一直是世界上最重要的纺织品输出国。与此相对应的,从殖民地输往欧洲宗主国的商品也发生了变化,由以往以满足贵族消费的奢侈品为主转向了以工业制成品所需要的大宗原材料和燃料产品为主。以原料最大的进口国英国为例,1771~1775年,平均每年进口棉花0.23万吨左右,到1869年已经增至55.5万吨,增长了240倍。工业制成品以及与工业制成品相关的原材料商品结构的确立,成为统一的世界市场形成的一个重要标志。

其次,世界市场的价格机制也发生了重大的变化。早期世界市场的贸易表现为宗主国通过战争以及不平等条约对殖民地的掠夺。商品的国际交换价格不是取决于商品的价值和供求关系,而是取决于宗主国的意志。这是一种典型的不平等交换机制,它不可能支持世界市场长期稳定的扩展。工业革命发生后,欧洲由于其工业制成品实现了规模生产,成本大幅度降低;殖民地的不断反抗也使得原来那种靠使用武力拓展市场的交易成本急剧上升。因此,在这一时期的世界市场中,逐步形成了以国际价格为核心的等价交换机制。等价交换机制的确立,标志着世界市场进入了一个有序的发展轨道。当然,等价交换并不等同于平等交换。由于对产品的需求弹性存在差异等原因,在世界市场上工业制成品的价格形成机制相对于原材料价格的决定往往更为有利,因而在统一的世界市场中仍然存在着大量的不平等交易现象。

第一章 科技革命、国际分工与世界市场

(三) 世界市场的最终形成

这个时期开始于19世纪70年代,结束于20世纪初。在这段时间里,垄断代替了自由竞争。第二次科技革命的爆发,资本输出的加强,国际分工的进一步发展,形成了统一的无所不包的世界市场。其标志如下:

(1) 多边贸易及支付体系的形成。随着国际分工的发展、世界市场的扩大使各个国家的国际收支平衡不再单纯依靠同每个国家的双边贸易中均保持收支平衡,而是以对所有贸易伙伴国的综合平衡为基础。当时的英国,一方面从西欧大陆和北美的新兴工业国家进口大批的工业品,另一方面又对经济欠发达国家提供大量的工业制成品。因此,英国就用从不发达国家的贸易顺差中取得的收入弥补英国对发达国家的贸易逆差,从而成为多边支付体系的中心。这个体系为所有贸易伙伴国提供购买货物的支付手段,同时使国际债权债务的清偿和股息红利的支付顺利完成,以利于资本输出和国际短期资金的流动。该体系的形成,反映了世界市场上市场机制的逐渐完善。

(2) 国际金本位制度的建立与世界货币的形成。世界市场的发展与世界货币职能的发挥实际上是紧密结合在一起的,只有在世界市场充分发展以后作为世界货币的黄金才能充分地发挥其调节作用。国际金本位制是在英国、拉丁货币联盟(含法国、比利时、意大利、瑞士)、荷兰、若干北欧国家以及德国和美国实行国内金本位的基础上于19世纪80年代形成的,盛行了约30年,在第一次世界大战爆发时崩溃。金本位制的内在自动调节机制使得各国货币的汇率以及价格水平在一段时期内保持相对的稳定,而黄金作为这一时期统一的世界货币也大大地降低了各个国家贸易往来的交易成本,这就为国际贸易和国际资本的输出创造了有利的条件,并且加强了价值规律在世界市场上的作用。

(3) 统一的国际贸易法律和贸易惯例的产生。随着世界各国之间贸易往来的日渐频繁,贸易摩擦和冲突也在不断地加剧,这就催发了各种国际贸易法律和惯例的产生,如1883年在巴黎签订的《关于保护工业产权的巴黎公约》、1886年在伯尔尼签订的《保护文学艺术作品伯尔尼公约》、1891年在马德里缔结的《商标国际注册的马德里协定》等。这些都体现了世界市场经济秩序的完善。

(4) 较为健全固定的销售渠道的建立。各种有固定组织形式的市场,如商品交易所、国际拍卖会、国际招标与投标市场、国际博览会等陆续建立;航运、保险、银行等各种专业机构逐渐建立与健全;较为固定的航线、港口及码头机构也建立了起来。这一切都把世界市场有机地结合在一起。

(5) 资本主义的各种经济规律如价值规律、个体生产的有序性与整个社会生产的无政府状态的矛盾的规律等制约着世界市场的发展。资本主义所固有的各种经济规律已经越来越明显地表现在世界市场上,各国的经济运行周期也逐渐地趋于一致,这反映了各国国民经济已经被世界市场紧密地联系在一起了。

(四) 世界市场的新发展

二战后,随着第三次科技革命的兴起,世界政治经济形势发生了巨大的变化,世界市场的发展也随之出现了一些新的特点。

(1) 世界市场的容量迅速扩大,国际贸易及经济合作方式多样化。第二次世界大战前,世界经济主要是体现帝国主义国家意志的殖民经济,国际分工的主要形式是宗主国与殖民地、半殖民地国家之间的制成品和初级产品的垂直型分工。战后,发达国家之间的水平型分工有了很

大的发展,并在国际分工中占据越来越重要的地位。一方面世界贸易的增长速度快于世界生产的增长速度,说明了世界市场容量的扩充;另一方面世界出口总值在世界生产总值中的比重加大,这表明各国经济对世界市场的依赖程度的增强。此外,各国间商品交换方式也日趋多样化,像补偿贸易、租赁贸易、来料加工贸易等新的贸易及经济合作方式在第二次世界大战后得到很大的发展。

(2) 世界市场区域化趋势加强。二战后,由于地缘关系、经济结构或是一些历史原因,部分经济联系较为密切的地区或国家组成区域性经济组织。这些区域性经济组织通过对内降低关税,去除壁垒,促进区域内部商品的自由流通,令成员国之间的经济联系更加紧密;对外制定统一关税,保护区域内成员国的国民经济。现如今,有些区域性经济组织已经发展得十分成熟,一体化程度相对较高,并且从总体上说其对经济发展是起着积极促进作用的,如欧盟和北美自由贸易区。它们为其他想要加强区域性经济合作的国家和地区提供了相当宝贵的经验,在一定程度上鼓励和促进了全球区域经济一体化的发展。目前世界上越来越多的国家参加了区域贸易协议(RTA)。据统计,截至2004年底,全球只有12个岛国和公国没有参加任何的区域贸易协议。全球有174个国家和地区至少参加了1个RTA,这些国家或地区中,平均每个国家或地区参加了5个RTA,最多的一个国家参加了29个RTA。

(3) 世界市场参与国类型趋于多样化。在二战前,由于东西方经济发展的不平衡,世界市场上的参与主体主要是少数西方发达的工业化国家,而其他广大的亚非拉国家则大多处于殖民地或半殖民地,仅仅是发达国家的经济附庸。二战后,国际形势发生了根本性的变化,全球掀起了一场风起云涌的民族独立运动,亚非拉国家纷纷独立,帝国主义的殖民体系瓦解,这些独立国家也逐渐融入世界市场中。发展中国家作为一股不可忽视的力量,在发展民族经济、改变旧的国际经济秩序中取得了突出的成就。尽管目前看来,发达国家在世界市场上仍然占据着绝对的主导地位,但是发展中国家正以较高的增长速度进行追赶,部分新兴工业化国家和地区在许多经济指标上甚至已经达到或超过了中等发达国家的水平,这些都导致当今世界经济格局发生重大的变化,世界市场上的参与国类型向多样化发展。

(4) 世界市场的商品结构发生了显著变化。随着科技水平的提高,生产力的发展,世界上各个国家的产业结构不断升级,国民经济从以第一产业为主过渡到以第二产业为主,最后到第三产业。国家是世界市场参与的主体,世界各国产业结构高度化的必然结果是世界市场上初级产品比重逐渐降低,高附加值的工业制成品的比重不断提高。二战前,以垂直型国际分工为主的世界市场上初级产品交易的比重一直高于工业制成品,各国参与国际贸易大多是为了突破本国资源条件的束缚。二战后,由于第三次科技革命的爆发,生产力发展水平的大幅提高,制成品交易市场日趋活跃。从1954年起,制成品交易在世界市场贸易总额中所占的比重开始超过初级产品,并且初级产品的相对价格直线下降。在工业制成品贸易中,机械产品在各大类商品中增长最为迅速,石化产品的重要性也进一步增强。在初级产品贸易中,原料和食品等的比重都呈直线下跌趋势,而燃料所占比重则趋于上升。这主要是由于战后农业的"绿色革命"和石化工业的发展,以及石油输出国组织(OPEC)对石油的限量生产导致石油价格大幅提高的结果。同时,随着第三产业尤其是信息产业的兴起,技术与知识密集型产品在整个商品贸易中所占的比重在不断上升,生产要素在国际的流动加强,服务贸易得到了迅速的发展。

(5) 世界市场上的垄断与竞争不断加强。二战后,随着国家垄断资本主义的发展,各国政府大多采用战略性的贸易政策,即通过鼓励特定产品的出口与限制进口的方式来达到改善经济绩效的目的,这就使得国家对本国参与世界市场的干预逐渐加强。一些行业由于得到了本国政府的大力支持,国际竞争力得到了极大提高,从而在国际市场上占据了主要的垄断地位。同时,伴随着 FDI 的发展,跨国公司在战后的发展也十分迅速。它们凭借着雄厚的资金实力、先进的技术水平、科学的管理方法以及全球的发展战略在世界各国进行生产、投资、销售,迅速抢占国际市场。这些都加强了世界市场的垄断性。

尽管世界市场上的垄断性不断加强,但是其竞争性并没有减弱,反而更加激烈。世界市场上的参与主体为了保住并扩大它们的市场份额都在不断地进行产品的创新研发、改进生产流程、提高管理效率和改善售后服务等等,竞争逐渐从生产领域扩大到整个生产、服务和销售领域。世界市场上的这种激烈的竞争有利于世界市场更好地发挥其市场调节的作用。

本章小结

本章主要讨论世界经济发展过程中的三个主要方面:科技革命、国际分工和世界市场。

科技革命是世界经济形成和发展的动力,是科学革命和技术革命的合称。到目前为止,人类历史上共发生过三次科技革命,它们对人类社会经济生活的各个方面都产生了空前的影响。科技进步改变了传统的生产方式,极大提高了生产效率;推动了产品创新,带动了世界各国产业结构的升级;导致了各国经济发展的不平衡,改变了世界经济的格局;使世界各国的联系更加紧密,推动了经济全球化的发展。20 世纪末第三次科技革命的影响仍在延续,以数字化与网络化信息技术为标志的信息革命,又在世界范围内勃然兴起。其中美国抓住了这次机遇而迎来了经济高增长、高就业以及低通胀的"新经济",而人类社会也在信息革命的推动下进入了知识经济时代。

国际分工是指跨国界的劳动分工,作为世界经济运行的基础,它主要受到各国自然要素禀赋和社会经济条件的影响。国际分工按分工的基础和稳定性划分,可分为:基于自然资源差异上的分工、基于要素密集度差异上的分工以及协议分工;按参与国的产业关联性划分,国际分工又可分为:垂直型分工、水平型分工、混合型分工。国际分工是生产力发展的必然结果,各国生产力的发展决定了其在国际分工中的地位。第二次世界大战结束以后,国际分工不断地深化,并在 20 世纪 90 年代后期表现出新的发展趋势。国际分工是社会历史发展的一种必然,它随着世界经济的发展而逐渐深化,反过来对世界经济的形成和发展又有着强力的推动作用。

世界市场是世界各国和各地区商品及各种生产要素交换的场所,是由世界范围内通过国际分工联系起来的各个国家内部以及各国之间的市场综合体。世界市场是在各国国内市场的基础上形成的,是联系各国商品和要素流通领域的纽带,它与国际分工的发展几乎是同步的。世界市场早在 15,16 世纪就出现萌芽,并且在 19 世纪 70 年代最终形成。与国际分工一样,二战后世界市场也在科技革命的推动下出现了一系列新的特点。

关键词

科技革命　科学革命　技术革命　第一次科技革命　第二次科技革命　第三次科技革命　信息革命　新经济　知识经济　国际分工　协议分工　垂直型分工　水平型分工　产业间分工　产业内分工　混合型分工　世界市场

复习思考题

1. 简述三次科技革命的内容和特点。
2. 简述科技革命对世界经济的影响。
3. 简述信息革命与美国新经济之间的关系。
4. 简述国际分工的形成发展及其对世界经济的影响。
5. 简述世界市场形成的基础条件。
6. 简述世界市场最终形成的标志。
7. 简述二战后世界市场出现的一些新的特点。
8. 论述科技革命、国际分工及世界市场三者之间的相互作用及其对世界经济的影响。

第二篇　主要国家和地区经济特征与国际经济地位

第二章

发达国家和地区经济及其经济模式

世界经济的发展史很大一部分是发达国家经济发展史。发达国家控制着当今世界的经济命脉，对世界经济的运行产生着重要影响。但是各个主要发达国家根据其自身的经济、社会、文化以及历史背景，具有不同的经济发展阶段和经济特征，也拥有不同的经济模式。美国、欧洲、日本乃世界经济的三个重要的经济体，各自都经历了从二战后到现在的经济发展的各个阶段，展现出不同阶段的经济特征。美国自由主义市场经济模式、欧洲社会市场经济模式与日本政府主导型的市场经济模式都在各自经济发展过程中发挥着重要的作用。本章主要介绍战后美国、西欧和日本的经济发展过程，其各自在世界经济中的地位以及经济模式的具体特点，通过本章的学习，你可以对主要发达国家的经济发展特征以及经济模式有一个总体的了解。

第二章　发达国家和地区经济及其经济模式

学习目标

学习本章后,你应该能够:

1. 了解战后美国经济的发展阶段及其各个阶段表现出来的特征,分析美国在当今世界经济中的重要地位与作用,理解自由市场经济模式在美国经济中的运用;

2. 了解战后西欧经济的发展阶段及其各个阶段表现出来的特征,分析欧洲特别是欧盟在当今世界经济中的重要地位与作用,理解社会市场经济模式在欧洲主要国家经济中的运用;

3. 了解战后日本经济的发展阶段及其各个阶段表现出来的特征,分析日本在当今世界经济中的重要地位与作用,理解政府主导型的市场经济模式在日本经济中的运用。

第一节　战后美国经济及其经济模式

一、二战后美国经济的发展回顾和经济特征

根据美国二战后经济发展的特征,可以把二战后的美国经济发展划分为以下几个阶段(图 2-1)。

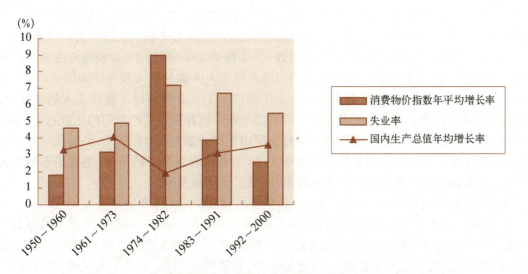

图 2-1　二战后美国经济发展各阶段主要经济指标(1950～2000 年)

数据来源:IMF, *International Financial Statistic Yearbook*,美国经济分析局网站,美国《总统经济报告 2006》。

(一) 二战后初期的繁荣阶段(1947～1953 年)

由于美国本土远离第二次世界大战主战场,其非但没有遭到战火的破坏,反而乘战争之机大做军火生意,促进了军事工业的迅速发展,使其经济实力在西方发达国家中处于绝对领先地位。西欧和日本由于受到战争的破坏,需要美国提供大量资本和商品来医治战争的创伤,美国国内因战争而被推迟的设备更新和被压抑的居民消费需求又重新活跃起来,这就为二战后初期

美国经济的发展提供了广阔的国内外市场。此外,美国发动的朝鲜战争也极大地刺激了经济发展。1947~1953年,美国国民生产总值年平均增长3.9%,工业生产年平均增长6.6%,是同时期西方国家经济发展最为迅速的国家,美国也确立了在世界经济中的霸主地位。

(二)低速增长阶段(1954~1960年)

进入20世纪50年代中期,西欧和日本等的经济先后进入了高速增长期,美国国内外市场条件开始恶化,战争对美国经济的刺激作用大为减弱。1954年、1958年和1960年,美国经历了三次经济衰退的困扰,经济周期波动频繁而且幅度较大。1954~1960年,美国国民生产总值年平均增长2.5%,工业生产年平均增长2.7%。1960年美国工业生产占西方发达国家的比重已从1953年的59.4%下降到51.9%,黄金储备下降到47.2%。美国经济实力开始下降,在世界经济中的霸主地位受到削弱。

(三)高速增长阶段(1961~1973年)

从1961~1973年,美国经济出现了二战后第一次长达100个月以上的繁荣,在此期间,其国内生产总值的年均增长率高达4.1%,工业生产年均增长率和劳动生产年均增长率分别为4.8%和3.6%,而消费物价指数年均增长率只有3.2%,失业率年均只有4.9%。这一"黄金时代"的主要经济特点是经济高速增长同时伴随着较低失业率和消费物价指数的温和增长。形成这一"黄金时代"的主要原因有:(1)第三次科技革命成果的推动导致的产业结构升级。发端于美国开始于20世纪40年代的以信息、生物、新材料、新能源、空间、海洋等技术为主要标志的第三次科技革命促进了一批高新技术产业群的兴起。这些高新技术逐渐渗透到美国的工业领域,使传统技术发生了质的变化,社会生产率极大提高,同时也导致了美国产业结构的升级。由于农业劳动生产率的迅速提高,农业工人大量减少,农业在美国整个国民经济中的地位不断降低,第一产业占国民生产总值的比重从1952年的7%下降到1970年的3%。制造业劳动生产率的提高使物质生产工人趋于减少,从制造业游离出来的工人大部分转入服务业部门,1956年在美国历史上第一次出现从事技术、管理和事务工作的白领工人总数超过了蓝领工人的情况,社会经济结构出现了质的变化。这些都导致美国第二产业产值在国内生产总值的比重趋于下降,第三产业的产值不断上升,在1970年占到了整个国内生产总值的63%。(2)美国政府对经济的宏观调控和干预。美国政府加紧推行凯恩斯主义,加强政府对经济的干预,主要是不断加大政府开支。巨额的财政支出直接扩大了总需求,刺激了经济的发展。

(四)"滞胀"阶段(1974~1982年)及调整阶段(1983~1991年)

以1973年的世界第一次石油危机为导火索,美国从1973年12月到1975年4月爆发了二战后空前严重的经济危机。这次危机是美国自20世纪30年代大危机之后最为严重的一次,在这次经济危机后,美国还未恢复到1973年的水平,1979年4月至1982年底又爆发了比前一次更为严重的经济危机,美国陷入了"滞胀"状态,直到1983年起才走出滞胀泥潭。滞胀最为典型的特征为低经济增长率、高失业率和高通胀率并存。在1974~1982年滞胀时期,美国国内生产总值的年平均增长率仅为1.9%,年平均失业率高达7.2%,高于20世纪50年代的4.5%和60年代的4.8%,而消费物价指数年平均增长率也达到了9.0%。与此同时,美国劳动生产率的年平均增长率从1973年的3%下降到1980年的0.3%,使美国在世界经济中的地位大为下降。滞胀的产生是美国政府持续并不断加强干预经济的条件下,生产过剩危机和结构危机交织并发的结果,其主要原因有:(1)美国扩张性的财政、货币政策导致需求拉动型物价上涨。二战结束以来,美国各届政府基本上都采用了凯恩斯的有效需求理论,用增加政府开支的办法扩大社会

第二章　发达国家和地区经济及其经济模式

需求,由此导致美国财政长期赤字,在1946～1975年的30年里,美国赤字年份达到24年。此外,由于采取了扩张性的货币政策,使货币供应量猛增,结果出现了严重的通货膨胀。(2)产业结构失衡和石油危机导致经济停滞与成本推动型物价上涨。科技革命一方面使新兴工业部门产生和发展,另一方面又加速了技术相对落后的传统部门的衰败,这就带来结构性失业和结构性投资失衡的后果。1973年、1979年的两次石油冲击对经济停滞和物价上涨起了雪上加霜的作用。

1983年,美国走出了长达10年之久的"滞胀"困境,经济增长率回升到3.5%,1984年又猛涨到6.8%,1985年增长速度明显放慢,仅为2.3%。在经济回升的同时,通货膨胀率从1982～1985年连续4年控制在4%以内。但是这次经济回升很不稳定,美国占世界经济的比重仍在不断下降。到了20世纪80年代末90年代初,世界经济与政治格局发生了巨大的变化,整个西方发达国家经济陷入新一轮的衰退之中,美国在所难免。1989年美国经济增长率降到2.5%。1989年海湾战争爆发,美国经济从1990年7月开始了又一次衰退。

(五)新经济产生与发展阶段(1991～2001年)

美国在经历了战后第9次衰退(从1990年7月起到1991年3月结束,持续8个月)后,从1991年3月到2001年3月,经济持续增长120个月,创下美国有经济周期记载以来最长的一次经济扩张期。在经济持续较快增长的同时,伴随着低失业率、低通货膨胀率和低财政赤字的新现象(表2-1),因而在这一时期出现了"新经济"的概念。所谓"新经济"是建立在信息技术革命和制度创新基础上的经济持续增长与低通货膨胀率、低失业率并存,经济周期的阶段性特征明显淡化的一种新的经济现象。

表2-1　美国主要经济指标(1991～2001年)

年份	GDP增长率(%)	消费物价上涨率(%)	失业率(%)	劳动生产率增长率(%)	联邦财政收支状况(亿美元)
1991	−0.5	3.1	6.8	1.2	−2 694
1992	3.0	2.9	7.5	3.7	−2 904
1993	2.7	2.7	6.9	0.5	−2 551
1994	4.0	2.7	6.1	1.3	−2.33
1995	2.7	2.5	5.6	0.9	−1 640
1996	3.6	3.3	5.4	2.5	−1 075
1997	4.4	1.7	4.9	2.0	−220
1998	4.3	1.6	4.5	2.6	692
1999	4.1	2.7	4.2	2.3	1 256
2000	3.8	3.4	4.0	2.3	2 364
2001	0.3	1.6	4.7	2.1	1 274

数据来源:美国经济分析局。

美国"新经济"具有许多不同于以往的新特征,主要有:(1)经济长期持续增长,突破了以往的经济周期,而且速度加快。(2)低失业率和低通货膨胀率并存。(3)出口贸易增长势头强劲,特别是在服务贸易方面。(4)巨额财政赤字得以消除,并出现盈余。(5)企业国际竞争能力增强。新经济的出现是在美国国内外的特定条件下,各种因素综合形成的,其产生的主要原因有:(1)信息技术是美国出现"新经济"的根本原因。(2)美国政府实施的财政政策与货币政策的合理搭配,成功运用财政政策大幅度减少了财政赤字,运用中性的货币政策抑制了通货膨胀。(3)美国公司进行的经营与管理改革,是"新经济"坚实的微观基础。(4)股权融资为主的金融制度为"新经济"提供了强有力的资金支持。

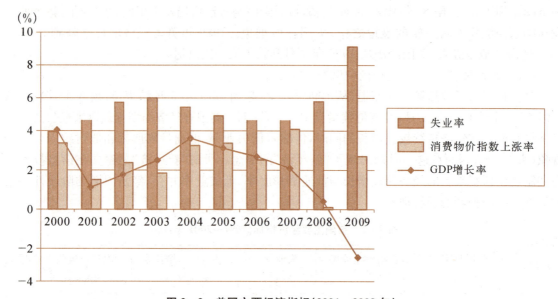

图2-2 美国主要经济指标(2001~2009年)

数据来源:GDP数据来源于美国经济分析局,消费者物价指数来源于美国劳工部,失业率来源于国际货币基金组织。

（六）21世纪初的发展阶段(2001~2009年)

从2000年下半年开始,美国经济增长速度大幅度下跌,2000年第四季度的经济增长率下降为1.9%,2001年第一季度仅达到1.3%,第二季度进一步下降到0.2%,第三季度则为0.4%。美国制造业生产连续12个月下滑。"9·11"恐怖袭击事件在很大程度上促成了这次经济衰退。在美联储和布什政府的扩张性货币政策和财政政策的相互配合及作用下,美国经济终于从2003年下半年开始强劲复苏。伊拉克战争结束后,经济复苏逐渐加速,继2003年第一、第二季度GDP分别增长2%和3.1%之后,第三季度猛增至8.2%,这是自1983年第四季度增长8.4%以来的季度最大涨幅。消费和投资成为经济扩张的双引擎,就业状况也有所改善,但是美国的财政赤字不断攀升,2003年赤字激增到3 740亿美元。

2004年,美国经济在能源价格大幅上涨、财政赤字高涨、联邦基金利率不断上调的条件下,依然保持了高速增长,全年实际GDP增长4.2%,设备和软件投资、居民住宅投资、联邦政府国防支出和耐用消费品支出保持了较快增长,就业形势不断好转,通货膨胀率维持在较低水平。面对居高不下的油价和不断上升的利率水平,2005年美国经济继续稳定而强劲地增长,第一、二、三、四季度的经济增长率分别达到3.8%、3.3%、4.1%和1.1%。经济增长的主要动力来自个人消费支出、设备和软件投资以及居民住宅投资。就业形势好转,新增就业人数保持在较高水平,失业率持续下降。通货膨胀率基本保持稳定,处于一个较低水平。

2006年美国经济继续扩张,但是扩张的速度相对于2005年有所减缓。实际GDP的增长率为2.7%,全年呈现虎头蛇尾的整体形势。第一季度实际GDP强劲增长5.4%,第二季度下降到1.4%,而第三季度只有0.1%,第四季度增加到3%。经济学家普遍认为有三大因素使经济放缓,分别是能源价格上涨、短期贷款利率上涨以及由此引发的房地产市场衰退。

2007年实际GDP增长为2.1%,失业率也维持在稳定水平,消费者物价指数(CPI)上涨4%,属于温和的通胀。虽然经济扩张的速度依然持续减缓,但是整体经济形势维持稳定。2007年次级贷款的问题开始引人注目。2005年前后由于房地产市场价格飞涨,次级按揭贷款兴盛。随着短期贷款利率上涨以及房地产市场逐渐降温,此类贷款的违约率和不良率逐渐攀升,从而构成了对美国经济的一大威胁。

次贷危机在2008年到2009年间持续恶化,逐渐演变成为金融危机进而升级为经济危机。受次贷危机的影响,2008年和2009年美国经济处于衰退期。2008年失业率上升达到5.8%;GDP第一季度增长率为-0.7%,虽然第二季度转正,但是第三季度再次转化为-2.7%,第四季度继续恶化为-5.4%。由于很多企业受到影响,各大公司大规模裁员,2009年失业率攀升,高达9%以上;GDP增长率在上半年依然为负,直到下半年开始转正。美国政府在此期间出台了各种经济刺激的对策,采取宽松的货币政策,增加财政支出,包括大规模基础设施建设和社会保障计划以及提供各种企业救助计划,强力抑制经济衰退。这些政策在2009年下半年取得了成效,经济开始转暖(图2-2)。

二、美国在世界经济中的地位和作用

美国是当今世界上毋庸置疑的经济和政治超级大国,一直在世界经济中处于超强地位。

(一)美国经济是世界经济的晴雨表

美国经济是世界经济增长的火车头,同时也是世界经济的晴雨表。美国经济的扩张与衰退会引起世界经济的扩张与衰退。美国经济如果下降一个百分点,世界经济就会下降零点四个百分点。首先,从美国经济在世界经济中的份额看,在2004年,美国GDP总值达到117 130亿美元,占到世界GDP总值的28.5%。其次,从美国的对外贸易在世界贸易中的比重看,2004年美国商品贸易的出口额占到世界的9%,商品贸易进口额占到世界的16.5%;同年,美国服务贸易的出口额占到世界的15.3%,服务贸易进口额占到世界的13.4%。第三,美国是对外直接投资和吸收外国直接投资的主要国家,2004年,美国的FDI流入量占到世界的14.8%,FDI的流入存量占世界的16.6%;同时美国的FDI流出量占到世界的31.4%,FDI的流出存量占世界的20.7%[①]。

(二)美国是全球技术的领导者

美国主导了以信息技术为基础的第三次产业革命,引领着全世界最前沿技术的潮流。这次技术革命对全世界产生了深远影响。表现在:(1)在美国的对外贸易中,高新技术的出口贸易即知识密集型服务业占有很大比重,美国的高新技术产业增加值占到了制造业增加值比重的

---

① 根据联合国贸发会议 *Handbook of Statistics* 2005 计算整理得到。

23%,居世界第一位①。(2)美国每年的专利申请数都是世界上最多的国家之一,在2002年其专利许可数为167 334个②。(3)美国是全球技术的最大输出者。与此同时,在美国国内生产总值的增长量中,1/3以上来自与信息有关的产业。英特尔、微软等信息技术新企业不仅成为美国的明星企业,而且主导着全球的信息产业革命。传统产业向以信息技术为核心的高科技产业转移,信息技术向管理、金融等领域的渗透,使美国在产业结构调整和升级中取得了对欧洲、日本乃至世界的领先优势。

(三)美国是全球经济规则的制定者

首先,美国主导着国际贸易规则的制定。世界贸易组织是国际贸易领域最重要的国际组织,它推动了全球多边贸易自由化。在其框架内,美国要求经济落后的国家必须按照它的规则行事,开放经济落后国家薄弱的产业,而美国则要求对自己的薄弱产业进行贸易保护。其次,美国利用其强大的金融优势,影响着国际金融运行机制。美元是国际贸易的主要支付手段和最重要的国际储备货币,另外美国主导着国际货币基金组织、世界银行等国际金融组织的组织机构和权力机构。在国际货币基金组织中,成员国所持基金份额越大,其票数就越多,而根据协定,基金组织的重大决策必须由85%的多数票通过,一般决策须经过75%的多数票通过。美国认缴的基金份额占到了17.69%,说明美国在基金组织重大决策中具有独家否决权③。同样,美国是世界银行的最大股东,占16%以上,在重要决策需要85%以上多数票通过的规定下,美国一家就可以否决任何一项决策的通过与实施④。与此同时,在2005年的基金组织的总储备账户中,美国的黄金储备占到世界的29.7%,特别提款权占到世界的28.6%⑤。

三、美国自由市场经济模式

美国模式被视为"自由主义的市场经济",又称消费者导向型市场经济模式。美国市场经济模式的主要特性在于不采用计划等直接手段调控经济,而主要依靠财政政策和货币政策对国民经济进行间接调控。美国的市场经济模式具有以下几个基本特征:(1)实行自由企业制度;(2)遵循平等竞争原则;(3)大中小企业并行发展;(4)产业结构优化,地区分工合理;(5)国际化的市场经济;(6)政府干预程度相对较低;(7)市场经济法律制度较为健全。

美国模式起源于英国,在美国达到顶峰。英国著名经济学家戴维·柯茨认为:这种模式中"积累的决策权主要在私人公司,它们可以自由地最大限度地追求短期利润目标,通过金融市场获得资本;劳动者只能享有有限的和法律明文规定的劳动所得和社会权利;人们对社会政治和道德的总体认识是个人主义和自由主义"⑥。下面对美国的自由市场经济模式从微观和宏观两方面进行介绍。

(一)分散决策的市场经济

美国的市场经济注重市场机制在资源配置中的基础作用。在经济运行中一贯强调自由竞争、自由放任,主张经济活动依照客观经济规律的要求自发地运转,充分发挥市场机制的调节作

---

① http://www.sts.org.cn.。
② http://www.wto.org.。
③ "布雷顿森林机构改革研究"课题组贾康等:"国际货币基金组织改革",《经济研究参考》2006年第49期。
④ 同上。
⑤ 根据IMF,*International Financial Statistic*整理而得。
⑥ 〔英〕戴维·柯茨:《资本主义模式》,江苏人民出版社2001年版,第13页。

用。市场机制的基础作用,在微观领域主要表现为,企业生产什么和生产多少、如何生产、为谁生产的问题,主要是由市场价格来支配和决定的。企业、居民是市场经济进行的主体,进行分散决策,达到自身的福利最大化。

就分散决策的市场经济而言,自由企业制度是美国市场经济的基石,是市场机制运行的前提条件。与西方其他发达国家相比,其经济自由的特点尤为突出。它的形成既与其特殊的社会政治文化传统密切相关。同时,由于美国幅员广阔,早期的自然条件在一定程度上也助长了经济自由。美国所谓的经济自由,实际上就是经济资源私有,企业自由生产,消费者自由选择购买。每个经济行为主体的自利行为,构成了市场经济活动的基本动力,每个行为主体的决策是高度分散的,它们依靠市场价格信号进行协调。美国的自由企业制度从两个方面保证了市场的竞争性:一是所有制方面;二是企业的市场结构方面。从所有制方面看,虽然萨缪尔森将美国经济称为混合经济,但美国的所有制大体上并不混合,私有制经济在国民经济中占主体地位,这是美国经济自由的基础条件。从企业市场结构看,美国企业按组织形式可分为独资、合伙和股份公司三种企业,按照规模可分为大、中、小企业。

美国的市场体系与企业制度互为因果,相互适应,相互统一。成熟的市场体系是市场经济各运行主体的联结纽带,是市场机制有效运行的保证,它保证了各个生产要素在市场机制的驱动下的自由流动,特别是与现代经济相适应的劳动力要素、资本要素和信息要素的自由流动。市场引导企业,为企业提供了有效的经济信息和决策依据,提供了公平的竞争环境和广阔的发展空间,这些都促进了企业制度的发展。但应该看到,美国完善的市场体系是在美国企业制度的推动下逐步发展的自然结果。自由企业制度是市场体系的必要条件,是美国市场经济的灵魂,只有经济行为主体具有独立的主体地位,独立支配其资源,独立决策,独立承担风险和责任,独享其经营成果,市场体系才能正常运行。市场体系与企业制度之间存在着内在的统一机制,它们相互适应、相互依赖、相互促进,推动了市场机制的运行与美国经济的发展。没有美国的企业制度,就没有美国的市场体系;反之,没有完善的市场体系,就没有健康的企业制度。

(二)政府对经济干预的基本框架

1. 政府对经济干预和调控的目标

美国对经济的干预和调控是以实现宏观经济的均衡运行和国民经济增长为目标的。一般涉及以下四个具体目标:经济增长、充分就业、物价稳定和国际收支平衡。通常这四个目标同时实现往往会发生矛盾。虽然有时某一项对经济的干预和调控会对上述目标带来相反的效应,例如为实现充分就业和经济以较快速度增长而采取的措施,往往会造成通货膨胀的压力。但是,为了实现宏观经济的总体目标,政府通常会在一段时间里以牺牲某一方面的目标为代价。因此,政府的干预和调控在保证实现宏观经济总体目标的前提下,对于具体目标是有偏重和灵活性的。

2. 政府对经济干预和调控的主要对象

总需求和总供给一直是美国政府对经济干预和调控的主要对象。二战后,美国政府主要以凯恩斯理论为依据,将宏观经济的干预和调控的重点放在总需求上,因而又称为需求管理。因此,政府一方面通过增加政府支出,刺激消费和投资;另一方面也采取各项政策措施,鼓励私人消费和投资,以实现增加总需求、实现充分就业和经济增长。以需求管理为核心的凯恩斯主义政策曾为美国经济在20世纪50年代的高速增长起到了非常重要的作用。但70年代"滞胀"

的出现导致了许多反凯恩斯主义经济学的兴起,比如现代货币主义和供给学派。政府的宏观调控的对象又转向了对总供给的管理。但事实上,以货币主义理论和供给学派理论为依据的宏观政策收效不大,于是,从 80 年代后期开始,美国政府在以总需求和总供给为对象进行干预和调控的同时,开始关注和解决结构性问题。同以往的美国政府相比,克林顿政府和其后的布什政府尤为如此。

3. 政府对经济干预和调控的主要手段

美国政府对市场进行调控的两个主要手段是财政政策和货币政策,时常采取或紧或松的政策手段对经济活动进行干预和调控。美国财政政策的目标在于调节社会总需求以影响国民收入、就业和物价等总量水平,财政政策的主要工具是政府税收和政府支出。如 1961 年,为刺激经济和减少失业,肯尼迪政府全面削减税收,增加政府支出,促进了美国经济的快速增长,使失业问题基本上得到了解决。20 世纪 90 年代克林顿政府则一方面增加税收,以图解决长期巨额财政赤字对经济的不利影响;另一方面扩大公共事业投资,用于教育、培训、交通和环保等方面,以促进经济增长。货币政策的主要工具是联邦储备系统的贴现率、银行法定准备金率、公开市场业务和信贷政策,等等。美国货币政策主要是通过调节流通中的货币数量和信贷,影响利率的高低,从而达到间接调节总需求进而影响国民收入和就业的目的。美国联邦储备委员会在调整联邦基金利率方面扮演着重要的角色。

在实际财政政策和货币政策的运用过程中,美国政府一般是采用"逆风向的相机抉择"的办法,即在经济衰退和萧条时,采取扩张性的财政政策和货币政策;当经济出现繁荣和通货膨胀时,则采取紧缩性的财政政策和货币政策,也时常根据市场运行的具体情况将两种手段搭配使用。在 20 世纪 50 年代,美国的货币政策基本上是紧缩性的,但从 20 世纪 60 年代起,美国政府开始实行扩张性的货币政策。

4. 政府对经济干预和调控的其他措施

政府对经济干预和调控的其他措施除了运用财政政策和货币政策这两种主要手段,还可通过其他一些方式和途径。其中包括:(1) 政府介入市场的活动。政府主要是提供公共产品,通过兴办国有企业或向社会提供基础设施及公共服务的方式,使自己作为独立的法人实体直接参与市场经济活动,以此对社会经济活动产生影响。相比较而言,美国政府介入市场经营活动的比重很小,而且其活动大多限于不适合私人经营的一些基础设施和公共服务领域。(2) 政府对国际经济关系的调节。这主要通过对国际贸易的调节和实施的外汇政策来进行。在现阶段,为增强美国的市场竞争能力,维护美国在世界经济中的地位,美国政府采取了贸易保护与自由贸易并重的政策,对那些竞争力较强的部门和产业,如农业、高新技术产业等推行自由贸易政策,而对那些竞争力弱的部门和产业则采取贸易保护政策。外汇政策是美国政府调节国际收支的主要工具,美国政府经常利用国家权力干预货币市场,调节美元汇率的升降,来达到调节国际收支的目的。(3) 政府运用法律手段来直接干预和规范经济活动。直接干预经济活动的法律最主要是反对垄断、保护竞争的反托拉斯法。规范经济活动的法律是就经济活动能做什么、不能做什么、违反者该受到什么处罚等作出规范,它涉及经济生活的各个方面。(4) 社会福利保障制度。为了保障市场经济的稳定运行,美国政府实行了一整套的社会保障制度,对老人、贫困者、失业者、残疾人等给予救济和补助,对劳动者普遍实行了社会保险计划,使大多数人拥有医疗保险、退休保险等,增强社会的稳定性。

四、美国经济发展展望

2007年美国次贷危机爆发,对美国经济造成了巨大影响,削弱了美国在世界经济中的作用,然而没有动摇其在世界经济中的地位,美国依然是当今世界最大的经济体、世界经济的晴雨表、全球技术的领导者和全球经济规定的制定者。因此,尽管经济中的一些问题也许会在短期内带来麻烦,但从总体上看,美国经济经过调整以后应该依然能够实现稳定持续的增长,在一段时间内美国仍然充当世界经济发展的火车头,对世界经济产生巨大作用。

根据IMF的世界经济展望,2010年由刺激政策主导的经济恢复继续成为美国经济最主要的特点,然而私人部门需求依然疲软,劳动市场也依然很脆弱。自从危机爆发以来,超过700万人失业,有大约880万人工作时间被削减。虽然失业的速度已经大幅度降低,然而就业依然保持负增长。金融市场的情况虽有所好转,但信贷部门依然比较紧张。总体来讲,经济处于逐渐恢复的时期,不确定性相比2009年较小,金融市场的波动可能性也有所降低。

长期来看,美国的经济前景总体是乐观的。(1)美国经济的实力与活力尚存,经过金融危机以后的调整,抗干扰能力增强。宏观上看,美国宏观经济政策有利于经济复苏;微观上,美国企业的竞争力也会有所增强。(2)美国高新技术产业将继续作为其经济增长的强有力的助推器,在未来的经济发展中起到关键性作用。(3)巨大的国内消费市场仍将是美国经济保持活力的一个重要保证。(4)美国在全球化方面起步较早,跨国公司遍布世界各地,抢占了全球化的先机。

然而,美国经济也面临着一些风险与挑战。首先,美国日益扩大的财政赤字和国际收支经常项目赤字对世界经济的发展构成了潜在的威胁。"双赤字"有可能使美国经济增长放缓及政策风险积聚,这不仅给世界经济增长蒙上阴影,也给国际市场带来更多的不确定因素。美国经常项目逆差巨大且仍在不断增加,这有可能导致美国对外负债达到不可维持的临界点,进而引发美元暴跌、金融市场崩溃甚至全球性金融危机;美国金融危机后,美国财政赤字进一步恶化,美国财政赤字巨大,将导致美国国内储蓄进一步下降,加剧对外国资本的需求,使对外收支状况进一步恶化,这种内外失衡极有可能导致金融危机,给美国经济及世界经济增长造成极大的威胁。其次,美国贸易开放政策出现倒退(即贸易保护主义抬头),使当前的多边贸易体系处于危险之中。美国要求欧盟在其竞争力强的农业上削减补贴,而对其竞争力较弱的钢铁、劳动力密集型产业频频对其他国家进行反倾销调查,实施贸易保护。例如由于美国、欧盟等发达国家与发展中国家在农产品补贴、市场准入方面的分歧导致了涉及多边贸易体系的WTO谈判至今未达成任何协议。

第二节 战后西欧经济及其经济模式

一、二战后西欧经济的发展回顾和经济特征

(一)经济调整与恢复时期(从第二次世界大战结束到20世纪50年代初期)

欧洲是第二次世界大战的主战场,作为战争发动者的德国、意大利以军事上的失败而告终,

经济上也同样遭到严重的破坏,政治上更受到沉重的打击。作为战胜国的英、法两国经济也受到严重破坏。1946年联邦德国工业生产只及战前1938年的22.9%,作为战胜国的英国到1946年的工业生产只为1937年的90%,出口贸易从1938年的4.71亿英镑下降到1944年的2.66亿英镑。法国在战争中由于遭到占领和破坏,受到的经济损失比英国更大,损失达14 000多亿法郎,相当于战前3年的国内生产总值。1944年法国解放时,工业生产只及1938年的20%,农业只及1938年的50%。到1945年,法国的GDP仅相当于1939年的50.85%(按1938年价格计算)。

正是在上述背景下,西欧开始了战后的经济恢复工作。由于西欧各国拥有比较雄厚的物质基础和人力资源,同时各国政府加强了对经济的干预和调节。再加上美国实施的"马歇尔计划",从1948年4月到1952年向西欧提供了130亿美元的援助,到1950年,西欧各国经济已基本恢复到战前水平。1948~1958年的10年间,工业生产总值的年平均增长速度,联邦德国高达14.4%,法国为6.5%,意大利为8.7%。

(二)经济高速增长时期(从50年代中期到70年代初期)

从20世纪50年代一直到70年代初的20多年,西欧发达国家进入了一个前所未有的经济大发展时期,被称为发达国家经济发展的"黄金时代"。西欧主要发达国家的经济增长速度都超过了历史上任何时期,在1961~1973年期间,西德的国内生产总值增长速度为4.5%,法国为5.6%,英国为3.2%,意大利为5.3%。在消费者物价指数年平均增长率上,西德为3.4%,法国为4.6%,英国为5.1%,意大利为4.4%。在年平均失业率上,西德仅为1.0%,法国为2.5%,英国为2.7%,意大利为5.4%。这一时期,西欧国家的经济发展最突出的特征是国内生产总值和工业生产增长速度快,失业率下降,通货膨胀率比较低(表2-2)。

表2-2 西欧主要国家经济指标(1950~1973年) 单位:%

国家或地区	人均GDP (年均增长率)	失业水平 (占劳动力的百分比)	消费者物价指数的变化 (年均增长率)
法 国	4.1	2.0	5.0
德 国	5.0	2.5	2.7
意大利	5.0	5.5	3.9
英 国	2.4	2.8	4.6
爱尔兰	3.0	na	4.3
西班牙	5.8	2.9	4.6
西欧平均	3.9	2.6	4.3

数据来源:安格斯·麦迪森:《世界经济千年史》,北京大学出版社2003年版,第123~125页。

总的来说,促使西欧主要国家经济在50,60年代以较快速度增长的一些主要因素有:第一,固定资本投资增长速度较快,比如说西德在1950~1970年间平均每年增长12%。第二,西欧在战后长达20多年的时间里,从中东地区进口大量廉价石油。第三,战后的第三次科技革命促进了劳动生产率的提高。第四,西欧主要国家的对外贸易的增长速度十分迅速,其中,西德在60年代的出口量和进口量指数年平均增长率分别达到9.5%和10.2%,并长期保持对外贸易顺差。

(三) 经济"滞胀"及调整时期(从70年代中期到90年代末期)

在经历了1973~1975年的经济危机之后,西欧经济结束了二战后的高速增长的"黄金时代",转而进入低增长、高通货膨胀率和高失业率并存的"滞胀"阶段。从表2-3可以看出,在1974~1982年间西欧主要国家的经济增长率都不超过3%,在消费者物价指数上法国甚至达到了两位数,失业率普遍都很高。西欧各国经济普遍回升乏力,增长缓慢,萧条和复苏时间长,几乎没有出现过高速增长的情况。西欧国家产生"滞胀"的根本原因主要是由于发达国家长期推行凯恩斯主义经济政策,以及战后科技革命高潮繁荣消逝所致。

表2-3 西欧主要国家经济指标(1974~1991年) 单位:%

国别	国内生产总值年均增长率		消费者物价指数年均增长率		年平均失业率	
	1974~1982	1983~1991	1974~1982	1983~1991	1974~1982	1983~1991
西德	1.6	2.3	5.0	1.8	4.2	6.1
法国	2.4	2.3	11.5	4.6	5.5	9.7
英国	0.8	2.8	14.7	5.7	6.8	9.8
意大利	2.9	2.5	17.0	7.7	7.2	11.1

数据来源:IMF,*International Financial Statistics*数据库。

进入20世纪90年代,欧盟经济明显落后于美国。1991~1995年,欧盟整体GDP的年均增长率为0.8%,美国为2.1%;1996~1998年,欧盟为2.3%,美国为4.2%;1999年欧盟为2.1%,美国为3.8%;2000年,欧盟为2.8%,美国为3.1%。1995年开始,欧盟内联外延的发展政策使其成员国增至15个,国民生产总值超过美国,成为世界一极。但欧盟在20世纪90年代的发展遇到了重重困难。首先,社会市场经济模式受到严峻挑战。其次,宏观经济政策遏制了经济回升。最后,对科技开发的投入明显不足,国际竞争力有所下降。

(四) 21世纪初的发展时期(2001~2009年)

从2000年下半年起,世界经济增长速度开始减慢。特别是"9·11"事件沉重地打击了全球消费者和投资者的信心,进一步加快了世界经济下滑的步伐,作为世界三大经济体之一的欧洲经济也受到了严重影响。特别是欧元区经济,GDP增长率从2000年的3.9%一直下降到2003年的0.8%,直到2004年才开始恢复性的增长,2004年和2005年的实际GDP增长率分别达到了1.9%和1.4%。欧元区的失业率一直居高不下,平均都处在8%以上的水平,德国和法国尤为突出,经常爆发工人大罢工。由于欧元区采取的是通货膨胀目标制,其年通货膨胀率都控制在大约2%的范围。2005年欧元区经济受到了来自经济和政治两方面的冲击:经济上的冲击主要是世界原材料和石油价格的上涨,政治上的冲击来自欧洲宪法遭到法国和荷兰的拒绝所引起的对欧洲一体化前景的悲观情绪。

2006年是欧盟经济繁荣的一年,欧元区GDP的增长率达到3%,整体失业率下降,消费者物价指数依然大约在2%。这一年第一季度的GDP增长率就达到2.69%,之后三个季度一直维持在3%以上。2007年欧元区的经济继续扩张,基本延续了2006年的繁荣,失业率继续下降。但是GDP增长速度逐渐下降,四个季度的GDP增长率分别为3.45%、2.71%、2.68%和2.16%,这与该年美国次贷危机爆发有关,因为次贷危机已经殃及欧洲的很多投资和金融机构。受此影响,2008年和2009年欧元区经济开始衰退。2009年上半年,欧元区经历了贸易和制造业的全面衰退,以及经济的迅速下滑和持续的负增长困局,再加上失业率的不断攀升、俄乌天然气之争,以及成员国接连发生债务危机,欧盟经济陷入了自二战结束以来最严重的衰退泥潭中。2009年欧元区GDP的增长率是－4.03%(图2-3)。同时,欧元汇率持续升值、出口压力不断增大。下半年由于欧盟及成员国年初出台的2 000亿欧元刺激经济措施逐步到位,德、法、英等经济大国纷纷采取政府干预措施,对稳定金融和经济局势产生了明显的效果,金融与经济领域开始呈现微弱的复苏苗头。

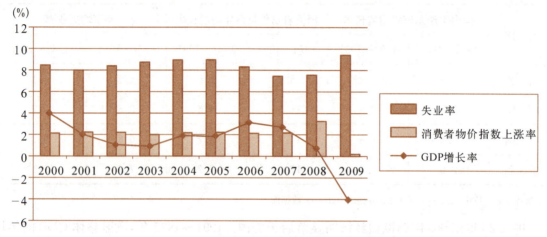

图2-3 欧元区主要经济指标(2000～2009年)

注:GDP增长率经过季节和工作日调整,失业率经过季节调整未经过工作日调整,消费者物价指数上涨率未经过季节调整和工作日调整。
数据来源:欧洲中央银行数据库http://sdw.ecb.europa.eu/home.do。

21世纪初,欧洲特别是欧盟经济处于低迷的原因主要有:(1)国际经济环境的不利影响。(2)欧盟国家长期存在的结构性、体制性问题制约着其经济发展,使提出的改革目标未能顺利实现。(3)欧元的大幅升值以及单一利率体制对欧盟特别是欧元区经济增长的制约作用愈加突出。(4)《稳定与增长公约》的指标设限也是抑制欧盟经济增长的因素。(5)欧洲统一市场存在着许多缺陷。

二、欧洲在世界经济中的地位和作用

欧洲特别是欧盟在世界经济中发挥着越来越重要的作用,成为世界经济中的重要一极。尤其在2004年5月1日,欧盟实现了它的第五次扩大,一次性接纳中东欧10个新成员[①]入盟,超过了前四次扩大之和。它使欧盟疆域面积从326万平方千米增至450万平方千米,增加了38.0%;人口从3.78亿增至4.53亿,增加了19.8%;GDP总值从78 081亿美元增至83 773亿

---

① 这10个国家为马耳他、塞浦路斯、波兰、匈牙利、捷克、斯洛伐克、斯洛文尼亚、爱沙尼亚、拉脱维亚、立陶宛。

美元,增加了7.3%;贸易总额从39 977亿美元增至44 263亿美元,增加了10.7%。它的经济总量已经超过美国,占据了世界第一。2007年1月1日,罗马尼亚、保加利亚加入欧盟,欧盟成员国进一步增加到27个,人口达到4.8亿。

(一)欧洲是世界经济中最大的经济体

就世界经济地位而言,欧盟的任何一个成员国都无法与美国乃至日本相比,但是,作为一个整体,欧盟基本上与美国相当,而远远超过日本。更重要的是,欧洲货币的统一以及欧盟历史上最大规模的扩大将进一步大幅地提升欧盟在世界经济中的地位。首先,从欧盟经济在世界经济中的份额看,在2004年,欧盟25国GDP总值占到世界GDP总值的31%,超过了美国在世界经济中的份额。其次,从欧盟25国的对外贸易在世界贸易额中的比例看,2004年其商品贸易的出口额占到世界的40%,商品贸易进口额占到世界的38.7%;同年,其服务贸易的出口额占到世界的47.7%,服务贸易进口额占到世界的44.8%。第三,欧盟是对外直接投资和吸收对外直接投资的主要地区,在2004年,欧盟FDI的流入量占到世界的33.4%,FDI的流入存量占世界的45.2%;同时欧盟FDI的流出量占到世界的38.3%,FDI的流出存量占世界的53.3%。①

(二)欧盟制定世界规则的能力越来越强

在世界经济舞台上,制定游戏规则的能力取决于经济实力。经过半个多世纪的发展之后,欧洲已重新成为世界经济最重要的力量之一。由于欧盟的经济规模与经济水平以及欧洲对外部世界经济的依赖性,欧盟首先将谋求自主确定欧洲的对外贸易规则,而由于其巨大的市场因而也有能力制定世界贸易规则。欧洲1993年实现的共同市场到1995年已经发展成为欧洲经济区,而随着中东欧市场的加入,欧洲已经建立起迄今世界上最大的具有自我发展能力的市场。在全球市场上,贸易规则向来是由对进入世界最大市场拥有控制力的国家来确立的。作为世界最大的市场,欧洲大家庭将为21世纪的世界贸易确立规则。其次为了保证外部经济对欧洲的稳定性和确定性,欧洲也将要求参与乃至直接制定国际货币规则,欧元是谋求这个权力的起点。欧洲将会凭借强大的统一货币来参与国际货币体系规则的制定,遏制美元霸权,伸张欧洲货币利益。

(三)欧洲特别是欧盟在世界区域经济一体化发展中的先行与"示范"效应

欧盟模式是由欧洲高度发达的中小国家组成的、以水平分工为基础的、全面制度化和高度化的区域经济实体,它有一套较完整的超国家管理机构,欧盟对其成员国经济政策进行协调;对某些重要领域,如农业,则实行共同政策;欧元区实行单一货币,欧盟各国的主权较多地让渡给欧盟权力机构。欧盟的高度一体化和制度化模式,在世界诸多区域组织中独树一帜。欧盟的区域经济一体化无疑是发展程度最高的,它的示范效应将对世界经济产生更加深远的影响。

(四)欧元在国际货币体系中开始占据重要地位

首先,欧元作为交易货币。虽然美元在国际贸易结算和国际融资中占有绝对统治地位,但是占欧盟对外贸易很大比重的内部贸易会使用欧元计价,另外与欧洲有大量贸易的非洲也会逐渐接受欧元。其次,欧元作为投资组合货币。从全球金融市场发展来看,欧元提高了欧洲金融市场的整体竞争力,成为国际金融市场的重要组成部分。最后,欧元作为外汇储备货币。由于

---

① 根据联合国贸发会议 *Handbook of Statistics* 2005 计算整理得到。

近年美元的持续走低,再加上美国严重的贸易赤字,欧元已经逐渐开始进入各国的外汇储备货币中。从长远来看,欧元将会在很多方面与美元并驾齐驱。

三、欧洲社会市场经济模式

二战结束后,西欧各国在一片废墟上开始重建经济和社会秩序,并取得了令人瞩目的经济成就。在这个过程中,各国因历史传统、社会文化和商业习惯的不同而形成了各具特色的发展道路和模式,其中最具影响的无疑是以德国和法国为代表的所谓"莱茵模式"。

德国模式或称为莱茵模式,即所谓社会市场经济模式。德国认为它实行的是宏观控制的社会市场经济,既反对经济上的自由放任,也反对把经济管死,而要将个人的自由创造和社会进步的原则结合起来。它既保障私人企业和私人财产的自由,又要使这些权利的实行给公众带来好处。在国家和市场的关系上,它的原则是国家要尽可能少干预而只给予必要的干预。国家在市场经济中主要起调节作用,并为市场运作规定总的框架。所以德国实行的社会市场经济,实际上是国家有所调节的市场经济,以保证市场自由和社会公平之间的平衡。下面以德国为典型,对社会市场经济模式加以介绍。

战后德国在较短的时间内迅速恢复了经济。20世纪50年代以后的德国经济发展迅速,1950～1987年间GDP的年平均增长率达到4.6%(按1980年价格计算),在提高效益的基础上实现了经济的稳定发展。德国良好的经济发展取得的成就和社会福利方面较有力的国家调节,同它实行的社会市场经济模式密切相关。

(一)社会市场经济的理论基础

德国在市场经济体制运行的初期,与其他市场经济国家一样,受传统的自由主义经济思想影响,经济发展在"自由放任"的状态下运行,由市场机制这只"看不见的手"自行调节。但是,20世纪20年代末爆发的世界经济大危机,使这种经济思想陷于困境。在这种情况下,德国经济学界开始反思,并在30年代末形成了独特的"社会市场经济"理论。这种理论主要有两大学派,即"弗莱堡学派"和"新自由主义学派"。其中,"弗莱堡学派"的代表人物瓦尔特·欧肯被视为"社会市场经济"理论的奠基人。欧肯认为,从理论上讲,典型的经济体系有两类,即"集中管理经济"和"自由市场经济"。前者无法应付庞大的经济体系运行的挑战,必然引起资源的错误配置,因而是不可取的。但后者也必然带来一系列弊端,如垄断、波动和收入不平等。在欧肯看来,自由竞争是达到最大效益的唯一手段,而垄断则压制了竞争。因此,为使自由竞争顺利进行,必须由国家出面反垄断。对于经济波动、收入不平等,也需要国家干预。但干预必须有限度,那就是不得阻碍自由竞争。因此,他主张走出第三条道路,即"社会市场经济"。概括来说,社会市场经济就是以自由竞争为核心推动经济发展并由政府适当干预以保证自由竞争顺利进行且消除波动和收入不平等的市场经济。

(二)社会市场经济模式的运行机制

1. 保护竞争,充分发挥市场机制作用

市场经济本质上是一种竞争经济,只有充分的竞争才能提高市场活动的效率。但如果任其自由竞争自由发展,必然会导致集中或垄断,从而最终阻碍竞争,损害消费者利益和造成新的不平衡。对此,政府应采取相应的措施以干预集中化的进程,任何人都不得左右价格或控制价格和市场。1957年,联邦德国通过了一个反垄断的法律《反对限制竞争法》(简称《卡特尔法》),1965年又加以修正,该法律禁止搞跨行业和本行业阻碍贸易的协议。联邦政府还在经济部下

第二章 发达国家和地区经济及其经济模式

设立卡特尔局,对经济活动中的垄断行为和"不道德"竞争加以限制和干预。如不经卡特尔局的批准,任何企业不能组成卡特尔式的企业集团,卡特尔局对违反《反对限制竞争法》规定的,可处以相当于非法收入3倍的罚金,但不明显影响企业之间竞争的合作不属禁止范围。对于企业之间的兼并,卡特尔局也严加控制,如兼并之后会形成控制市场实力的地位的,卡特尔局就会拒绝批准其兼并。在市场竞争过程中,如果发现企业有滥用市场实力的行为,卡特尔局可予以制止,也可以宣布有关合同无效。此外,政府还鼓励中小企业竞争,目的是为了使广大中小型企业能与大型企业进行有效的竞争。

2. 有效的稳定货币政策

与美国的经济干预和调控手段不同,联邦德国主要是用货币政策来稳定经济,而不是主要用财政政策来刺激经济发展。

(1) 联邦德国的中央银行体制具有明显的特殊性。德意志联邦银行为德国的中央银行,具有发行货币、执行存贷款政策,以及通过最低准备金、贴现率和公开市场业务等调节货币流通的职能,并从事国内外清算银行的业务活动。联邦银行在执行职责范围内具有独立性,中央银行的独立体制确保其货币政策的连续性,以达到稳定货币的目的。

(2) 控制通货膨胀是政府经济政策的核心内容之一,这是因为货币稳定是社会市场经济健康运行的前提。政府经济政策的中心应该是在没有通货膨胀的形势下促进经济发展,币值稳定是平衡经济发展和确保社会进步的基本条件。为了保持币值的稳定,联邦德国政府采取了控制货币发行量、控制财政赤字、控制工资增长幅度和控制物价上升等许多综合措施。正是由于这些措施,联邦德国在稳定币值、稳定物价等方面的成效明显好于其他发达国家。在1950~1986年间,联邦德国的年均物价上涨率为3.2%。从60年代后期至70年代,主要发达国家经历了"滞胀"和通货膨胀率连续几年达到两位数,但此期间联邦德国的通货膨胀率相对比较缓和,年通货膨胀率最高的年份为1973年的6.9%和1974年的7%,均未超过两位数。

3. 完善的社会保障制度

德国的社会保障制度具有悠久的历史。它起源于19世纪80年代,在战前已基本形成。战后,经过几十年的发展,已日臻完善,形成了一个范围广泛的体系。其社会保障措施包括五大方面:收入再分配政策,社会保障体系,劳动保护政策,劳动市场政策和企业职工参与政策。通过有效实施一系列社会保障政策,在一定程度上弥补了市场机制的缺陷,在缓和社会矛盾、维护社会公正方面收到了良好的效果。

(1) 联邦德国的社会保险系统耗资巨大,几乎占GDP的1/3,是世界上著名的福利国家之一。在德国的社会保障制度中,保险形式分为自愿保险和义务保险两类,其中义务保险(又称强制保险)居主导地位,主要包括退休金、失业保险和健康保险等。德国保险制度的另一个重要特征是自治管理原则,即尽可能使投保人、雇主和保险机构融为一体,社会保险机构独立于政府,享有自治权。各保险机构中都设有董事会和监事会。

(2) 社会救济和社会服务。在联邦德国,战争受害者补贴、儿童津贴、产妇补贴、家庭补助、建房补贴等属于社会服务和社会救济的项目。在联邦德国的社会服务体系中,职业培训和就业指导体系是在欧洲国家中比较成熟的。联邦德国的职业培训比较有效,对提高全国的劳动生产率有着重要的促进作用。此外,对于暂时失业的工人,政府还拨出专款进行职业再培训,以便使其适应产业结构的变化。

联邦德国完善的社会保障制度对经济的稳定发展和社会安定起到了非常重要的作用。但是近20年来,德国的社会保障制度出现了一些新问题,因收支不平衡,收支缺口加大,财政亮起了红灯。特别是近几年,德国经济发展缓慢,经济的不景气引发财政的严重危机。2002~2003年各级政府税收减少约314亿欧元,政府财政赤字占国内生产总值的比例2002年达3.75%,远远高于欧盟《稳定与增长公约》规定的3%上限。由于税收减少,2002年社会保险领域养老保险缺少60亿欧元,医疗保险缺少24亿欧元,沉重的社会保障支出已经成为财政甩不掉的包袱。德国的社会保障制度之所以陷入困境,除了由于社保支出快速增长以外,经济衰退、人口结构变化等也是其陷入困境的重要原因。主要表现在:(1)失业保险领域支出快速增长。大量的失业人口对失业保险支出形成巨大的压力,失业保险金的支付总额持续上升。由于大量企业倒闭,税收减少,财政负担日趋沉重,政府迫不得已试图通过举债、增税和增加收费的传统道路增加财政收入,而结果适得其反。税赋的加重导致企业和个人负担进一步加重,更多企业倒闭,形成企业倒闭—失业人数增加—加税—企业倒闭—失业人数进一步增加的恶性循环。(2)医疗保险领域陷入危机。失业率居高不下固然是医疗保险陷入危机的重要原因,人口的老龄化也是医疗保险负担加重的原因。(3)养老保险领域入不敷出。(4)社会救济领域,社会激励机制出现了紊乱。高福利保障降低了公众的工作积极性,在某些情况下,工作收入甚至低于领取救济的收入,于是许多人宁肯领失业救济或社会救济而不愿从事收入较低的工作。

四、欧盟经济发展展望

目前,欧盟经济开始趋于好转,可以说欧盟经济下滑已到谷底,最糟糕的时期已经过去。随着美国、日本经济发展势头加快,整个世界经济增长趋强,欧盟也将在这一大趋势下走向复苏。未来欧盟经济前景面临着以下的积极因素:(1)欧盟东扩之后的入盟效应会在今后逐步显现,贸易创造效应、投资效应等会拉动欧盟经济。(2)欧元区内部的改革,提高了各国预算的灵活性,并在长期内有利于欧元区的稳定与增长。欧元区主要成员国在继续贯彻《稳定与增长公约》的同时,相继推进出台了以增强各国经济现有增长潜力为目的的经济结构改革和措施,如大力推动电子商务、电子政务、电子教育等方面的普及。(3)欧洲企业的资产负债状况持续改善,赢利能力增强,工业信心指数和产能利用率回升,企业对欧元区经济前景看好,投资开始回升,这使欧盟经济重新出现活力。(4)欧洲中央银行持续的低利率政策和加速的货币扩张,为欧元区提供了低成本的融资方式和充足的流动性。

但与此同时,欧元区经济也面临一系列的风险和不利因素:(1)欧盟国家长期存在的结构性和体制性问题制约着其经济发展,其提出的改革目标未能顺利实现。(2)欧盟国家的财政赤字问题仍然很严重,这会在短期内制约欧盟成员国依靠财政政策来刺激经济的效果。(3)欧盟的高福利的社会保障制度的弊端也逐渐显现出来,失业率还是很高。高工资也使劳动成本增加,从而制约欧盟制造业的发展。(4)欧盟自身的国际收支状况的影响,欧元汇率的波动仍然可能会很大,这在一定程度上影响欧盟企业的出口。这是因为美国的双赤字难以在短期内改善,美元汇率也会存在很大的不稳定性。

2008年以来,为应对美国金融危机导致的经济衰退,欧元区国家纷纷采取扩张性财政政策,导致财政赤字迭创新高。2009年12月,随着三大国际信用评级机构相继调降希腊主权信贷评级,以及葡萄牙、西班牙、爱尔兰、意大利、希腊等欧洲诸国债信危机的风险骤增,欧洲主权债务危机爆发,并引发了全球金融市场的动荡,延缓了欧洲乃至世界经济复苏的步伐,也使得人们对欧元的存续性和欧洲经济一体化的前景充满了忧虑。

第三节　战后日本经济及其经济模式

日本是亚太地区的一个重要国家。二战后,日本迅速抚平了战争造成的创伤,全力发展经济,在相当长的一段时间内实现了经济的高速增长,人民生活水平大为提高,一跃成为世界第二经济强国,被称为"日本经济奇迹"。然而进入20世纪90年代后,日本经济陷入了长期的严重萧条之中(图2-4,图2-5)。

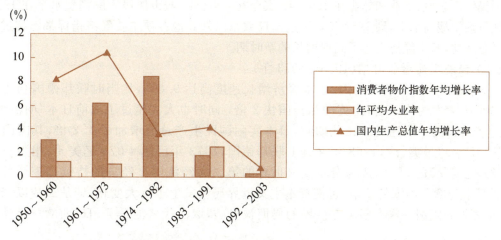

图2-4　二战后日本经济发展各阶段主要经济指标(1950～2003年)
数据来源:IMF, *International Financial Statistic Yearbook*。

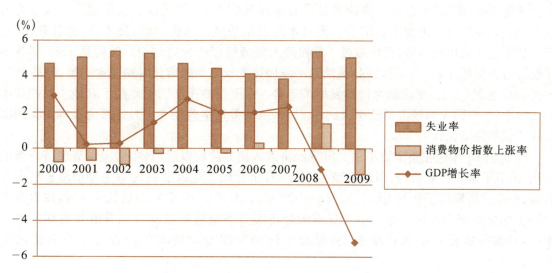

图2-5　日本主要经济指标(2000～2009年)
数据来源:IMF世界经济展望数据库。

一、二战后日本经济发展阶段和经济特征

日本位于亚洲东北部,是一个国土面积狭小、资源贫乏的国家。但就是这样的一个基础条件很差而且遭受战争巨大破坏的国家,其经济发展却取得了举世瞩目的成绩。

(一) 经济复兴阶段(1945~1955年)

第二次世界大战之后,日本经济崩溃、生产萎缩、物价飞涨、民不聊生,日本社会财富的25%都毁于战争,残存下来的只略高于战前1935年的水平。由于二战后日本是美国单独占领之下的战败国,美国享有对日本至高无上的权力,因此日本在这段时期内经济复兴的方针、政策、实施都是在美国指挥下进行的,这一点既是日本经济复兴时期的特点,也是从此逐渐形成的美日之间特殊关系的历史因素。在这10年间,日本以年均增长8.9%的速度完成了复兴工作,实际国民生产总值、工业和林业在1951年、农业在1952年、城市居民家庭消费水平在1954年都已恢复到了战前水平,到1955年除了进出口数量以外其他各项主要经济指标都已超过了战前水平。从此,日本经济走上了高速增长的新时期。

(二) 经济高速增长时期(1955~1973年)

在这段长达18年的时间内,日本经济增长速度高达9.8%,比当时联邦德国和法国的经济增长速度大约快1倍,比英国和美国快2倍,同时也大大超过了战前日本"明治维新"以来经济增长的平均速度。在此期间,日本实际国民生产总值增加了4.2倍,其国民生产总值1967年超过英、法,1968年又赶上联邦德国,1973年已达4 078亿美元,相当于美国(13 021亿美元)的31%,成为资本主义世界的第二大经济国。经济的持续高速增长不仅缩短了日本与欧美国家的差距,也使资本主义世界局势发生了巨大变化,即从二战以来持续20多年之久的美国一家主宰西方世界的局面被打破,取而代之的是美、日、西欧三足鼎立的局面。

(三) 经济稳定增长时期(1974~1990年)

西方经济从1973年开始"滞胀"阶段,作为资本主义世界经济的有机组成部分,日本经济也没能摆脱"滞胀"的命运。高速增长的日本经济进入70年代以后就出现了增长乏力的状况,而1974年首度出现了负增长。但日本通过调整经济结构、输出资本、改进管理、开发新产品等途径来扭转颓势,很快渡过了危机进入经济稳定增长的时期。此后到1987年各年间经济增长率都在3%~4%之间,虽然这一发展速度较之高速增长时期减速一半,但整个70年代仍高达5%左右,形成低速持续发展的态势。由于发展速度仍明显高于其他主要的资本主义国家(这些国家的经济增长率大约在2%),这使得日本的经济实力比其他资本主义国家又有了较快的增长。

20世纪80年代在整个资本主义世界经济进入调整阶段以后,日本适应世界经济形势的变化,采取了调整产业结构、削减财政赤字、国有企业民营化以及向内需主导型增长转变等措施,经济发展取得了新的进展。1981~1990年间,日本的GDP年均增长4.3%,在西方发达的工业化国家中首屈一指。由于日本的经济实力不断增强以及日元升值等特殊因素的影响,日本垄断资本积累速度加快,形成了这一时期金融资本和产业资本空前膨胀的特点。

(四) 经济衰退时期(1991~2000年)

进入20世纪90年代后,世界经济面临诸多困难,西方经济复苏乏力,增长缓慢。此时的日

第二章　发达国家和地区经济及其经济模式

本经济也呈现出严重衰退的局面,据统计,1990年至2000年,日本实际GDP年均增长率约为1.75%。根据日本景气基准日期研究委员会断定,这次衰退始于1991年春,是20世纪80年代日本经济泡沫膨胀、崩溃的结果。

这次经济衰退主要有五个表现。

1. 消费需求一蹶不振

民间消费需求占日本国内总支出接近六成①,是影响甚至决定日本经济运行和发展状况的最重要因素。但进入20世纪90年代以来,日本的消费需求始终处于低迷状态,甚至出现了负增长。在1986~1990年的5年中,日本民间最终消费支出的年均增长率曾高达3.55%,到1991~1995年的5年中已下降为1.58%,1996~2000年的5年中更是下降至1.48%,其中在1997年和2000年度还分别出现了1.2%和0.2%的负增长。

2. 通货紧缩日趋严重

日本的通货紧缩主要表现为物价水平全面、持续地下跌。1991年至2000年的10年里,综合批发物价指数有8个年份呈下跌态势,1999年和2000年,不仅综合批发物价指数分别比上年下跌了3.3%和0.1%,综合消费者物价指数也分别比上年下跌了0.3%和0.7%。另外,物价下跌涉及的商品范围也极其广泛。

3. 失业率居高不下

由于日本投资计划的下调,给就业形势带来严重影响。1990年日本的完全失业人数②和完全失业率③分别仅为134万人和2.1%。到1997年11月完全失业人数和完全失业率分别为228万和4.1%。1999年的完全失业率达到4.8%,创历史新高。

4. 不良债权堆积如山

据统计,从1992年度到2000年3月,日本金融系统累计处理不良债权达67.9万亿日元,其中1995年、1997年和1998年每个年度处理的不良债权都超过13万亿日元。但金融机构的不良债权似乎越处理越多,尽管日本12家大银行力图通过多种途径来处理坏账,但新增坏账的速度要远远高于它们清理坏账的速度。日本金融机构在国际金融界的声誉一落千丈,巨额的不良债权成为困扰日本金融与经济运行的一大毒瘤。

5. 国家财政债台高筑

为刺激经济景气回升,10年间日本政府先后10余次推出以增发国债、增加公共事业费支出为主要内容的扩张性财政政策。受此影响,日本的国债尤其是赤字国债发行额迅速扩大,财政对国债的依赖程度急剧提高。截至1997年度,日本政府发行的国债余额达到255万亿日元。1998年度日本的财政赤字占GDP的比重超过10%。这次经济衰退,使日本确立的成为21世纪"金融大国"和"投资大国"的战略目标受到了很大影响。1990~2000年间,日本经济增长缓慢,在经济史上被称为"失去的十年"。

(五) 21世纪初的发展期(2001~2009年)

日本经济经过20世纪90年代的长期萧条之后,2002年下半年开始出现转机,逐渐从萧

---

① 数据来源于日本统计局网站http://www.stat.go.jp/english/data/chouki/03.htm。
② 完全失业人数指劳动力人口(年满15岁,具有劳动意识的人)中,在一定期间内(每月的最后一周),没有工作(与收入有关的工作)的、实际正在进行求职活动的人数。出处:日本总务省《劳动力调查》,公布日期:第二个月末。
③ 完全失业率:劳动力人口(年满15岁,具有劳动意识的人)中完全失业人数的比率。出处:日本总务省《劳动力调查》,公布日期:第二个月末。

条中走出。继 2002 年、2003 年、2004 年连续三个年度正增长后,2005 年度增长势头更猛,达到了 2.7%,而且主要是依靠扩大内需取得的。2006 年在自律性复苏的延长线上继续保持正增长。

此次日本经济的持续景气具有以下特点。

1. 内需扩大成为支撑经济持续复苏的主角

经济正增长主要是依靠居民消费和设备投资的强劲拉动带来的。2004 年,居民消费占日本 GDP 总量的 57.07%,而 2000 年是 56.21%[①]。这段时期内虽然居民消费的增幅不高,但呈现出的正增长对整个国民经济增长影响颇大。内需的扩大标志着日本经济的复苏已经摆脱对财政投资和外需出口的过度依赖,开始步入自律性复苏阶段。

2. 股市明显回升

到 2005 年 12 月 30 日年终收盘时,日经平均股指高达 16 111 点,与年初相比上升幅度高达 40%。东证(第一部)年交易额达到 418 万亿日元,创历史新高。股市是反映经济景气的晴雨表,股市回暖意味着日本市场基础得到明显改善。股市的回升将强化企业家的经营信心,同时也会提高国外投资家对日本市场的投资信心。股市上升所引起的资产效果也会提高处于低潮的消费心理和预期,使消费低迷的现状得到改善。

3. 企业效益持续上升

企业,特别是大企业效益上升更好一些。其中,钢铁、海运等许多企业取得了历史最高效益。企业效益上升的另一个重要标志是劳动分配率[人工费/(人工费+营业利益+折旧)]的下降。劳动分配率是衡量企业效益的宏观指标,劳动分配率高意味着劳动力所得到的工资在不断增加,而企业收益在不断减少。2005 年劳动分配率已降至 90 年代初的水平并且开始低于劳动分配率的均衡水准。

4. 不良贷款处理完毕,金融秩序恢复健全状态

自泡沫经济崩溃以来,不良贷款一直是压在日本经济头上的一块"重石"。十几年来日本对不良贷款的处理几经起伏,到 2005 年终于处理完毕。截至 2005 年 9 月,全国银行业的不良贷款总量为 15.9 万亿日元,比上年减少 8 万亿日元。全部银行业不良贷款率从 2002 年 3 月的 8.4%降为 3.5%,主要银行不良贷款率从 2002 年 9 月的 8.1%下降至 2.9%,成功实现了政府提出的 4%的目标。

从 2007 年开始,美国的次贷危机波及了日本,起初是日本对美国的直接出口和通过其他国家的间接出口受到了影响。事实上日本的国内消费依然没有扩大,还是比较依赖于外部,因此外部环境恶化对日本造成了一定的影响。2008 年和 2009 年,日本彻底被金融危机连累,GDP 呈现出负增长,遭受的打击比欧洲和美国还要严重。日本民间机构认为主要原因有两方面:其一是出口严重下滑;另一方面是个人消费依然低迷。但是日本国内金融秩序依然稳定,经济基础层面良好,大部分经济学家都认为日本不会回到 90 年代的萧条局面。

二、日本在世界经济中的作用与地位

总的来说,日本的经济地位仍举足轻重,但在亚洲经济中的领头作用将会减弱。

---

① 该数据由日本统计局网站的国内生产账户 http://www.stat.go.jp/english/data/nenkan/1431—03.htm 计算获得。

第二章 发达国家和地区经济及其经济模式

1. 从经济实力上看,日本经济在世界经济中占有重要地位

2008年,日本的GDP现价为48 869.6亿美元,而世界GDP现价为605 570.1亿美元①,日本占世界GDP总值的8.07%。日本早在20世纪70年代就成为仅次于美国的西方第二经济大国。在70年代石油危机以后到整个80年代,日本同美、德一起是带领西方经济前进的"火车头"。1973年到1986年日本经济的年均增长率为3.8%,比美、德等西方主要国家分别高出1至2倍。

2. 从对外贸易上看,日本是举世瞩目的贸易大国

2004年日本在商品贸易的出口额中,占到世界的6%,但是这一指标逐渐下降,2006年占5.358%,2008年只占4.907%;在商品贸易进口额中,2004年占到世界的5%,2006年占4.678%,2008年占4.667%。日本在服务贸易的出口额中,2004年占到世界的4.5%,2006年占4.076%,2008年占3.910%;在服务贸易进口额中,2004年占到世界的6%,2006年占4.995%,2008年占4.817%。日本已成为国际上经常收支盈余最大的国家之一,日本每年都有大量的贸易顺差,进入21世纪以来,2000年、2001年、2002年、2003年、2004年、2005年、2006年、2007年和2008年日本的贸易顺差额分别为521亿美元、106亿美元、373亿美元、549亿美元、733亿美元、800亿美元、704亿美元、807亿美元和238亿美元②。

3. 日本是世界上最大的投资国之一

20世纪80年代受日元升值的影响,日本企业大举向国外转移生产,对外直接投资迅速增长,特别在亚洲,日本已成为各国引进外资的主要对象。在2002年、2003年日本的FDI流出量分别为323亿美元和288亿美元。截至2008年,日本的FDI流出量为1 280.2亿美元,占世界的6.9%③。

4. 日本是世界上重要的资本供应国

20世纪80年代以后,日本金融实力迅猛增长。1985年底,日本对外净资产高达1 298亿美元,上升为世界最大的债权国。此后其对外净资产不断扩大,1994年底增至6 889亿美元,1995年底又增加15.2%,连续5年居世界之首。到2004年,日本的对外净资产达到16 016亿美元;日本银行虽受巨额坏账和金融丑闻等影响,国际信誉有所下降,但仍继续主宰国际贷款市场,是国际贷款的最大提供者;自1991年起,日本已成为世界上提供政府经济援助最多的国家,1995年日本对外提供政府开发援助(ODA)达144.8亿美元,相当于同期美、德两国对外经援的总和,连续5年居世界首位。历年来日本对外经援大部分投向亚洲。1994年底,日本对外提供经援累计达18.5万亿日元,其中向亚洲国家提供的经援占74%。1998年日本政府对外援助总额为107.31亿美元。最近日本对外经济援助有不断减少的趋势,2001年,日本对外援助总额为75亿美元。

5. 日本的外汇储备一直居世界前列

20世纪90年代,日本的外汇储备一直是世界第一。截至2008年,日本的外汇储备为10 306.5亿美元,位居世界第二。在国际货币基金组织中拥有的份额和分配的特别提款权分别为194.4亿美元和13.0亿美元,黄金储备为2 460万盎司。今后一个时期,日本在国际金融方

---

① 该数据来源于世界银行世界发展指标数据库。
② 根据联合国贸发会议 Handbook of Statistics 2009 计算整理得到。
③ 数据从联合国贸发会议直接对外投资数据库获得。

面的优势将继续保持,其主要资本供应者的地位不会改变。

从长期看,与过去几十年比较,日本经济已经越过发展顶峰,开始走下坡路。不仅不会有60年代后期那种鹤立鸡群式的高速增长,也不会达到20世纪70~80年代那种在西方经济中名列前茅的中速增长,难以继续发挥"火车头"作用,只能在低速的轨道上长期徘徊。进入21世纪的初期阶段,日本依靠调整经济结构,加速发展高科技,开拓新的产业,并利用世界经济长周期将转入上升阶段、以高技术信息通讯产业为中心的第五波技术革命到来的时机,有可能使经济发展获得新的动力,取得高于20世纪90年代的经济增长率,但难以长时期地持续下去。日本今后在亚洲仍是各国引进资金和技术的重要来源以及重要设备和零配件的主要供应者,仍是亚洲最重要的商品市场之一,继续对亚洲的经济发展起重要作用,但日本的经济优势地位正逐步下降。日本在经济上同亚洲国家特别是同新兴工业国和地区之间的差距将不断缩小,它在亚洲经济雁型发展行列中的"领头雁"地位势将难以长期为继。

三、日本政府主导型的市场经济模式

战后日本从战败国一跃而成为世界经济的第二强国,创造出日本经济奇迹。这引起了全世界极大关注,国际社会众多学者都在研究探讨其经济快速发展的奥秘。任何一个国家经济的发展都不是单方面作用的结果,而是一国政治、经济、社会以及国际环境多种因素综合作用的结果。日本战后经济奇迹的产生是与其选择了一种强政府干预的经济管理体制分不开的。这种体制通常被人们称为"政府主导的市场经济模式"。

这种经济模式的基本特征是:以私人企业制度为基础;资源按市场经济原则进行配置;政府以强有力的计划和产业政策对资源配置实施引导。日本经济模式同其他发达国家的经济模式相比,最大的不同在于日本政府对经济干预和调控的范围、力度以及时间之长都明显强于其他国家。这里将主要介绍日本的资源配置方式、宏观经济政策和政府同银行和企业的关系等。

(一)资源配置方式

日本政府对资源配置发挥作用的方式主要是计划引导和产业政策引导。

1. 经济计划

日本政府的政策指导,是以制订经济计划的方式实现的。这种经济计划大体可以分为三种类型:中长期计划、短期计划(或年度经济预测)、国土开发及地区开发计划。计划的宗旨是指明经济的发展方向、表明政府的政策主张、向企业提供可靠信息以及协调各方利益关系。日本的经济计划基本上是诱导型的,在很大程度上是宏观经济预测。从20世纪50年代中到70年代,日本共制定过7个中长期计划,这些中长期的经济计划重点集中在公共部门。日本政府重视公共部门的建设,目的是为私人企业提供良好的市场竞争环境以及基础条件;普及教育,为企业提供高素质的劳动力;投资建设基础设施,既可以为企业提供廉价的社会物质条件同时又扩大了基础产业的需求市场。日本政府通过不同时期的经济计划,体现国家经济发展的战略目标和结构政策,并通过财政政策、货币政策等经济手段引导企业的投资方向和经营方向。日本的经济计划的实施收到了较好的成效。例如,通过1961~1970年的"国民收入倍增计划"的提前完成,日本在1961~1970年间的国民生产总值年平均增长率为11.6%(以1958年为基期)。

2. 产业政策

日本的产业政策与其他市场经济国家的不同之处在于侧重点在产业结构政策上,其主要作用是干预资源在产业间的配置,和实现产业结构的转换的目标,它较多地带有微观经济的性质,

并微观到产业的层次。日本的国内产业政策,有其悠久的历史。早在20世纪30年代,政府通过行政控制与鼓励企业横向合作,以防止企业间的过度竞争。当时选定了26个重要产业部门,如钢铁、丝织、造纸、水泥、煤炭等组织了卡特尔,以解决当时棉纺、造船、电机等行业生产能力过剩的问题。通过卡特尔组织,减少了企业间竞争,增加了企业利润。在20世纪50年代前期的经济复兴阶段,日本以基础工业为主导产业;从50年代中期到70年代初的经济高速增长阶段,以重化工业为主导产业,实现工业结构由劳动密集型的轻纺工业为主向资本密集型的重化工业为主的升级;70年代开始向技术和知识密集型发展。

日本的产业政策主要包括对战略产业的保护与扶植和对衰退产业的调整与援助。对战略产业的保护政策主要指贸易保护政策,通过关税壁垒、进口数量配额限制和外汇分配制度等来限制进口以保护尚处于幼稚阶段缺乏竞争力的战略产业。扶植政策包括财政投资、"倾斜减税"(如对战略产业税额扣除、收入扣除、特别折旧、准备金和基金制度、压缩记账等)、"倾斜金融"(指政府金融机构向战略产业提供长期低息贷款)和行政指导等手段。对衰退产业的调整与援助是指对煤炭、纺织和造船等传统产业调整设备和改善结构。调整设备就是报废"过剩设备"和停止设备运转,政府对报废设备的企业提供低息贷款。改善结构的中心是复制设备现代化和知识密集化,同时促进不同产业间的联合,设备现代化不仅可以获得长期低息贷款,同时还可享受进口设备的优惠。

日本产业政策的实施,促进了日本工业的迅速发展,1956~1973年间工业以年均13.6%的速度增长,到1970年前后,基本实现了工业现代化。1968年,日本的工业生产水平仅次于美、苏,居世界第三。

(二)日本的宏观经济政策

1. 财政政策

日本的财政政策可分为税收政策、政府支出政策和公债政策,它们通常不是独立地,而是相互配套地使用。税收政策的具体运用主要体现为增减所得税和租税特别措施方面。支出政策主要体现在政府对财政支出的增减。公债政策主要体现在政府通过发行公债以增加财政支出的资金来源,从而扩大有效需求。从这些财政政策中,可以看到行政管理导向型市场经济的特点。政府财政政策的经济调控包括两个方面:一是政府直接对公共事业的投资,为私人资本创造投资条件并开拓国内市场;二是利用减免税收、价格补贴等手段,以诱导私人资本的发展方向。政府财政政策的基本方向,则是更多地用于解决社会福利等问题。

从二战后的1947~1964年,日本政府一直推行平衡财政政策,此期间,出于迫不得已有时也发行一年内的短期政府债券。1965年和1975年,是日本国内债券发行的两次高峰年,此时日本经济出现严重萧条,在这样的形势下,日本被迫选择了大量发行长期国债的财政办法。但日本一直对发行国债严加限制,以防政府信用的滥用导致通货膨胀。

从20世纪90年代开始,伴随经济泡沫破灭,日本经济开始一蹶不振,税收显著减少;同时老龄化社会到来,政府为了维持各项社会福利的支出也在不断攀升;金融危机之时,日本政府为防止日本经济走向衰退,更是采取扩张性的财政政策。这些因素使得21世纪以来,日本债务累积逐渐加速,形成了高额的主权债务,主权债务危机的风险越来越大。2010年4月10日,日本第一生命保险研究机构宣布,日本全国债务规模将在2011年达到950万亿日元,占国内生产总值(GDP)的200%,日本主权债务风险正在显著加大。令人担忧的是,由于日本政府目前仍需要刺激实体经济,还必须执行减税计划、应对老龄化导致的社会福利支出扩大,这种"入不敷出"

的状况仍可能持续下去。与美国不同,日本的主权债务主要由日本国内的投资机构持有,而不是由全世界购买。一旦日本主权债务危机爆发,将对日本国内的经济造成深重且持续的影响,而对世界经济影响有限。因此,日本随时有可能因为国债吸引力骤降而无法承受如此高规模的赤字,最终走向"国家破产"。

2. 金融政策

二战后,日本重建了金融体系。日本市场经济中的金融是一种典型的政策性金融体制。政府使用金融手段作为调节经济的有力措施,其中又先后采取了"窗口指导"、官定利率和公开市场业务,同时还采用"政策性金融"作为这种手段的补充甚至强化,从而形成日本金融政策的特色。窗口指导在日本从二战到70年代初期使用,既满足了企业的投资需求,又未导致有害的通货膨胀。20世纪70年代后,窗口指导被官定利率政策取而代之。1973年4月起,中央银行大量使用官定利率政策来紧缩信贷和控制通货膨胀,并收到了良好的效果。70年代后,金融政策又转到了主要依靠公开市场业务上。中央银行按市价买进和卖出各种国债,以这种方式作为向市场供应通货和紧缩通货的主要途径。

(三) 政府同银行和企业的关系

日本的政府主导型市场经济模式的特点还表现在政府、银行和企业的关系上。从总体上看,政府与银行以及银行与企业是直接关系,而政府与企业是间接关系。具体地说,政府通过金融行政主管部门直接控制银行,或者说实施所谓"强有力的指导";而银行则绝对支配和控制企业发展,直至两者相互结合和依赖。实际上,政府通过银行间接控制企业进而达到控制整个经济活动的目的。

1. 政府与银行

日本政府对金融系统的行政干预色彩相当浓重,表现在:首先,中央银行的独立性较弱。日本银行作为中央银行的首要目标应该是维护本国货币价值的稳定,但是政府和经济界往往优先考虑的是经济增长率。在这种情况下,中央银行往往屈从于政府压力,调整金融政策。而且,对日本银行高级管理人员的任免权和监督权属于政府而非国会。因此,银行理事会不是制定金融政策的最高决策机构而是政府政策的表决机器。其次,政府通过各种手段控制银行。日本政府通过人为的低利率政策,刺激了企业对资金的过度需求,金融主管部门凭着行政干预进行"资金分配",以保证廉价资金优先满足重点产业的需求。为了防止过度竞争引起的金融机构破产,从而威胁金融秩序的稳定,政府对银行的贷款数量、业务范围及过度竞争作出限制,保证了银行的超额利润。同时,政府对那些不服从行政指导的银行实施行政处罚措施。

2. 银行与企业

在日本战后经济恢复及高速增长时期,银行与企业之间最基本、最直接的关系就是信贷关系。日本企业资本结构中自有资本比重一向远远低于西方其他国家,这样,一方面经济恢复发展需要大量资本投入,另一方面企业自有资金严重不足加上二战后相当长一段时期资本市场不发达,因而企业投资的80%以上依靠外部资金,而外部资金主要来自银行贷款。相互参股是日本银行与企业间更深层关系的表现。通过相互参股,银行资本与产业资本进一步相互渗透。而在这种关系中,银行始终占有主导地位。同时,银行与企业还通过综合化业务联系以及国际范围内的密切合作形成了两者相互依赖的关系。

3. 政府与企业

企业是市场运作的主体,而政府则是市场秩序的规范者和维护者,政府和企业是通过市场

第二章 发达国家和地区经济及其经济模式

发生联系的,即所谓的"政府调控市场,市场引导企业"。在这种关系中,企业既是政府的调控对象,也是其服务对象。日本政府通过严格的保护政策、低税率的法人税政策、低利率的金融政策和稳定的批发物价政策等人为地降低企业的生产成本,保证企业的高利润和促进企业的投资竞争。

四、日本经济发展展望

日本在二战后所采取的强政府干预下"政府主导型市场经济模式"对于日本战后的经济恢复和崛起产生了巨大的作用。但是在"失去的十年"后想真正步入复苏和增长的轨道,日本经济还面临许多现实因素的制约。日本现在正面临继明治维新和二战后改革之后的第三次制度创新的形势,对未来日本经济走向作何判断,总的来说取决于如何评估日本的发展潜力。

就目前情况来看,日本经济的恢复与发展具备一定的有利条件:(1)日本拥有高素质的劳动力资源。日本是世界上文盲率最低、国民受教育水平最高的国家之一。高素质的劳动力资源将会给21世纪的日本经济发展奠定坚实的基础。(2)日本拥有较强的实用技术研发能力。日本可充分发掘以往的技术发现和发明,通过对现有的各种发明进行创新,同样有可能带动经济的发展。(3)日本拥有大量的储蓄。日本的储蓄率是发达国家中最高的,同时,截至2008年10月日本的外汇储备位居世界第二,外汇储备额达到9 777亿美元。

日本经济现在处于衰落和复苏的十字路口,也面临着许多的不利因素:(1)日本人口老龄化速度超过了所有发达国家,出生率趋于下降,21世纪将出现劳动力供应不足的问题。在老龄化急速发展、年金制度和医疗保险制度难以维持的情况下,日本国民的消费行为会受到影响,可能会造成国内市场的萎缩。(2)日本在高科技领域中落后于其他发达国家。21世纪带动经济发展的战略产业是信息、通讯、生物工程、新材料、新能源等高新技术产业,而日本是采取实用技术的引进、应用和改良,忽视了这些领域的独创性技术开发,与欧美在高新技术领域产业的竞争中必然会处于劣势。(3)日本金融业的国际竞争力比较弱。日本的金融机构、金融产品的开发、经营方式等与欧美国家的差距较大,在竞争中也会处于劣势。(4)日本20世纪泡沫经济的崩溃留下了深刻的后遗症。政府为刺激经济,不断扩大财政支出,财政赤字逐年增加,国债发行额急剧膨胀。日本政府要实现财政平衡还需要大量时间。另外日本的金融机构和企业在经济衰退和金融体系危机的影响下,普遍债务过重,它们都大举收缩海外事业,无力扩大对外投资。(5)日本进行的最近的新体制调整和变革,收效并不很明显,创新的动力不足,阻力又很大。

总之,21世纪的日本经济将出现经济增长速度向常速回归,将不会重现以前的高速增长。今后的几年内,日本面临的主要课题是经济体制进一步向市场经济方向转变,遏制经济衰退,消除泡沫经济的后遗症,稳定金融体系。日本在美国金融危机后日益严重的高额的主权债务问题特别需要引起政府当局的关注。

 本章小结

本章是以具体的国家或地区为分析单位,主要介绍了当今世界经济的重要三极——美国、欧洲和日本在二战后的经济发展状况和各自的市场经济模式。本章首先介绍了美国、欧洲、日本二战后的经济发展的各个阶段,论述了各个阶段的经济发展特征,并分别分析了其在当今世界经济中的地位和作用。其次,本章分别介绍了各个国家采取的市场经济模式及其自身的特色。美国、欧洲、日本大致都经过了二战后的经济调整和恢复期,高速增长的"黄金时期",经济"滞胀时期",90年代的新经济发展时期与21世纪以来的发展时期。美国是全球经济的晴雨表;欧盟成为全球经济重要的一极;日本的经济地位仍举足轻重,但在亚洲经济中的领头作用将会减弱。三者有着自身的市场经济模式:美国的自由主义的市场经济模式;欧洲的社会市场经济模式;日本的政府主导型市场经济模式。最后,本章对各个国家进行了经济前景的展望:美国经济开始进入了稳定持续增长阶段,欧盟经济开始趋于好转,日本经济正处于衰落和复苏的十字路口。随着美国、日本经济发展势头加快,整个世界经济增长趋强,欧盟也将在这一大趋势下走向复苏。

通过对上述知识的介绍,读者不仅能掌握二战后西方主要发达国家的经济发展简史、目前的状况和未来发展态势,而且能结合西方发达国家的市场经济模式,进行借鉴来分析中国特殊的市场经济模式。

关键词

滞胀　新经济　第三次科技革命　美国自由主义市场经济模式　欧洲社会市场经济模式　日本政府主导型市场经济模式

复习思考题

1. 简述美国自由主义市场经济模式的特征。
2. 简述战后欧洲社会市场经济模式的特征。
3. 简述战后日本政府主导型市场经济模式的特征。
4. 比较美国、欧洲、日本市场经济模式的不同。
5. 分析美国、欧洲、日本在世界经济中的地位和作用。

第三章

发展中国家和地区经济发展模式

　　第二次世界大战后,发展中国家开始独立自主地发展本国经济。为了尽快缩短与发达国家的距离,大部分发展中国家包括东亚、拉美、非洲国家均选择了以工业化为主要目标的发展道路。东亚地区由于国内市场狭小,早期的进口替代工业化模式经过10多年的时间就让位于出口导向型经济。以"四小龙"、"四小虎"为代表的亚洲发展模式获得了巨大成功,从而为广大发展中国家所竞相仿效;而拉美、非洲国家相对来说,国内市场要大一些,因此由进口替代向出口导向的转型时间就比东亚国家慢一些,其经济虽有一定的发展,但未来依然任重道远。东欧各国二战后大都跟随了前苏联的经济发展模式,通过工业化苏东国家壮大了自己的经济力量。然而随着经济的发展,中央计划经济体制的弊病日益显现,严重阻碍了各国经济的发展。各国在20世纪50~60年代开始进行改革,直到90年代以后,改革仍未停止。其改革效果喜忧参半,未来经济发展有待观察。石油输出国凭借其丰富的石油资源,走着与其他国家不同的发展道路。

第三章

第三章　发展中国家和地区经济发展模式

学习目标

通过本章的学习,你应该能够:
1. 了解主要发展中国家的经济发展模式以及转轨国家的经济体制改革历程;
2. 掌握不同类型国家经济发展模式的特征及其结果,并能够对各国经济发展模式与改革作出评价。

第一节　东亚经济及其赶超型经济发展模式

东亚地区指的是亚洲东部与东南部,包括日本、韩国、中国、东盟十国和中国的台湾、香港、澳门地区。大部分东亚国家和地区20世纪50年代就实现了经济的高速增长,其经济增长率大约是美国等OECD国家的2倍,20世纪60~70年代取得了震撼欧美的"东亚奇迹"。日本的高速经济增长一直持续到80年代末,"亚洲四小龙"的高速经济增长则一直持续到1997年的金融危机之前。从经济整体和长期视角来看,东亚经济发展表现出了一种明显的"赶超"效应。其在世界生产总值中的比重从1970年的10.5%上升到最高1995年的24.5%,受东南亚金融危机的影响,近年来所占比重有所下降,但2005年仍达到18.8%(以上均未包括中国的台湾地区,见图3-1)。在上一章中,我们已经介绍了日本,本节主要以新加坡、韩国、中国香港和中国台湾以及亚洲"四小虎"的泰国等国家和地区为例介绍一下东亚的经济发展模式。

图3-1　东亚GDP占世界GDP的比重(1970~2009年)

注:此处东亚指日本、韩国、中国、东盟十国和中国的香港地区、澳门地区(未包括中国台湾地区)。
资料来源:根据联合国贸发会议 Handbook of Statistics 数据计算得出。

一、东亚经济发展模式的形成

二战后东亚地区迅速崛起,经济持续增长,国民收入大幅度提高,被国际舆论誉为西太平洋沿岸的"繁荣弧线"。其中,被誉为亚洲"四小龙"和"四小虎"的八个国家和地区经济的发展尤为引人注目。

东亚各国一般国土面积狭小,资源缺乏。经过多年的探索,同时存在需求和资源约束的东亚各国逐渐形成了外向型的经济发展战略。东亚国家经济之所以能够获得迅速发展,其重要原因之一是它们实行了"出口导向"的战略和采取了"面向出口工业化的政策",即积极扶植出口工业和发展出口贸易的政策。这种战略首先使东亚地区企业不得不暴露于激烈竞争的国际环境之中,强化了东亚企业的竞争压力;其次,出口导向战略比进口替代战略大大拓宽了获取外国技术的途径;再次,由于出口导向与外部世界的更密切接触,不仅扩大了制度选择的集合,而且使制度学习过程更迅速、更有效;最后,由于出口导向与外国顾客更密切的交互作用,强化了国内研究与开发、生产和营销之间的密切联系。

从东亚各国经济发展的历史来看,外向型经济发展战略的形成并不是一蹴而就的。各国发展历程具有惊人的相似性:首先采取进口替代战略,逐步发展本国经济;随后采用出口导向措施,提高本国经济;最后对本国经济结构进行调整,壮大本国经济。

(一)"四小龙"的腾飞

新加坡、韩国、中国香港和中国台湾属于新兴工业化国家和地区,它们在亚太经济中处于发达国家美国、日本与发展中国家中国、东盟诸国(新加坡除外)之间,在亚太地区产业梯度转移中处于承上启下的中间层次。"四小龙"都是依靠吸引外资、发展出口导向型产业达到经济的起飞的。在经济取得长足发展以后,它们及时提升产业层次,从劳动密集型逐渐转移向资金密集型,并加强资本的输出。

以新加坡为例,从1959年至今,新加坡经济发展经历了不同的发展阶段(见图3-2)。1959~1965年是新加坡发展进口替代和劳动密集型工业、改变以转口贸易为基础的单一经济结构的阶段。此时政府不仅在税收上给进口替代工业以优惠,而且通过参与兴办企业对基础薄弱而急需发展的轻纺、食品等部门提供财务和管理上的帮助。1966~1979年是新加坡从劳动

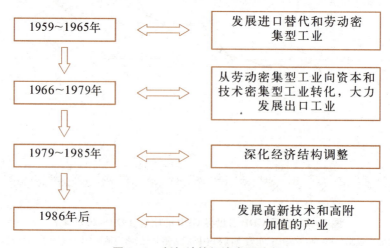

图3-2 新加坡的经济发展阶段

第三章 发展中国家和地区经济发展模式

密集型工业向资本和技术密集型工业转化的阶段,其战略目标是大力发展出口工业,并带动外资、运输、金融等部门的发展,实现经济结构的多元化。1979～1985年是新加坡深化经济结构调整、提高产业层次的阶段。20世纪70年代末期国际贸易保护主义的抬头和国际经济竞争的加剧使新加坡政府深感必须对产业结构进行重大调整才能保持自身的竞争力。为此,新加坡政府于1979年提出进行"第二次工业革命",鼓励采用先进技术提高企业的技术层次,促进工业部门和其他产业部门向机械化、电脑化和自动化过渡。在这一阶段新加坡形成了以机械、运输、外贸、旅游和服务业五大支柱为主的经济结构。从1986年起,新加坡对其经济结构和方向进行了又一次调整,重点发展高新技术和高附加值的产业部门,拓展服务业,特别是国际金融服务、国际商业和运输服务等。

韩国和中国台湾的发展经历同新加坡类似,都是由于地域狭小、本身的经济规模有限,仅靠内需这个参量在工业化过程中无法提供足够的动力,因而走上外向型道路,由外部需求来带动工业化,以国际资源来补充自己资源的不足。在20世纪50年代,韩国和中国台湾都是以农业为基础,以农业力量来推动工业发展。在缺乏资本和技术又缺乏自然资源、大部分生活用品必须依赖进口的情况下,韩国和中国台湾开始利用生产资源中唯一的优势——普通劳动力,发展劳动密集型的进口替代工业,从而走上工业化道路。20世纪60年代初到90年代,韩国和中国台湾经济在30余年中经历了不同的发展阶段,实现了经济的腾飞。在60年代和70年代的20年中,韩国通过实施4个经济与社会发展五年计划,实现了经济的高速增长。这期间,政府把经济发展重点放在促进出口增长上,对劳动密集型产业,特别是轻纺工业提供金融和税收优惠。政府实行"出口第一"主义,并对一些重点工业项目实行倾斜式投资,鼓励和扶持大型企业的发展,以实现有效的生产要素配置。中国台湾从60年代起,塑料、纺织、橡胶、木制品和家用电器开始外销,到60年代末由于出口的高速增长,带动经济的快速成长,也带动了中间原料及中间产品工业,70年代后,随着技术密集型工业的发展,台湾进入第二阶段的进口替代与出口扩张期。韩国从1982年起实行的第五个和第六个五年计划将重点放在了推进产业结构升级和提高产品在国际市场上的竞争力方面。在此期间,韩国政府实行的扩大外贸进口自由度、扩大外商投资范围、减少政府在金融领域的干预等政策的成功,使韩国在经济扩展的同时经济结构也发生了引人注目的变化:制造业在国民生产总值中的比重上升,农业的比例下降。在制造业内部,资金密集型和技术密集型产业部门的增长速度和规模都远远超过劳动密集型产业部门。而中国台湾出口占其生产总值的比重到80年代中期已超过60%。进入90年代后,由于国际上贸易保护主义势力的抬头以及先进工业国在高技术领域内的激烈竞争使韩国和中国台湾的海外市场缩小,大企业集团固定资产投资和设备投资的下降使韩国和中国台湾经济难以保持过去那样的高速增长。此时台湾把原来依靠美国市场来拓展贸易的方式转向了对香港和祖国大陆的出口,利用新台币升值的优势,在发展中国家和地区寻找生产成本更便宜的场所,使劳动密集型产业能继续保持其生命力。同时,一些发展比较成功的企业和产业也在努力开拓新的市场,使自己的生产和营销国际化。韩国则是在1998年金大中就任第15届总统后经济开始进入一个以改革和调整为中心的新时期。新政府改变了以往韩国的权威主义,推行民主市场经济,反对官商勾结,抑制财阀势力,维护中产阶层利益,支持中小企业发展,积极扩大对外开放,从而克服了经济危机,使韩国经济开始复苏。

中国香港的腾飞之路有别于上述三个国家和地区。香港地域狭小、人口稀少、资源匮乏,属于先天不足。可以说,香港经济发展的过程,就是它积极参与国际经济合作的过程。二战后初期,香港原本就很弱小的工业几乎全面瓦解,香港经济一片萧条。但是香港有着天然的优良港口,长期以来形成的国际贸易网络使它在发展与中国内地的转口贸易中大显身手。所以20世纪50年代以前,香港的主要经济成分就是转口贸易,以转口贸易为主的对外贸易占了香港当地生产总值的绝大比重。50年代以后,香港的转口贸易因美国对中国实行禁运而受阻,导致对外贸易额急剧下跌。在当时的情况下,发展金融条件也不具备,但由于众多从内地到香港的技术人员和熟练工人,加上香港当时属于英联邦国家普遍实行特惠税制的范围,有着广泛的国际销售渠道,因此选择制造业就成了一条切实可行的出路。从纺织、制衣和塑料花等劳动密集型的轻纺工业入手,香港的制造业很快得到了发展。进入60年代,发达国家的新技术革命和产业调整,使从发达国家分离出来的劳动密集型产业大量转移到发展中国家。香港不失时机地充分利用了其廉价的劳动力,参与到这次国际大调整中,大力发展劳动密集型的出口加工工业,使它的经济得到强劲增长。在进入80年代以后,由于中国大陆实行对外开放政策,香港与祖国内地的经济联系日益紧密,特别是在内地劳动力众多、成本低廉、市场广阔的条件下,香港的制造业厂商纷纷将生产转移到内地,在一定程度上缓解了香港劳动力不足、成本高昂的矛盾,提高了香港产品在国际市场上的竞争力,但是却没有推动香港本身科技产业的发展。相反,香港制造业在其经济中的地位越来越低。所以目前的香港只能说是一个以金融、贸易、旅游、信息及商业服务为特色的多元化商务中心。

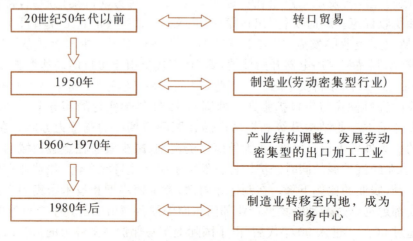

图 3-3 香港的经济发展阶段

(二)"四小虎"的跨越

泰国、马来西亚、印度尼西亚和菲律宾俗称亚洲的"四小虎"。它们都是自然资源丰富、人力资源充沛的国家。在相当长一段时间内,四国经济主要以农业为主。由于长期受西方殖民主义者的统治,这四个国家生产技术水平比较落后,产品单一。独立后,各国政府致力于发展民族经济,利用本国特有的丰富资源和廉价劳动力努力发展农业和初级产品的生产和出口,同时实行进口替代的方针发展工业,但经济落后的面貌改变较慢。

20世纪80年代初期,这四个国家曾实行过产业结构的调整,试图由橡胶制品、木材加工、石油产品、纺织等劳动密集型与资源密集型的轻工业向资本密集型的工业结构转化,奠定工业化的基础。但由于各国发展规模过大,又未获得国际经济环境的支持,未能达

第三章 发展中国家和地区经济发展模式

到预期目标,反而导致1985年各国经济的下滑,迫使其对经济结构和发展战略进行调整。

1985年《广场协议》的签订,导致日元与东亚一些经济体的货币相对美元升值,加上"四小龙"生产成本的不断提高,引发了亚太地区新一轮的产业梯度转移。日本和"四小龙"纷纷把劳动密集型产业向外转移,这为东盟四国的发展提供了一个极为有利的国际环境和重要机遇。面对这次机遇,"四小虎"实行出口导向的发展战略,大力吸引外来直接投资,调整产业结构,发展劳动密集型产业出口,取得了很好的效果,带动了经济的起飞(图3-4)。

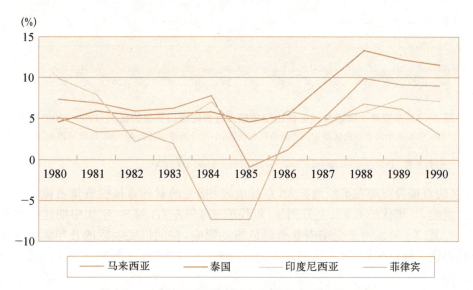

图3-4 亚洲"四小虎"的经济增长率(1980~1990年)

资料来源:IMF,*World Economic Outlook Database*,April 2006。

泰国在80年代初就对工业化战略进行了第三次调整和目标转移,强调出口工业和进口替代工业的协调发展,加强重化工基础工业的建设以及重视各产业之间、各地区之间及经济社会之间的均衡发展。这次调整取得了一定的成效,国民经济开始迅速增长。马来西亚在1986年逐步放宽对外资的限制,鼓励外资直接投入出口导向型工业,导致了外来投资的迅速增加,直接刺激了80年代后期的经济增长。菲律宾在80年代中期积极进行经济调整,紧缩财政支出,稳定国际收支状况,调整外债结构,鼓励外国投资,强调工农业的均衡发展,发展中、小型工业,分散工业区,改变地区发展不平衡现象,这些措施都取得了一定的效果。

(三)东亚各国和地区外向型经济特征

东亚各国和地区外向型经济最主要的表现就是外贸和外资的规模不断扩大。

从国际贸易的地位看,1960年东亚8个(不包括日本和中国)国家和地区的出口总额为50.79亿美元,在世界出口总额中只占4.0%;到2005年,这8个国家和地区的出口总额已经增至13 399.45亿美元,在世界出口总额中所占的比重提高到12.8%。同时其进口总额由1960年的56.28亿美元增至2005年的12 618.91亿美元,在世界进口中的份额由1960年的4.5%增至2005年的12.3%(图3-5)。

在引进外资方面,20世纪80年代以来,发达国家对发展中国家的直接投资呈下降趋势,但

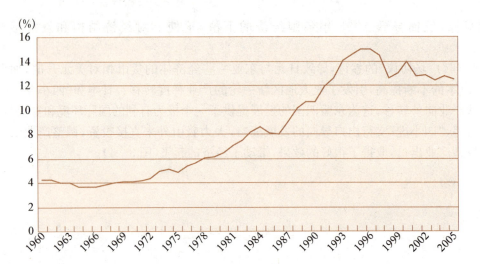

图 3-5　东亚 8 个国家和地区进出口总额占世界进出口贸易的比例(1960~2005 年)

注：东亚 8 个国家和地区即中国香港特别行政区、中国台湾省、韩国、新加坡、印度尼西亚、马来西亚、菲律宾、泰国。

资料来源：IMF, *International Financial Statistics Yearbook* (2005)。

对东亚地区的直接投资却在不断地扩大，东亚地区①接受的对外直接投资量占世界总投资量的比重由 20 世纪 70 年代的 6.8% 上升到 80 年代的 9.1% 左右，到 90 年代中期这一比重已上升到 20% 以上(图 3-6)。由于受东南亚金融危机的影响，在危机发生后的几年流入东亚的 FDI 急剧下降，但进入新世纪后，这一比例逐步回升，2004 年、2005 年又分别达到 18.3% 与 16.8%。

图 3-6　世界部分国家和地区外国直接投资在国内(地区内)固定资本形成中所占比重(1970~2000 年)

注：东亚 8 个国家和地区即中国香港特别行政区、中国台湾省、韩国、新加坡、印度尼西亚、马来西亚、菲律宾、泰国。

资料来源：联合国贸发会(UNCTAD)。

---

① 包括中国、中国香港特别行政区、中国台湾省、韩国、文莱、柬埔寨、印度尼西亚、老挝、马来西亚、缅甸、菲律宾、新加坡、泰国和越南。

外国直接投资占各国固定资本形成额的比重一直很高,且这一比例连续30年居于世界各地之首。东亚在吸引外资方面有三个特点:首先,投资对象由初期主要投向"四小龙"转向投向"四小虎"和中国内陆;其次,投资领域由最初主要投入劳动密集型产业和商业转向投向先进技术工业部门及基础设施和服务业;最后,投资来源除发达国家外,来自东亚内部新兴工业化国家和地区的直接投资数额也在迅速增加。

二、东亚经济发展模式的特征

(一) 东亚经济呈现阶梯状发展

东亚各国和地区经济处于经济发展的不同阶梯上,相互间的经济互补性十分突出。今天,世界上还没有一个地区像东亚那样,如此有序地聚集着一批呈阶梯状排列的经济体:发达的工业经济(日本)—第一代新兴工业化经济("四小龙")—第二代新兴工业化经济("四小虎")—迈向工业化的发展中经济(中国大陆、越南)。由于东亚各国和地区所处的工业化的阶梯不同,其重要的产业也呈阶梯状发展。如日本当前的重点是发展高技术产业和高附加值产业,其劳动密集型产业和一部分资本、技术密集型产业已通过直接投资形式转移到"四小龙"和其他东亚国家。而"四小龙"随着经济的发展,劳动力成本的上升,也通过直接投资将劳动密集型产业和一部分技术密集型产业转移到泰国、马来西亚和印尼等东盟国家。近年来由于中国对外开放和外资的大量进入,东亚的一部分劳动密集型、技术密集型产业已转移到中国大陆,其中香港、台湾转移来的劳动密集型产业最多。

二战后数十年的发展过程中,东亚地区逐渐形成的由日本、"四小龙"和"四小虎"组成的国际分工体系的独特之处在于这一国际分工体系在结构上犹如一列秩序井然的人字形雁阵。东亚"雁行模式"的分工体系,既不同于二战前工业国和原料国或宗主国与殖民地之间那种垂直的旧分工体系,又不同于二战后发达国家之间以工业品贸易为中心的水平分工体系,而是一种带有较多互补性的新型国际分工体系。近些年,随着亚洲四小龙的经济迅速赶超,并跻身到发达经济体的行列,中国经济崛起并拉近与东亚各经济体的经济发展水平,"雁行模式"有式微之势。

(二) 高储蓄率与高投资率

东亚民族崇尚储蓄,勤俭节约被认为是一种美德,整个地区的储蓄率也就普遍较高。高储蓄通过银行中介,为这些经济体内的资本形成提供了重要来源。甚至可以这样说,如果没有高储蓄率,东亚地区的经济绝不会发展得这么快。也可以这样来判断,如果东亚经济发展所需要的资本缺少了国内储蓄这个重要的来源,则它们对外资的依赖还要大,受国外资本流动的影响还要深。因此,高储蓄率为经济增长提供了大量的潜在资本,减少了东亚国家对外国资本的依赖性。

如果东亚国家(地区)仅拥有较高的储蓄率,却没有高投资率,则国内的大量储蓄有可能输出国外,或者去购买其他国家的证券,或者去其他国家进行直接投资。同时,高投资率需要有高的投资效率,否则容易引起资源浪费、通货膨胀等种种不良后果。当然,作为发展中国家投资效率的提高需要一个过程,需要从粗放型的投资使用方式逐步提升到集约型的投资方式。从图3-7和图3-8可以看出,东亚主要国家和地区的储蓄率和投资率均高于世界平均值,长期以来,对东亚国家和地区的经济增长发挥了正向的促进作用。

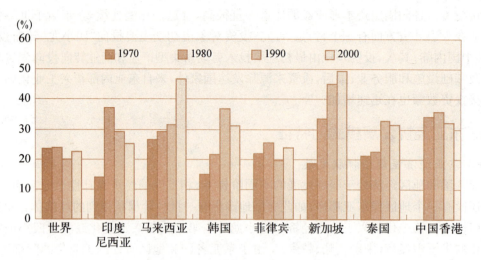

图 3-7　东亚部分国家和地区的储蓄占国民生产总值的比重(1970～2000年)

注：香港1970年的数据缺失。
资料来源：国际统计年鉴(1996、2000、2003)。

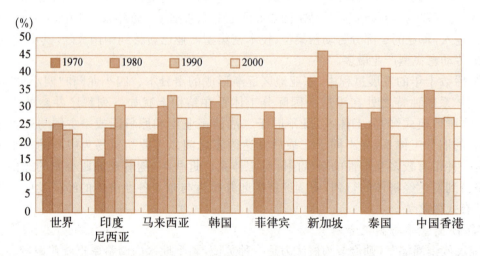

图 3-8　东亚部分国家和地区的投资占国民生产总值的比重(1970～2000年)

注：香港1970年的数据缺失。
资料来源：国际统计年鉴(1996、2000、2003)。

(三) 政府干预

东亚模式是政府主导下的市场经济，政府往往以直接的方式而不是间接的方式参与经济活动。

东亚各国和地区脱胎于殖民地。战后，为了迅速摆脱经济落后局面，同时有效地抵御外部垄断资本的渗透，普遍采用了政府干预经济的做法。一方面，东亚各政府将所谓"看得见的手"和"看不见的手"紧密有机地结合，政府充分利用各种经济、法律及行政手段调整宏观经济，积极参与和干预经济活动，为经济主体的发展创造有利的外部条件，实现资源合理配置，引导经济协调有序发展。另一方面，东亚各政府也给予本国或地区的企业一定的保护，以防止本国或地区的弱小经济在激烈的国际竞争中被强大的外部经济冲垮。

东亚经济的发展在很大程度上得益于政府的强制性制度安排,但这种发展的结果又要求更深刻的和全面的市场经济。政府在完成启动、培育市场和把本国经济推入快车道的使命后,要及时地让位于逐渐壮大起来的市场机制。随着市场机制的完善,政府应当逐渐减少直接的经济干预,学会从直接的干预转化为间接的干预。作为更理想的模式,在成熟的市场经济体制下,政府只应当在基础设施建设、科技教育发展、人力资源开发上,在一些非竞争性领域例如公用事业的经营上提供服务。在今后东亚经济发展过程中,东亚的这种"强政府"的市场经济模式有必要进行调整和完善。

三、东亚经济发展模式评价

20世纪六七十年代以后,世界经济发展上的重大成就之一,就是亚洲的崛起。根据世界银行和国际货币基金组织的统计,东亚在1980～1989年10年间经济以年均7.9%的高速增长,比其他发展中地区都要高。1991～1994年在世界经济不景气的情况下,东亚基本保持了7.7%以上的增长。然而,正当经济学家们议论纷纷,仔细分析东亚经济成功的"奥秘"时,1997年一场遍及整个东南亚的金融危机爆发,各国汇率大贬,物价飞涨,股市动荡,人心惶惶。人们对曾经创造了经济飞速发展的东亚表示怀疑和担忧,甚至有学者认为东南亚金融危机的真正原因是东亚经济模式的危机,是东亚经济模式的结束。事实上,东南亚金融危机的爆发,是国家金融垄断资本在东亚地区强行推进以经济自由化为特点的全球化战略的结果,但与此同时也暴露了东亚经济模式存在的缺陷。

1. 没有处理好经济增长速度与经济效率的关系

东亚经济的高速增长,属于"资源总动员"的增长,是依靠投入更多的生产要素取得的,而不是像西方发达国是依靠科技进步和"全要素生产力"的提高来实现的。无论是高出口增长率还是高经济增长率,都是靠低工资劳动力和高储蓄率来支撑的。在科技对经济增长存在至关重要作用的今天,靠增加生产要素的投入来创造经济奇迹,终非长久之计。

2. 出口导向型经济发展战略没有及时调整

东亚经济的发展,主要依靠美国、日本的资金、技术和设备,从美国、日本进口生产设备和中间部件材料,通过加工,然后又向以美国为主的海外市场出口。这种两头在外的依附型的外向型经济发展模式,虽然对于这些经济体的经济起飞产生了重要作用,但同时由于它具有严重的依赖性,因而致使其建立起来的制造业及电子电气业,既缺乏强大的配套设备工业和元件工业,又缺乏坚实的科研开发基础,根基浅薄。因此,当冷战结束以后,美国、日本将其重点发展的高科技产业和经过改造之后的传统产业大量推向出口,中国的劳动密集型产品的出口全面取代东南亚国家在美国、日本市场的份额,在传统产品的出口方面成为它们的强劲竞争对手,全球生产能力过剩,致使东亚国家和地区的出口大幅度下降。在这种内外夹困中,东亚各国和地区的出口战略没有作相应的调整,是东亚陷入危机的根源。

3. 过早开放金融市场,金融体系监管不力

东亚各国和地区对国际金融市场上金融衍生品的负面作用缺乏基本的认识,更谈不上去进行有效的监管。同时,这些国家的外债数额巨大。但在此情况下,东亚各国或地区却开放了金融市场。因此,当以美国为基地的国际投机资本大举进攻这些国家,金融市场上本币充斥、外汇需求过旺时,这些国家的金融监管体系不知所措,无力调节外汇市场,造成本币大幅贬值,股市急剧下降,企业破产,导致金融危机。

总之,与西方欧美模式相比,东亚模式不论从形成的时间看,还是从东亚国家和地区成熟程度上看均处于初期阶段。从时间上看东亚模式形成至今不过短短三四十年,有的国家才十几年。其模式中的某些方面,不适应时代的变迁,需要整合,甚至舍弃,均属正常现象。它的成功需要外部时空条件。东亚国家和地区应在经济发展过程中冷静思考东亚经济发展中的得失与是非,从中吸取有益的教训,以正确的思维调整东亚经济模式。

第二节　拉美经济发展模式

拉丁美洲和加勒比地区共有33个独立国家,12个未独立地区,拥有5亿人口,面积达2 070万平方千米。拉丁美洲和加勒比地区曾经是世界经济中增长最快的发展中地区之一。但是在20世纪80年代,这一地区普遍经历了历史上最严重的债务危机,在随后的90年代又先后遭受了墨西哥、巴西和阿根廷金融危机,致使该地区经济增长出现停滞,其在世界经济中的地位也发生了变化。进入新世纪,拉美各国经济逐步走出困境,经济开始复苏,但不稳定性仍然存在。

墨西哥、巴西和阿根廷是拉丁美洲和加勒比地区的3个大国,在区域经济中占主导位置。从世界银行公布的2006年世界发展指标数据看,2004年拉丁美洲和加勒比地区的GDP总量为20 219.95亿美元,这3个大国的GDP总量占地区经济总量的70.9%,其中墨西哥以6 764.97亿美元位居首位,列世界第12位。巴西和阿根廷分别以6 039.73亿美元、1 530.14亿美元排第二位和第三位。委内瑞拉、哥伦比亚、智利和秘鲁为拉丁美洲和加勒比地区的第二集团,四国经济总量也相当可观,它们与墨西哥、巴西、阿根廷一起占据了拉美经济总量的90%左右,这七国的经济变化在一定程度上决定了该地区经济形势的变化。

然而从总体上看,2008年拉丁美洲和加勒比地区经济总量(42 160.75亿美元)只占世界GDP总量(605 570.1亿美元)的6.96%左右,在对外贸易方面只占世界商品进出口总额的5%左右,该地区在世界经济中所占的份额还是太小。

一、进口替代工业化发展模式

拉美各国为发展本国经济,经历过不同的经济发展模式。在20世纪30年代大萧条以前,拉美国家大多采用初级产品出口型发展模式,这主要与该地区受殖民主义统治有关。从20世纪30年代开始,一些拉美国家开始采用进口替代工业化发展模式,40年代末该模式几乎在所有主要国家全面实施,50~60年代得到迅速发展。主要采取的措施有以下几方面。

(一)保护国内市场,扶持幼稚工业

除英国以外,大部分国家在其工业化进程中大都采取了保护本国市场的措施。因此,作为工业化道路的"后来者",拉美国家在实施进口替代工业化发展模式时,也对本国幼稚工业进行了保护。

保护本国市场的有效手段之一是对外高筑贸易壁垒。在关税壁垒方面,拉美国家一直把高关税作为限制进口的主要手段之一。各国关税水平虽高低不一,但普遍高于其他地区的国家,如阿根廷20世纪60年代中期关税水平曾高达90%[①]。在非关税壁垒中进口配额是最常用也

---

① 江时学:《拉美发展模式研究》,经济管理出版社1996年版,第45页。

最重要的手段，它涉及的范围广，主观随意性强，可以发挥关税难以发挥的作用，更好地保护本国市场，扶持幼稚工业。

在对外高筑贸易壁垒的同时，拉美国家对内则提供各种优惠措施，鼓励幼稚工业发展。为了使国内工业企业获得廉价的中间产品、工业原料等进口品，各国普遍高估本国货币，以降低这些企业的生产成本，同时采用多种汇率制度，以使进口替代工业化的企业以最优惠的汇率获得所需的外汇。在资源配置方面，各国普遍向制造业倾斜，除了为其提供大量低息（甚至是无息）贷款外，在税收等方面政府更是提供了大量的优惠。

(二) 建立国有企业，完善基础设施

为了加快发展制造业，拉美国家依靠国家政权的力量，利用国家资本，在一些私人无力投资的资本密集型与技术密集型行业设立国有企业。这些国有企业的成立，为制造业的发展奠定了基础，直接带动了全国工业化的水平。

工业需要基础设施的配套，完备的基础设施是工业快速发展的必要条件。大多数拉美国家在工业化之初就动用了大量国家资本，发展基础设施。基础设施包括交通运输、电力、通讯等，如巴西在1956~1960年间，共铺设公路1.7万千米，铁路运营里程也达到历史最高纪录3.8万千米。

(三) 积极利用外资

随着进口替代工业化建设的全面展开，拉美国家对资金的需求日益增加，然而大部分国家国内储蓄不足，因此不得不依赖于外部资金。另一方面，拉美国家的出口收入主要依靠初级产品，初级产品市场起伏不定的特点使得这些国家的国际收支经常处于失衡状态，也需要外资来平衡。为了吸引外资，许多拉美国家实行了较为宽松的外资政策，此时期墨西哥政府对外资企业的控股比例约束放松，哥伦比亚、巴西、阿根廷等也纷纷取消了对外资的限制或给予外资更多的优惠。

二、经济发展的不平衡与债务危机

(一) 经济发展的不平衡

第二次世界大战后的近30年里，拉美国家依靠进口替代工业化模式，经济取得了较大的进步。然而这一经济发展战略也产生了一系列问题，并逐渐成为限制经济发展的严重障碍，经济发展的不平衡性就是其中最典型的问题，这种不平衡性既体现在该地区国家与国家之间，又体现在各国内部经济发展上，而后一类型的不平衡性尤为突出。

1. 工业和农业发展的不平衡

拉美大部分国家是传统的农业出口国，不少国家还是世界上一种或数种农产品的主要出口国。然而，进口替代工业化战略的实施，虽然使工业部门在较短时间内获得了快速发展，但农业的重要性被忽视了。不但国内的大部分资源向工业部门倾斜，而且农产品的出口收入也被转移用于工业积累。长期下来就造成了工、农两大产业部门的比例严重失调，农业的削弱又反过来影响了工业化的进程。

2. 工农业内部的结构比例失调

不平衡性也体现在各部门内部。在工业内部，面向高收入阶层的高档耐用消费品生产行业迅速发展，而城市基础设施和工业基础部门的投入明显不足，发展相对缓慢。由于各国普遍采取保护本国市场的政策，因此面向国内市场的制成品生产盈利就高，替代进口产品的生产增长较快,而出口制成品的生产相对较慢。在农业内部,面向外部市场的经济作物由于仍具有一定的优势,其生产并没有受到太大的影响,而面向国内市场的农作物生产,在国内工业化的进程中,并没有受到相应的重视。

3. 进出口贸易的严重不平衡

在进口替代的初级阶段,拉美各国依靠农产品的出口基本能满足进口的需要。然而随着进口替代由简单过渡到高级阶段,进口替代品已从一般非耐用品向耐用品和中间产品、机器设备等转移,进口构成发生了巨大的变化,进口需求急剧膨胀。而与此同时,传统的农产品出口能力并未得到提高,对外贸易盈余逐年减少,逐渐转为逆差,并不断扩大。从图3-9可以看出,从20世纪70年代开始,除阿根廷个别年份以外,拉美主要国家的对外贸易逆差不断扩大。在这种情况下,对外资金的需求不断增加,拉美国家为了保持其发展的民族独立性,在利用外资上逐步采用国际信贷的形式,对外负债不断增加,对外贸易的不平衡性使得各国经济变得十分脆弱。

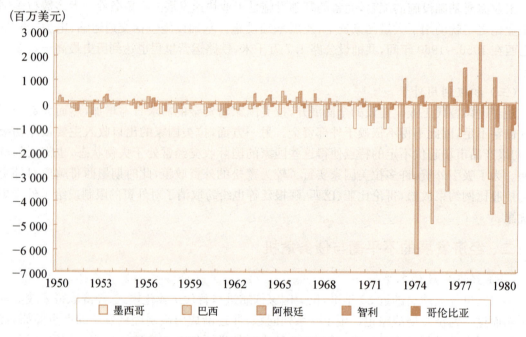

图3-9 拉美主要国家的贸易余额(1950～1980年)

资料来源:联合国贸发会。

(二)债务危机

进口替代工业化发展模式的弊端与70年代后期出现的一系列不利因素结合在一起,导致了拉美地区经济形势的急剧变化。70年代后期,为解决资金的不足,不少拉美国家实行负债发展经济战略,过分依靠举借外债来发展经济。到1982年,拉美偿债率高达41%,负债率高达331%。

在世界经济形势风云突变的影响下,拉美地区爆发了深刻的债务危机。1982年8月,墨西哥首先宣布无力偿还到期债务,紧接着,巴西、委内瑞拉、阿根廷、秘鲁、智利等国也相继发生偿债困难,宣布无力偿债,几乎所有拉美国家都先后陷入了一场严重的债务清偿危机。墨西哥在20世纪50年代和60年代在外债的运用上还是比较有节制与稳妥的,但在70年代中期借债总量开始失控。在外债的使用上,也存在严重的倾斜,大部分债务集中使用于石油部门。到1981

年,国际油价开始由涨转跌,初级产品价格猛跌,国际收支出现巨大贸易逆差,墨西哥政府大量举借短期债务企图以此渡过难关。1982年,各方面因素并未好转,国家外汇储备下降到危险线以下,墨政府已无力支付到期本息。此时,最大的债务国巴西也由于累积的外债规模过于庞大,在墨西哥政府无法偿付外债的影响下,新资金的吸收发生困难,被迫在1983年8月宣布中止对外支付。同时,墨西哥债务危机,无论是对经济本来就一直萎靡不振的阿根廷,还是对经济稍有起色的智利,都是巨大的打击。各国偿债困难增大,而新贷款又难以到手,经济发展举步维艰。秘鲁与委内瑞拉的情况稍好一些。秘鲁本想在1982~1983年按期还债,但受危机影响,已是力不从心。委内瑞拉负债率和偿债率都比较低,但也未能幸免。

表3-1　拉美主要国家的偿债率和负债率(1974~1983年)　　　　　　单位:%

		1974年	1976年	1978年	1979年	1980年	1981年	1982年	1983年
阿根廷	负债率	68.9	94.3	86.1	86.8	91.0	89.6	163.3	251.9
	偿债率	16.8	18.5	27.0	14.8	17.8	18.2	24.1	24.0
巴　西	负债率	117.4	156.2	208.8	198.0	171.2	166.1	212.5	238.3
	偿债率	13.1	18.1	31.0	36.2	34.5	33.6	43.0	28.7
智　利	负债率	161.1	148.2	146.0	101.4	75.3	80.1	101.5	141.5
	偿债率	11.9	31.1	40.7	26.5	21.9	29.6	20.0	18.3
墨西哥	负债率	128.5	219.4	223.4	181.1	136.3	138.5	177.0	240.8
	偿债率	18.7	30.9	54.9	62.2	31.9	27.6	33.0	35.9
秘　鲁	负债率	118.2	208.8	224.3	143.2	127.1	141.5	164.0	206.3
	偿债率	23.0	25.9	31.1	22.3	30.9	44.9	36.4	19.6
委内瑞拉	负债率	12.5	28.5	63.5	60.1	48.9	46.3	60.2	74.4
	偿债率	4.2	3.9	6.9	9.5	13.3	10.6	16.0	15.0

注:负债率指外债余额占当年出口收入的比率,一般不应超过100%。偿债率指还本付息额占当年出口收入的比率,一般不应超过20%。

资料来源:转引自陈芝芸:《拉丁美洲对外经济关系》,世界知识出版社1991年版,第108~109页。

20世纪80年代的债务危机使拉美经济的发展受到严重影响。整个80年代以不变市场价格计算,拉美的GDP只增长了1.1%,而人均GDP则为-0.9%[1],通货膨胀率长期居高不下,经济形势不稳,投资减少,失业率增加,人民生活水平下降,贫富差距悬殊,社会更加动荡。无论是墨西哥、巴西、阿根廷这样的拉美大国还是其他中小国家,经济增长速度均大幅下降,甚至出现倒退,见图3-10。如巴西在整个80年代,经济一直起伏不定,有三次经济增长为负值,最高是-4.39%[2]。其他国家大致相同。从整个地区来看,从1985年开始经济状况有所好转,但回升十分乏力。整个地区的经济增长和衰退交织在一起,形势极其不稳定。

---

[1] 拉美经济委员会(ECLAC):*Statistical Yearbook for Latin America and the Caribbean* 2001。
[2] 联合国统计司(UNSD)数据库 http://unstats.un.org/unsd/default.htm。

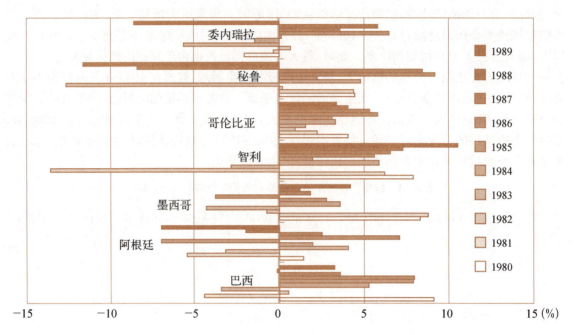

图 3-10 拉美主要国家的经济增长率（1980～1989 年）

注：以 1990 年不变价格。

资料来源：联合国统计司 http://unstats.un.org/unsd/snaama/dnllist.asp。

三、经济结构调整与"后进口替代"发展模式

经历了债务危机后，到 20 世纪 80 年代末，拉美各国普遍实行了经济的新自由主义，几乎所有拉美国家都认为，必须对原有的经济体制和经济结构进行改革，实现宏观经济的平衡。拉美国家长期以来国家干预过多，市场机制难以发挥作用，而且一直以来实行进口替代的经济发展战略，经济具有明显的内向性，不以国际市场为目标，没有改变贸易单一化的局面。因此，改革主要集中在以下两个方面：一是减少国家干预，强化市场机制；二是减少对国内市场的保护和扩大经济的外向性。

（一）国有企业私有化

在前进口替代阶段，拉美国家普遍实行国家干预。从 20 世纪 80 年代末起，大多数拉美国家试图改变这一模式，力图通过减少国家干预和扩大私人企业参与来摆脱当时的经济困境。所谓国有企业私有化，主要是政府将国有企业的所有权或经营管理权转让给私人部门。当时拉美私有化的主要形式有：国有企业的股票直接进入金融市场，通过资本市场公开出售国有企业的股权；以优惠的价格向本企业职工转让；无力还债的国营企业，实行债务与股权互换；向私人出租合约，将效益低的国营企业交给私人管理。随着拉美私有化的不断推进，私人部门在整个国民经济活动中发挥起越来越大的作用。

（二）强化市场机制

在实施私有化的同时，拉美国家努力加强经济体制的市场化建设。其主要内容包括：将市场机制直接引入经济领域，把国内市场与国际市场联系起来，使本国企业与外国企业公平竞争，提高本国企业的竞争力；加快国内资本市场、劳动市场和商品市场的发展速度；减少国家定价的

范围,逐步取消价格控制,使价格成为反映市场信息的正确信号;放松对金融部门与外汇制度的管制,在法律体系上为发挥市场调节机制和功能创造条件。

(三) 贸易自由化

贸易自由化是拉美国家经济调整中的重要措施之一。通过贸易开放,引入竞争机制,促进经济深入发展。自由化的主要措施包括:降低国家对本国企业的保护水平;贸易保护形式逐步从以数量控制为主逐渐转变为以关税调控为主,并逐步降低关税税率。到1992年末,拉美大部分国家平均关税税率降到20%以下,如玻利维亚平均关税最低只有7%,巴西最高为21%(改革前巴西的平均关税税率为32%,最高关税达到105%)。

(四) 放松对外资的限制

除贸易自由化外,放松对外资的限制是拉美国家增强国民经济外向性的又一措施。自20世纪60年代以来,拉美国家对外资的政策一直是比较宽松的。这次改革使得投资领域更加开放。除一些国家安全敏感部门,几乎都对外资开放。外资申报和审批过程程序进一步简化,一些部门外资甚至可以不必获得政府许可便可经营。外资企业利润汇出额度上更加灵活,如在阿根廷可以无限自由汇出,秘鲁也取消了利润汇出的限制。此外还实行了一系列对外资企业优惠的措施。

在20世纪90年代后期以来的10多年中,新自由主义所建立起来的经济模式以及拉美的经济改革,全盘否定了拉美国家以往实行的发展模式与经济政策。但其在强化市场作用的同时,极大地削弱了政府的作用,轻视国家干预在经济和社会发展进程中的重要性,导致政府在推进经济社会协调发展方面难有作为,地区经济增长缓慢。同时,由于片面强调市场机制的功能和作用,拉美各国出现了收入不均、贫富差距加大等问题。

拉美实施的新自由主义经济模式主要产生了五个方面结果:第一,90年代恢复了增长,但并没有出现普遍的高涨(或下降),许多国家的经济增长率还低于50年代至80年代的水平;第二,出口大幅度增长,但进口增长更快,从而导致贸易赤字的扩大;第三,投资和生产率虽然"收复了在80年代失去的地盘",但没有出现重大的成果;第四,就业滞后于不高的增长率,而且新就业的质量呈现出严重的问题;第五,改革对收入分配的影响基本上是负面的,社会不公在恶化。

因此,尽管20世纪90年代以后拉美地区的大部分国家都实现了可观的适度经济增长,但这一速度还是低于过去的速度,不足以弥补技术和社会发展落后所带来的负面效应。

第三节 俄罗斯、东欧经济及其经济体制改革

转轨经济是指原来实行计划经济的国家通过经济体制改革转而建立市场经济体制并使自己融入世界经济体系的过程。转轨经济体主要包括前苏联(以后的俄罗斯及其加盟共和国)与东欧社会主义国家。前苏联由15个加盟共和国、20个自治共和国、8个自治州和10个民族专区组成,其疆域广大,横跨欧亚大陆。东欧国家并不是地理意义上的国家范围,它既包括波兰、捷克、匈牙利等中欧国家,也包括像南斯拉夫、罗马尼亚等这样的南欧国家,其领土面积约占欧洲总面积的1/8。

一、前苏联及东欧国家计划经济体制的弊端

在改革之前,前苏联和东欧国家普遍实行计划经济体制,这一体制曾经使前苏联和东欧诸国取得了巨大的经济成就。中央计划经济的最大优点在于它能最大限度地动员、集中稀缺资源服务于一些明确、简单的目标,满足国家紧急的和压倒一切的需要,如国家的工业化、战时经济需要以及战后经济重建等。这一体制有助于经济落后国家迅速摆脱落后面貌,建立本国的工业基础,实现国家关于经济发展优先性的目标。

但是,随着时间的推移,计划经济所带来的问题日益突出。在20世纪50年代,前苏联取得了较高的经济增长率,随后其经济增长率速度降低,60年代平均增长率为7%,70年代为5%,80年代只有2%。东欧也出现了类似的情况,在经历了50年代、60年代的快速增长之后,到80年代增长速度明显下降,80年代末出现零增长甚至是负增长。计划经济体制的很多缺陷逐渐显露。

1. 国家所有制居于主导地位,经济效率低下

公有制包括国家所有制与集体所有制,前苏联及东欧国家国家所有制长期占据主导地位,即使集体所有制也只是处于从属地位,国家在经济生活中主宰一切。在这种情况下,企业没有修改或参与制订国家计划的权利,没有经营活动的自主权,沦为执行和完成国家计划的工具,只能被动地完成国家计划的任务;企业只是作为行政管理机构的附属物,产权不清;企业考虑的只是如何完成上级的计划指标,而不是市场需求,衡量企业的经营业绩依靠的是增长率,而不是利润率;企业往往实行粗放式经营,缺乏技术创新,导致技术工艺落后,经济效率低下。

2. 经济结构比例失调,资源配置不合理,农、轻、重产业之间的比例严重失调

为了尽快实现工业化,忽视了农业的发展,而为了发展重工业,则放弃了轻工业的发展,导致了人民生活水平的下降。这使得一方面许多产品特别是消费品供应困难,出现短缺;另一方面又有一些产品大量积压,导致资源浪费。

3. 计划成为资源配置的主要手段,市场调节作用缺失

前苏联及东欧诸国为了体现社会主义制度的优越性,兑现提高人民生活水平的诺言,不得不长期违背价值规律,使商品价值与价格严重背离,实行商品物价倒挂补贴政策,甚至依靠外债来维持和提高居民的消费水平,严重地损害了国民经济发展的后劲;同时,商品货币关系受到严格限制,价格仅仅作为核算手段,而且严重僵化,不能反映商品的稀缺性,也不能发挥对资源配置的调节作用。

二、前苏联及东欧国家的初步改革

从20世纪50年代起,前苏联和东欧诸国便开始了经济体制改革。在改革之初,各国取得了一些成效,50~60年代经济的快速发展说明了这一点。然而,随着改革的深化,各种阻力加大以及配套政策实施不当,改革最终陷于停顿,甚至引起了经济危机,有些国家还出现了社会动荡。

(一)前苏联的经济体制改革

1. 赫鲁晓夫时期(1953~1964)

赫鲁晓夫的改革首先从农业开始,措施包括:提高农产品收购价格,大力提倡发展个人副业,实行大规模垦荒等等,其目的是克服农业危机。这次改革从结果看,取得了良好成效,农作

第三章　发展中国家和地区经济发展模式

物产量出现了较大增幅。然而改革只是对某些农业政策的调整,并未涉及深层次的体制问题,因而改革成效未能持久。在农业改革的同时,前苏联也对经济管理体制进行了改革,赫鲁晓夫在1957年将经济管理部门进行重组,目标是将政府的权力下放,然而却导致了地方主义和分散主义,最后政府不得不重新集权至中央。改革总的说是不成功的。

2. 勃列日涅夫时期(1964～1982)

勃列日涅夫时期的改革包括:经济管理体制的改革,如通过行政重组恢复了政府的各产业部门,同时加强了职能管理部门的权力;减少指令性计划,同时重视产品的销售和赢利;改善企业激励机制等等。在价格方面也有所改革,但力度不大。上述改革使前苏联在勃列日涅夫执政期间经济力量有所增强,人民生活水平有所提高。但是"由于经济和政治方面的种种原因,改革失败了"①,失败的原因包括改革未能触及高度集中僵化的传统经济体制的弊病,未能转变经济增长方式,农、轻、重比例长期失调等。

1982年5月安德罗波夫当选为苏共中央总书记,他有心改革,但力不从心,1984年2月病逝。接替他的契尔年科也是带病上台,在次年的3月因病逝世。因此,这一时期的改革虽也取得了一些成绩,但都未能深入。

3. 戈尔巴乔夫时期(1985～1991)

面对全面停滞的前苏联经济,这时期的改革对经济体制和政治体制双管齐下,并利用政治体制改革配合经济体制的改革。经济体制的改革措施包括扩大企业经营自主权,取消指令性计划,向市场经济过渡等。政治体制改革则以"民主化"、"公开化"、"多元化"为指导思想,以实现"民主的、人道的社会主义"为基本目标。然而,经济体制改革并没有带来预想的经济状况好转,政治体制改革也走向了反面,导致了社会极度的思想混乱,最终引发经济危机和社会动荡,导致前苏联解体。

(二) 东欧国家的经济体制改革

东欧各国在20世纪50～60年代就对经济改革进行了尝试。一些国家,如南斯拉夫、匈牙利等国的经济改革断断续续一直持续到80年代。每个国家改革的时间有先有后,内容也各异,但仍有些共性。

1. 国家权力下放

东欧国家在改革过程中,国家权力普遍有所收缩。如南斯拉夫在1950年改革开始后,把国家所有制改为"社会所有制",将权力下放给各加盟共和国。企业拥有简单再生产和收入分配的自主权,但国家仍保留扩大再生产、投资、外贸和价格等的集中控制权。在20世纪60年代中期,企业获得了扩大再生产的决策权。在匈牙利,从20世纪80年代开始,允许发展多种形式的小型企业,允许职工从事第二职业;实行政企分开和权力下放,企业成立企业管理委员会,企业摆脱了行政部门的直接管理,享有充分的经营自主权。

2. 逐步引入市场机制

东欧国家这一时期的改革虽未能完全摆脱计划经济体制的束缚,但开始引入市场经济体制,它作为计划经济体制的补充共同对社会资源进行配置。南斯拉夫在国家权力下放的同时,强调企业的独立性,注重物质刺激,引进了部分市场协调机制,以促进国民经济的发展。匈牙利

---

① 贝尔纳·夏旺斯著,吴波龙译:《东方的经济改革——从50年代到90年代》,社会科学文献出版社1999年版,第59页。

在改革之初,就确立了建立中央计划控制和市场调节机制作用有机结合的经济体制目标,中央虽然仍制订中长期计划,但取消了对企业的指令性计划指标。从1982年起,波兰也开始实行中央计划与市场机制相结合的经济体制改革,取消指令性计划指标,中央主要采用经济手段管理经济。

三、俄罗斯与东欧国家的后续改革

（一）俄罗斯的经济体制改革

戈尔巴乔夫经济体制和政治体制双管齐下的改革方案,并没有带来经济状况的好转,却带来了政治上的混乱,直接导致了前苏联的解体。前苏联的加盟国纷纷独立,俄罗斯成了苏联主要继承国之一,然而它在继承这一昔日大国丰厚经济遗产的同时,也将经济的动荡与危机保留了下来。

1. 盖达尔政府的"休克疗法"改革

面对恶化的经济形势,俄罗斯总统叶利钦执政后,首先提出了激进的经济改革方案,采取了"休克疗法",后来由于政治经济形势的变化,其经济改革政策不断调整。但总的来说,在其执政期间(1991~1999),叶利钦的经济改革基本是按照"休克疗法"或是在"休克疗法"阴影下进行的。

"休克疗法"指采取一步到位的激进方式实现从计划经济向市场经济的过渡,这一方式的创始人是美国哈佛大学的教授杰佛里·萨克斯(Jeffrey Sachs)。1985年,萨克斯担任玻利维亚总统的经济顾问,采用了"休克疗法"以克服当时的经济危机。这一措施在玻利维亚取得了成功,因此在80年代末期的东欧改革中被广泛应用,并在1992年的俄罗斯经济转轨中受到叶利钦的青睐。"休克疗法"以新自由主义和货币主义为理论基础,主张经济自由主义,笃信市场机制的自发作用,认为只要让市场机制充分发挥作用就可以达到经济的均衡发展。它们反对凯恩斯主义的政府干预论,认为它是无效的。国家干预经济不仅不能消除经济发展的不利因素,而且会限制市场经济的自我完善和自我调节。

"休克疗法"由当时的俄罗斯副总理盖达尔主持展开,其主要内容包括以下四个方面。

（1）加快所有制改革。以财产私有化和市场自由化为改革的目标,主要是为从计划经济向市场经济过渡创造法律的、行政的和经济的制度环境,即建立以法律和私有制为基础的市场经济,并期望这种制度变革在短期内完成。

（2）放开物价,取消价格补贴。使企业的产品根据市场供求定价,使一直大幅度低于成本价格销售的消费品价格上涨,以刺激这些短缺商品的生产,同时也刺激本国生产商同进口商间的竞争,从而形成竞争环境,提高本国产品的生产效率和质量。

（3）紧缩银根、控制信贷、回笼货币。中央银行严格控制货币发行,一方面通过提高贷款利率来限制投资,鼓励储蓄;另一方面适当放宽对盈利企业、出口企业和技术更新项目的贷款。

（4）改革货币制度。使本国货币在国际上自由兑换,从而使本国货币对国际硬通货大幅度贬值,同时严格控制预算支出,控制集团消费;冻结工资,限制居民收入增长;并通过发展对外贸易,参与国际竞争。

2. 切尔诺梅尔金政府的渐进式改革

虽然俄罗斯总统和政府对"休克疗法"给予了肯定评价,但大多数人对其持否定态度。由于放开价格管制,物价飞涨,居民生活水平大幅下降;为增加预算和减少赤字而采取的严格税收措

第三章 发展中国家和地区经济发展模式

施,束缚了企业的活力,工业生产形势恶化。1992年12月份,切尔诺梅尔金当选政府新总理,开始对经济政策进行调整,这一过程主要分为两个阶段。

(1) 前期(1993~1995),对经济政策进行修正,转向"中间"方针。在这一阶段切尔诺梅尔金政府的政策修正主要表现在:第一,在宏观政策上,从"硬性紧缩"转为"适度紧缩"政策,把稳定财政货币同稳定生产结合起来。第二,在价格政策上采取谨慎态度,对前政府尚未放开的少数最重要产品和服务的价格依然保持国家调节。第三,停止"证券私有化",转为"现金私有化"①,把私有化过程同投资活动结合起来。第四,加强国家调控,实行"软赤字"政策和"外汇走廊"政策②,以遏制通货膨胀和稳定卢布。

(2) 后期(1996.2~1998.2),对经济政策进行全面调整。1996年,叶利钦连任总统成功,但由于经济改革长期不见成效,经济危机一直未能摆脱,遭到左派的强烈攻击。因此,叶利钦及其政府提出对经济改革政策进行全面调整。这一时期改革的内容主要包括:改革的目标模式从自由市场经济向社会市场经济倾斜;放弃"休克疗法",政策走向趋中;改变私有化政策;保护和扶持本国生产,调整本国产业政策;经济政策面向社会领域,完善社会保障体系;加强国家宏观调控;调整对外经济政策等。

切尔诺梅尔金政府的改革,使得俄罗斯经济滑坡开始逐渐趋缓,到1997年经济已开始恢复增长,通货膨胀也降到历史最低水平。

表3-2　叶利钦时期的主要经济指标(1992~1999年)　　　　　　单位:%

	1992	1993	1994	1995	1996	1997	1998	1999
GDP年变化率	−14.5	−8.7	−12.7	−4.1	−3.6	1.4	−5.3	6.3
通货膨胀年变化率	1734.7	878.8	307.5	198.0	47.7	14.8	27.7	85.7

资料来源:IMF,*World Economic Outlook Database*,April 2006。

然而正在经济状况趋于好转之际,叶利钦出于政治动机在1998年3月解除了切尔诺梅尔金的总理职务,俄罗斯经济重新进入混乱的局面。在叶利钦最后执政的一年多时间里,总理人选也是几易更迭,如接替切尔诺梅尔金的基里延科当政只有122天(1998.3~1998.8),随后的普里马科夫(1998.9~1999.5)、斯捷帕申(1999.5~1999.8)当政时间都不长,经济改革难以深入,再加上俄罗斯金融危机的冲击,俄罗斯经济状况一直难以恢复。1999年12月31日叶利钦主动辞职,普京成为代总统,俄罗斯迎来了普京时代。

3. 普京时期的经济改革

俄罗斯"休克疗法"的改革结果是众所周知的。在长期的指令性价格及商品极度匮乏的形势下骤然放开价格的闸门,导致了商品价格的飞涨,奔腾式的通货膨胀汹涌而至,国民经济濒临崩溃的边缘。在居民的购买力极其有限、没有任何原始资本积累的背景下,强力推行私有化,造

---

① 证券私有化指通过证券化的方式进行的私有化。1992年12月至1994年6月俄罗斯的私有化为证券私有化。1994年7月开始实施现金私有化,即采取现金出售国有资产。

② "外汇走廊"政策指规定卢布与美元汇率的一定变动幅度,超过这个幅度中央银行将进行干预和维持,以此来稳定卢布汇率。这一政策取得了一定成效,到1998年8月中旬之前,卢布汇率基本保持稳定。在1998年的"8.17"金融危机的冲击下,俄政府最终放弃了这一政策。

成国有资产的大量流失。急速的贫富分化致使社会秩序遭到极度破坏,普通民众丧失了改革的信心。在国家工业,尤其是民用工业长期处于落后的情况下,实施财政紧缩政策,增加企业税收,压缩财政开支,严重地打击了企业生产的积极性。沉重的税负遏制了生产,特别是遏制了新的创建中的私人企业,直接导致了社会生产更大幅度的滑坡。

1999年12月30日,普京发表了其纲领性的文章《千年之交的俄罗斯》,在文中他对俄罗斯经济形势进行了系统的分析,也可以看作是对叶利钦时期经济改革的客观评价。他认为:第一,俄罗斯已不属于当代世界经济和社会发展高水平的领先国家。20世纪90年代俄罗斯国内生产总值几乎下降了50%,仅相当于美国的1/10,中国的1/5。第二,产业部门的劳动生产率极低。尽管原料和动力部门的劳动生产率已接近于世界平均水平,然而在其他行业这一指标要比美国低20%～40%。第三,国内投资持续下降,特别是向产业部门的投资在减少。由于投资不足,不重视新产品开发,俄罗斯在国际市场有竞争力的产品越来越少。第四,居民的实际货币收入和生活水平不断下降。据联合国的统计,俄罗斯人的货币总收入尚不及美国人货币收入的10%。其他的一些社会指标也在下降①。

普京执政时期,继续对俄罗斯经济进行了改革。如在经济体制方面主张市场经济与国家宏观经济调控相结合,在经济和社会领域建立完整的国家调控体系;反对重新实行国有化,主张在现有私有化的基础上加强对企业和国有资产的管理,提高经济效益;主张建立有效的财政金融体系等等。他还提出制定全国性的长期经济发展战略,包括:刺激经济增长;推行积极的工业政策;实施合理的结构政策;建立有效的金融体系;取缔影子经济,打击经营及金融信贷领域中有组织犯罪现象等等②。这一时期,俄罗斯经济开始好转(见图3-11)。

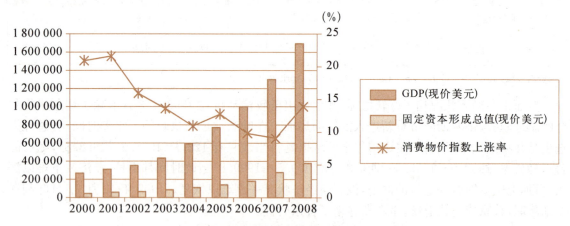

图3-11 俄罗斯的主要经济指标(2000～2009年)

资料来源:IMF,世界经济展望数据库。

（二）东欧国家的改革

早在1989年东欧剧变之前,东欧国家围绕经济改革实行何种转轨战略进行过激烈的争论。各国在改革的过程中逐渐认识到,从计划经济向市场经济过渡,具有综合性的特点,涉及经济体制的各个方面,因此必须进行配套的改革,才能完成这一经济上的转轨。在向市场经济过渡的

---

① 普京:《普京文集》,中国社会科学出版社2002年版,第2～4页。
② 同上书,第13～15页。

第三章 发展中国家和地区经济发展模式

过程中,应注意的问题包括:宏观经济的稳定化,经济体制的自由化,所有制的私有化以及经济的法制化等。

1. 宏观经济的稳定化

东欧国家经济改革能否顺利进行的前提就是能否实现宏观经济的稳定,而宏观经济稳定取决于能否抑制通货膨胀,维持价格稳定。遏制恶性通货膨胀,使价格能反映市场供求关系的变化,通过价格稳定形成机制在宏观上稳定社会经济,稳定人心。因此,在一定程度上说,稳定化就是指价格改革。

各国价格改革进程和方式各有不同。一种是采用激进的"休克疗法",其特点是一次性放开绝大部分商品的价格,如波兰、保加利亚、捷克和斯洛伐克等。另一种是采用渐进的方式,其特点是改革分几步进行,一步步放开物价,如匈牙利、罗马尼亚等。价格改革在各国相关配套措施的支持下取得了成效。各国通货膨胀普遍下降,基本形成了市场决定的价格机制。

2. 经济体制的自由化

东欧国家的自由化包括银行体制和外贸体制的改革,这是建立市场经济体制的必要环节,是促进经济体制转轨的有力杠杆。

金融体制改革首先从银行体制改革开始。一方面健全中央银行的职能,中央银行与国家财政分离,以执行货币发行、制定货币政策、调节货币市场的职能。另一方面,中央银行以外的银行商业化,按照市场规则运作。对于商业银行实行股份制改造,同时允许私人和外国人开设私营或外资银行。此外,大力发展资本市场,建立证券交易所、股票市场等,通过资本市场引导社会资本向生产领域转移。

东欧国家通过取消对外贸的管制实行贸易自由化。首先,放弃了国家对外贸的垄断,允许所有经济单位从事外贸业务,实行进出口自由化。此外,逐步放开进口,降低关税水平,取消数量限制等。通过贸易体制改革,引入竞争了机制,使国内经济与国际经济接轨。

3. 所有制私有化

私有化的主要目的是为了建立市场经济体制下的现代企业制度和微观基础,使原来的国有企业明晰产权,成为自主经营、自负盈亏的市场竞争主体,提高经济效率。通过私有化可以形成国有经济、股份公司、合作社与外资公司及私营经济等多种所有制并存的局面,有利于激发经济活力。

东欧各国在私有化中都采取了小私有化先行、大私有化后行①的方针。小私有化通过公开拍卖和租赁来实现,大私有化则是变国有企业为国家控股的股份公司,然后向国内外自然人和法人出售股票,从而达到私有化的目的。此外,各国还积极鼓励和扶植私人经济,以加快私有化的步伐。

4. 经济体制法制化

法制的健全和规范化,是向市场经济过渡的重要保障。东欧各国在健全私有化进程中,普遍颁布了小私有化法、大私有化法、土地私有化法、财产所有权法等。波兰、匈牙利甚至把"竞争自由"写入了宪法。

但是,在 20 世纪 90 年代,在全面转向市场经济的过程中,东欧国家并没有迎来市场的繁荣

---

① 小私有化是指对第三产业和小企业的私有化,大私有化是对大中型国营企业的私有化。参见蔡金魁:《东欧转轨中的市场经济》,武汉出版社 1994 年版,第 127 页。

与经济的稳定,相反各国先后陷入了严重的经济危机之中:国民经济停滞不前,生产滑坡,物价飞涨,失业严重,人民生活水平每况愈下。改革使旧体制下的各种矛盾暴露出来,急剧的经济转轨,新体制未能及时建立,再加上政治体系的不稳定,使得东欧各国改革成效不大。

进入新千年后,东欧各国经济也一改往日低迷状态,经济呈现全面增长。2000年爱沙尼亚、拉脱维亚等国经济增长率都超过7%,波兰和匈牙利也分别达到4.2%与5.2%。此后,各国经济虽有波动,但起伏不大。通货膨胀率也开始降低,除罗马尼亚外,各国基本将通货膨胀率控制在10%以下,这与20世纪90年代各国动辄百分之几百,甚至上千的通胀率来说,不能不说是一个巨大的进步。

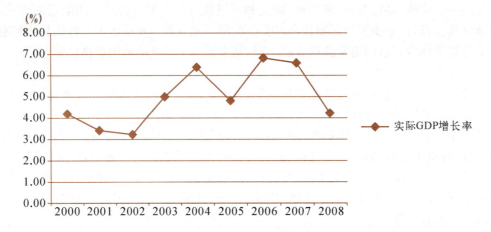

图3-12　东欧国家实际GDP增长率(2000～2008年)

注:东欧国家在此包括白俄罗斯共和国、爱沙尼亚共和国、拉脱维亚共和国、立陶宛共和国、乌克兰共和国、保加利亚共和国、捷克共和国、匈牙利共和国、波兰共和国、摩尔多瓦共和国、罗马尼亚共和国、斯洛伐克共和国。

数据来源:根据世界银行发展指标数据库数据计算得出。

21世纪初期,东欧国家经历了经济的快速增长。从图3-12中可以看到从2003年到2007年,平均GDP的增长率几乎都在5%以上。这期间,大部分东欧国家的通货膨胀都控制在了合理的水平内,仅有个别国家仍然有较高的通货膨胀。例如,白俄罗斯在2000年时消费物价指数上涨率超过10%,但是2001年以后就控制在8%以内,直到2007年。

2007年,东欧地区取代亚洲成为吸引外资最多的新兴市场,当年全球投资于新兴市场的7 800亿美元中有3 650亿美元流向了东欧。在经济形势一片大好时,东欧国家大多实行高利率,本国企业和个人因而选择更优惠的欧元和瑞士法郎等外币借款,形成了大量的外债。西欧国家投资的涌入带动了东欧经济的飞速发展,但同时也为日后的危机埋下了祸根。

东欧国家曾按照建议开放贸易和投资市场,向西欧银行大量出售本国银行股份。这在一段时期内增加了出口,但也使这些国家更容易受到金融危机冲击。由美国次贷危机所引发的金融危机袭来后,流动性短缺和去杠杆化导致西欧金融机构纷纷撤回其对东欧地区的投资,从而引发了东欧金融业的系统性风险。另外,经常项目赤字也加剧了当前的危机。当外部需求疲软,特别是来自西欧的需求急剧萎缩时,东欧国家的出口遭受重创,进一步减弱了其偿债能力,使债务危机更加深化。

2008年东欧GDP增长率急剧下降,并且各国普遍出现消费物价指数大幅度上涨,有好几个国家都超过10%。目前东欧面临严重的债务危机,多数东欧国家的债务已经高于GDP,并且主要货币纷纷贬值。有经济学家认为东欧尚不具备和西欧融合的特点,却妄图一蹴而就,过高依赖外债是爆发金融危机的原因。

第四节　非洲经济发展模式

非洲位于东半球的东南部,赤道横穿大陆,面积约 3 020 万平方千米,约占世界陆地总面积的 20%,是仅次于亚洲的第二大洲。非洲目前有 56 个国家和地区,包括北非、东非、西非、中非和南非五个地区①。自 20 世纪 60 年代以来,大部分非洲国家摆脱了殖民统治,获得了民族独立,开始发展本国经济,并在 60～70 年代获得了蓬勃发展。20 世纪 80 年代的经济危机使非洲各国陷入经济衰退,经过调整,在 90 年代中期以来,经济状况逐渐得到好转。

北非的阿尔及利亚与埃及、南部非洲的南非以及西非的尼日利亚是非洲地区的四个经济大国。近年来这四国 GDP 占整个非洲大陆 GDP 总量的比例一直在 50% 以上,它们的经济运行状况决定着整个非洲的经济景气。来自联合国非洲经济委员会的统计资料显示,2004 年非洲最大的经济体南非,其经济总量占到非洲 GDP 总量的 1/5,排在第二位的是埃及,尼日利亚、阿尔及利亚位列第三、四位。

然而从总体来看,非洲经济实力仍然相对较弱。UNSD(United Nations Statistics Division,联合国统计署)的统计表明,2007 年非洲的 GDP 总量约为 13 005.31 亿美元,只占世界经济总量的 2.38% 左右。世界贸易组织公布的数据显示,2008 年非洲的贸易总量约为 10 353.33 亿美元,只占世界贸易总量的 3.2%。

一、20 世纪 60～70 年代的经济发展

非洲各国独立,解放了长期被帝国主义、殖民主义束缚的生产力,极大地调动了社会各阶层的生产积极性,各国也制定了一系列的经济社会发展计划,采用了一些新的经济发展战略。

(一)初级产品出口型经济模式

20 世纪 60 至 70 年代非洲国家的政治独立,并不代表非洲国家可以迅速地改变在国际分工体系中的地位。受长期帝国主义和殖民主义的影响,独立之时,非洲国家仍延续了旧的发展模式——初级产品出口型经济发展模式。

非洲是世界上自然资源最为丰富的大陆之一,在 20 世纪 60 年代便成为世界上许多重要的经济作物和农业原料的主要产地和出口地。如可可、剑麻、花生、油棕等热带作物产量占世界产量的 1/6～1/5,甘蔗、茶叶、烟草等经济作物也在世界上占有重要的地位。除农业作物外,非洲的矿产资源也是储量巨大,享有"矿产资源宝库"的美誉。铂、锰、银、铱等矿产储量占世界的 80% 以上,磷酸盐、黄金、钻石、锗、钴等储量也占世界的 50% 以上。此外,非洲每年还向世界市

---

① 按经济发展水平,人们习惯上把非洲分为北部非洲和撒哈拉以南非洲。北非通常包括埃及、苏丹、利比亚、突尼斯、阿尔及利亚、摩洛哥、亚速尔群岛和马德拉群岛,人口约占非洲的 1/4,国民生产总值则占 1/3 以上,人均占有量高出全洲平均数的一半,该地区的国家均属于中等收入国家。撒哈拉以南非洲(Sub-Saharan Africa),泛指撒哈拉沙漠中部以南的非洲,又称亚撒哈拉地区、下撒哈拉、黑非洲(Negro Africa),经济相对落后。南非共和国是撒哈拉以南的非洲现代工业最发达的国家。

场提供约20%的石油。这时期,非洲各国以初级产品出口国的身份逐渐融入国际贸易体系,资源贸易成为非洲国家独立之初对外经济的主要形式,经济基础自然十分脆弱。

(二) 进口替代发展战略的实施

初级产品出口模式仍然是旧有殖民体系的分工模式,这种对外经济的单一性也决定了非洲各国经济的脆弱性、依赖性。独立之后,非洲各国经过一系列的经济改革,如对外资企业的国有化、民族化,实行土地改革等。非洲各国普遍认为,要实现真正的民族独立,必须发展制造业,进行工业化,通过制造业的发展,带动整个国民经济的发展。在20世纪60年代中期,进口替代战略逐渐得到各国的认同和选择。

进口替代主要是发展满足国内市场需要的制造业,以本国生产的工业制成品代替进口品,逐步实现工业和经济多元化。在实施进口替代战略过程中,非洲各国政府都在不同程度上对制造业进行了控制、干预和大力投资,并实行了不同程度的保护贸易政策。在具体实施过程中,各国由于初始条件不同,采用了不同类型的进口替代战略。以撒哈拉以南非洲国家为例,可以分为三种类型。

(1) 发展以本国原料为主的加工工业和日用品生产。这类国家在非洲占多数,主要是因为其国内工业基础差,只能依靠一种或几种农矿产品出口创汇,因此只能发展投资少、技术工艺水平低的工业。

(2) 以进口替代为主,逐步面向出口。这类国家以肯尼亚、科特迪瓦为代表。其特点是在重视农业的基础上,实施进口替代,部门经济之间发展比较平衡。然而随着制造业的发展,产业结构的升级,对一些机器设备、原料以及某些中间产品的需求并没有因进口替代战略而有所减少,反而增加了,因此不得不采取了出口导向,以满足国内发展对外汇的需求。

(3) 重视发展重工业和资本密集型的制造业。这类国家一般都拥有比较丰富的石油资源或矿产资源,通过出口积累了大笔外汇收入。如以石油出口暴富的尼日利亚和出口矿产品为主的刚果、刚果民主共和国和尼日尔等,在外汇充足的情况下,便着手发展本国的重工业,实施高级进口替代战略。

进口替代工业化的实施,在一定程度上推进了非洲各国的工业化进程,促进了各国制造业的发展。肯尼亚、津巴布韦、喀麦隆等国的制造业都获得了长足的发展。然而,我们在第二节已分析到这一发展模式也存在很多缺陷,在非洲同样不例外。

首先是忽视了农业的发展,农业本来是非洲各国经济重要组成部分,然而各国为了保证工业化发展战略的实现,将绝大部分的人力、物力、财力投入到工业部门,而对农业的投资甚少。除此以外,还利用价格管制对农业和农民进行利益剥夺。如压低农产品价格,提高工业品价格,使得农民收入减少,挫伤了农民农业生产的积极性。

其次,在工业化的进程中,各国片面追求高投资、高增长、高经济发展速度,以期在短期内赶上甚至超过发达国家。在追求速度的背后,各国不顾本国国情,盲目发展,大搞大型现代化企业;主张外延式经济增长,不计投入,导致了资源的浪费,有的还对生态环境造成了巨大的破坏。

随着各国工业化的不断深入,过度保护和内向型发展的局限性在非洲暴露出来,最突出的表现是产品缺乏国际竞争力,国际收支也并没有因进口替代而有所改善,相反出现不断恶化的趋势。

二、20 世纪 80 年代的经济危机与经济调整

20 世纪 80 年代受世界性经济危机的影响,再加上非洲各国又遭遇连年大旱的自然灾害与各国政策不当,非洲经济急剧恶化,陷入了严重的经济困境之中。这一时期,各国经济增长缓慢,1980~1987 年撒哈拉以南非洲国民生产总值年均增长率只有 0.2%,远远低于发达国家增长水平,伴随着人口的增长,人均国民生产总值不升反降。20 世纪 80 年代,全世界最贫穷的国家大部分分布在非洲,非洲几乎成为贫困的代名词。

80 年代的经济危机使作为非洲经济命脉的农业受到严重打击,粮食出现短缺,自给率越来越低,不得不依靠粮食进口与国际援助;而且同期西方经济的不振,导致其对非洲的出口需求减少,贸易保护主义猖獗,非洲的贸易条件不断恶化,各国对外贸易出现停滞与衰退;举借的外债在 80 年代也纷纷到期,经济的恶化使得债务危机已不可避免。经济危机使得非洲国家人民收入水平大幅下降,社会经济陷于困境。

经济危机迫使各国对其经济战略、产业结构等不断进行反思与调整,非洲各国在 80 年代对经济进行了一定程度的改革与调整。

第一,农业政策与结构调整。调整农业政策成为各国振兴经济的首要任务。具体措施包括:(1)制订农业计划,重新修订农业发展战略,把实现粮食的自给自足作为当务之急。(2)增加农业投资,增加农业投入,提高粮食产出。(3)调整农业经济的内部结构,调整经济作物与非经济作物的种植比例,扩大谷物种植面积。(4)调整农业政策,鼓励农业生产。

第二,改革国有企业。非洲大多数国有企业由于经营管理不善,亏损严重。于是,非洲各国纷纷将一些长期亏损、管理不善、经济效益差且与国计民生联系不甚密切的国有企业或是改制或是私有化,以提高整个国民经济的效益。国有经济的改革对恢复和发展非洲经济产生了一定的作用。

第三,为发挥市场机制作用,各国政府还在财政、金融、贸易等方面进行了改革。其中,很重要的是,非洲国家此时开始转向外向型发展战略——出口促进发展模式,但是由于受到本国技术、管理、基础设施等条件的限制,以及不利的国际环境因素的影响,外向型工业化发展困难重重。

90 年代,非洲各国的经济改革不断得以深化。这一时期改革内容主要有:放松或取消国家对物价的控制;进一步在国营企业和金融部门推行私有化;取消外汇管制,整顿金融和财政秩序,放宽外国资本进入本地资本市场的限制;实施贸易及汇率自由化政策,鼓励国内外私人投资等等。改革使非洲各国经济状况得以好转,90 年代以后各国经济开始复苏,一些国家经济开始迅速增长。

进入新世纪以来,非洲经济保持了良好的增长态势。来自联合国非洲经济委员会相关各期《非洲经济报告》的数据显示,从 2000 年到 2008 年非洲整体经济增长率平均约为 5.32%。2007 年有 9 个国家 GDP 增长率超过 7%,分别是赤道几内亚(12.4%)、利比里亚(9.4%)、埃塞俄比亚(11.2%)、安哥拉(21.1%)、莫桑比克(7%)、阿拉伯利比亚民众国(7.9%)、马拉维(7.4%)、苏丹(10.5%)、坦桑尼亚(7.3%)。分地区来看,2008 年中部非洲发展最快,经济增长率达到 5.7%,撒哈拉以南非洲发展较为缓慢,也有 4.2% 的增长率。伴随着经济的发展,非洲的外国直接投资流入开始复苏,2002 年为 120 亿美元,2003 达到 150 亿美元,到 2008 年约有 876.5 亿美元的 FDI 流入。2008 年石油进口国家的财政赤字依然存在,而且由于国际原油价

格和其他商品价格的高涨,这一问题变得严重。相反,资源丰富的国家或者石油出口国则有财政盈余。2008年非洲通货膨胀率为10.7%,比2007年的6.4%来说上涨了不少。

新世纪非洲经济呈现出了比较良好的发展态势,但是总的来说,非洲国家的经济实力还比较弱。未来经济的发展,对于非洲仍然是任重而道远。

第五节 石油输出国经济发展模式

石油在当今世界的能源体系中占有重要的位置。世界各国经济发展对石油的需求越来越大,石油输出国凭借其丰富的石油资源,走着与其他国家不同的发展道路。

联合国贸易和发展会议把石油和石油产品出口占总出口50%以上的国家列为石油输出国[①],其中"石油输出国组织"(OPEC)成员国占据了多数。石油输出国组织成立于1961年9月14日,其目标与宗旨是"协调或统一各成员国的石油政策;确保石油价格的稳定,保证石油消费国有效、经济、规范的石油供应,保证产油国的稳定收入,以及保证石油工业投资者的公平合理的资本收入"[②]。石油输出国组织的成立,有利于联合各个石油大国的力量,增加在世界石油市场的话语权,维护自身的石油权益。石油输出国组织成员有拉美、非洲、亚洲国家,但大部分是中东国家,目前包括阿尔及利亚、安哥拉、厄瓜多尔、伊朗、伊拉克、科威特、利比亚、尼日利亚、卡塔尔、沙特阿拉伯、阿拉伯联合酋长国和委内瑞拉。加蓬、印度尼西亚曾一度是OPEC的成员,但分别于1994年(加蓬)、2008年(印度尼西亚)退出了该组织。其他的石油输出国包括阿曼、巴林、文莱以及特立尼达和多巴哥等国家。它们控制着世界石油产量与出口的大部分。

石油输出国组织成员国经济发展迅速,1970年其经济总量为639.65亿美元,到2005年为14 431.01亿美元,增长了近22倍。经济增长的背后是丰富的石油资源支撑,2005年OPEC原油储量为9 042.55亿桶,占世界原油储量的78.4%;年原油产量为30 673.3万b/d(桶油当量/日),占世界原油产量的42.7%;石油出口为22 773.5万桶,占世界石油总出口的50.9%[③]。

石油输出国的经济发展主要依靠石油资源的出口作为获得和积累资金的来源,以石油开采为主,促进石油提炼、石油化工工业和其他相关经济部门的发展,以改变单一的经济结构,实现国家的工业化。其主要经济措施包括以下三方面。

第一,大力发展石油工业,促进石油生产与出口。一些石油输出国注重对石油资源有计划地开采,通过扩建和新建炼油厂,提高炼油能力。如尼日利亚在1965年以后,就分别在哈尔科特、瓦里和卡杜纳建立了三个炼油厂,年炼油产量大增。整个石油输出国组织的炼油能力发展更是迅速,从1970年的每年351.49万桶,增长到2005年的904.88万桶。除此,这些国家还大力发展石油深度加工,提高出口石油附加值,大力发展石油相关工业等。

第二,实行进口替代战略,促进本国非石油产业发展。一些石油输出国采取一定的贸易保护政策,发展本国非石油产业,以改变单一的经济结构。如大量发展轻工业,不断满足人民生活多样化的需要;重视发展钢铁、金属冶炼、水泥等重工业,为本国国民经济建设服务。

---

① 陈漓高、杨新房、赵晓晨:《世界经济概论》,首都经济贸易大学出版社2006年版,第193页。
② http://www.opec.org/home/.
③ 数据来源:OPEC,*Annual Statistical Bulletin* 2005.

第三章　发展中国家和地区经济发展模式

石油输出国也开始重视农业的发展。大部分石油输出国所处地理位置天气炎热、气候干燥、环境恶劣,很不利于农业生产。这些国家便投入巨额资金,用于垦荒、兴修水利、发放涉农贷款,实行价格补贴,促进农业发展。但有的国家也存在着"重油轻农"的现象,如 20 世纪 70 年代的尼日利亚,由于忽视了农业发展,从过去的农产品出口国变成了农产品的净进口国,阿尔及利亚的农业生产在 70 年代也经历了一个严重的衰退。好在从 80 年代开始,各国态度均有所转变。

第三,加强基础设施建设,大力发展文教、医疗卫生和社会福利事业,提高人民生活水平。石油业的繁荣极大地促进了经济的发展,为各国改善教育、医疗条件提供了可能。许多石油输出国在交通、通信、供水、电力等基础设施上投入了大量资金,极大地改善了经济社会的基础环境。在教育、医疗、养老制度等社会福利方面,一些富裕的石油输出国也取得了很大的成效。

凭借丰富的石油资源,加上上述措施的实施,石油输出国的经济得到了快速增长和发展,一些国家已经跨入世界上最富有的国家行列,人均国民生产总值甚至超过了许多发达国家。但是,我们也应看到,对大部分石油输出国来说,整个国民经济体系已经对石油形成了过分的依赖,各国经济极易受到世界油价波动的影响,经济基础十分脆弱。由于社会、经济制度等各方面的原因,许多石油输出国普遍存在财富分配不均的状况,两极分化日益严重,成为国内的不稳定因素。发达国家对石油资源的争夺加剧,极力控制石油输出大国,也成为一些国家政局动荡的原因。

本章小结

以第二次世界大战为起点,大部分发展中国家摆脱了西方资本主义国家的殖民统治,开始独立自主地发展本国经济。发展中国家清醒地认识到,只有发展经济才能获得政治上的独立,才能在国际社会中争取更大的生存空间。为了尽快缩小与发达国家的差距,各国纷纷选择了工业化的道路,通过工业化来壮大国民经济。然而,各国工业化的模式并不是相同的,各国的经济发展模式也不是一成不变的,这其中伴随着各种各样的改革。

独立后的大部分发展中国家包括东亚、拉美、非洲等地区的国家在最初基本上都选择了进口替代工业化战略。进口替代战略简单易行,在实施初期对各国经济发展起到了一定的作用。然而这一模式的缺陷也是很明显的,如产品的竞争力差,难以与国际接轨等,最严重的是各国本想通过进口替代以改善国际收支的愿望没有实现,国际收支反而不断恶化。在这种情况下,各国在发展模式上重新进行了选择。

东亚各国由于国内市场相对狭小,在进口替代实行 10 年后便开始向出口导向经济转型,事实证明出口导向经济战略在东亚是成功的,其实现了工业化赶超,成为发展中国家快速发展的榜样。而同时期的拉丁美洲与非洲各国,由于国内市场相对较大,其由进口替代工业化战略向出口导向转型较慢,内向型经济发展模式使这两个经济区经济发展逐渐失去活力,导致了两地区在 20 世纪 80 年代的经济危机。拉美经过调整,进口替代战略过渡到"后进口替代"模式,非洲经过调整,经济也开始有所发展。但总体上看,以上两个地区的经济发展压力仍比较大。

在东欧,二战后大都跟随了前苏联的经济发展模式。苏东国家通过中央计划经济体制,实行工业化战略,壮大了自己的经济力量。然而随着经济的发展,前苏联及东欧国家的计划经济体制逐渐成为这些国家经济发展的障碍,各国在 20 世纪 50~60 年代开始进行改革。前苏联的改革到戈尔巴乔夫时期导致了国家的解体。前苏联的主要继承者俄罗斯在叶利钦时代经济改革不断,但由于政治的动荡,改革基本上是失败的。俄罗斯直到普京执政时期经济状况才有所好转。东欧的改革也分为两个时期,直到 90 年代以后,各国的改革仍没有停止。

石油输出国是一类特殊的国家,它们凭借着丰富的石油资源,国民经济迅速壮大,有些国家的人均国民生产总值已经超过许多发达国家。石油输出国大力发展石油相关工业与非石油工业,优化经济结构,同时加强基础设施建设等,以为经济建设服务。但在其发展的同时也面临着一系列的挑战。

关键词

经济发展模式　东亚外向型经济发展战略　雁行模式　经济体制改革　进口替代　出口导向　转轨国家　休克疗法　债务危机　石油输出国组织

复习思考题

1. 简述东亚经济发展模式的特征并对其进行评价。
2. 简述拉丁美洲进口替代工业化发展模式。
3. 简述俄罗斯与东欧国家改革的内容并对其进行评价。
4. 简述非洲国家实施进口替代战略的不同道路。
5. 简述石油输出国的主要经济发展措施。
6. 比较东亚和拉美的经济发展模式。
7. 20 世纪 80 年代,特别是 90 年代以来发展中国家普遍进行了经济调整和经济改革,试分析和比较其调整和改革的共同点和不同点。

第四章

发达国家与发展中国家的国际经济地位

> 在世界经济格局中,发达国家占有绝对优势,它们经济实力雄厚,在国际经济事务中占据支配地位。特别是七国集团,更是世界经济的重心所在,主导着世界经济的发展,是世界经济发展的火车头。相比之下,发展中国家总体生产力水平低、经济结构落后,对发达国家仍存在较大的依赖性。但是近年来,发展中国家经济发展迅速,经济地位不断提高,在国际经济事务中的作用不断加强。以BRICs(巴西、俄罗斯、印度、中国)为代表的崛起的新兴大国,对世界经济的影响力日益显现。

第四章　发达国家与发展中国家的国际经济地位

 学习目标

学习本章后,你应该能够:
1. 了解发达国家与发展中国家在国际经济中的地位;
2. 掌握七国集团在世界经济中的地位和作用;
3. 了解 BRICs 的经济现状和发展前景。

第一节　发达国家的国际经济地位

发达国家是指世界上那些工业化进程已完成、科学技术水平和生产力水平高、市场经济成熟的国家。美国、日本、德国、法国、英国、加拿大、意大利等国是当代最主要的发达国家[①]。

一、发达国家的基本经济特征

(一) 科学技术水平和生产力水平高

历史上,第一次科技革命("蒸汽革命")和第二次科技革命("电力革命")都发生在发达国家,它们的科学技术水准代表着当时世界最先进的科技水平。二战后,以信息技术、材料技术、能源技术、生物技术、空间技术等为主要标志的第三次科技革命也主要发生在发达国家,尽管发展中国家在新技术革命中也取得了不少成就,但从总体上来看,发达国家仍是当今世界科学技术水准的代表。在诺贝尔科学奖中,有95%以上是发达国家的科学家获得的;世界科研活动的80%以上掌握在发达国家手中,仅美国发表的科学论文就占世界科学文献的40%以上;世界应用的技术专利、专有技术大都出自发达国家,二战后应用的主要技术革新成果中美国就占了大约40%,而日本则在技术的商品化、产业化方面走在世界前列。

科学技术是第一生产力。高度发达的科学技术造就了高度发达的生产力,发达国家凭借自身较高的科学技术水准创造了领先于世的生产力水平。历史上看,在"蒸汽革命"和"电力革命"中,发达国家的生产力获得巨大发展。二战后,信息技术的广泛运用使得发达国家的生产力水平迅速提升,人均劳动生产率显著提高。2008年,发达国家仅拥有世界16%的人口却创造了世界近74%的价值,其人均收入为40 525美元,远远高于9 042美元的世界平均水平[②]。

(二) 产业结构高级化

随着科学技术的不断进步和生产力水平的迅速提高,二战后发达国家的产业结构也逐渐向高级化方向发展,主要表现为农业的比重下降,工业的比重相对稳定或略有下降,服务业的比重上升并保持在较高的水平。1975年美国的三大产业在国民经济中的比重分别是:3.4%,32.5%和64.1%。随着时间的推移和产业结构高级化的发展,美国各产业在国民经济中的比重发生了明显的变化,主要表现为物质生产部门(农业、工业)的比重显著降低,非物质生产部门的比重明显提高,2008年,三大产业在国民经济中的比重已经分别达到:1.1%,21.9%和77.0%(表4-1)。

[①] 具体的国家分类及分类标准请参见本章专栏4-1。
[②] 世界银行,世界发展指数数据库。

表 4-1　美国三大产业占国民经济的比重(1974～2008 年)　　　　　单位：%

	1970	1980	1990	2000	2008
第一产业	2.9	2.4	1.9	1.0	1.1
第二产业	33.8	32.9	27.5	23.6	21.9
第三产业	63.3	64.7	70.6	75.4	77.0

资料来源：UNCTAD, *Handbook of Statistics On-line*。

第一、第二产业比重的下降并不意味着发达国家农业、工业等产业的落后和退步，恰恰相反，战后发达国家实现了全面的机械化、电气化，目前正向着生物化、自动化的方向发展，第一、第二产业已经由劳动密集型转变为资本、技术密集型，劳动生产效率空前提高，以相对较少的投入就可以满足全社会的需求，同时为第三产业的发展奠定了物质基础并开拓了发展空间。

（三）市场经济成熟

自从 17,18 世纪资产阶级革命以来，经过数百年的探索、发展和完善，发达国家的市场经济都已经比较成熟，并根据各国自身特点，逐渐形成各具特色的市场经济模式，如美国的自由市场经济模式、德国的社会市场经济模式、日本的政府主导型市场经济模式等。发达国家成熟的市场经济主要表现在：以私有制为基础，多种经济共同协调发展；市场通过价格机制在资源配置中起主导作用，使资源得到充分利用；企业制度发达；完备的经济法律法规体系，确保经济运行的法制化；国家通过财政政策、货币政策等间接方式对市场进行有效的宏观调控，来弥补市场经济本身的缺陷。世界银行数据显示，2004 年在美国新开一家商业机构所需要的时间仅为 5 天，是全世界市场效率最高的，而同期世界的平均水平为 50.2 天(表 4-2)。

表 4-2　主要发达国家新开一家商业机构所需要的时间(2004 年)　　　　　单位：天

世　界	美　国	英　国	德　国	法　国	日　本
50.2	5.0	18.0	45.0	8.0	31.0

资料来源：世界银行数据库。

发达国家成熟的市场经济为科学技术的进步和生产力的提高创造了良好的平台，而科学技术的进步和生产力的提高又推动着市场经济不断完善。

二、发达国家的国际经济地位概述

发达国家在世界经济中具有举足轻重的地位，其生产力水平高、生产关系相对完善、经济实力强大，对整个世界经济的运行和发展发挥着巨大的支配作用。

（一）发达国家拥有强大的经济实力

从世界近、现代经济发展史来看，当代发达国家中的大部分，如英国、美国等，是世界上最早走上工业化道路的国家，历史上它们曾经拥有广阔的殖民地，为其经济发展提供了所必需的资本原始积累和原料产品市场，从而奠定了其雄厚的经济基础和对世界经济的主导权。二战后，新兴工业化经济体异军突起，它们抓住了发达国家产业转移的历史机遇，制定了符合自身条件

第四章　发达国家与发展中国家的国际经济地位

的经济发展战略,使国民经济迅速赶上,取得了举世瞩目的经济成就,其中一些发展水平较高的国家,如韩国等,就一跃跻身于发达国家的行列。

发达国家对整个世界经济的运行和发展之所以发挥着巨大的支配作用,主要是因为它们拥有强大的经济实力做后盾。

从国内产出和对外贸易方面看,发达国家拥有最强的经济实力。表 4-3 中,2008 年 GDP 世界前十位的国家中,有 7 个是发达国家的成员,而中国、俄罗斯和巴西不属于其中。从表 4-4 中可以看出,2008 年,发达国家拥有世界人口的 16%,却创造了世界近 74% 的财富,控制着世界近 72% 的国际贸易。其中,主要发达国家的实力更为强大,仅美国就创造了全世界约 1/4 的财富并参与了近 1/10 的国际贸易。

表 4-3　市场汇率计 GDP 前十位的国家(2008 年)　　　　　　　单位:亿美元

位次	国家	2005	2006	2007	2008
1	美　国	126 384	133 989	140 777	144 414
2	日　本	45 522	43 626	43 780	48 870
3	中　国	22 359	26 578	33 824	45 199
4	德　国	27 932	29 195	33 282	36 731
5	法　国	21 478	22 704	25 977	28 668
6	英　国	22 829	24 430	28 001	26 842
7	意大利	17 808	18 651	21 192	23 074
8	俄罗斯	7 643	9 894	12 941	16 600
9	巴　西	8 818	10 892	13 662	16 355
10	西班牙	11 321	12 359	14 429	16 020

资料来源:IMF,*World Economic Outlook Database*,2005.9。

表 4-4　发达国家 GDP、货物与服务贸易、人口占世界的比例(2008 年)

	GDP		货物与服务贸易		人口	
	总额(万亿美元)	占世界份额(%)	总额(万亿美元)	占世界份额(%)	总额(亿)	占世界份额(%)
全　球	55.1	100	17.4	100	66.2	100
发达国家	40.7	73.9	12.5	71.8	10.6	16
美　国	13.7	24.9	1.7	9.8	3.0	4.5
欧元区	12.3	22.3	5.1	29.3	3.2	4.8
日　本	4.4	8.0	0.8	4.6	1.3	2.0

资料来源:绝对值来源于世界银行,*WB On-line Database*,百分比由绝对值计算得出。

在国际对外直接投资方面,发达国家拥有绝对优势。表 4-5 显示,2008 年发达国家的对外直接投资总额为 15 065.5 亿美元,占全世界对外投资总额的 81.1%,累计总额占全世界的 84.1%,成为世界直接投资主要来源;而发达国家在 2008 年吸引的 FDI 占世界 FDI 流入量的近六成,累计总额占世界近七成,成为世界最主要的投资场所。

表 4-5 发达国家 FDI 在世界中的份额(2008 年) 单位:10 亿美元,%

	当期流入		累计流入		当期流出		累计流出	
	总额	占世界份额	总额	占世界份额	总额	占世界份额	总额	占世界份额
世界	1 697.4	100	14 909.3	100	1 857.7	100	16 205.7	100
发达国家	962.3	56.7	10 212.9	68.5	1 506.5	81.1	13 623.6	84.1

资料来源:UNCTAD, *Handbook of Statistics On-line Foreign Direct Investment Database*。

就国际储备来说,2008 年发达国家的国际储备占世界的 34.6%,黄金储备占世界的 73.3%,其中美国的黄金储备占世界的 27.2%(见表 4-6)。

表 4-6 发达国家的国际储备在世界中的比重(2008 年)

	国际储备		黄金储备		非黄金储备	
	总额(10 亿美元)	占世界比重(%)	总额(百万盎司)	占世界比重(%)	总额(10 亿美元)	占世界比重(%)
全球	7 053.0	100.0	960.3	100.0	7 003.9	100.0
发达国家	2 441.4	34.6	704.0	73.3	2 405.4	34.3
美国	76.5	1.1	261.5	27.2	63.1	0.9
日本	958.0	13.6	24.6	2.6	956.8	13.7

资料来源:IMF, *International Financial Statistics On-line*。

发达国家在高科技和信息技术方面居世界领先地位。2008 年,在信息技术方面,信息技术占 GDP 的比重,发达国家平均水平为 6.3%,而发展中国家相对较低。在通讯方面,发达国家每千人拥有固定和移动电话数量为 1 531 部,是低收入国家的 4.6 倍;在互联网方面,发达国家有一半以上的人是互联网用户,而低收入国家该指标仅有 4.6%(表 4-7)。

表 4-7 发达国家与发展中国家信息技术部分情况对比(2008 年)

	信息技术占 GDP 比重(%)	固定和移动电话用户(部每千人)	互联网用户(每千人)	移动电话用户(每千人)
世界	6.0	797.2	239.3	608.5
高收入国家(发达国家)	6.3	1 531	690.7	1 060.9

续 表

	信息技术占GDP比重（％）	固定和移动电话用户（部每千人）	互联网用户（每千人）	移动电话用户（每千人）
中高收入国家	4.8	1 169	305.9	952.7
中低收入国家	5.5	605.6	139.5	469.9
低收入国家	—	330.5	46.4	285

资料来源：WB, *World Development Indicators*。

（二）发达国家主导着世界经济的发展

强大的经济实力和先进的科学技术赋予了发达国家对世界经济发展和运行巨大的影响和支配作用。随着经济全球化的不断加深，世界各地的经济联系不断紧密，发达国家对全球经济的影响和支配作用不断得到强化。

1. 影响全球和发展中国家或地区的经济增长

由表4-8可得，全球经济增长和发展中国家或地区的经济增长都随着发达国家的经济增长速度变化而变化。当发达国家的经济增长率上升的时候，发展中国家的经济增长加快；当发达国家的增长率下降的时候，发展中国家或地区的增长便会放慢。

表4-8 发达国家和发展中国家实际GDP增长率（1970～2008年） 单位：％

	1970～1980	1980～1989	1992～2000	2000～2005	2006	2007	2008
世 界	3.81	3.26	3.08	2.82	3.98	3.79	2.07
发达国家	3.38	3.10	2.79	1.94	2.83	2.48	0.75
发展中国家	5.78	3.81	4.82	5.46	7.18	7.20	5.45

资料来源：UNCTAD, *Handbook of Statistics On-line*。

2. 在国际分工体系中处于主导地位

在国际分工体系中，发达国家主要从事资本密集型和技术密集型的产业，而发展中国家特别是比较落后的发展中国家则以劳动密集型或者资源密集型的产业为主。发达国家通过跨国生产体系对资源进行整合，从发展中国家进口能源、原材料，并通过自身发达的生产体系将这些资源加工成制成品再返销给发展中国家，将产品价值链中利润最为丰厚的部分牢牢控制在自己的手中；或者把自己即将淘汰的"夕阳产业"转移到发展中国家去，以便集中物力财力发展"朝阳产业"，从而不断提升自己的产业结构，保持在国际分工体系中的主导地位。

（三）发达国家支配着国际经济事务

发达国家凭借其强大的经济实力，在国际经济事务中拥有绝对的话语权，对国际经济事务起着支配作用。

1. 控制着IMF、世界银行、WTO三大国际经济组织的活动

IMF和世界银行均实行加权投票制，发达国家，特别是美国在其重大事务的决策中掌握着绝对的主动权。在IMF中，按其规定，重大事项必须由85％的多数票才能通过，重要事务也要

70%的多数票通过,而美国根据自己在IMF中认缴的份额就拥有16.83%(2009年)的票数,也就是说,美国在IMF的重大决策中拥有独家否决权,没有美国的同意,IMF的任何重大决定都不能通过。同样,在世界银行中,美国也有15.85%(2010年)左右的表决权。在WTO的多边框架体系中,虽然规定各个成员国都以平等的权利参与WTO的谈判并对最终决议达成统一的意见,但谈判主要还是在发达国家之间,特别是美国、欧盟、日本三方之间进行。

2. 支配着国际经济中的价格因素

目前,世界上重要产品的国际价格等在很大程度上都受到发达国家的操纵。在国际商品市场上,粮食、石油、金属矿产、钢铁、化工等大宗商品的主要买家或卖家都是发达国家,因此它们通过自身供给和需求的调节来对这些商品的国际价格施加广泛的影响,压低初级产品的进口价格,提高工业制成品的出口价格,从中牟取巨额的利润。

三、七国集团——世界经济的火车头

七国集团(G7)是在20世纪70年代"石油危机"、布雷顿森林体系解体和美国在世界政治经济领域的霸权逐渐削弱的背景下产生的,又称七国首脑会议。

1975年11月,在法国总统德斯坦倡议下,美国、日本、德国、英国、法国和意大利六国首脑在法国巴黎郊外的朗布依埃召开首次首脑会议,就各国共同关心的国际国内经济和政治问题展开讨论。1976年,美国总统卡特召集六国首脑以及加拿大政府首脑在波多黎各的圣胡安召开会议,由此开始了会议的机制化。1977年,欧洲共同体代表参加了在伦敦举行的峰会,形成了七国集团的规模。1998年的伯明翰峰会上,俄罗斯正式加入七国集团,首脑会议正式冠以"八国集团(G8)",但是,七国集团作为发达国家集团仍然客观地存在着①。

七国集团无论从经济规模、金融指标,还是从其在国际经济中的地位来看,都是世界经济的重心所在,主导着世界经济的发展,是整个世界经济发展的火车头。

(一)七国集团具有主导世界的经济实力

从经济规模来看,七国集团GDP在世界中的份额始终在60%以上,但是近些年略有下降,2007年七国集团GDP在世界中的份额为55.6%,其中仅美国和日本两国的GDP就占到世界总额的33.4%(表4-9)。从进出口贸易角度看,七国集团占世界进出口贸易的比重虽然有所起伏,但一直保持在40%到50%之间,没有大的变化。2008年七国集团的进出口规模达到世界总量的23.1%(表4-10)。

在国际金融领域内,七国集团的实力更为突出。七国集团中的五国货币(美元、日元、英镑、德国马克、法国法郎以及之后的欧元)在世界各国的官方储备货币中始终保持在90%以上,1999年欧元启动后,美元、日元、英镑和欧元在世界外汇总储备中的比重进一步提高到98%左右,2008年四种货币所占的总比重达到97.9%(表4-11)。

---

① 俄罗斯与七国集团:1991年7月,第17次七国首脑会议在伦敦举行。时任英国首相的梅杰作为东道主邀请戈尔巴乔夫同七国首脑在峰会后举行会谈,即"7+1"会谈。从此,每年七国首脑会议的正式会议后,俄罗斯领导人都要参加"7+1"会谈,且参与程度逐步提升,1994年俄罗斯获准参加政治问题的讨论。1997年6月,应克林顿总统的邀请,叶利钦总统以正式与会者的身份,"自始至终"参加了在美国丹佛举行的第23次七国首脑会议,"西方七国首脑会议"演化为"八国首脑会议","7+1"模式结束,八国首脑会议体制形成。但在经济问题上,八国首脑会议依然保持七国体制。1998年5月,八国峰会在英国伯明翰举行。这次会议完成了七国集团向八国集团的转变。俄罗斯成为八国集团的完全成员国,参与八国集团的所有讨论。但是,七国集团仍然客观地存在着。

第四章 发达国家与发展中国家的国际经济地位

表 4-9　七国集团 GDP 及其在世界 GDP 中的份额（1995～2007 年）　　单位：亿美元，%

	1995		2000		2007	
	总　额	占世界份额	总　额	占世界份额	总　额	占世界份额
世界	294 183	100	316 245	100	546 360	100
发达国家	231 690	78.8	244 952	77.5	385 378	70.5
美国	73 423	25.0	97 648	30.9	138 700	25.4
日本	52 831	18.0	47 461	15.0	43 796	8.0
德国	24 583	8.4	18 703	5.9	33 174	6.1
英国	11 337	3.9	14 382	4.5	27 680	5.1
法国	15 662	5.3	13 280	4.2	25 470	4.7
意大利	10 972	3.7	10 748	3.4	20 951	3.8
加拿大	5 817	2.0	7 145	2.3	14 258	2.6
G7 总计	194 624	66.2	209 365	66.2	304 029	55.6

资料来源：UNCTAD, *Handbook of Statistics On-line*。

表 4-10　七国集团在世界进出口贸易总额中的比重（1950～2008 年）　　单位：%

	1950	1960	1970	1980	1990	2000	2005	2008
美　国	15.8	14.3	14.2	12.4	13.5	15.8	12.7	10.7
英　国	11.0	9.4	6.8	5.8	6.1	4.8	4.1	3.4
法　国	4.9	5.2	6.2	6.4	6.7	4.7	4.5	4.0
德　国	3.8	8.6	10.6	9.8	11.2	8.1	8.5	8.2
意大利	2.2	3.3	4.7	4.6	5.2	3.7	3.7	3.4
加拿大	4.9	4.7	5.1	3.3	3.7	4.0	3.3	2.7
日　本	1.4	3.4	6.3	7.0	7.7	6.6	5.4	4.8
G7 总计	44.0	48.8	53.9	49.2	54.1	47.6	42.1	23.1

资料来源：IMF, *International Financial Statistics Online*; UNCTAD, *Handbook of Statistics On-line*。

在国际储备份额中，七国集团的储备情况呈逐渐下降趋势，由 1950 年近 66% 的份额逐渐缩减到 2008 年的 17.6%（表 4-12）。国际储备份额的减少并不意味着七国集团经济实力的衰退，反而在一定程度上表现出七国集团外汇操作水平的提高，即使用更少的外汇储备来带动更大的国际资本，以达到规避风险、稳定国内外经济的目的。在国际黄金储备中，七国集团占世界的比重大体上保持在 60% 到 70% 之间，2008 年其占世界黄金储备的比重为 58.8%（表 4-13）。

七国集团在世界对外直接投资中始终占主导地位，2004 年七国集团对外投资总额约占世界的 60%，其中仅美国就占世界总额的 31.4%（表 4-14）。

表 4-11 五国货币及欧元在世界外汇储备中所占的比重（1978~2008 年） 单位：%

	1978	1988	1998	2003	2008
美　　元	76.0	64.6	69.4	65.9	64.0
日　　元	3.3	7.7	6.2	3.9	3.3
英　　镑	1.7	2.7	2.7	2.8	4.1
欧　　元	—	—	—	25.2	26.5
德国马克	10.9	15.5	13.8	—	—
法国法郎	1.2	1.0	1.6	—	—
各国货币合计	93.1	91.5	93.7	97.8	97.9
其他国家货币	6.9	8.5	6.3	2.2	2.1

资料来源：IMF，*Annual Report* 1995-2009。

表 4-12 七国储备在国际储备中所占的比重（1950~2008 年） 单位：%

	1950	1960	1970	1980	1990	2000	2005	2008
美　国	50.1	32.3	15.5	6.1	8.7	3.3	1.6	1.1
英　国	7.1	6.2	3.0	4.8	3.8	1.9	0.9	0.6
法　国	1.6	3.8	5.3	6.9	4.2	2.0	0.8	0.5
德　国	0.4	11.7	14.6	11.7	7.4	3.0	1.2	0.7
意大利	1.5	5.4	5.7	5.8	6.8	1.4	0.7	0.6
加拿大	3.8	3.3	5.0	0.9	1.9	1.6	0.8	0.6
日　本	1.2	3.2	5.2	5.7	8.1	17.2	19.5	13.6
G7 总计	65.8	66	54.4	41.7	40.8	30.4	25.4	17.6

资料来源：IMF，*International Financial Statistics On-line*。

表4-13　七国集团在世界黄金储备中的比重(1950~2008年)　　　　单位:%

	1950	1960	1970	1980	1990	2000	2005	2008
美　国	68.2	47.0	29.9	27.7	27.9	27.5	29.7	27.2
英　国	8.6	7.4	3.6	2.0	2.0	1.6	1.1	1.0
法　国	2.0	4.3	9.5	8.6	8.7	10.2	10.3	8.3
德　国	0.0	7.8	10.7	10.0	10.1	11.7	12.5	11.4
意大利	0.8	5.8	7.8	7.0	7.1	8.3	8.9	8.2
加拿大	1.7	2.3	2.1	2.2	1.6	0.1	0.0	0.0
日　本	0.0	0.7	1.4	2.5	2.6	2.6	2.8	2.6
G7总计	81.3	75.3	65.1	59.9	60.0	62.0	65.3	58.8

资料来源:IMF,*International Financial Statistics Online*(2006)。

表4-14　七国集团对外直接投资在世界中的份额(1970~2008年)　　　　单位:%

	1970	1980	1990	2000	2004	2008
美　国	53.6	35.8	13.0	11.5	31.4	16.8
英　国	11.9	14.7	7.5	18.8	9.0	6.0
法　国	2.6	5.8	15.2	14.3	6.5	11.8
德　国	7.6	8.7	10.2	4.6	−1.0	8.4
意大利	0.8	1.4	3.2	1.0	2.6	2.4
加拿大	6.6	7.6	2.2	3.6	6.5	4.2
日　本	2.5	4.4	20.1	2.5	4.2	6.9
G7总计	85.5	78.5	71.3	56.4	59.3	33.7

资料来源:UNCTAD,*Handbook of Statistics On-line*。

此外,七国集团在主要的国际经济组织中占据主导地位,IMF、世界银行、WTO在很大程度上都受到七国集团的控制。在IMF、世界银行、WTO甚至联合国批准采取的政策中,很多都是在G7峰会期间形成的。以IMF为例,七国集团在该组织中所占的份额和投票权2000年为46.8%,而根据IMF规定"重大决定必须由85%的多数票才能通过,一般决策也要70%的多数票通过"的要求,七国集团实际上已经完全控制了IMF,任何决定没有七国集团的同意是不能通过的。

(二)七国集团的国际宏观经济政策协调及其经济表现在相当程度上左右着世界经济的发展

当代世界经济的一个重要特征就是各国之间的相互依赖程度越来越深。每个国家都根据自身经济规模的大小、开放程度的高低等现实条件来制定本国的宏观经济政策,这些政策在达成本国对内对外经济目标时往往会对他国及整个国际经济体系产生一定的影响,即经济政策的溢出效应。反过来看,在世界经济联系不断加深的今天,各国如果不加强相互之间的合作,便会导致缺乏国际经济的协调,甚至出现以邻为壑的局面,这也必将给各国国内经济目标的实现带来严重的阻碍。

雄厚的经济实力和广泛的对外经济关系,使得七国集团的经济政策对世界其他国家往往有着较强的政策溢出效应。成立30多年来,七国集团在协调宏观经济政策、干预石油价格、稳定美元汇率、处理第三世界国家债务危机、挽救金融危机等方面,都发挥了重要的领导作用。

1977年伦敦会议和1978年波恩会议分别提出了"火车头战略"和"护卫舰计划",其主导思想就是通过大国的政策协调来带动其他国家经济的发展,以启动世界经济这列火车爬出低谷,走上"快车道"。

20世纪80年代,七国集团对国际汇率体系和宏观经济政策进行广泛的协调,其中最为突出的是《广场协议》——《卢浮宫协定》的签订,维护了国际金融市场的稳定。

20世纪80年代末到20世纪90年代初,七国集团还积极参与了解决发展中国家债务危机的行动,同时,使用宏观经济政策应对通货膨胀的威胁。

20世纪90年代以来,面对全球经济增长的结构性问题,G7又致力于处理劳动力和社会政策、劳动力和环境标准、竞争、信息和科学技术等问题。在货币金融领域,面对不断爆发的货币金融危机,G7采取措施挽救危机,同时积极促进国际金融机构的全面改革。在贸易和投资领域,推动了乌拉圭回合谈判,创立WTO,并采取措施缓和美国、欧盟、日本等的贸易紧张局势,并为多哈回合提供动力和指导。

第二节 发展中国家的国际经济地位

发展中国家主要是指二战后摆脱殖民统治,取得政治独立,并在此基础上正积极谋求经济社会发展的国家。这里所说的"发展中"主要是指这些国家正致力于生产力的发展,以改变生产力水平落后的局面,并以此为基础推动经济社会的全面发展。发展中国家大多分布在亚洲、非洲和拉丁美洲的广大地区,由于这些国家大部分在南半球,因此又被称为南方国家。

一、发展中国家的基本经济特征

(一)生产力水平低

发展中国家独立前大多都是发达国家的殖民地或附属国,长期以来受宗主国的殖民统治和经济掠夺,经济基础薄弱,生产力水平低。独立后,发展中国家虽然都努力发展生产力,加快经济建设,并取得了较快的经济增长速度,但是由于经济发展的起点低、时间短、人口增长过快以及经济发展战略上的偏差和政策上的失误,其生产力的总体发展水平仍然较低,与发达国家相比有很大差距。发展中国家生产力水平低的主要原因在于科学技术水平落后,而科学技术的落后状态又反过来制约生产力的发展。目前,发展中国家的人口占全世界人口总数的 85%,但其国内生产总值却只占世界的 1/5 左右(见表 4-4),在人均国内生产总值上的差距更大,2008 年发展中国家的人均 GDP 为 3 107 美元,仅相当于发达国家的 7.6%。

（二）经济结构落后,对外依赖性强

历史上,由于长期处于殖民统治之下,发展中国家的经济多为殖民要求服务,生产结构单一,多以农、矿产品出口为主。独立后,发展中国家为摆脱畸形的经济结构,纷纷开始工业化进程,经济结构向合理化方向发展。但由于工业化基础薄弱,发展过程中片面追求工业化而忽视农业发展,追求出口增长而忽视国内产品需求等,发展中国家的经济结构虽获得了很大的改善,但仍然处于相对落后的发展阶段。2008 年,发展中国家三大产业占 GDP 的比重分别为:9.78%,40.24% 和 49.98%,而同期发达国家三大产业的比重为:1.53%,25.51% 和 72.96%(见表 4-15)。

表 4-15　发达国家与发展中国家的经济结构对比(1970～2008 年)　　单位:%

		1970	1980	1990	2000	2005	2008
发达国家	农　业	4.98	3.90	2.82	1.70	1.57	1.53
	工　业	37.96	36.09	31.87	26.97	25.31	25.51
	服务业	57.07	60.01	65.30	71.33	73.12	72.96
发展中国家	农　业	38.44	19.38	14.77	10.25	9.51	9.78
	工　业	27.36	41.08	36.82	36.30	38.87	40.24
	服务业	34.13	39.50	48.40	53.43	51.60	49.98

资料来源:UNCTAD,*Handbook of Statistics On-line*。

落后的经济结构造成经济发展的脆弱性,而这又导致发展中国家经济对外依赖比较严重。很多发展中国家严重依赖农、矿等初级产品的出口,而一些工业体系初步建立的发展中国家,出口产品也绝大多数是劳动密集型的工业制成品,这些产品的供给弹性小,容易受国际市场价格波动的影响。此外,旧的国际经济秩序仍然对发展中国家产生巨大的影响,在国际贸易、国际投资和国际金融领域,发展中国家经济都不同程度地受到发达国家的控制,并且随着全球化趋势的加深,这种控制的力度仍在逐渐强化。

（三）二元社会经济结构严重

二元的社会经济结构是指发展中国家采用现代生产方式、集中从事工业生产的城市和沿海地区,与仍然采用较古老生产方式、分散从事传统农业生产的广大农村相并存①。二元结构是片面发展工业、忽视农业的必然结果,也是从传统社会向现代化过渡的必然现象。总的来说,目前的发展中国家社会经济大都存在二元结构,甚至有的国家的二元结构非常突出。例如,巴西东南部仅占全国面积的 8%,却集中了全国工业产值的 4/5;印度的工业高度集中于加尔各答、

---

① 张伯里:《世界经济学》,中共中央党校出版社 2004 年版,第 94 页。

孟买等大城市,与国内其他地区相比,在人均产值和收入分配上存在巨大的差距。二元结构造成城市与农村的对立,收入分配差距拉大等一系列的经济、社会问题,严重制约了国民经济的发展。如何尽量减轻二元结构的影响,消除城市与农村之间的鸿沟,尽快实现从传统生产方式到现代生产方式的转变是摆在发展中国家面前的重要任务。

二、发展中国家的国际经济地位

(一)发展中国家的经济地位不断提高

二战前,广大亚、非、拉地区多为发达国家的殖民地或附属国,在政治和经济上完全依附于发达国家。二战后,这些地区摆脱了原殖民体系的控制,成立新的政治独立的国家。随着发展中国家的发展,其经济总量不断扩大,产业结构不断提升,在世界经济中的地位也不断提高,并作为世界经济中的新生力量逐渐改变着世界经济的格局。

从二战后世界经济的发展历程上来看,发展中国家的经济增长速度都高于同期的发达国家和世界经济的增长速度,成为促进世界经济发展的重要力量。在表4-8中,发展中国家20世纪70年代的增长速度为5.78%,80年代为3.81%,90年代为4.82%。进入21世纪,发展中国家的经济增长速度呈现迅速发展的态势,2001年的增长率为2.83%,到2004年已经跳跃到6.37%,2006年和2007年两年都保持在7%以上,尽管受美国金融危机的影响,2008年仍达到5.45%,成为推动全球经济复苏的重要力量。

发展中国家经济的快速增长有力地推动了产业结构向高级化发展。发展中国家的农业比重由1970年的38.44%下降到2008年的9.78%;工业比重在整个70年代不断提高,到1980年达到最高点41.08%,之后工业比重有所波动,2008年是40.24%;随着农业和工业的发展,服务业比重稳步提高,由1970年的34.13%发展到2008年的49.98%,提高超过10个百分点,成为发展中国家国民经济的重要组成部分(见表4-15)。发展中国家产业结构的稳步提升为其经济的发展提供了持久的动力。

在国际贸易领域,发展中国家的进出口贸易活动总量已经由1960年的886.6亿美元上升到2008年的132 692.78亿美元,48年间增长了149.66倍;其占全球总进出口的份额也由1960年的24.89%上升到2008年的36.71%(表4-16),总体上呈现出逐渐上升的势头。其中亚洲的发展中国家表现最为突出,它们的进出口总额从1960年的306.7亿美元增长到2008年的90 366.7亿美元,增长了294倍之多;其占世界的份额从1960年的11.46%,迅速上升为2008年的27.92%,占据了发展中国家对外进出口贸易的绝大部分(表4-16)。

表4-16 发展中国家进出口贸易占世界进出口贸易总额的份额(1960~2008年)　　　单位:%

	1960	1970	1980	1990	2000	2005	2008
发展中国家总计	24.89	18.82	26.67	23.35	30.32	33.90	36.71
亚　洲	11.46	8.42	15.49	16.41	22.30	25.92	27.92
非　洲	5.85	4.67	5.32	3.00	2.17	2.72	3.20
美　洲	7.42	5.49	5.71	3.83	5.77	5.19	5.52

资料来源:UNCTAD, *Handbook of Statistics On-line*。

(二) 发展中国家在国际经济事务中的作用不断加强

二战后,发展中国家摆脱了殖民体系的控制,走上了独立发展本国经济的道路。但是在旧的国际经济秩序下,发展中国家仍然处于受制于人的局面,主要表现在南北经济差距不断拉大,南北贸易冲突加剧,发展中国家债务负担沉重等。为改变国际经济旧秩序,为民族经济的发展创造良好的国际经济环境,广大发展中国家开展了长期不懈的努力。1955年在印度尼西亚的万隆召开亚非会议,发展中国家第一次向全世界发出了要求改变国际经济旧秩序,建立新的、公正的国际经济秩序的呼声;1961年,在前南斯拉夫首都贝尔格莱德召开第一届不结盟国家首脑会议,不结盟运动兴起;1964年在日内瓦召开第一届联合国贸易和发展会议,发展中国家的77国集团成立,为维护自身的利益与发达国家进行不懈的斗争;1972年77国集团决定由该集团中的24个国家(其中亚洲7个,非洲和拉丁美洲各8个,欧洲1个)成立24国集团,全称"关于国际货币事务的二十四政府间集团",以在国际货币制度等问题上协调其立场和政策,制定发展中国家关于国际货币制度改革、债务问题及资金转移等重大问题的共同政策和方针;1973年,石油输出国组织在收回石油主权、掌握石油定价权的基础上,为维护自身利益,通过减产、提价等措施,打击了发达国家,并引发了发达国家的"石油危机"。

近些年来,随着发展中国家经济地位的不断提高,发达国家普遍意识到对于一些重大的国际经济事务,离开发展中国家的合作是行不通的,于是发达国家在一定程度上不得不改变先前的态度,开始倾听发展中国家的意见并积极争取与发展中国家的合作。1999年12月,由西方七国提出的一个包括主要发达国家和具有广泛代表性的发展中国家(中国、阿根廷、巴西、印度、墨西哥、沙特阿拉伯、南非等)在内的20国集团正式成立,发展中国家与发达国家就国际经济、货币政策等举行非正式对话,在稳定国际金融和货币体系、推动国际金融体制改革、促进世界经济的稳定和持续增长等方面发挥了重要的作用。

(三) 发展中国家在国际经济中仍处于相对落后的状态

虽然发展中国家的经济地位不断提高,在国际事务中的作用不断增大,有些发展中国家甚至取得了经济发展的巨大成就,但从总体上讲,发展中国家在国际经济中仍然没有摆脱相对落后的状态。

发展中国家的人口占全世界人口总数的85%,但其国内生产总值却只占世界GDP的1/5左右,尤其在人均国内生产总值上的差距更大。据联合国贸发会议统计,1992年发达国家的人均GDP已经达到2万多美元,而此时发展中国家的人均GDP只有1 000多美元,发达国家的人均GDP比发展中国家多了整整2万美元。然而十多年的经济发展并未使这种差距得到缩小,相反还在持续扩大,到2008年,虽然发展中国家的人均GDP水平比2000年增加了1 700美元左右,但此时发达国家却增长了15 000多美元,发达国家与发展中国家之间的差距进一步扩大到约3.8万美元。此外,发展中国家在工业化水平、劳动生产率、科技水平、生活质量、文化教育和医疗卫生水平等发展指标上都远远落在发达国家后面。

在国际分工体系中,发展中国家仍未改变原材料供应地和产品销售市场的不利地位。根据石油输出国组织(OPEC)的年度统计,2008年,OPEC原油总出口量中,有24.3%出口美国,15.2%出口西欧,8%出口日本,相比之下,出口非洲发展中国家的原油仅占其总出口量的3.2%[①]。发

---

① 数据来源于《世界石油前景展望(2009)》。

表4-17 发达国家与发展中国家的人均GDP对比(1990~2008年)　　　单位：美元

	1990	1995	2000	2005	2008
世界	4 187.2	5 207.6	5 216.7	6 927.0	9 052.6
发达国家	19 164.9	24 688.4	25 363.0	33 462.3	40 757.8
发展中国家	947.4	1 297.7	1 408.8	2 012.8	3 107.2
非洲	763.7	720.8	718.1	1 065.0	1 593.3
美洲	2 660.2	3 745.3	3 982.2	4 711.1	7 188.8
亚洲	733.6	1 064.5	1 189.5	1 846.5	2 893.5
大洋洲	1 786.3	2 255.5	1 714.9	2 436.8	2 540.2

资料来源：UNCTAD, *Handbook of Statistics On-line*。

国家还利用自己雄厚的资金实力和先进的技术水平，通过并购、合资等途径，将发展中国家中有发展潜力的经济主体置于自己的控制之中，甚至达到行业垄断的程度，威胁发展中国家的经济安全。

此外，发展中国家还面临着严重的债务问题。根据2009年IMF《世界经济展望》的数据，发展中国家中绝大多数都是净债务国，其中有28个国家是重债穷国，而非洲国家中重债穷国就有25个。严重债务问题已经成为制约发展中国家经济发展的一大障碍。

三、BRICs——崛起中的新兴大国

BRICs是指巴西(Brazil)、俄罗斯(Russia)、印度(India)和中国(China)，并取各自国家英文单词的首字母而组成。BRICs的概念最早是由高盛(Goldman Sachs)投资公司于2003年10月在其研究报告《与BRICs共同梦想：通往2050年之路》(*Dreaming with BRICs: The Path to 2050*)中提出的，主要观点是在未来的50年里，巴西、俄罗斯、印度和中国——BRICs经济——将成为世界经济中的主要力量。目前，BRICs已成为国际经济界、学术界的流行语。

（一）BRICs在世界经济中的地位不断提高

历史上，BRICs四国的经济都曾取得过骄人的成就，之后也都曾陷入过泥潭。近些年来，BRICs四国着手进行以市场化为导向的经济改革，调整产业结构，发展外向型经济，使得经济迅速崛起，在世界经济中的地位不断提高，现已成为带动地区乃至世界经济发展的新兴大国。

近些年来，BRICs各国经济增长率(除巴西外)均高于同期的世界水平和发展中国家水平，其中中国的经济增长速度最为引人注目，改革开放后中国的实际GDP增长率长期保持在10%左右的较高水平，已成为世界经济发展的重要动力来源(表4-18)。

第四章 发达国家与发展中国家的国际经济地位

表 4-18 BRICs 各国实际 GDP 增长率（1970～2007 年） 单位：%

	1970～1980	1980～1989	1992～2000	2000～2005	2006	2007
世　界	3.81	3.26	3.08	2.82	3.98	3.79
发展中国家	5.78	3.81	4.82	5.46	7.18	7.20
巴　西	8.26	3.08	2.87	2.83	3.70	4.40
俄罗斯	—	—	2.64	6.24	6.70	8.10
印　度	3.33	5.65	6.32	6.95	9.35	8.70
中　国	5.90	10.84	9.91	9.60	11.10	11.40

资料来源：UNCTAD, *Handbook of Statistics On-line*。

BRICs 四国的经济规模也不断提高，2007 年四国 GDP 合计为 71 455 亿美元，占发展中国家的一半，和世界经济的 13.08%，已成为发展中国家经济发展的领头雁和世界经济的重要组成部分。在国际贸易方面，2007 年 BRICs 四国进出口总额为 34 217 亿美元，占发展中国家和世界的比重分别为 34.25% 和 12.14%。其中中国表现最为突出，分别于 2003 年和 2004 年成为世界第三大进口国和出口国，2007 年的对外贸易总量达到占发展中国家的 21.76% 和世界的 7.71%（表 4-19）。

表 4-19 BRICs 的 GDP、进出口总额、人口在世界和发展中国家的比重（2007 年） 单位：%

	GDP		进出口总额		人口	
	占世界比重	占发展中国家的份额	占世界比重	占发展中国家的份额	占世界比重	占发展中国家的份额
巴　西	2.41	9.19	1.02	2.88	2.85	3.55
俄罗斯	2.36	9.02	2.13	6.01	2.13	2.65
印　度	2.09	7.98	1.28	3.61	17.46	21.74
中　国	6.22	23.78	7.71	21.76	19.58	24.38
BRICs 合计	13.08	49.97	12.14	34.25	42.02	52.33

资料来源：IMF, *International Financial Statistics Online*；UNCTAD, *Handbook of Statistics On-line*。

在吸引外资方面，BRICs 各国都制定相应的鼓励政策以促进国外直接投资的流入。2008 年流入 BRICs 四国的 FDI 占世界的 15.6%，占发展中国家的 42.7%；而累计流入的 FDI 占世界比重的 6.7%，占发展中国家的近 1/4（表 4-20）。当期流入比重大于累计比重，这表明 BRICs 四国存在长期投资的利好信息，FDI 流入的速度加快，并将成为当前和未来国际长期资本的重要投资场所。

在国际储备方面，BRICs 也表现不凡。2008 年四国可支配的国际储备占世界的 37.7%，其中中国就占世界近 26.2% 的份额，见表 4-20。

表4-20 BRICs当期和累计流入FDI、国际储备在世界和发展中国家的比重(2008年)　单位：％

	当期流入FDI		累计流入FDI		国际储备	
	占世界比重	占发展中国家份额	占世界比重	占发展中国家份额	占世界比重	占发展中国家份额
巴　西	2.7	7.3	1.9	6.7	2.6	4.0
俄罗斯	4.1	11.3	1.4	5.0	5.5	8.5
印　度	2.4	6.7	0.8	2.9	3.3	5.1
中　国	6.4	17.4	2.5	8.8	26.2	40.1
BRICs合计	15.6	42.7	6.7	23.5	37.7	57.7

资料来源：IMF, *International Financial Statistics Online*；UNCTAD, *Handbook of Statistics On-line*。

此外，BRICs四国作为地区和世界大国，它们的政治、经济对地区和国际事务都有着重要的影响力。例如在东南亚金融危机时，中国宣布人民币不贬值，发挥了大国的作用，促进了东亚和东南亚地区金融的恢复，维护了地区经济的稳定。

（二）BRICs经济展望

高盛集团在《与BRICs共同梦想：通往2050年之路》报告中，通过对人口变动、资本积累模型和生产率增长这三个指标来推算BRICs各国的GDP增长、人均国民收入和货币等情况，阐述了其主要观点：在未来的50年里，巴西、俄罗斯、印度和中国——BRICs经济——将成为世界经济中的主要力量。

目前，BRICs四国的经济总量只相当于G6（G7中去掉加拿大）的15%。按研究报告推算，到2025年，BRICs的经济总量将达到G6经济总量的一半水平；而在未来的40年内，BRICs的经济总量将超过G6（表4-21）；到2050年，只有现在G6中的美国和日本能仍然保留在世界前六大经济体之列，到时新的排名将是：中国、美国、印度、日本、巴西和俄罗斯。

表4-21 BRICs各国超过G6各国经济总量的预测时间

	意大利	法国	英国	德国	日本	美国
巴　西	2025年	2031年	2036年	2036年	—	—
俄罗斯	2018年	2024年	2027年	2028年	—	—
印　度	2016年	2019年	2022年	2023年	2032年	—
中　国	—	—	—	2007年	2016年	2041年

资料来源：Goldman Sachs, *Dreaming with BRICs: The Path to 2050*, 2003, p.19。

对于BRICs各国的经济增长速度，按照高盛集团的预测，未来的前30年增长较快，随后逐渐递减。其中印度的经济在未来30年甚至50年内都呈现出较快的增长，未来前30年能保持在5%以上，到2050年将接近5%。而其他各国的经济增长率逐渐收敛到3%左右（表4-22）。

表 4-22　BRICs 实际 GDP 增长率(预测)　　　　　　　　　　　　单位：%

	巴　西	中　国	印　度	俄罗斯
2010～2015	4.1	5.9	5.9	3.8
2015～2020	3.8	5.0	5.7	3.4
2020～2025	3.7	4.6	5.7	3.4
2025～2030	3.8	4.1	5.9	3.5
2030～2035	3.9	3.9	6.1	3.1
2035～2040	3.8	3.9	6.0	2.6
2040～2045	3.6	3.5	5.6	2.2
2045～2050	3.4	2.9	5.2	1.9

资料来源：Goldman Sachs, *Dreaming with BRICs: The Path to 2050*, 2003, p.8。

虽然到 2050 年，BRICs 将是世界经济的主要力量，但经济总量超过 G6 并不代表着人民生活比 G6 国家富裕。除俄罗斯外，其他 BRICs 三国的人均国民收入都比不上 G6 届时的国民收入。例如，预计到 2030 年，中国的人均国民收入将与现在韩国的情况大致相等，约为 10 000 美元。2050 年中国的人均国民收入与现在的发达国家国民收入相近，大约为 30 000 美元。而到 2050 年，美国的人均国民收入将高达约 80 000 美元。

此外，报告还预测 BRICs 经济增长主要来自两个方面，其中约 2/3 来自经济较高的真实增长，约 1/3 来自汇率的升值，而且未来 50 年 BRICs 国家的货币升值将达到 300%，平均每年 2.5%。

当然，高盛公司的预测是建立在一系列苛刻的假设条件基础上的，如投资率、全要素生产率(TFP)、国内国际环境等，一旦这些假设条件与 BRICs 未来发展的现实情况相偏离，那么预测中提到的壮观的图景也就不复存在了。就目前情况来看，BRICs 四国经济中都存在一些阻碍经济持续稳定发展的障碍，如巴西负担着巨额外债和国内公共债务的问题；俄罗斯则面临着经济增长和结构调整的两难选择；印度基础设施落后而且经济相对封闭；中国则需进行金融体系改革以及政治和社会改革等。如果这些问题没有得到很好的解决，那么 BRICs 四国未来经济要持续稳定发展并实现赶超目标，或许只能成为一个神话。

专栏 4-1：世界经济体分类

在世界的七大洲中，除了南极洲以外，都有国家分布。这些国家有的大，有的小；有的人多，有的人少。各个国家的自然环境也各有不同，有的是位于大洋中的岛国，如亚洲的日本、印度尼西亚，欧洲的英国，北美洲的古巴，大洋洲的新西兰；有的是不临海的内陆国，如亚洲的蒙古、阿富汗,欧洲的捷克、斯洛伐克、匈牙利,非洲的马里、赞比亚,南美洲的玻利维亚;有的是一马平川的平原国家,如欧洲的荷兰;有的是地势崎岖的山国,如亚洲的尼泊尔,欧洲的瑞士;有的国家终年炎热,如非洲的扎伊尔;有的国家却又没有夏天,如欧洲的冰岛。

目前,世界上一共有200多个国家和地区,其中独立国家169个,其余为尚未独立的地区。如何对这200多个经济体进行分类,各种国际组织和学术机构都有不同的定义和理解。下面简单列举几个国际经济组织的不同分类。

(一) 世界银行的分类标准

世界银行(WB)根据2005年的人均国民收入将世界上的经济体分为五种类别。

1. 低收入经济体

低收入经济体是指人均国民收入在875美元以下的经济体,一共有54个,大多分布在非洲,如索马里、埃塞俄比亚、几内亚等国;也有一些分布在亚洲地区,如印度、蒙古、乌兹别克斯坦等国;大洋洲的所罗门群岛、巴布亚新几内亚也在其列。

2. 中低收入经济体

中低收入经济体是指人均国民收入在876到3 465美元之间的经济体,一共有58个,既有中国、巴西这样的大国,又有斐济、斯里兰卡这样国土面积小的国家。

3. 中高收入经济体

中高收入经济体是指人均国民收入在3 566到10 725美元之间的经济体,一共有40个。属于这一类别的经济体主要有阿根廷、墨西哥、俄罗斯、利比亚等。

4. 高收入经济体

高收入经济体是指人均国民收入在10 726美元以上的经济体,一共有56个,主要包括美国、日本等老牌资本主义国家,新加坡、中国香港等新兴工业化国家和地区,卡塔尔、科威特等产油大国。

5. 高收入OECD成员国

高收入OECD成员国一共有24个,主要是美国、日本、德国、韩国等。虽然OECD国家人均收入较高,属于世界高收入经济体的范围,但并非所有的高收入经济体都是OECD的成员国。这主要是因为OECD不仅要求人均国民收入达到较高的水平,而且还要求经济体整体的社会经济发展水平要达到一定的高度,比如一些石油输出国,虽然人均国民收入较高,但经济过分依赖石油出口,经济结构畸形发展,所以不能进入高收入OECD成员国的范围。

(二) 联合国贸易和发展会议的分类标准

联合国贸易和发展会议(UNCTAD)将世界经济体分为三大类。

1. 发达经济体

发达经济体一共有43个,其中北美有美国、加拿大;欧洲有欧盟25国和安道尔、摩纳哥、直布罗陀等国家和地区;亚洲有日本、以色列;大洋洲有澳大利亚和新西兰。

2. 东南欧和前苏联

东南欧和前苏联地区一共有19个经济体,其中东南欧有7个,主要有阿尔巴尼亚、罗马尼亚等;前苏联地区有12个,主要包括亚美尼亚、俄罗斯联邦、乌克兰等。

3. 发展中经济体

发展中经济体是指分布在美洲、非洲、亚洲和大洋洲的广大发展中国家,世界上不属于"发达经济体"和"东南欧和前苏联"的经济体,都属于这一类别,如埃及、印度、墨西哥等。

第四章 发达国家与发展中国家的国际经济地位

(三) 国际货币基金组织的分类标准

根据国际货币基金组织(IMF)出版的《世界经济展望》中的分类标准,全世界的经济体分为两大类型:先进经济体、其他新兴市场和发展中国家。由于不是 IMF 组织的成员或者相关数据库尚未编制,部分国家未包括在分类之中,如朝鲜、阿富汗等国。

1. 先进经济体

先进经济体一共有 29 个,并可以继续细分,见表 4-23。

表 4-23 先进经济体细分类别

主要货币区	主要先进经济体	欧元区/欧洲联盟	亚洲新兴工业化经济体	其他先进经济体
美国 欧元区 日本	加拿大 法国 德国 意大利 日本 英国 美国	奥地利 比利时 芬兰 法国 德国 希腊 爱尔兰 意大利 卢森堡 荷兰 葡萄牙 西班牙 丹麦 英国 瑞典	中国香港 韩国 新加坡 中国台湾	丹麦 冰岛 以色列 韩国 新西兰 挪威 新加坡 瑞典 瑞士 澳大利亚 塞浦路斯 中国香港 中国台湾

资料来源:IMF《世界经济展望》2004。

2. 其他新兴市场和发展中国家

其他新兴市场和发展中国家是指那些不属于先进经济体但又在 IMF 统计范围之类的国家和地区。其他新兴市场和发展中国家可按地区具体细分为五个小类:非洲、中东欧、亚洲发展中国家、中东、西半球。

专栏 4-2:进行国力比较的两个指标——GDP 和综合国力

GDP(gross domestic product,国内生产总值)是一定时期在一个国家的国土范围内,本国和外国居民所生产的最终使用的,以当年价格(或固定价格)计算的商品和劳务的总和,它是国民收入统计的五个总量指标之一,被看作是综合反映一个国家经济活动的最概括、最主要的指标。第二次世界大战以后,联合国统计局在原国际联盟专家小组工作的基础上,不断发展、完善并建立了国民经济核算体系,因此在联合国的统计出版物中定期公布 GDP 数据及其构成。目前,在所有估计国家发展的研究和分析手段中,GDP 算是最成功、也是应用最广泛的指标。

但是,以货币为度量单位的 GDP 指标在实际使用中也存在许多缺陷。例如,在经济活动领域,GDP 只能反映总的数量,而不反映产品类别、质量和效率;又如 GDP 计算的是生产出来的商品和劳务的总值,却没有把因资源的使用而造成的资源损耗、形成的环境污染和噪声等因素考虑在内;此外,反映人们生活与福利的很多现象,如人的健康状况、寿命、医疗的保障状况等,是不能用货币单位来进行衡量的。

由于 GDP 所反映和测量的只是经济和社会发展的部分而不是整体,因此,为在世界范围内对国家发展进行国际比较研究,经济学家、社会学家、统计学家们创造出许多新的研究手段,有效地对世界各国的国家发展做出了各种估计。例如,美国学者计算的物质生活质量指数、社会进步指数,联合国开发计划署计算的人文发展指数,就是从不同侧面对世界各国发展做出的估价。但这些估价方法还远不能描述国家全部的、总体的力量,因此专家们又对将定性分析与定量分析有机结合在一起的综合国力这一指标展开了长期的研究。

"综合国力是一个主权国家在一定时期内所拥有的各种力量的有机总和,是所有国家赖以生存和发展的基础,又是世界强国据以确立其国际地位、发挥其国际影响和作用的基础。"具体来说,就是一个主权国家在一定的时空条件下从整体上来计量的社会生存和发展诸要素的总和。这些要素涉及资源、经济活动能力、对外经济活动能力、科技能力、社会发展程度、军事能力、政府调控能力、外交能力等八大组成部分,而且这八大组成部分也可以继续细分为85个指标,见表4-24。

表4-24 综合国力指标构架

综合国力	资源	人力资源:人口数、预期寿命、经济活动人口占人口比重、万人平均在校大学生人数
		土地资源:国土面积、可耕地面积、森林面积
		矿产资源(储量):铁矿、铜矿、铝土矿
		能源资源(储量):煤炭、原油、天然气、水能
	经济活动能力	经济实力(总量)
		GDP
		工业生产能力:发电量、钢产量、水泥产量、原木产量
		食品供应能力:谷物总产量、谷物自给率
		能源供应能力:能源生产量、能源消费量、原油加工能力
		棉花总产量
		经济实力(人均量)
		人均GDP
		工业生产能力:人均发电量、钢产量、水泥产量、原木产量
		食品供应能力:人均谷物产量、人均日卡路里
		能源供应能力:人均能源消费量
		生产效率:社会劳动生产率、工业劳动生产率、农业劳动生产率
		物耗水平:按GDP计算的能源消费量
		结 构:第三产业占GDP比重
	对外经济活动能力	进出口贸易总额、进口贸易额、出口贸易额
		国际储备总额、外汇储备、黄金储备

续　表

综合国力	科技能力	研究与开发占 GDP 比重
		科学家与工程师的人数、千人平均科学家与工程师人数
		机械和运输设备占出口比重
		高技术密集型产品占出口比重
	社会发展程度	教育水平：人均教育经费、高等教育入学率、中等教育入学率
		文化水平：成人识字率、千人拥有日报数
		保健水平：人均保健支出、医生负担人口数、护理人员负担人口数
		通　　讯：百人拥有电话数
		城市化：城市人口占总人口比重
	军事能力	军事人员数
		军事支出
		武器出口
		核武器：核发射装置数、核弹头数
	政府调控能力	政府最终消费支出占 GDP 比重
		中央政府支出占 GDP 比重
		问卷调查（询问 9 个问题）
	外交能力	使用 10 个因素在神经网络模型上进行模糊评估

资料来源：谷源洋等：《世界经济概论》，经济科学出版社 2002 年版，第 1002 页。

本章小结

　　本章分为发达国家与发展中国家两大部分。在第一部分中，首先介绍了当代发达国家经济的三大基本特征，即科学技术和生产力水平高、产业结构高级化和市场经济成熟。随后引用大量的数据，通过 GDP、对外贸易、国际直接投资、国际金融以及高科技等相关指标，运用实证的方法展现了发达国家强大的经济实力，并在此基础上，进一步阐述了发达国家在当代世界经济中的主导地位。最后，在对发达国家总体情况介绍完之后，本章又对作为发达国家代表的七国集团进行相关介绍，突出了这七个主要发达国家作为世界经济火车头的地位和作用。本章的第二部分着重介绍发展中国家的经济地位。首先介绍的是发展中国家的基本经济特征——生产力水平低、经济结构落后、对外依赖性强、二元的社会经济结构严重。接下来，在引用大量的数据和事实的基础上，阐述了战后以来，虽然发展中国家的经济地位不断提高，在国际经济事务中的作用也不断加强,但其在国际经济中仍处于相对落后状态和不利地位的现实。最后,本章介绍了被称为"BRICs"经济体的巴西、俄罗斯、印度和中国在世界经济中的地位,由于它们在政治、经济等各个方面发展迅速,被称为崛起中的新兴大国。

本章最后又设置了两个专栏。专栏4-1主要介绍目前世界银行(WB)、联合国贸易和发展会议(UNCTAD)、国际货币基金组织(IMF)等主要国际经济组织对世界经济体的分类情况。各个组织根据自身编制统计数据性质的不同要求,对世界经济体划分为多种多样的不同类别,而不再拘泥于过去将世界分为发达国家和发展中国家这两大类型。专栏4-2主要介绍了用于国力比较的GDP和综合国力这两个指标。目前,虽然在所有估计国家发展的研究和分析手段中GDP算是最成功、也是应用最广泛的指标,但是由于它只对经济活动作出单一的评价,缺乏对一国发展的全面评估,因此,在世界范围内对各国发展进行国际比较研究时,各国专家们越来越将注意力集中于综合国力这一综合性的指标上。

关键词

发达国家　发展中国家　七国集团　BRICs　二元社会经济结构

复习思考题

1. 简述发达国家的基本经济特征和在世界经济中的地位。
2. 简述发展中国家的基本经济特征和在世界经济中的地位。
3. 为什么说七国集团(G7)主导世界经济,是世界经济的火车头?
4. 试述当前BRICs经济体在世界经济中的地位。

第五章

世界经济格局

综观世界经济发展史,世界经济格局是不断变化的。世界经济格局逐渐由20世纪前英国称霸世界、欧洲作为世界经济中心的格局转变为20世纪初英法主宰世界、美日争夺霸权的格局;第二次世界大战后,世界经历了美国称霸到美苏两极,再到世界多极化的转变。20世纪90年代后区域集团化趋势日益明显。在整个世界经济秩序中,合作成为世界经济的主流。加强发达国家与发展中国家之间的合作(南北合作),推进发展中国家之间的团结(南南合作),建立公正、合理的国际经济新秩序,应是世界经济发展的方向。

第五章　世界经济格局

学习目标

学习本章后,你应该能够:
1. 了解世界政治、经济格局的历史演变;
2. 熟悉二战后世界经济格局的演变情况;
3. 掌握经济格局与政治格局的相互关系;
4. 熟悉南北关系、南南关系以及发展中国家争取国际经济新秩序的斗争。

第一节　世界政治格局的演变

所谓世界格局,指的是一种相对稳定的国际关系结构。一种世界格局的形成,是世界各种力量经过不断的消长变化和分化组合,从而构成一种相对稳定的均势结果。一种世界格局的解体,则是这种均势逐渐被打破,再也无法保持下去的结果。在近现代史上,每次大的国际战争之后,战胜国都要召开国际会议缔结国际协议,根据自身的利益和实力对比重新划分边界和势力范围,安排战后世界秩序,建立一种新的国际关系格局。

一、三十年战争和威斯特伐利亚体系

1618～1648年,欧洲爆发了三十年战争,这是中世纪国际关系转向近代国际关系交替时期在欧洲所发生的第一次大规模的战争。战争由神圣罗马帝国的内战演变成全欧参与的国际战争,是欧洲各国争夺利益、树立霸权以及宗教纠纷恶化的产物。战后双方签署了第一个具有现代意义的国际关系条约《威斯特伐利亚和约》。它的主要内容为:(1)欧洲领土的局部分割:法国取得阿尔萨斯和洛林,并肯定了先前取得的3个主教区;瑞典则获得了波罗的海和北海沿岸最重要的港口,并且取得了军费赔偿。(2)限制了皇帝的权力,承认了各诸侯具有独立的内政、外交权;还规定加尔文教与路德教享有同样的权利,制止了天主教对新教的迫害。

《威斯特伐利亚和约》的签署对近代国际法的产生与发展发挥了重要作用。

第一,开创了以国际会议解决国际争端的先例。

第二,划定了欧洲大陆各国的国界,承认了国家的独立和主权,将国家主权、国家领土、国家独立等原则确立为国际关系中应遵守的准则。

第三,首次创立并确认了条约必须遵守和对违约的一方可施加集体制裁的原则。

第四,承认新教和旧教享有同等权利,打破了罗马教皇神权统治下的世界主权论。

第五,在欧洲开始确立常驻外交代表机构的制度,各国普遍建立了外交使节,进行外事活动。

《威斯特伐利亚和约》结束了三十年战争,破除了中世纪以来形成的以罗马教皇为中心的神权政治体制,确立了主权平等和独立的民族国家所组成的国际社会,在欧洲大陆形成了一个力量相对均衡的政治格局,建立了威斯特伐利亚体系。战后,法国取得欧洲霸权,瑞典取得波罗的海霸权,荷兰和瑞士彻底独立;德意志遭到严重破坏,神圣罗马帝国名

存实亡，西班牙进一步衰落，葡萄牙获得独立。但是该条约在调和原有矛盾的同时，又造成了新的矛盾，从而摆脱不了最终瓦解的命运；不过该体系所确立的原则、法则和制度却有久远的意义。

二、维也纳体系

1792～1815年，拿破仑用战争向欧洲输出革命，席卷了欧洲大陆，迫使欧洲各国君主采取合纵政策，联合对抗法国。虽然当时已处于蒸汽时代，工业资本主义已成为发展潮流，但是由于欧洲大陆封建势力的联合力量大大超过资本主义力量，即使拿破仑再凶悍，在强大的联盟力量面前，也只能以战败告终。

1814～1815年，战胜拿破仑帝国的欧洲各国代表在维也纳召开会议。会议由俄、英、普、奥四大国操纵。会议的目的是：瓜分赃物；恢复法国大革命前的欧洲旧秩序；防止法国东山再起。经过激烈争吵，最终签署了《最后总决议》。其内容主要是：

(1) 恢复欧洲旧的经济秩序；
(2) 限制法国，保证欧洲均势，按大国意志重新划分欧洲版图；
(3) 分割海外殖民地，进一步确立了英国的世界殖民霸主地位；
(4) 继续维持德意志和意大利的分裂局面。

维也纳会议确定的欧洲统治秩序和国家体系被称为"维也纳体系"。维也纳体系后，英国重新控制了欧洲，并且达成了欧洲势力均衡，世界国际关系的中心舞台仍然停留在欧洲。欧洲这种独领风骚的状态一直持续到第一次世界大战。

为了维护维也纳体系，防止革命的再度爆发，1815年9月，俄、普、奥三国君主签署条约，建立带有反动宗教色彩的"神圣同盟"。之后，英国、法国相继加入，神圣同盟逐渐扩大为四国同盟和五国同盟。19世纪20年代，神圣同盟先后镇压了意大利革命和西班牙革命，还曾企图干涉拉丁美洲的独立运动，招致美国的反对，抛出"门罗主义"①。后因欧洲革命蓬勃发展，列强间矛盾加剧，1822年后同盟名存实亡。在1830年法国七月革命和1848年欧洲资产阶级民主革命的冲击下，同盟瓦解。

维也纳体系是历史的反动。它是欧洲专制君主们企图采用高压手段，维护封建统治秩序的体现；它反对社会进步，任意践踏弱小民族的利益，是一个以五大国均势为基础、以君主制为核心、试图维护欧洲秩序和欧洲统治地位的国际关系体系。但是，维也纳体系在客观上也促进近代国际关系进入了一个新的时代。在维也纳体系下，各国常用召开会议的办法来解决相互间的争端，直到19世纪中叶，列强之间长期没有爆发大的战争，这说明，维也纳体系一定程度上减少了各国之间战争的频繁程度，客观上促进了近代国际关系的发展。

三、凡尔赛-华盛顿体系

1914～1918年，帝国主义国家两大集团——同盟国（德国、奥匈帝国、土耳其、保加利亚等

---

① 1823年12月2日，门罗总统在致国会咨文中宣称：美国将不干涉欧洲列强的内部事务或它们之间的战争；欧洲列强不得再在南、北美洲开拓殖民地；欧洲任何列强控制或压迫南、北美洲国家的任何企图都将被视为对美国的敌对行为。提出"美洲是美洲人的美洲"的口号，这实际上宣布了拉丁美洲属于美国的势力范围。

国)与协约国(法国、俄罗斯帝国、大英帝国、意大利王国和美国等国)之间为瓜分世界、争夺殖民地和霸权进行了第一次世界大战。战后,战胜的协约国在法国巴黎召开和会,会议签订了对德国的《凡尔赛和约》,对奥地利、保加利亚、土耳其、匈牙利的《巴黎和约》,构成战后帝国主义在欧洲和中东的统治秩序,称为凡尔赛体系;1921年美英等九个国家在美国华盛顿召开会议,签订《四国条约》、《五国条约》、《九国公约》,构成战后帝国主义在远东和太平洋地区的统治秩序,称为华盛顿体系。凡尔赛体系和华盛顿体系统称为凡尔赛-华盛顿体系。同时,成立由英、法主导的国联作为维护凡尔赛-华盛顿体系的工具。

凡尔赛-华盛顿体系使以欧洲为中心的国际舞台发生了动摇。经过第一次世界大战,英国和法国赢得战争却输掉优势,而美国日益崛起,国际关系的中心舞台开始向欧洲的两侧即美国所在的美洲、日本所在的亚洲转移。国际关系格局由英国独霸世界、欧陆势力均衡让位于英法主宰世界、美日争夺霸权的格局。

凡尔赛-华盛顿体系中也隐含着复杂的矛盾。战胜国信奉"强权即公理",通过不平等条约,使战败国处于被宰割和奴役的地位,从而加深了两者的矛盾;由于分赃不均,战胜国与战胜国之间的矛盾并未真正平息;帝国主义对战败国的殖民地进行"委任统治",进一步加深了帝国主义与殖民地之间的矛盾。因此,列宁说"靠凡尔赛体系所维系的国际关系是建立在火山上的",凡尔赛-华盛顿体系随时随地会崩溃、瓦解。

1923年《洛桑和约》的签订,粉碎了构成凡尔赛体系的《色佛尔条约》,打开了体系瓦解的缺口。1935年德国大力扩展陆军,撕毁了凡尔赛和约,1936年德军开进莱茵河非武装区,进一步破坏凡尔赛和约,法西斯德国的扩军备战使凡尔赛体系名存实亡;1931年日本制造了"九一八事变"突破了华盛顿体系对日本的束缚,华盛顿体系名存实亡。第二次世界大战的爆发和扩大终于使体系彻底瓦解。

凡尔赛-华盛顿体系维系了一战到二战期间的国际关系。在这期间,资本主义世界的主要矛盾也在发生着变化:主要矛盾由英美争夺世界领导权演变为30年代世界反法西斯力量与法西斯扩张之间的矛盾。美国凭借其世界经济领导地位参与许多重要的国际事务的解决,并起到决定支配作用,从而代替英国成为资本主义主要矛盾的主要方面。资本主义世界由"英国时代"走进"美国世纪",第二次世界大战使这一转变成为无法更改的现实。

四、雅尔塔体系和两极格局

二战后,世界力量对比发生很大变化:美国成为资本主义世界的头号强国;英法等国衰弱,德日意沦为战败国;前苏联壮大了自己的经济军事实力,成为世界上唯一能够与美国抗衡的国家。雅尔塔体系就是在这一背景下形成的。

雅尔塔体系是指二战后,世界大国开始按照雅尔塔会议等国际会议确立的基本原则,重新划分世界版图和势力范围,建立的新的国际关系格局。其实质是美苏两分天下,世界打上大国强权政治的烙印。该体系的具体内容主要是在雅尔塔会议(1945年2月4日至11日)上确立的,也包括开罗会议(1943年11月22日至26日)、德黑兰会议(1943年11月28日至12月1日)、波茨坦会议(1945年7月17日至8月2日)确立的内容。主要包括:处置战败国,防止法西斯主义东山再起;重新确立战后欧亚的政治版图,重划法西斯战败国及其被占领地区的疆界;建立联合国。

雅尔塔体系经过了一个不断演化的过程:二战到50年代中期,表现为两大阵营的对抗(北约与华约①的形成是这种对抗的表现形式之一);50年代后期开始,表现为美苏争霸,直到90年代随着前苏联的解体而结束。

雅尔塔体系以世界两极格局为基本特征。二战后,世界被划分为以美国为首的资本主义阵营和以前苏联为首的社会主义阵营。两大阵营之间采取冷战为主的对抗形式,而且对抗是全方位的,包括政治、经济、军事、意识形态等各个方面。美国与前苏联分别作为双方的盟主在斗争中起了主导作用。这一格局经过长达近半个世纪的较量,最终以东欧剧变、前苏联解体和以美国为首的资本主义一极取得绝对优势而告终。

雅尔塔体系出现以前,世界格局的重心一直在欧洲。一战以前,主要是英国、法国和德国为争夺世界海上霸权和殖民霸权而激烈角逐,它们的关系对国际局势有重大影响。一战以后,出现了美国与英国争夺世界霸权的斗争,但优势仍在西欧,英法操纵国联就是明证。二战后,美苏在国际关系格局中取得主导地位,分别成为西方资本主义阵营和东方社会主义阵营的盟主。美苏矛盾成为国际关系的主要矛盾,随着美苏力量对比的消长,国际政治秩序随之发生变化。这就意味着以欧洲为中心的传统的国际格局被美苏两极格局取代,国际关系进入了一个新时代。正因为美苏两极格局建立在雅尔塔体系之上,因此,雅尔塔体系确立的过程,也就是两极格局形成的过程。而两极格局的崩溃也就意味着雅尔塔体系的瓦解。

五、冷战后,世界向多极化方向发展

冷战结束后,由于苏东的急速坍塌,世界由两极对抗转变为"一超多强"的局面。在国际力量的角逐中,经济实力越来越具有决定性的作用。各国都在着眼于长期、持续和稳定的经济发展,力争在新的世界格局中取得主动,一场以经济、科技、军事实力和民族凝聚力为主要内容的综合国力的大竞争风起云涌。

美国为了维护其世界唯一超级大国的地位,进而充当"世界领袖",重新制定了全球战略,强化北约军事集团,推动北约东扩,并抛出了所谓的"新干涉主义"②理论,随意对其他国家和地区事务指手画脚,甚至大动干戈,企图建立以美国为主导的"单极世界"。与此同时,各大洲一些大国和地区集团的综合实力有了不同程度的增强。德国统一后,综合国力大增,其国民生产总值大大超过英法两国;欧盟作为一个整体,正在一体化的道路上阔步前进,在全球事务中影响越来越大;日本是当今世界第二大经济强国,并暗暗向成为世界政治大国和军事大国的方向努力;前苏联的主要继承者俄罗斯,经历了将近20年的风风雨雨之后,积极展开东西方兼顾的全方位外

---

① 即北大西洋公约组织和华沙条约组织。北大西洋公约组织(North Atlantic Treaty Organization, NATO),简称北约组织或北约,是一个为实现防卫协作而建立的国际组织。1949年3月18日美国和西欧国家公开组建北大西洋公约组织,于同年4月4日在美国华盛顿签署《北大西洋公约》后正式成立。主要内容为与以前苏联为首的东欧集团国成员相抗衡,使成员国一旦受到攻击时,其他成员国可以做出即时反应。但这一条款在"9·11事件"之前,一直未动用。及至苏联解体,华沙条约组织宣告解散,北约就成为一个地区性防卫协作组织。华沙条约组织(Warsaw Treaty Organization,简称华约组织或华约),是为对抗北大西洋公约组织而成立的政治军事同盟。1955年德意志联邦共和国(西德)加入北约后,欧洲社会主义阵营国家(包括德意志民主共和国即东德)签署了《华沙公约》。该条约由原苏联领导人赫鲁晓夫起草,1955年5月14日在波兰首都华沙签署,东欧社会主义国家除南斯拉夫以外,全部加入华约组织;在亚洲方面,除中华人民共和国和朝鲜民主主义人民共和国外,奉行共产主义或称社会主义的国家都加入了华约组织为观察员国。1991年7月1日,华沙条约组织正式解散。

② "新干涉主义"是冷战后时期发展出来、并仍在演变着的一种帝国主义扩张模式,它和历史上曾出现过的"社会帝国主义"有相似的内容:它致力于输出以欧美为中心的西方价值观念,向全世界推行全球化、市场开放、西方模式多党选举的"套餐",主张西方国家对不发达国家实行"开明"殖民主义。

交,致力于振兴经济和恢复大国地位;中国自改革开放以来,经济建设取得了举世瞩目的成就,2009年经济总量已居世界第三位,与处于第二位的日本仅一步之遥;东南亚、拉美等地区的经济在战胜困难之后趋于稳定,印度和巴西等地区大国也加快了发展步伐。这些国家与地区集团不约而同地主张世界向多极化方向发展,而它们自身的日益壮大和不同程度的努力也推动着世界格局向多极化方向发展。

这一切表明,美国独霸世界的企图和各国多极化主张之间的矛盾与斗争仍将是十分复杂和激烈的,建立国际政治经济新秩序从而形成新的世界格局还将是一个漫长的历史过程。

第二节 世界经济格局的演变

一、世界经济格局及其基本规律

世界经济格局是指在一定的历史时期内,国际社会中各个国家或国家集团在世界经济领域中相互联系、相互作用而形成的一种相对稳定的结构和态势,其核心是在这一特定历史时期内,各主要国家或国家集团经济实力的对比和支配世界经济能力的再分配。在不平衡规律的作用下,各主要国家或国家集团的经济实力对比总是会发生变化的,当这种变化积累到一定程度时,它们对世界经济的控制能力就会发生改变,从而导致世界经济格局的演变。

发展不平衡是世界经济格局发展的基本规律。"不平衡"既指发展速度上的差距,又指发展水平、经济实力上的差距。当前,世界经济发展不平衡的主要表现为以下几方面。

第一,发达国家之间的经济不平衡。在历史上,由于发达国家经济发展的不平衡导致两次世界大战的爆发。在当代,发达国家的不平衡又造成美、日、西欧三强鼎立的局面,三者为争夺世界市场,扩大自己在国际经济事务中的影响展开了激烈的角逐。

第二,发展中国家与发达国家的经济不平衡。这方面最突出的表现是南北差距进一步拉大。这种差距不仅是量上的,更是质上的。在新科技革命之前,发达国家与发展中国家是工业国与农业国的关系;当发达国家利用科技革命的机会迈入到信息时代或知识经济阶段之后,两者之间的差距进一步扩大。

第三,发展中国家之间的经济不平衡。发展中国家中的一些新兴工业化国家经济迅速发展,成为带动地区经济发展的重要力量,而一些发展中国家还处于贫困落后的状态,连温饱问题都无法自己解决,发展中国家内部的差距正逐渐扩大。

由于国际经济旧秩序等原因造成的当代世界经济发展不平衡,使全球范围内的贫富差距扩大,南北对立加剧,它将对21世纪世界经济、政治、国际关系产生深远影响。

二、世界经济格局的历史演进

(一)20世纪前,资本主义原始积累和自由竞争时期的世界经济格局

从15世纪开始直到19世纪末,是资本主义生产方式从产生到确立再向世界范围内逐步扩散的时期,也是资本主义原始积累和自由竞争时期。在此期间,欧洲的资产阶级和新兴贵族开始用野蛮的暴力手段打破了世界各民族之间的壁垒,在世世代代相互隔绝的民族之间建立了经济上的联系,它们在海外扩张,建立殖民帝国,进行原始积累的同时,也将先进的资本主义生产

方式扩散到全世界。1840年,英国率先完成工业革命,以资本主义机器大工业代替了工场手工业,成为世界经济的霸主,被称为"日不落帝国",其他国家也纷纷效法英国,进行工业革命,并积极开展对外扩张,构建自己的国际经济体系。在第一次科技革命的影响下,社会生产力迅速提高,国际分工、国际交换逐渐发展,宗主国和殖民地的联系不断加强,世界市场初步形成,资本主义经济进入自由竞争时期。

资本主义原始积累和自由竞争时期世界经济的格局具有以下特点。

(1) 资本主义加强对外侵略扩张。这一时期资本主义在对外扩张时,基本上采取两种手段:一是采用暴力手段,宗主国用武力在世界范围内寻求殖民地或附属国,推行全球殖民主义;二是采取贸易手段,通过不等价贸易,对广大亚、非、拉地区进行残酷的经济掠夺。

(2) 逐步形成垂直的国际分工体系。英、法等主要资本主义国家作为宗主国对其殖民地或附属国实行经济垄断,通过不公平贸易将殖民地或附属国的原材料低价买入,在国内制成成品后再高价返销,将殖民地或附属国变为其原材料产地和产品倾销市场。这种垂直的分工体系造成殖民地或附属国的产业结构单一化、畸形化,严重地制约了当地经济的发展。

(3) 国际经济活动执行双重规则。这一时期,虽然世界各地打破互相封闭的状况,经济联系不断加强,但为适应此时的国际经济格局的要求,在进行国际经济活动时执行的是两种规则。一种是主要资本主义国家之间的经济规则。这一时期,主要资本主义国家都相继采取了自由贸易政策,彼此之间大幅度降低关税,以利于经济贸易的交流和先进技术设备的扩散。另一种是主要资本主义国家同它们的殖民地或附属国之间的经济规则。它们在各自势力范围内对殖民地和附属国进行贸易和投资的垄断,禁止殖民地或附属国同他国的经济往来,各殖民体系之间泾渭分明、壁垒森严。

(二) 20世纪初期的世界经济格局

19世纪末20世纪初,以电力为代表的第二次科技革命极大地提高了资本主义生产力,钢铁、化学、机械、汽车制造、电力等重工业得到了迅速的发展,世界工业结构开始由轻工业向重工业转变。工业结构的转变使得资本集中加速,造成生产和资本的集中,并产生垄断。世界经济格局由自由竞争的资本主义逐渐向垄断资本主义,即帝国主义转变。

20世纪初期世界经济的格局具有以下特点。

(1) 资本主义经济已经成为无所不包的世界体系。随着自由竞争的资本主义向帝国主义转变,垄断资本在国际经济中的地位不断提高,资本输出取代商品输出成为资本主义扩张的主要手段,金融资本也遍布世界各地。英、法、德、美、日等国通过政治、经济、军事等手段加紧对外侵略扩张,瓜分世界市场,将世界所有国家和地区都纳入到以资本主义经济为中心的世界格局中。

(2) 资本主义经济体系内各国或地区之间的经济联系更加紧密。一方面,资本输出的发展使生产和流通向国际范围扩展,国际借贷资本的流动也进一步促进了生产和流通的国际化,加强了各主要资本主义国家之间的经济联系。另一方面,宗主国和殖民地或附属国之间相互依存度不断加深:在原料来源、销售市场、投资场所等方面,帝国主义、垄断资本对殖民地或附属国的依赖日益加深,殖民地或附属国成为其生存条件;而在工业制成品需求方面,殖民地或附属国更依赖于帝国主义国家。

(3) 各国之间的经济矛盾不断激化,并最终导致第一次世界大战的爆发。在各帝国主义国家之间,由于世界经济发展不平衡的原因,老牌的帝国主义国家拥有广阔的殖民地,而新兴的帝国主义国家由于对外扩张的时间相对较短,其拥有的殖民地较少,为确保其经济的顺利发展,就势必要与其他帝国主义国家展开争夺殖民地的斗争,造成各帝国主义国家之间的矛盾。在宗主国与殖民地或附属国之间,各帝国主义国家通过商品输出、资本输出和资源掠夺,大大加强了对殖民地或附属国人民的剥削,导致帝国主义宗主国和殖民地或附属国之间的矛盾急剧激化。

(三)两次世界大战之间的世界经济格局

1917年,俄国十月革命胜利,1922年世界上第一个社会主义国家苏联诞生,使世界经济进入了一个全新的发展时期。苏联社会主义经济制度的建立,标志着世界经济中一个崭新的经济类型的诞生,也标志着以资本主义经济制度为中心的世界经济格局开始发生一定程度的变化。但是,在此期间,社会主义经济只限于苏联一国,社会主义经济在整个世界经济中的力量还比较薄弱,还不能改变当时的世界经济格局。

这一时期的世界经济格局具有以下特点。

(1)资本主义国家与殖民地或附属国之间的垂直分工体系得到进一步的深化和加强。资本主义将自身工业的重点向重化工业转移,殖民地和附属国不仅继续向它们提供农业原材料,而且大量开发矿产资源,殖民地或附属国成为整个世界经济体系的农村和矿山。

(2)战争割裂了世界市场的完整性。两次世界大战期间,交战的帝国主义国家之间的经济联系也基本中断。苏联的出现和帝国主义对它的封锁和孤立,又从另一个方面破坏着世界市场的完整性。

(3)贸易保护主义盛行,关税壁垒恢复,阻碍了国际分工和国际交换的发展。1929~1933年的世界性经济危机,使全球的社会生产力受到极大的破坏,世界经济陷入长期萧条和严重的经济危机之中。为了独占日益缩小的市场,各主要资本主义国家相继放弃了自由贸易政策,全面实行保护性关税措施,严格控制本国和殖民地的经济贸易往来,并形成美元、英镑、法郎等不同货币集团。在此期间,国际上壁垒森严,国际经济的发展受到极大的制约。

(4)两次世界大战不同程度地改变了主要资本主义国家之间力量的对比,殖民地或附属国被重新分割,原有的经济利益被重新分配。特别是第二次世界大战,一方面改变了世界经济和政治格局,此后美国成为世界政治经济的霸主,欧洲的地位受到严重的削弱;另一方面,二战的破坏严重削弱了帝国主义对殖民地或附属国的控制力,为战后第三世界的崛起奠定了阶级基础和物质力量。

三、二战后世界经济格局演变及世界经济发展不平衡

(一)战后初期至20世纪60年代末美国称霸世界经济领域

美国的经济霸权是在第二次世界大战中逐步确立的。战前,欧洲国家凭借先进的工业技术和雄厚的经济实力,以殖民统治和海外贸易为手段,建立了以欧洲为中心、世界其他地区为外围的世界经济体系。尽管从19世纪末期开始,美国和日本崛起,对欧洲的经济中心地位产生一定的挑战,但直到第二次世界大战爆发前,欧洲在世界经济中的地位仍未改变。

第二次世界大战的破坏力严重冲击了欧洲的经济中心地位,世界经济格局发生改变。二战中的德国、意大利、日本等战败国几乎成为废墟,英国、法国等战胜国也是遍体鳞伤;而美国由于远离战场,战争造成的直接损失小,又利用战争的机会大发战争财,导致战争期间其经济迅速膨胀。到战争结束的1945年,美国独占资本主义世界工业产量的60%,对外贸易的32.5%以及

黄金储备总量的59%①。

战后,由于欧洲、日本等列强的实力大大削弱,国际政治、经济、安全等各个方面出现真空地带,而此时美国压倒性的实力正好为其夺取世界经济霸权提供了物质基础。在国际金融领域,按照美国的意志成立了国际货币基金组织和世界银行,建立了以美元为中心的国际货币体系;在国际贸易领域,美国领导成立了关税与贸易总协定,使之成为战后初期美国经济扩张的工具。

对各主要资本主义国家,美国实施了"马歇尔计划"②和一系列促进日本经济恢复和发展的措施,通过扶植达到了控制西欧和日本的目的,并在多边或双边的军事合作的基础上,构筑"经济安全网",巩固美国对西方盟国的领导地位;对发展中国家,1949年杜鲁门提出了"第四点计划"③,通过援助发展中国家来实行美国的新殖民主义;对社会主义国家,美国则以经济封锁、贸易禁运、军事威胁等手段来遏止社会主义国家的发展。美国凭借其强大的政治、经济和军事实力,通过上述一系列措施,按照自己的意志构建了战后世界经济格局,建立了以美国为中心的资本主义经济体系。

(二)社会主义经济集团的形成

"十月革命"的胜利和前苏联的诞生,打破了以往世界经济为资本主义国家一统天下的局面。二战前,前苏联一国在资本主义的包围中探索社会主义政治经济制度,并逐渐形成了高度集中的政治经济体制,即"苏联模式"。二战后,各国纷纷效仿前苏联,建立了高度集中的政治经济体制,社会主义由一国发展到多国。由于担心美国的操纵,社会主义国家没有参加国际货币基金组织、世界银行和关税与贸易总协定,拒绝了美国的援助计划。

为打破西方国家集团的经济封锁,巩固社会主义阵营,1947年前苏联实施"莫洛托夫计划"④,先后同保加利亚、捷克斯洛伐克、匈牙利、波兰和罗马尼亚5国签订了贸易协定,帮助东欧国家恢复和发展经济。1949年,苏、保、匈、波、捷、罗6国在莫斯科举行经济会议,决定成立"经济互助委员会",简称"经互会",社会主义经济集团的形成。

之后,阿尔巴尼亚、民主德国、古巴和越南先后加入,形成共10个成员国、面积占世界的18%、人口大约4.4亿、年GDP占世界的25%、工业产值占33%、农业产值占20%的强大的社会主义经济集团。1950年中苏签订《中苏友好互助同盟条约》,社会主义经济阵营进一步扩大。但是随着国际形势的变化,经互会的内部关系和本身的职能也逐渐发生改变,成为前苏联控制东欧国家同美国角逐的工具。80年代末90年代初,东欧剧变、前苏联解体,经互会名存实亡,并于1991年6月宣布解散。

从美国构筑资本主义经济集团到社会主义国家"经互会"的建立,统一的世界经济终于分化成两个隔离的经济体系,隔绝了东西两大阵营的经济交流,对世界经济的整体发展产生不利的

---

① 王绳祖:《国际关系史(第七卷)》,世界知识出版社1995年版,第27页。

② 马歇尔计划(Marshall Plan)是第二次世界大战后美国援助欧洲的计划,也称为欧洲复兴计划。1947年6月5日,美国国务卿乔治·马歇尔在哈佛大学发表演说首先提出援助欧洲经济复兴的方案,次年被国会批准。据此,美国在1948~1952年间共向西欧各国提供了近130亿美元的援助。该计划的实施,一方面为美国的过剩产品和资本找到了国外市场,促进了西欧经济的恢复和发展;另一方面则通过援助加强了资本主义世界的经济联系,实现了美国对欧洲经济上的控制。

③ 1949年1月,美国总统杜鲁门在就职演说中提出对外政策的第四点是:"技术援助落后地区",即"第四点计划"。该计划的实质是在给亚非拉地区不发达国家以技术援助和投资的幌子下,加强对外经济扩张,控制不发达国家中的受援国。

④ 1947年7~8月,苏联先后与保加利亚等5个东欧国家签订了贸易协定,帮助它们恢复和发展经济,这就是西方所谓的"莫洛托夫计划"。它是以苏联为首的社会主义国家面对美国和西方其他国家对其在经济上的制裁与封锁而采取的相应的对策。

影响。但是,社会主义经济集团的形成,对于顶住西方的经济压力、保卫社会主义制度起到了一定的积极作用。

（三）20世纪70年代后世界经济向多极化转变

1. 美国丧失了世界经济霸主的地位

由于资本主义经济发展的不平衡和战后美国全球扩张引起的实力消耗等原因,20世纪60年代末70年代初,美国的经济霸主地位开始动摇。美国60~70年代的经济增长一直慢于大多数西方国家,工业生产总值、出口贸易、黄金和外汇储备等在资本主义世界的比重呈不断下降的趋势。在美国经济地位不断下降的同时,美国为维护霸权地位、满足冷战的需要,其对外开支却有增无减。1950年,美国军事开支是世界军事开支的50%,1955年到1970年,美国军事开支累计达到90 220亿美元,是联邦德国的14.8倍、日本的84.3倍①。

经济实力的相对下降和对外开支负担的加重,使美国经济不堪重负。1971年美国出现贸易逆差,并由此引起美元危机,最终导致以美元为中心的布雷顿森林体系的瓦解,美国的霸权地位开始下降。

2. 资本主义世界美、日、欧三大经济中心形成

20世纪50年代,西欧和日本的经济都已恢复或超过战前的水平,之后直到70年代初,发达国家进入了战后以来经济高速增长时期,被称为"黄金时期"。由于发达国家经济发展的不平衡,西欧和日本的经济增长快于美国,与美国的差距逐渐缩小。

西欧从1951年建立欧洲煤钢共同体开始,不断地在联合自强的道路上前进,推进欧洲一体化进程。1967年,欧洲共同体成立,合并了之前的欧洲经济共同体(1958年)、欧洲原子能共同体(1957年)和欧洲煤钢共同体(1951年),使欧洲的经济实力进一步加强。西欧经济迅速发展,很快成为世界经济中一个举足轻重的角色。

日本在战后通过美国的扶植,借助朝鲜战争和越南战争期间军事订货的机会,经济也迅速恢复和发展。1955年到1974年,日本经济出现了持续20年的高速发展,GDP年均增长率近10%,并于1967年超过英法,1968年超过联邦德国,成为仅次于美国的世界第二经济强国。进入70年代,日本已经成为在经济上与美国、西欧平起平坐的经济强国,世界经济格局呈现三足鼎立的局面,世界经济开始向多极化方向发展。

3. 发展中国家经济总体呈上升趋势,新兴工业化国家和地区的发展举世瞩目

二战后,广大亚、非、拉地区摆脱了原殖民体系的控制,成立新的政治独立的国家,即发展中国家。对于刚刚获得政治独立的发展中国家来说,经济发展便是这些国家面临的首要任务。尽管各个发展中国家对于经济制度的选择不同,但战后以来,发展中国家通过废除不平等条约、调整产业结构、增强经济自主能力、积极参加国际合作等措施,使得经济快速发展,并取得一定的成就。1950~1980年,发展中国家实际国民生产总值年均增长率达到5.2%,不仅大大高于原殖民地半殖民地时期的增长速度,而且也高于发达国家4.7%的平均经济增长速度。虽然70年代受到发达国家经济"滞胀"的不利影响,但从总体上看,广大的发展中国家作为促进世界经济向多极化方向发展的新生力量,在战后世界经济的演变进程中具有重要的意义。

这一时期,亚洲和拉美出现了一批新兴工业化国家和地区,成为世界经济舞台的新生力量。新兴工业化国家和地区是指一些发展中国家和地区在工业化方面取得决定性的进展,其发展进

---

① 张敏谦:《美国对外经济战略》,世界知识出版社2001年版,第95页。

程处于从发展中国家向发达国家过渡的阶段。它们是新加坡、韩国、中国香港、中国台湾、巴西、阿根廷和墨西哥等。特别是被誉为亚洲"四小龙"的新加坡、韩国、中国香港、中国台湾,它们抓住20世纪60年代发达国家经济结构调整的时机,实行出口导向和大力引进外资的政策,实现了经济腾飞。新兴工业化国家和地区经济的腾飞促进了世界经济多极化的发展,也为发展中国家的发展道路提供了一种新的模式。

（四）20世纪90年代以来世界经济集团化趋势加强

20世纪90年代,东欧剧变、前苏联解体,两极格局结束。随着两极格局的解体,经济因素在国际关系中的作用空前突出,以经济和科技为主要内容的综合国力的竞争成为国际关系的焦点。各国一方面进行内部政治、经济和安全的调整,另一方面积极加强同周边国家的交流与合作,促使区域集团化迅速发展,并成为20世纪90年代以来世界经济最为显著的发展趋势。目前,全世界双边或多边的经济组织和经济合作协定有100多个,其中西欧、北美、亚太三个地区的区域集团化经济组织最为引人注目。

1. 欧洲联盟

欧洲联盟（EU）是目前最有成效、一体化程度最高的区域性集团。它的前身欧共体执行的一体化经济政策,对成员国和世界其他地区的经济发展都产生了巨大的影响,对全球区域集团化的发展做出了重大的贡献。

20世纪90年代以来,欧洲经历了德国统一、苏东剧变、波黑战争、科索沃战争等一系列事件,欧洲联盟（欧共体）充分展现了作为欧洲核心力量的地位。1993年,欧洲统一大市场正式启动,实施商品、劳务、人员和资本四大自由流通,发展成为区域集团化的最高层次。1999年欧元启动,成为"布雷顿森林体系"崩溃以来国际货币体系中最为重大的变革,对国际货币体系、国际金融和世界经济的发展产生了重大影响。2004年欧盟东扩,将东南欧原苏联控制的地区纳入自己的版图,成为一个横跨欧洲25个国家、人口4.5亿、GDP达10万亿欧元的新欧盟。

2. 北美自由贸易区

北美自由贸易区（NAFTA）是由美国、加拿大和墨西哥三国组成的统一大市场,是世界上第一个由发达国家和发展中国家组成的区域经济集团。1992年,美、加、墨三国签署了《北美自由贸易协定》,经三国国会批准后于1994年1月1日正式生效,规定三国将在15年内逐步取消货物与服务贸易的进出口关税及投资障碍,实现商品、劳务、资本的自由流通和更高等级的知识产权的保护。由于三国经济实力悬殊,美国的经济实力居于绝对的领导地位,加、墨严重依赖于美国,因此三国之间的控制与反控制的斗争不可避免。这种不同国家经济发展水平的区域经济集团与欧洲联盟有很大的不同,但却具有重要的意义,它是美国实现其"美洲倡议"的第一步,美国最终的目标是将北美洲和南美洲联在一起,建成一个美洲自由贸易区。

3. 亚太经济合作组织

亚太地区的经济合作起步较晚,20世纪60年代日本就提出了建立"太平洋共同体"的倡议,但由于政治经济制度的差异和强烈的民族意识等因素,区域经济集团迟迟未能建立起来。

冷战结束后,东亚经济非常活跃,保持了较高的增长率。面对欧盟和北美自由贸易区所表现出来的排他性色彩,东亚地区也迫切需要加强地区经济合作。1989年,在堪培拉举行的首届亚太经济合作部长级会议标志着亚太地区有组织的经济合作正式起步。1993年,正式启用"亚太经济合作组织"（APEC）的名称,并规定每年召开一次非正式的首脑会晤。同年西雅图会议上,确定了亚太经济合作组织的目标是贸易和投资自由化。1994年在印度尼西亚的茂物会议上确定了成员分两步实现贸易、投资自由化,即发达国家在 2010 年以前,发展中国家在 2020 年以前实现既定目标。

亚太经合组织不同于欧盟等排他性的体制完备的经济集团,而是一种开放式的经济合作论坛,通过成员国共同参与、自主自愿、协商一致和承诺机制来推动彼此之间的合作。它对亚太地区,乃至世界经济的发展都产生一定的积极影响。

除了上述三大区域经济组织,还有众多区域经济组织遍及世界,涉及近全球 2/3 的国家,有的国家甚至参加了多个经济集团。进入 21 世纪,世界各主要经济力量依托区域经济组织展开竞争的态势继续深化。这种加强区域内部联合的方式为区域内国家创造了良好的经济发展环境,提高了各国经济实力和国际竞争力,在一定程度上加速了世界经济多极化趋势的发展。

四、政治格局与经济格局的关系

经济是政治的基础,政治是经济的集中表现。在国际关系中,经济因素从根本上决定着国家行为主体政治理念、行为方式和国际作用,同时一国或者多国政治关系的变化和发展又对国内经济和国际经济关系产生不可估量的影响,推动或制约本国或国际经济的发展。从数百年世界政治格局和经济格局演进的历史过程来看,经济决定政治,政治影响经济的发展脉络十分明显(表 5-1)。

(一)经济决定政治

18 世纪 60 年代,以蒸汽动力为特征的第一次科技革命爆发,率先完成工业革命的英国成为世界经济的霸主。先进的生产力从英国扩散到欧洲,使欧洲的经济实力迅速提高,并成为世界经济的中心,为欧洲在世界各地积极开拓殖民地奠定了物质基础。同时,欧洲国家为各自政治和经济利益发动战争,并于拿破仑战争后的 1815 年形成维也纳体系;19 世纪末 20 世纪初,第二次科技革命极大地提高了资本主义生产力,世界工业结构开始由轻工业向重工业转变。美、日、德等国抓住这次科技革命的机会,经济迅速崛起。由于政治经济发展不平衡,后期的资本主义国家与老牌资本主义国家之间的矛盾不断激化,最终导致第一、二次世界大战的爆发,并于两次大战期间形成凡尔赛-华盛顿体系,国际政治、经济的中心开始由欧洲向美、日转移。

二战使美国经济迅速膨胀,欧洲和日本经济受到严重打击,战后初期建立的雅尔塔体系使美国成为世界经济的霸主;二战后以前苏联为首的社会主义经济阵营诞生并不断壮大,与以美国为首的资本主义阵营形成世界经济中两个并行的体系,两极格局形成;冷战后,世界经济向多极化、区域集团化、全球一体化方向发展,综合国力的竞争越来越为世界各国所重视,受此影响,世界政治格局也由两极对抗向多极化方向发展。

(二)政治影响经济

威斯特伐利亚体系打破了罗马教皇神权统治下的世界主权论,各国承认新教和旧教享有同等的权利,为随之而来的法国大革命以及欧洲大陆上其他国家的资产阶级革命在一定程度上扫除了宗教障碍。17 世纪中叶,整个欧洲呈现出封建制度逐渐解体,资本主义萌芽和发展的态势。维也纳体系虽然恢复了欧洲的封建统治秩序,是历史的反动;但是,维也纳体系也激化了欧洲各国的民族矛盾,加速了民族解放运动和资产阶级革命的爆发。凡尔赛-华盛顿体系使国际经济的中心开始由欧洲向美、日转移。二战后的雅尔塔体系和两极格局将世界经济分成资本主义经济和社会主义经济并行的系统,世界经济的完整性遭到破坏;但是两极格局下的冷战使世界进入一个相对和平的时期,为科技革命和经济发展创造了相对和平的外部环境。冷战后,世界政治向多极化发展的同时也进一步加速经济多极化,以经济为基础的综合国力的竞争取代先前的军事竞赛,越来越受到国际社会的重视,各国为更好地促进本国经济的发展纷纷加强同周边国家的合作,区域集团化迅速发展。

表 5-1　世界政治格局、经济格局和科技革命对照表

时间	政治格局	经济格局	科技革命
20世纪前	17世纪中叶,威斯特伐利亚体系形成。法国成为欧洲大陆的盟主,德国继续分裂,西班牙实力受严重打击	20世纪前,资本主义原始积累和自由竞争时期的世界经济格局。欧洲国家凭借先进的工业技术和雄厚的经济实力,以殖民统治和海外贸易为手段,建立了以欧洲为中心、世界其他地区为外围的世界经济体系	18世纪60年代,以蒸汽动力为特征的第一次科技革命爆发。机械动力代替人力和畜力,资本主义的机器大生产代替以手工技术为基础的工场手工业
20世纪初	1815年,维也纳体系形成。英国的世界殖民霸主地位进一步巩固,法国受到削弱,德国和意大利继续处于分裂状态	世界经济的格局由自由竞争的资本主义逐渐向垄断资本主义,即帝国主义转变。美、日经济崛起,欧洲经济地位受到挑战	19世纪末20世纪初,以电力为代表的第二次科技革命极大地提高了资本主义生产力,钢铁、化学、机械、汽车制造、电力等重工业得到了迅速的发展,世界工业结构开始由轻工业向重工业转变
两次世界大战之间	一战后,凡尔赛-华盛顿体系建立。由英国独霸世界、欧陆势力均衡让位于英法主宰世界、美日争夺霸权的世界政治格局	两次世界大战之间,美国世界经济霸主地位逐步确立,欧洲的地位受到严重的削弱,社会主义苏联诞生并且力量不断加强	
冷战期间	二战后,雅尔塔体系确立。美苏争霸,资本主义与社会主义两大阵营以冷战方式进行对抗	二战后,世界经济分为并行的两个体系。资本主义世界美、日、欧三大经济中心形成;社会主义经济建设取得一定的成就	二战后,第三次科技革命以电子信息技术、生物技术、航天技术、核能等为主要标志,钢铁、石化、汽车、家电等产业迅速发展,成为国民经济的支柱产业
20世纪90年代以来	冷战后,世界向多极化方向发展。美国独霸世界的企图和各国多极化主张之间斗争激烈。新的世界格局尚未形成	冷战后,世界经济集团化趋势加强。西欧、北美、亚太三个地区的区域经济组织最为引人注目	

第三节　南北关系、南南关系与国际经济新秩序

一、发展中国家与发达国家的经济关系

发展中国家与发达国家之间的经济关系又称为南北经济关系,这主要是由于发展中国家主

要集中于南半球,而发达国家大多位于北半球的缘故。

二战后,经济全球化趋势日益加强,国际分工不断加深,发达国家与发展中国家经济联系日益紧密,贸易关系不断扩展。一方面,发展中国家为尽快发展民族经济,摆脱贫困落后的面貌,需要加强同发达国家的联系,以获得发展所需的资金、技术、设备等。另一方面,发达国家为保障本国经济的健康发展也要加强同发展中国家的联系,以确保能源、原材料的进口稳定和商品出口以及投资渠道的顺畅。

但是,由于旧的国际经济秩序是建立在发达国家对发展中国家剥削和压迫的基础之上的,南北关系中充斥着不公正、不合理的现象,发展中国家的经济发展步履维艰。因此,打破旧的国际经济秩序,建立公正、合理的国际经济新秩序就构成了二战后南北关系的主要内容。当前南北关系的核心就是发展中国家的发展问题,即努力缩小与发达国家间的经济差距,实现南北经济的共同发展。

(一)冷战结束前的南北经济关系

1. 发展中国家争取建立国际经济新秩序的斗争

二战后,发展中国家摆脱了殖民体系的控制,走上了独立发展本国经济的道路。但是在旧的国际经济秩序下,发展中国家仍然处于受制于人的局面,主要表现在南北经济差距不断加大,南北贸易冲突加剧,发展中国家债务负担沉重等。为改变国际经济旧秩序,为民族经济的发展创造良好的国际经济环境,广大发展中国家开展了长期不懈的努力。

1955年在印度尼西亚的万隆召开亚非会议,这是亚非国家第一次在没有殖民国家参加的情况下讨论亚非人民切身利益的大型国际会议。会议通过了包括经济合作、促进世界和平和合作的宣言等内容的《亚非会议最后公报》,并第一次向全世界发出了要求改变国际经济旧秩序、实现经济独立的呼声。

到了60年代,发展中国家的国际组织纷纷建立,为发展中国家参与国际经济新秩序的斗争从组织上和思想上做了广泛的准备。1960年石油输出国组织(OPEC)成立,此后各原料生产国组织和区域经济合作组织相继成立。1961年,在前南斯拉夫首都贝尔格莱德召开第一届不结盟国家首脑会议,标志着不结盟运动的兴起。1964年在日内瓦召开的第一届联合国贸易和发展会议上,发达国家和发展中国家在一些重大问题上产生尖锐分歧。77个发展中国家和地区联合起来,发表了《77国联合宣言》,要求建立新的、公正的国际经济秩序。

1973年,石油输出国组织在收回石油主权、掌握石油定价权的基础上,通过减产、提价等措施,维护自身利益,打击发达国家,并引发了发达国家的"石油危机",展现了发展中国家的巨大力量。1974年召开第六届特别联大,通过了《关于建立新的国际经济秩序宣言》和《关于建立新的国际经济秩序行动纲领》,提出了国际经济新秩序的基本准则之一是"通过单独和集体行动,加强发展中国家之间主要在优惠基础上进行的经济、贸易、财政、技术方面的相互合作"。1975年,联合国第二届工业会议通过了《利马宣言》,其基本原则就是在主权平等、和平共处的基础上,建立互相合作、平等互利的国际经济关系。1975年和1977年在巴黎先后两次召开了由19个发展中国家和发达国家参加的"国际经济合作部长级会议",又称为"南北对话"会议,将发展中国家建立国际经济新秩序的斗争推向了高潮。

到了80年代,发展中国家争取建立国际经济新秩序的斗争已经进入了实质性阶段,触及发达国家的根本利益,因此受到发达国家阻挠。1981年,14个发展中国家和8个发达国家的首脑,在墨西哥坎昆城举行关于合作与发展的国际会议,史称坎昆会议。由于发展中国家改变国际经济旧秩序的要求影响了发达国家的既得利益,所以发达国家在实质问题上不肯做出让步,并最终导致会议的失败。此后,虽然发展中国家呼吁南北双方恢复对话,但收效甚微,从此南北关系陷入僵局。

2. 斗争取得的成绩

从二战后到20世纪80年代,发展中国家争取建立国际经济新秩序的斗争由兴起到高潮,虽受到发达国家的阻挠并最终走入低谷,但也取得了一定的成绩。

(1) 收回经济主权。发展中国家在摆脱殖民统治后,为实现经济的独立,采取措施维护国家的经济主权。包括废除帝国主义的经济特权,接管殖民政府的财产,收回国家的海关权、采矿权等,通过没收、参股、赎买等方式对外资进行改造。其中最为突出的是石油输出国组织通过长期斗争,对其国内的西方石油资本进行国有化改造,收回了石油主权和定价权,提高石油价格,给发达国家以沉重打击。

(2)《洛美协定》的签订。1975年,欧洲经济共同体9国与非洲、加勒比海和太平洋地区的46个发展中国家签订了第一个《洛美协定》(该协定于1976年生效),对于这些发展中国家的全部工业品和大部分农产品出口欧共体给予免除关税和数量无限制的优厚待遇,并建立稳定的出口价格机制,防止这些国家出口的初级产品因价格波动而造成的损失。欧洲经济共同体分别于1975年、1979年、1984年、1989年同部分发展中国家签订了4个《洛美协定》,使受惠的发展中国家进一步增加。《洛美协定》的签订标志着发展中国家争取公平、合理的国际经济新秩序的斗争在贸易领域取得了重大的进展。

(3) 加强对发展中国家的经济援助。按照联合国第二个十年国家发展战略的要求,发达国家对发展中国家每年的经济援助至少应该占到发达国家国民生产总值的1%,其中官方援助应达到0.7%。尽管大多数发达国家并未达到联合国的要求,但它们对发展中国家的经济援助额却不断增加。1965年,经济合作与发展组织对发展中国家提供的官方援助为64.8亿美元,到1975年援助额增加到138.5亿美元,1980年的援助数额为272.7亿美元。在贷款方面,发达国家对发展中国家提供较低的官方贷款利率和相对宽松的偿还期限,并对最不发达国家的一些债务进行减免,在一定程度上缓解了发展中国家的债务困难。

(二) 冷战结束后的南北关系

90年代以来,冷战的结束使得国际关系进入大调整阶段,经济全球化的不断深入使得世界各国的经济联系更加紧密,这些因素也促使当代发展中国家与发达国家间的关系呈现出新的特点。

1. 发展中国家和发达国家间的经济矛盾依然存在

南北差距的扩大,南北贸易冲突的加剧以及南方债务问题等仍然制约着发展中国家的发展。从表4-4可以看出,2008年,占全球人口不到1/6的发达国家,控制着世界总产值的七成以上,而占全球人口5/6的发展中国家,仅拥有世界总产值的不到三成。北方富、南方穷是当今世界的一个显著特点。国际贸易领域,发达国家通过越来越多的反倾销调查、非关税壁垒或将国内问题国际化(例如劳工问题等)等手段,对发展中国家出口的商品进行限制。美国还通过其国内的"301条款"、"超级301条款"和"特殊301条款"等法律限制从发展中国家的商品进口。对于发展中国家债务问题,虽然发达国家对发展中国家进行债务减免,但由于减免的数量少,对于缓解发展中国家的债务问题也是杯水车薪。例如1999年西方七国免除了发展中国家700亿美元的债务,但这只占发展中国家全部债务的2.8%。

针对上述矛盾,发展中国家坚决维护自己的权益。2000年在泰国首都曼谷召开的联合国贸易和发展会议上,通过了《曼谷宣言》和《行动纲领》,再次表达了发展中国家要求建立公正、合理的国际经济新秩序的强烈愿望。

2. 发展中国家与发达国家的经济合作进一步加强

经济全球化使发展中国家与发达国家的经济紧密联系在一起,经济合作获得了恢复和较快的发展。1992年,美国、加拿大、墨西哥三国达成北美自由贸易区协定(NAFTA)(该协议于1994年1月1日生效),成为世界上第一个由发达国家和发展中国家共同组建的区域经济一体化组织。1989年,第四个《洛美协定》的修改议定书达成,规定第一阶段(即头5年)欧盟对非洲、加勒比和太平洋地区的70多个国家提供相当于132亿欧洲货币单位的财政援助。第二阶段(1995~2000年)援助额为146亿欧洲货币单位。1999年,美国通过了《非洲经济增长和贸易机会》法案,允许撒哈拉以南的40多个非洲国家免税向美国出口纺织品和服装。2000年,欧盟同77个发展中国家达成《科托努协定》(即第5个《洛美协定》),已执行4期的《洛美协定》宣告结束。《科托努协定》于2003年4月正式生效,有效期20年,每5年修订一次,头5年欧盟向发展中国家提供160亿欧元的援助。

总的来说,随着经济全球化的深入发展,世界各国经济联系不断加强,发展中国家与发达国家互利合作的一面和利益冲突的一面都会不断地增加。因此,正确处理发展中国家与发达国家之间的经济关系,建立公正、合理的国际经济新秩序不仅对发展中国家而且对发达国家也都是非常重要的。

二、南南合作

南南合作,顾名思义,就是指发展中国家之间的团结与合作。南南合作的主要目的是,通过合作,实现经济互补,促进发展中国家经济的共同发展;通过合作,增强发展中国家的整体自我发展能力,逐步改变在资金、技术和市场方面对北方国家严重依赖的局面;通过合作,依靠联合的力量,逐步改变发展中国家在南北对话中的不利处境,为建立公正合理的国际新秩序创造条件。

(一)南南合作的基础

发展中国家有着共同的历史遭遇、共同的经济处境和共同为建立国际政治经济新秩序而斗争的任务,因此它们可以在平等互利的基础上加强彼此之间的协调,用一个声音说话,建立团结与合作的关系。

南南合作的基础是发展中国家的共同性、相似性和互补性。

1. 共同性

发展中国家有共同的受帝国主义奴役的历史遭遇,独立后有着共同的维护民族主权的任务,以及尽快发展本国经济,提高人民生活水平的共同目标。发展中国家的共同性构成了南南合作的政治基础。

2. 相似性

发展中国家虽然在地理位置、人口、资源、环境等诸多方面存在差异,但总的来说,它们都处于相似的经济发展水平,在世界经济中处于相对不利的地位。发展中国家的相似性便于分享南南合作的收益,体现合作的巨大力量。

3. 互补性

发展中国家拥有广阔的土地资源和众多的人口资源,全世界大部分的原材料出产于此,一国所需要的,正是另一国所富有的,彼此之间可以互通有无、取长补短,存在很大的互补性。

(二) 发展中国家的团结与合作

二战后到冷战结束期间是南南合作产生、逐步发展并取得一定成果的阶段。二战后,原发达国家的殖民地、附属国纷纷掀起了民族解放运动,发展中国家相继独立。为更快、更好地发展,维护民族独立,促进经济发展,广大发展中国家纷纷走到一起。

1955年,在印度尼西亚万隆召开的亚非会议标志着南南合作的开端。1961年不结盟运动的兴起和1964年七十七国集团的成立,使南方国家更紧密地团结起来,通过集体行动来促进共同利益的发展。

20世纪70年代是南南合作硕果累累的时期,发展中国家的经济迅速发展,彼此之间的贸易也成倍增加,经济合作全面展开,相继建立了各种地区性的经济合作组织、原料生产和输出国组织,以及一系列区域金融组织。1970在卢萨卡召开了第三届不结盟国家和政府首脑会议,会议通过了《关于不结盟和经济发展宣言》,成为不结盟国家进行政治、经济合作的基础和行动纲领。1973年石油输出国展开的"石油斗争"向全世界展示了南方国家团结一致的巨大力量。1974年联合国召开第六届特别联大,通过了《关于建立新的国际经济秩序宣言》,初步提出了关于建立国际经济新秩序的一些基本准则。

进入80年代,发展中国家由于自身体制的弊端、经济政策的失误以及发达国家经济通胀的影响,经济发展出现困难,被称为"失去的十年",由此南南合作进入低潮。

90年代以来,由于冷战结束后,南南合作又重新焕发生机。

首先,南南合作步伐加快,原有的组织得到加强,新的组织不断产生。在亚洲,东南亚国家联盟进一步发展壮大,由原来的6国扩大到10国,并加强了在经济、政治、文化以及安全等领域的合作;南亚的印度、巴基斯坦两国虽然存在领土、宗教争端,但2002年举行的南亚区域合作联盟首脑会议仍决定要为建立南亚自由贸易区创造条件。在拉丁美洲,形成中美洲共同市场(1959年)、加勒比共同体(1973年)、安第斯自由贸易区(1991年)以及南方共同市场(1995年)等区域性集团,并出现相互融合的趋势。在非洲,2002年7月诞生了继欧盟(EU)之后又一个重要的主权国家联盟——非盟,标志着非洲53个国家的联合自强进入了新的发展时期。

其次,南方国家要求建立国际经济新秩序的斗争逐渐活跃。90年代初,由于国际环境的巨大变化,发展中国家之间的凝聚力减弱,南南合作受挫。90年代中后期以来,经过调整,发展中国家加强了在全球范围内的合作,不结盟运动和七十七国集团又重新趋于活跃。2000年4月在古巴召开了七十七国集团自1964年成立以来的第一次首脑会议,会议发表了《南方首脑会议宣言》和《哈瓦那行动纲领》,进一步促进了南南合作向前发展。2003年2月,在吉隆坡举行了第十三次不结盟运动首脑会议,会议以"继续振兴不结盟运动"为主题,对不结盟运动未来的发展具有重要意义。联合国大会2003年12月通过决议,将每年的12月19日定为"南南合作日"。2004年是国际社会第一次纪念南南合作日,其活动的主题是:通过南南合作达到千年发展目标。2005年6月15日在卡塔尔首都多哈召开了第二届南方首脑会议,会议最后发表了《多哈政治宣言》和《多哈发展行动纲领》,就一系列重大问题制定了共同的战略和发展目标,认为消除贫困是当今南方国家的"要务",并呼吁发达国家对此应负起重要义务和责任。2009年7月,第十五届不结盟运动首脑会议在埃及红海海滨城市沙姆沙伊赫召开,会议中就不结盟运动如何在新形势下焕发新活力,如何应对国际热点和难点问题,维护广大发展中国家的利益、促进广大发展中国家全面发展等方面问题展开讨论,并且通过了指引不结盟运动未来3年发展方向的最后文件和行动纲领《沙姆沙伊赫宣言》。

（三）南南合作中的障碍与问题

虽然南南合作在加强发展中国家团结合作，促进经济发展，争取建立国际经济新秩序等方面取得了巨大的成就，但在南南合作中存在的障碍与问题是不容回避的。

第一，发展中国家之间摩擦和冲突不断，影响南南合作的发展。由于政治制度、意识形态、宗教信仰、文化历史等差异的影响，以及受发达国家的利用和干预，一些发展中国家之间不断发生摩擦和冲突，造成彼此之间的不信任，严重影响了地区和平与安全，制约着当地经济的发展。在中东，宗教教派斗争、石油利益和发达国家的插手等因素始终牵制着阿拉伯国家的团结和发展，中东战争、两伊战争、海湾战争等严重伤害了当地人民的感情，造成阿拉伯世界政治涣散、经济发展缓慢的局面。在南亚，英国殖民者分而治之的政策造成印度和巴基斯坦长期敌对，破坏了当地的稳定，影响了南亚区域合作的进程。在非洲，领土争端、种族矛盾始终困扰着非洲国家的合作和发展，甚至局部地区时常出现冲突，威胁非洲的和平与安全。

第二，发展中国家经济发展的不平衡性加剧。由于各国的经济发展条件和发展水平的差异，各国在经济合作中利益分配不均，造成发展中国家之间的相互猜忌，制约了南南合作的进一步发展。目前，世界上的贫困国家多集中于非洲和南亚，而东亚、拉美等地经济发展迅速，发展中国家内部的差距正逐渐扩大。差距的扩大造成了凝聚力的降低，削弱了发展中国家作为一个整体所能发挥的作用。

第三，部分发展中国家经济结构单一，彼此之间开展贸易合作的可能性不大。长期以来，发展中国家一直致力于改变本国单一的经济结构，实现经济结构的合理化，但是除少数国家实现了工业化的转变外，大部分国家的经济结构并未发生根本性改变，大多数发展中国家的主要出口产品仍然是初级的农、矿产品或者是低附加值的劳动密集型产品。而且，生产结构和出口结构的相似性造成它们的产品在国际市场上相互竞争，从而引发贸易摩擦，影响发展中国家关系的健康发展。

南南合作中的障碍与问题说明发展中国家团结与合作的道路是艰难和曲折的，但是，只要发展中国家以大局为重，不断协调，求同存异，加强彼此之间的团结与合作，那么发展中国家在国际舞台上所发挥的作用将会越来越大，地位也将不断提高。

三、建立国际新秩序

国际秩序是指建立在一定的世界格局基础之上的国际行为规范、保障机制及其运行状态。

国际旧秩序是资本主义制度的产物，其在政治上的表现就是压迫，经济上的表现就是剥削，本质就是霸权主义和强权政治。国际经济旧秩序的特征为：以不合理的国际分工为基础的国际生产体系；以不等价交换为特征的国际贸易体系；以国际垄断资本占支配地位的国际货币金融体系；发达资本主义国家占主导地位的国际经济组织和国际协调机制。

国际新秩序与国际旧秩序是完全对立的，其实质是各国的平等，其基本目标是世界和平与共同发展和繁荣。国际新秩序的基本内容包括政治、经济、文化和安全等广泛的内容，其构架和面貌需要人们在长期的实践中摸索、创造。政治新秩序基本要求是使各国相互尊重，共同协商，避免将某个国家的意志强加给别的国家；经济新秩序的基本要求是使各国相互促进，共同发展，避免贫富悬殊；文化新秩序的基本要求是使各国相互借鉴，共同繁荣，避免文明的排除和冲突；安全新秩序的基本要求是使各国相互信任，共同维护，实现互信、互利、平等和协作，通过对话和合作解决争端，避免使用武力或以武力相威胁，最终达到集体安全的目标。

战后以来,发展中国家加强团结合作,与发达国家展开了一系列的争取国际政治经济新秩序的斗争,南北关系的历史就是发展中国家争取建立国际政治经济新秩序的斗争史。然而,国际旧秩序还没有从根本上改变,它给世界和平和发展事业构成了严重的威胁。为了推动历史的进步,必须加快建立公正合理的国际政治经济新秩序。

本章小结

本章首先勾勒出世界政治格局的演变情况,即从近代世界历史开始,政治格局相继出现了威斯特伐利亚体系、维也纳体系、凡尔赛-华盛顿体系、雅尔塔体系,冷战结束后,虽然新的世界格局尚未形成,但国际政治出现了向多极化方向发展的趋势。在这些格局中,威斯特伐利亚体系代表着国际政治关系由中世纪转到近代社会;维也纳体系是欧洲各国之间争夺各自利益的产物;凡尔赛-华盛顿体系的建立标志着美、日的崛起,欧洲的中心地位受到动摇;雅尔塔体系建立之后世界出现两极格局,引发长达半个世纪的冷战。

接下来,本章对国际经济格局的演变进行了阐述,即国际经济格局逐渐由20世纪前英国称霸世界、欧洲作为世界经济中心的格局转变为20世纪初英法主宰世界、美日争夺霸权的格局;二战后初期世界经济格局又变化为美国独霸世界经济的状态;从20世纪60~70年代美国独霸局面被打破,世界经济向多极化方向发展;20世纪90年代后区域集团化趋势日益明显。在世界经济格局的不断变化过程中,比较突出的是二战后,世界经济中出现了与资本主义经济平行前进的社会主义经济集团,其取得的成就和对历史的贡献是不容抹杀的。紧接着,本章对世界的政治格局与经济格局的关系作了总结,指出经济与政治之间经济决定政治、政治影响经济的相互关系。

本章最后以冷战结束为分界点,分别介绍了不同时期的南北关系以及在各个时期发展中国家建立国际经济新秩序斗争所取得的成果。对于发展中国家之间的关系,本章分别阐述了南方国家进行合作的基础、发展情况以及南方国家之间的矛盾和冲突,指出了南南合作的前途光明和道路曲折的特点。这之后,本章简略地介绍了国际政治经济旧秩序和新秩序的概念,并提出了加快建立公正合理的国际政治经济新秩序的要求。

关键词

世界经济格局　世界经济发展不平衡　经互会　新兴工业化国家和地区　欧洲联盟　北美自由贸易区　亚太经济合作组织　南南合作　南北经济关系　国际秩序　国际旧秩序　国际经济秩序　国际新秩序　国际经济新秩序

复习思考题

1. 简述世界政治格局与世界经济格局之间的相互影响。
2. 试述世界经济格局的历史演变过程及其特征。
3. 试述战后南北经济关系的发展历程。
4. 南南合作的基础是什么?其发展存在哪些障碍?

第三篇 经济全球化下的国际经济关系

第六章

经济全球化

当今世界经济的趋势是经济全球化，集中表现为贸易全球化、金融全球化与生产全球化等，生产力的发展、生产关系的推动和推动型管理结构的制度创新使得全球化在贸易、金融、投资和组织上有了较之以往的质的飞跃。与此同时，全球化也为世界经济带来了一些挑战，如环境、能源、贫困和人口问题以及全球化的扩展对各国所造成的国家主权的制约。经济全球化对各国经济的影响有利有弊。这种利弊不仅表现在对世界经济的影响上，更深刻地反映在不同发展水平的国家之间。从根本上说，是个利益分配问题。发达国家在全球化中得到的益处大于挑战，而发展中国家受到的不利冲击则相对较大。正是由于全球化在政治、经济、文化等方面的分配不公，导致了与全球化相生相伴的反全球化运动的兴起和发展。

第六章　经济全球化

学习目标

学习本章后，你应该能够：
1. 了解经济全球化的定义、表现和推动因素；
2. 掌握全球化的大致历史分段和典型事件；
3. 从全球化的利弊中了解反全球化运动的兴起和回应。

第一节　经济全球化概述

当今的信息革命导致全球化以网络形态跨越各大洲在世界范围内不断地扩展着。有越来越多的国家参与到全球化时代的竞争与合作中，彼此相互依存，它们的经济繁荣、国家生存都日益依赖着这个全球关联的网络。经济全球化是一个不可阻挡的发展进程，是当今时代的主题。但这一发展进程也必然蕴含着种种机遇和重重风险，如何抓住机遇并控制风险已经成为进入新世纪后世界各国所必须解决的战略性难题。

一、经济全球化的定义

经济全球化是世界经济日益融合的过程，它作为一种不可逆转的历史发展大趋势，极大地影响了20世纪后半期的各国经济，乃至世界经济，以及与此相关的政治、文化、社会生活等方方面面。它通过生产要素的自由流动，将现代化的产品及其影响传输到世界每一个角落，把地球连成一个关系紧密的大社区。

关于经济全球化的内涵，目前国内外学术界从各自不同角度对其作出了不同解释。

1. 国外学者的定义

一般认为，"全球化"这个词最早由T·莱维于1985年提出，用来形容此前20年间国际经济的巨大变化，即商品、服务、资本和技术在世界性生产、消费和投资领域中的扩散①。其他一些学者对全球化的说明与此大体相同。经合组织（OECD）首席经济学家S·奥斯特雷在1990年首次提出经济全球化概念时认为，经济全球化主要是指生产要素在全球范围内的广泛流动，实现资源最佳配置的过程②。国际货币基金组织也给全球化下了一个定义："全球化是指跨国商品与服务交易及国际资本流动规模和形式的增加，以及技术的广泛迅速传播使世界各国经济的相互依赖性增强。"③法国学者雅克·阿达认为，全球化就是资本主义经济体系对世界的支配和控制。

2. 国内学者的定义

我国学者对全球化的定义也有各自的认识。李琮认为"全球化是指以生产力为基础的所有经济关系在全球范围扩展和相互联系的发展过程或状态，是国际化特别是国际分工发展的最高阶段，是社会生产力发展的必然结果。它体现着包括生产要素、生产过程、产品的交换和消费、

---

① 孙放：《全球化论坛2001》，北京邮电大学出版社2001年版，第2页。
② 雷达、于春海：《走进经济全球化》，中国财政经济出版社2001年版，第2页。
③ 国际货币基金组织：《世界经济展望》，中国金融出版社1997年版，第45页。

科学技术、信息服务等在全球范围内的分工和合作,各种经济关系在全球范围内的交织和融合"①。余永定认为"全球化指的是一种经济活动的趋向与走势,它以贸易和资本的跨国流动为特征。全球化的本质是生产要素跨国界的自由流动"②。

3. 经济全球化及其内涵

综上所述,我们可以提炼出全球化的两个关键点:一是,生产要素的全球流动;二是,市场经济规则的全球推广。所以本书认为,经济全球化是指经济发展要素——商品、资本、信息、技术、人力资源在全球范围内的自由流动、组合,进而实现优化配置,以及与此相适应的市场经济运行机制在全球的建立与规范化的过程。

首先,经济全球化是生产要素的全球流动。由于形成了全球市场,各国(具体的行动者是公司企业)可以拥有发展上的更广阔空间,即,它们突破国家,甚至是地区市场规模和资源禀赋的限制在全球范围内进行选择布局。由于生产要素可以在全球市场的空间里进行调配和流动,因此可以在最大限度上实现资源的优化配置,从而也就可以实现经营上的尽可能好的效益。其次,经济全球化可以说是市场经济制度在全球的扩张、渗透和蔓延。冷战结束,苏东剧变,前苏联集团控制下的东欧国家纷纷西归,加速其计划经济体制向市场经济体制的转型。中国、印度、越南以及拉美等发展中国家也以前所未有的程度汇入市场经济的洪流。市场经济、资本积累和追求最大限度利润的逻辑已经渗透到世界经济的各个方面。

4. 需要澄清的几点概念

在对经济全球化的概念进行理解时,需要澄清以下几个概念。

(1) 经济一体化不等同于经济全球化。

经济一体化是经济全球化的更高阶段和发展目标。要达到经济一体化要消除生产要素流动的一切障碍,使劳动力、资本、商品在全球自由流动;而且要有超国家的权威性协调机构来协调一体化下的国家间关系,并不为某个国家或某些国家所左右;最后,各国之间要做必要的主权让渡。只有真正满足了这三个条件,才真正实现了经济的一体化③。但在目前,政治制度、生活水平、文化和信仰上的巨大差异在短时期内是经济一体化过程中难以消除的障碍,而世界贸易组织、世界银行、国际货币基金组织等目前能够在全球性事务中发挥作用的国际机构还不能算是经济一体化的超国家的权威机构,因为它们多多少少地都带着"美国色彩"。因此在现阶段,绝不能将经济全球化同经济一体化画上等号。

(2) 经济全球化要注重同区域经济一体化的协调。

区域经济一体化可定义为:特定区域中的两个或两个以上的国家或地区,为谋求区域内商品和要素流动的自由化,通过达成经济合作的某种承诺或签订条约、协议,在经济上结合起来形成一个区域性经济联合体的过程。它是建立在区域差异和地区优势基础上的一种高层次的经济发展的区域组织。各成员国相互协商制定经济政策和措施,力求形成各国经济政策某种程度的统一。区域经济一体化的根本特征是"对内自由、对外保护"。它通过贸易创造效应可以促进成员国贸易和经济的发展,增进这些国家的经济福利;同时,它通过贸易转移效应又对集团外国家构成不同程度的损害。因此,区域经济一体化对经济全球化的影响必定是双重的,既有一定

---

① 李琮:《世界经济学大辞典》,经济科学出版社 2000 年版,第 432 页。
② 余永定:"从中国的角度看全球化",载《全球化与 21 世纪》,社会科学文献出版社 2002 年版,第 20 页。
③ 刘力、章彰:《经济全球化:福兮?祸兮》,中国社会出版社 1999 年版,第 4 页。

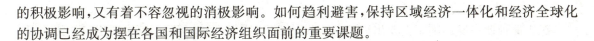

的积极影响,又有着不容忽视的消极影响。如何趋利避害,保持区域经济一体化和经济全球化的协调已经成为摆在各国和国际经济组织面前的重要课题。

二、经济全球化的表现

经济全球化加速了生产要素在世界范围内的自由流动和优化配置,贸易全球化、金融全球化、生产全球化以及高科技的发展促进了全球生产力的增长,推动了全球产业结构的新一轮调整,世界各国间相互依赖进一步加强,为各国利用外资和国际市场提供了一个难得的历史机遇。但随之而来的是各国民族主权、国家安全等的威胁以及世界性的人口、贫困、环境和能源问题。

(一)贸易全球化及其深刻变化

1. 国际贸易总量和规模不断扩大

据统计,1950年世界商品贸易额仅为610亿美元,到1970年和1990年则分别为3 120亿美元和31 870亿美元。尤其是20世纪90年代以来,这一增长趋势更加明显(表6-1)。2008年,世界货物的出口总值为160 700亿美元,进口总值为164 200亿美元;服务贸易出口总值为37 779亿美元,进口总值为34 892亿美元,可以说,"经济全球化是被贸易发展推着走的一列高速火车"。

表6-1　世界货物和服务出口的增长率(1990~2008年)　　　　　　　　　　单位:%

年　　份	1990~2000	1999	2000	2001	2002	2003	2004	2005	2006	2007	2008
货　　物	6.5	5.0	12.5	-4.0	4.8	16.5	21.2	14.9	15.4	15.4	14.89
商业性服务	6.5	2.5	6.0	-1.5	6.7	13.6	17.9	18.1	11.5	21.9	12.02

资料来源:WTO, *International Trade Statistics* 2009。

2. 各国对外贸易依存度不断提高

世界货物和服务贸易占世界GDP的比重从1990年的40.2%提高到了2008年的63.3%,实现跳跃性的增长。这说明,世界各国一年新增的产出值,平均有63.3%要靠世界市场去实现(见表6-2)。

表6-2　不同收入水平国家货物和服务贸易占国内生产总值的比重(1990~2008年)

	货物贸易 (% of GDP)		服务贸易 (% of GDP)	
	1990	2008	1990	2008
世　界	32.4	53.5	7.8	9.8
低收入国家	24.1	56.6	6.5	6.3
中等收入国家	34.4	65.0	7.1	10.0
中低收入国家	32.5	57.8	7.0	14.7
高收入国家	32.3	46.0	8.0	12.3

资料来源:UNCTAD数据库。

3. 贸易结构发生了深刻的变化

过去那种西方发达国家主要出口工业制成品、进口原料,经济落后国家主要出口初级产品、进口工业制成品的状况正在改变。1963~1985年间,发达国家的工业品出口占世界工业品出口比重由83.2%下降到78.8%,发展中国家的工业品出口所占份额则由4.3%上升到12.4%。此外,国际贸易的种类、范围也在不断扩大。它不仅包括商品贸易,而且还包括技术贸易、服务贸易、劳务贸易,尤其是服务贸易正在迅速发展。

4. 参与贸易全球化的国家和地区越来越多

20世纪80年代以来,贸易自由化不断加强,这对世界任何国家和地区来说都是一种无形的压力,使之不能不参与到贸易全球化进程中来。这从参加关贸总协定和世界贸易组织的国家和地区数目的增多可以看出。关贸总协定于1948年生效时,签字国只有23个;在80年代中期,该协定的缔约国已增至90个;1990年增至100个。1995年,世界贸易组织成立,到2008年7月为止,世界贸易组织的成员已增至153个。冷战结束后,前苏联解体后的俄罗斯和其他东欧国家开始摒弃原先同世界经济的隔绝或半隔绝状态,实行体制改革,发展市场经济,并开始实行对外开放,以积极主动的姿态参与到经济贸易全球化的洪流中来。2001年最大的发展中国家中国加入世界贸易组织,贸易全球化得到进一步的扩展。

(二)金融全球化及其表现

当前生产、贸易和金融活动的全球化都在日趋加强,但由于信息技术的发展和各国金融市场的开放,金融全球化发展最快。

自20世纪90年代以来,世界范围内的资本流动自由化和金融市场一体化的速度急剧加快,而这种情况是前所未有的。加速的原因主要来自两个方面:首先,金融改革。作为始于20世纪70年代的金融自由化的结果,各种衍生金融工具呈指数增长形式出现。当金融改革进行到某个特定阶段时,要想将资本流动保持在一定的范围内或者对其实施监管已经变得相当困难,而此时若是对资本的跨国界流动实施全面彻底的禁止便是与促进经济增长的目标背道而驰,这显然是不现实的。其次,信息技术革命。信息技术产业的革命使金融交易过程得以在瞬间完成,因此目前资本可以以光速从世界的任意角落流向另外的角落。正是信息技术使得世界金融市场的一体化成为可能。

金融全球化的迅速发展主要表现在以下几个方面。

1. 全球金融资本的规模空前扩大

据国际货币基金组织统计,2008年包括债券、股票和银行资产在内全球资本市场规模约达221.5万亿美元,为全球GDP的3.6倍多。资本规模扩张的同时,资本跨国流动规模也急剧扩张,资本跨国界流动对世界经济发展的影响力大幅上升。

2. 各类金融市场发展迅速,跨国金融交易不断上升

金融市场的功能是提供一种机制,使储蓄能迅速有效地转化为有形投资。金融全球化需要有全球的金融市场,为金融资本的全球活动提供用武之地。全球金融市场包括国际信贷市场、国际债券市场、国际股票市场、国际外汇市场和国际衍生工具市场。近十多年来,这些市场都有巨大发展,国际金融市场的发展,使得各国政府、金融机构、企业公司可以摆脱对国内金融市场的依赖,在全球进行融资活动,可以更加有效地利用资源与规避风险。

3. 国际金融衍生工具(产品)市场飞速发展

20世纪70年代以来,浮动汇率制的实行,以及主要工业化国家逐渐开始的金融自由化进

程,使得金融机构获得了更大的发展空间,但也使它们之间的竞争更加激烈。为了应付日益剧烈的市场波动,商业银行、投资机构和企业公司等积极寻找规避金融风险的技术与手段,由于金融衍生产品可以有效地规避金融风险,受到了各金融机构的青睐,其市场规模不断扩大。这种扩大一方面促进了金融市场的发展,有利于市场参与各方利用衍生工具来规避风险,但同时也增加了金融体系的系统风险。

4. 国际金融中心不断发展并广泛分布

国际金融资本是以国际金融中心为舞台开展活动的,在全世界有若干个大城市发挥着国际金融中心的作用。美洲的纽约,欧洲的伦敦、法兰克福,亚洲的东京、新加坡、香港都是在全球发挥重要作用的国际金融中心。国际金融中心在金融全球化中起着司令部的作用,各国的金融资本家集中于金融中心发号施令,使国际金融资本的运动按他们的意旨覆盖全球。而现代信息技术所提供的电子网络使得这一指挥系统更高效运作,由此体现出金融全球化的鲜明特征。

金融市场的全球化和资本流动的自由化一方面使得广大急需外国资本的发展中国家更容易得到外国资本;另一方面,金融的全球化也大大增加了国际金融体系的不稳定性。大量国际资本在发展中国家的迅速流入流出直接导致了清偿危机、货币危机、债务危机和经济危机。1997年的亚洲金融危机就全面暴露了金融自由化和全球化所带来的负面效应。

(三) 生产的全球化

生产的全球化是指产品的直接生产过程不一定全在国内,可能有一部分,甚至大部分在国外进行,这些产品可能是成品,就地销售;也可能是半成品,要送往他地进行组装。至于所需要的生产要素,更是取自全球各地。这种生产全球化是经济全球化的另一重要表现,是与对外直接投资结合在一起的,其行为主体是跨国公司。

计算生产全球化的程度,最简单的方法就是以跨国公司的产值在世界生产总值中所占的份额来衡量。但目前,联合国所发布的《世界投资报告》中,并没有涉及生产全球化这一概念,也没有计算生产全球化达到何种程度的数据,《报告》所考察的是"国际生产"。而所谓的"国际生产",实际上只包括跨国公司国外子公司活动的数额以及这些数额在跨国公司相应总额中的比重。《报告》指出"目前国际生产实际上不同程度地涉及所有国家,所有部门、产业和经济活动。然而,对它的量化是困难的,因为它需要许多的指标来表明其扩展情况"①。因此,虽然《报告》中没有直接给出跨国公司的产值占世界生产总值的比重,但是从以世界100家最大跨国公司的资产、销售额、雇员人数等为主要因素的外国直接投资和国际生产的若干指标中还是可以看出生产全球化的总体趋势(见表6-3)。

从表6-3中可以看出,国际直接投资的流入量、流出量以及跨国公司的若干指标的增长速度,在大多数年份里都要高于世界生产总值(GDP)的指标,正是对外直接投资和跨国公司的全球性迅猛发展,导致了生产的全球化。国际直接投资意味着资本这一最重要的生产要素为了追求全球化的利益打破了国家界限的束缚。这种投资方式的发展为生产的全球化提供了重要保证,它最终使得生产的全球化成为可能,并进一步促进了国际贸易的增长。目前,国际直接投资与跨国公司的全球化运作战略紧密相连,这些跨国公司为了降低生产成本和追求利润最大化正从全球化的角度重新调整其生产和经营活动。

在二战末期和稍后的一段时间内,跨国投资主要发生在发达国家之间,从发达国家流向发

---

① 联合国贸发会议:《2000年世界投资报告》,第3页。

展中国家的直接投资在20世纪90年代初期开始出现快速的增长,外国直接投资在此期间成了发达国家向发展中国家投资的一个重要渠道。尽管世界经济受到了墨西哥金融危机和亚洲金融危机的打击,但是全球国际直接投资的上升趋势在此期间并未受到重大影响,跨国公司全球化运作的战略也没有发生根本性的转变。由于贸易的发展和资本解放以及新技术特别是信息技术的进步,国际直接投资在21世纪相当长的一段时间内将得到进一步的发展。跨国公司向发展中国家的服务行业和高技术领域的投资趋势将会进一步增强。

表6-3 全球外国直接投资和国际生产的若干指标(1982~2008年) 单位:10亿美元,%

	当前价格计算的价值				年 增 长 率						
	1982	1990	2007	2008	1986~1990	1991~1995	1996~2000	2005	2006	2007	2008
直接外资流入量	58	207	1 979	1 697	23.6	22.1	39.4	32.4	50.1	35.4	−14.2
直接外资流出量	27	239	2 147	1 858	25.9	16.5	35.6	−5.4	−58.9	53.7	−13.5
内向直接投资存量	790	1 942	15 660	14 909	15.1	8.6	16.0	4.6	23.4	26.2	−4.8
外向直接投资存量	579	1 786	16 227	16 206	18.1	10.6	16.9	5.1	22.2	25.3	−0.1
跨国并购	—	121	1 031	673	32	15.7	62.9	91.1	38.1	62.1	−34.7
国外子公司销售额	2 530	6 026	31 764	30 311	19.7	8.8	8.1	5.4	18.9	23.6	−4.6
国外子公司总产值	623	1 477	6 295	6 020	17.4	6.8	6.9	12.9	21.6	20.1	−4.4
国外子公司总资产	2 036	5 938	73 457	69 771	18.1	13.7	18.9	20.5	23.9	20.8	−5.0
国外子公司出口	635	1 498	5 775	6 664	22.2	8.6	3.6	13.8	15.0	16.3	15.4
国外子公司雇员(千人)	19 864	24 476	80 396	77 386	5.5	5.5	9.7	8.5	11.4	25.4	−3.7
GDP(以当前价格计)	11 693	22 121	55 114	60 780	9.5	5.9	1.3	8.4	8.2	125	10.3

资料来源:联合国贸发会议:《2009年世界投资报告:跨国公司与农业产量和发展》,表1.6。

(四)国家主权的制约

在全球化迅速发展的当代,世界行为主体趋于多元化。除国家之外的其他行为主体在世界经济和国际关系中都起着一定作用,国家主权因而受到一定制约,部分主权被转移出去。在当今世界经济和国际关系中,国家的地位、它所扮演的角色和国家主权所发生的变化日益成了全球主义者和国家主义者争论的焦点。

法国学者马克斯·贝拉尔说:"世界的公共空间已经被许多主体占领,大型企业、利益集团、媒体、非政府组织、公共舆论、恐怖主义网络等,这些都限制了国家外交活动的空间。市场已经成为真正的政治主题。但是即使国家失去了一部分主权,它们仍是权力的象征。我们看到仍然需要国家来医治全球化带来的一切危险。"① 从上述论述中我们可以提炼出两个观点:其一,全球化的展开确实制约了部分国家主权;其二,即使受到制约,国家主权仍是抵御全球化不利影响的最有力武器。

那么,国家主权到底受到全球化哪些方面的"侵蚀"呢?

第一方面来自市场的作用。从世界市场开始形成到现在的历史表明,在国内,市场机制对国家的行为已经有巨大影响,在世界市场上,国家的行为更会受到某种制约。如在世界商品市场上,商品的价格随世界市场供求关系变动而变动,一国政府干预和调节的作用十分有限。在金融市场上,一个国家货币汇率的变动不再取决于国内因素,而是世界性的,政府控制国内金融体系运作的传统手段和能力减弱。总之,全球化市场机制的力量往往左右着政府,各国政府只能增强自身掌握和适应世界市场变化的能力,采取有效对策,而不能无视这种变动。

第二方面来自国际经济组织职能的扩大。在20世纪后半期,国际货币基金组织、世界银行和世界贸易组织是金融、发展和贸易这三个重要领域中维护世界经济秩序的重要支柱。不同的国家在进行国际贸易和投资活动时必须遵守既定的行为准则,某些传统上属于国家主权的决议也必须经由超国家的国际组织来进行仲裁。以世界贸易组织为例,它是一个超国家的经济法则制定和执行的实体,它的规定高于各个国家的法律规则,任何国家的经济法规若是与世界贸易组织的相关规则相冲突,则将被认为是违反了世界贸易组织的法则并将受到相应的制裁。21世纪,随着国际经济组织在世界经济事务中地位的不断加强,主权国家将不得不在许多方面接受来自国际组织的协定和仲裁。

第三方面是来自不断增加的区域经济组织。随着全球化的迅速发展,区域经济组织不断增多和加强。人们普遍认为,区域经济组织对国家主权的侵蚀或削弱,起着更大的作用。因为区域经济一体化组织与国际多边经济组织不同,它们往往是以各国签订的一定契约或是条约和协议为基础的。这些条约或协议,对成员国有一定的强制性,而且,这些组织多设有一套机构,这些机构具有某种超国家性,有一定权力,能从"上面"对成员国进行监督和干预。因此,如果对国际经济组织来说,成员国的主权是受到"制约"的话,那么,对于区域一体化组织而言,国家主权的一部分,则是"转让"给它所参加的超国家机构了。

最后一个方面来自跨国公司的壮大。当今跨国公司的发展少不了国家的支持,这使得它们拥有强大的实力,影响甚至左右政府的政策,使之有利于本公司的发展。它们还往往撇开政府实行自己的方针,不管它是不是与政府的方针政策相悖。但同时要注意到,跨国公司在全球经济中的作用在于它们是全球生产、流通和分配的组织者和微观主体。这些作用主要仍是跨国公司作为企业对资源配置和生产管理的作用,它们并没有直接掌握政权,没有取代国家行使政权。

(五)环境、能源及贫困、人口压力

与全球化相关的技术使人类具有前所未有的能力,可以利用自然来实现人类的许多目的。一方面,全球关系使越来越多的人都能摆脱地域的限制。电信、数字化数据处理、卫星监视等等确实为预测自然灾难和监控生态变化趋势提供了高度尖端的工具。但另一方面,全球化技术也

---

① 转引自〔英〕戴维·赫尔德:《全球大变革》,社会科学文献出版社2001年版,第19页。

造成了越来越多的污染。飞机污染了天空,全球贸易仰赖的机动船只污染了海洋,支撑全球通讯的电力大多由核能或矿物燃料燃烧产生,这些能源发电后的副产品污染了大气、海洋和土壤,全球消费品的快速消费周期造成了大量的、无法降解的固体垃圾……全球化的展开正以各种方式削弱着生态安全。而随着经济全球化的日益深入,促进全球化发展的能源也将被更大程度的开采和利用,能源紧缺的现状无疑不能在短时间内予以缓解和改善。人们关注的也只是如何加快经济建设的步伐,而对由于经济发展所造成的环境破坏和能源短缺却无动于衷。

除去环境污染和能源的过度开采,经济全球化的深化造成的另一恶果是人口压力的增大和全球贫困人口的不断增加。法国学者格扎维埃·阿雷在《论坛报》上发表了《全球化加剧了社会不平等》的文章,指出:"与经济全球化伴随而来的是世界各国之间以及各国内部各阶层之间收入差距的明显扩大。"他说:"国家间的收入分配情况在 20 世纪 80 年代出现了恶化,90 年代的明显改观或是稳定只不过是中国人均收入增加的结果。由于该国人口众多,所以往往会使世界平均数字发生歪曲。国家内部收入不均的现象也在增加,在发达国家和发展中国家都是一种普遍存在的趋势。减轻贫困方面取得的成功十分有限。贫困人口的数量在增加,贫困人口的比例在许多地区出现了上升,在东欧和中亚地区尤其如此。在拉美、撒哈拉以南非洲地区和南亚,贫困人口的比例仍然高达 40%~50%。"与令人瞠目结舌的财富全球化并肩而来的是令人沮丧的贫困全球化。

与全球化带来的大规模贫困和其他不公正相联系的是一系列问题和灾祸:如大规模工人失业,工作不稳定,生活安全没有保障;数以百万计的难民流离失所;教育不发达、文盲率高;医疗卫生条件恶劣,群众健康状况不良,疾病蔓延;大量贫困者营养不良,食不果腹;儿童死亡率居高不下,人的预期寿命缩短;与此有关的还有贩卖妇女儿童、毒品走私和跨国犯罪愈演愈烈。近年来,给世界安全造成重大威胁的恐怖主义活动,究其原因虽然还需进行专门探究,但可以肯定的是,这种反人类、反社会的罪恶活动与经济全球化带来的不公正和普遍贫困不无关系。

三、经济全球化的推动因素

全球化的发展有其内在动力,同时也有一系列因素,包括经济因素和非经济因素,对其进程有着这样或那样的影响。

(一)科技革命和生产力的发展

人类社会发展到一定阶段,在具备一定条件时,其经济活动必定会最终跨越国家的疆界,扩大到世界更广阔的空间。而在这里起决定性作用的力量就是生产力。实际上,人类社会的前进、发展和变革,都是在生产力的推动下进行的。到了近代,科学成为生产力越来越重要的决定因素。马克思就十分重视科学的作用,"在马克思看来,科学是一种在历史上起推动作用的、革命的力量"[1]。正是科学这种"革命的力量",在 18 世纪中叶首先在英国掀起了一场产业革命,以巨大的力量推动经济活动,先是商品交换活动,再是跨越国界,走向世界,形成世界市场,从而启动了世界历史的进程,一步步走向全球化[2]。

生产力和科学技术推动经济走向全球化,最明显地表现在生产工具的变革、能源的转换以及交通运输工具和基础设施的现代化上。每一次科技革命都是这些方面的大进步和大革新,从

---

[1] 恩格斯:"在马克思墓前的讲话",《马克思恩格斯选集(第 3 卷)》,人民出版社 1995 年版,第 777 页。
[2] 李琮:《经济全球化新论》,中国社会科学出版社 2005 年版,第 11 页。

而把经济活动向着全球化推进一大步。

第一次科技革命是以现代机器替代了过去的手工工具,以蒸汽动力代替了过去的人力、畜力和自然动力,在交通工具方面则是以火车、轮船代替了马车和帆船。

第二次产业革命发生时,新的机器设备,如新的冶炼设备、化工设备和电力设备纷纷问世,电力作为新的能源显示其巨大的优越性,电话、电报等新的通讯工具以及铁路、汽车、远洋轮船也都相继问世。

第三次科技革命时期,自动化机器设备取代了过去人力操纵的机器,生产率大为提高,而石油成了主要的一次能源;喷气客机、大型油轮、遍布各地的油气管道、集装箱码头和现代化航空港使世界各国、各企业的交往空前便利,运输成本大幅下降。

20世纪90年代后,因特网迅速覆盖全球,通过因特网而展开的各种经济、政治和社会文化活动空前繁荣;不仅是新的通信基础设施,而且还拓展和催生了多种新的经济交往领域,电子商务、各种金融服务、跨国企业网络等又进一步推动了全球贸易、资本的流动和跨国投资及国际生产。可以说,是因特网把世界经济带入了全球化时代。

也有学者认为,社会劳动分工在广度和深度的发展才是全球化的动力。这也是万变不离其宗的说法。因为劳动分工是社会交换的基础,也是生产社会化的基础。当劳动分工从一国内部扩大到世界,形成劳动分工体系,国际交换和国际生产才会产生和发展起来,这个过程达到一定高度,就使经济进入全球化阶段。因此,追本溯源,劳动分工也是随着社会生产力的发展而发展的。

(二) 资本主义的生产关系

马克思主义政治经济学断言资本主义才是全球化的推动力。在当时,马克思就预见到了资本主义超地域领域的发展,他曾经说过:"资本主义天生就要超越任何空间阻碍而前进","从而把整个地球变成它的市场"。

虽然生产力的发展在全球化发展史上始终是核心力量,但是,如果没有资本主义的兴起和发展,很难想见全球关系会出现并发展起来。资本主义是一种生产结构,在该结构中,经济行为首先而且主要致力于剩余积累。换言之,资本主义生产者总试图积累超出他们生存需要的更多的资源,从这点上说,资本主义生产截然不同于自给经济。在资本主义制度下,剩余被投入到进一步的生产当中,目的是获得更多的剩余,而这更多的剩余又被投入到新一轮的生产中,以期望获得更多的剩余,如此循环反复。资本主义主要从三个方面促进经济全球化的发展。

首先,受资本主义的积累逻辑驱使,许多公司都在寻求全球市场,把它作为增加销售量的手段。为供应全球市场而进行的更大数量的生产可以使各企业的经济规模显著扩大并且增加利润。因此,资本主义企业有了发展全球分配和销售网络的动力,并乐于发展全球通讯基础结构来支持此类的全球网络。

其次,超地域结算为积累提供了极为有利的条件。在全球化还没有普遍展开的情况下,资本的积累只会局限于特定的国家范围内,那么,资本主义就不得不接受该国的税收制度。通过全球价格战略,管理者可以在全球范围内通过协调、变动和更改价格使资本主义者能在全球空间内把利润集中于低税制的地区,从而使公司整体利益达到最大化。这也成了资本主义者积极推动经济全球化的另一动因。

最后,全球采购为增加积累提供了重要的新方式。如果公司可以在资源最佳而成本最低的地方建立它们的工厂,这无疑符合资本主义利益。实际上,正是因为害怕看到超地域性公司的资产流向别处,东道国的工人和政府会适当降低它们对所得剩余价值份额的要求。而这在无形中正带动着这些资源密集型和劳动密集型的国家向全球化融合的脚步。

(三) 制度性因素

除了生产力和资本主义生产关系之外,推动性管理结构等制度性因素构成了促进全球化产生的第三个基本动力。推动性管理结构等制度性因素主要来自国家。另外,有助于全球化的其他法规和程序则由国家创建的区域性及跨国机构来制定。

1. 技术和程序的标准化

制度因素促进全球关系扩展的一个关键方式是技术和程序的标准化。如果超地域关系中的各方都遵循同样的法规和程序,那么全球化关系无疑会得到促进。例如,国际电信联盟(ITU)关于无线电和电信技术标准的数百条建议总计达10 000页。国际标准化组织(ISO)也公布了10 000多条标准,几乎涉及所有技术领域。国际结算标准委员会(ISAC)和国际结算联盟(IFAC)从20世纪70年代已开始为公司结算和审计制定全球标准。1974年建立的国际证券委托组织(IOSCO)讨论了股票和债券市场的全球标准,而1994年建立的国际保险监督协会(IAIS)在保险业起了同样的作用。举个更具体的例子,全球市场的发展很大程度上得益于20世纪70年代发展起来的,适用于全世界船只、铁路货车和卡车的20~40英尺的集装箱标准模式。

2. 国际货币、金融、跨国投资及商品服务的自由化

在金融全球化方面,许多国家的措施进一步促进了金融全球化的发展。例如,发达国家从20世纪80年代开始制定法规,允许全球银行和全球证券公司入境。而且,海外金融机构的猛增也要求各国政府建立切实可行的配套的法律结构。在跨国投资方面,继美国(1974年)和英国(1979年)之后,数十个国家在其境内取消了对"不动产"和组合投资资本出入境的限制。1995~1998年间经合组织致力于多边投资协定(MAI),寻求实现"自由流动"原则,按照该原则,各国对待国内外资本应一视同仁。在贸易自由化方面,1948~1994年在关贸总协定框架下进行的八轮多边谈判把产品的平均进口关税从40%多降至仅仅3%。1995年创立的世界贸易组织也主要致力于使农业和各种服务业的跨国贸易实现自由化。

3. 全球资本产权保障

对全球公司的成长具有更为基础性意义的是对超地域性资本产权的保护。在全球基础上保证财产所有权的超地域手段在19世纪末出现,形式就是一系列涉及知识产权,包括专利、商标、版权、工业产品设计等在内的法规。据世界知识产权组织(WIPO)统计,全球专利的申请数量从1979年的不足3 000项增加到1997年的54 000多项,截至2008年末,这一数据已增至164 000项,创历史新高,比2007年增长2.4%。这说明随着世界各国的企业将更多产品推向国际市场,他们对国际范围内的专利保护越来越重视。经济全球化推动了商品在国际市场上的流通,而商品的国际流通又通过专利保护的增多来增进经济全球化的良性发展。

4. 全球组织及全球行为的立法

全球性组织的增多以及对跨国行为进行立法会促进全球化。如前所述,各国创立了公共多边组织,这些组织如今已发展成全球及区域性治理结构。除此以外,一些世界性的组织,如协调国际贸易关系的世界贸易组织、协调对发展中国家贷款和投资的世界银行等也对全球化的进程作出贡献。另外,国际法立法模式正在由原有的"国家间立法"转向"国家间立法"与"跨国立法"

第六章 经济全球化

并存的多元化立法模式。"跨国立法"的实行对全球治理和国际秩序的维护作出重要贡献,同样会促进经济全球化的发展。

因此,总体而言,推动性管理结构等制度性因素在四个重要方面推动了全球化:技术及程序标准化,跨国货币流通、投资、商品和服务的自由化,全球资本产权保障,以及全球组织及全球行为的立法。虽然法律基础的构建并非全球化的唯一原因,相反是其他动力迫使决策者在巨大压力下制定了这些使全球化得以实施的措施。不过,如果没有支持性的管理结构,全球化也难以迅速扩展。

第二节 经济全球化历史进程

当代全球化是经过长期历史发展而来的,为了认识当代经济全球化的特点及其走向,有必要对其演变的历史过程进行简要回顾。这又涉及全球化的历史起点、发展历程以及当今的全球化处于什么阶段等问题。

一、全球化的历史起点

"经济全球化"一词的提出和被广泛使用,虽然只是最近二十年的事,但世界经济全球化过程其实早已开始。经济全球化并非是一种全新的现象,它的发展是一个历史过程,不以某个国家或个人的意志为转移。从经济全球化的全部历史进程看,其最初萌芽可追溯到15～16世纪的地理大发现时期。美洲新大陆的发现及新航路的开辟,将世界连为一个整体,引发了在全球范围内大规模地开拓新市场的活动,使世界市场初具雏形,经济全球化由此拉开了序幕。

全球化的基础和开端不应是农业经济,也不应是手工经济,而应该是大机器工业经济建立之后。马克思、恩格斯在《德意志意识形态》一书中论及大工业时,写道:"大工业使竞争普遍化了……大工业创造了交通工具和现代的世界市场,控制了商业,把所有者的资本都变成了工业资本,从而使流通加速、资本集中。……它首次开创了世界历史,因为它使每个文明国家以及这些国家中的每一个人的需要的满足都依赖于整个世界,因为它消灭了各国以往自然形成的闭关自守状态。"①虽然马克思在论述中没有直接涉及全球化这个词,但他已经把大工业看作是世界历史的开端了。

英国学者简·阿特·斯图尔特认为,全球化的历史应该从1850年算起,因为从那以后的100年中出现了第一种全球通讯技术,实现了全球市场的第一次统一,出现了全球金融的某些联系,某些组织也达到了全球程度②。因此,本书中关于经济全球化的分段也沿用了这种观点,将19世纪50年代到20世纪50年代作为早期全球化时代。

二、早期全球化

早期的全球化在规模上虽然根本无法比拟我们在20世纪中期以后见到的超地域性全球

---

① 《马克思恩格斯选集(第一卷)》,人民出版社1995年版,第114页。
② 简·阿特·斯图尔特:《解析全球化》,王艳莉译,吉林人民出版社2003年版,第28页。

化,而且,在这一时期,根本没有出现全球生产连锁以及全球生态问题。不过,后来全球化加速得以实现的许多基础,都是在19世纪中期到20世纪中期这段时间里奠定下来的(表6-4)。

(一)通讯

超地域的通讯出现在早期全球化阶段,在此期间,19世纪50年代以后不受距离限制的电报开始普及,随后就是19世纪90年代以后跨国电话联系和无线电通讯的普及。

电报提供了全球通讯的第一种手段。19世纪50年代初,在欧洲跨越数个海域的电报联系方式成为可能。1866年以后横跨大西洋的电缆投入长期使用。5年后,电报线从欧洲一直延伸出去,远及中国、日本以及澳大利亚;而第一条横跨太平洋的电缆也于1903年铺设成功。通过这些联系,信息能在数日而非一个月之内传遍世界。

19世纪末,通过电话,不受距离限制的语音通讯也变成了现实。1891年,连接于伦敦和巴黎之间的线路第一次实现了跨国联系。1926年,凭借无线电波,横跨大西洋的双向电话信息首次接受成功。此后5年,无线电话也开始连接布宜诺斯艾利斯和马德里,巴达维亚(现称雅加达)与阿姆斯特丹,以及伦敦与开普敦,悉尼与奥克兰。可以说,有了电话,世界真的连为一体了。

至于无线电,首次跨国无线传输在1899年穿越英吉利海峡。1901年横跨大西洋的无线电信号首次接收成功。1924年以后无线电对外广播发展起来。1930年1月发生了全球广播的第一件大事:英王乔治五世召开伦敦海峡会议的讲话被同时发送到分布于六大洲的242个无线电台。到20世纪30年代中期,全世界已有5 700万台无线收音机,1 100多个无线电台和1 354个跨国无线电节目。

在20世纪初还出现了机械化航空运输。航空邮政服务开始于1918年,首次的无间断横跨大西洋飞行于1919年获得成功。1919年后洲际航空开始普及,航空运输的出现大大缩短了世界各地的地理距离。

(二)市场

对某些商品进行有系统的全球分配、定价、宣传和销售也是出现在早期全球化阶段。

1. 初级产品的全球分配和定价在19世纪50年代以后开始出现

例如,典型的全球铜金属市场在19世纪50年代以后形成,这个市场使来自澳大利亚、智利、古巴、英格兰和美国的货物之间建立了相互联系。伦敦金属交易所成立于1876年,处理所有铜、锡、铅和锌贸易——不管原料来自何方,也无论货物是否卸在英国的土地上。全球定价在布宜诺斯艾利斯、开罗、加尔各答、芝加哥、利物浦、纽约、里约热内卢和温尼伯等地的商品交易中已十分普遍。在20世纪上半期,全球市场在初级产品方面也取得了进一步发展。各政府首次采取措施,如通过多边商业协定,对某些产品包括糖、咖啡、橡胶和锡在内的初级产品实行全球价格控制。二战期间,同盟国创立了一系列所谓的"联合委员会"以便对数十种战略原料和产品实行全球统一的生产和分配。

2. 品牌商品在全球市场的销售在19世纪末开始出现

例如,可口可乐在1886年发明之后,在20年内就打开了美国、英国、加拿大、古巴、墨西哥等数国的市场。雷明顿公司的办公设备、国际收割公司的农用机械,以及西部电气公司的电器从19世纪末开始横跨大陆进行销售。到19世纪80年代,3/4的世界缝纫机市场被胜家公司占领。不过,该时期,能够进行全球分配和销售的产品仍然是少之又少。而且,即使在这些有限的情况中,营销战略也缺乏严格的全球统一。直到20世纪末,随着数字计算机、先进的电子通讯以及电子大众传媒的发展,产品的全球分配与销售才变成现实。

(三)货币和金融

货币和金融的早期全球化也出现在19世纪末20世纪初。

在货币方面,1870年前后到1914年之间通行的是以英镑为中心的金本位制,该体制使几个国家的货币得以在全球流通。英镑是当时最基本的全球货币,但是荷兰盾、日元、墨西哥银元以及其他货币单位在一些与其本国统辖没有直接关系的贸易和金融中也崭露头角。一战中金本位制瓦解,战后金块本位制、金汇兑本位制在20世纪20年代得到了短暂而不完全的恢复。在20世纪30年代,出现了以英镑、美元、法郎为中心的地域性的货币集团。另外,作为殖民地,许多国家的货币与遥远的宗主国的货币紧密联系在一起。

在金融方面,金本位制和殖民主义促使许多企业发展海外分支机构。一战前夕,英资金融机构在阿根廷、澳大利亚、巴西和新西兰等国的银行存款中占到了1/4~2/3的份额。当时的主要银行向国外提供的贷款数额巨大,19世纪70年代世界经济衰退,致使许多国家无力偿还借款,这些银行因此遭受了一场国际债务危机。然而,19世纪末20世纪初的国际银行业仍然受到地域距离和边界的极大限制。几乎没有人持有居住国以外的银行账户,离岸银行金融机构直到1929年才在卢森堡出现。银团贷款在当时亦不为人所知。在证券方面,金本位制在19世纪末促进了国外债券发行的激增。例如,欧洲发行的债券为加利福尼亚淘金热及美洲、中国和俄国的铁路建筑提供了大部分资金。在1880年到1913年之间,俄国沙皇政府从巴黎债券市场总共借了约1.5万亿美元的债务。至于股票,在19世纪80年代,阿姆斯特丹和伦敦的股票交易所登记注册的非当地公司所起的作用与其在20世纪80年代一样举足轻重。

简而言之,1870~1914年间,货币和金融在一定程度上获得了某种全球特征,这些特征在20世纪20年代再次抬头,但为时甚短,成效有限。不过,总体而言,这些货币和金融更具有国际性而非全球性特征。它们主要在国家间进行,大都受到距离和边界的限制。

(四)组织

19世纪末20世纪初出现的早期全球通讯、市场、货币和金融促进并推动了典型全球组织的形成。这些机构包括许多市场参与者、立法机构以及民众社会团体。

就公司而言,某些银行、矿物公司、农业企业和制造商的跨国活动前面已经有所提及。19世纪少数企业不仅在数国销售产品,而且开始设立分公司并在本国外进行生产。首开先河的是美国的枪械制造商科尔特,1852年他在英国开设了第一家国外分工厂。德国的西门子公司于1855年在俄国建立了分支机构,而日本的龟甲万公司则于1892年在美国建立了酱油生产厂……到20世纪初,已有数百家公司在整个殖民地世界内或统辖范围内同时进行经营。

19世纪末也诞生了最早的世界性组织。这些组织包括:成立于1865年的国际电报(现为电信)联盟;成立于1874年的万国邮政联盟;疾病、天气等的全球监测组织也在世纪之交相继建立和发展起来。20世纪二三十年代,国际联盟使全球治理达到了前所未有的广度。1930年国际清算银行的成立标志着第一个专门致力于监测跨国金融流动的多边机构的出现。全球治理的进一步扩展奠基于20世纪40年代创立的联合国系统、布雷顿森林体系以及关贸总协定。

表 6-4　早期全球化大事纪要

1851 年	第一届世界博览会举行
1852 年	第一家国外制造分厂建立
1863 年	第一个全球救援组织成立(伤兵救援国际委员会)
1864 年	第一个全球劳工组织创立
1865 年	第一个全球治理机构国际电报联盟成立
1866 年	第一条永久越洋电报电缆铺设成功
1891 年	首次进行跨国电话联系
1896 年	全球现代奥林匹克运动会举办
1899 年	首次进行全球无线电发送
1918 年	航空邮寄出现
1919 年	首次无间断横跨大西洋飞行成功
1920 年	国际联盟成立
1926 年	首次横跨大西洋电话通话成功
1929 年	首家离岸银行创建
1930 年	国际清算银行成立
1944 年	国际货币基金组织和世界银行成立
1945 年	联合国系统成立
1947 年	关贸总协定生效
1954 年	万宝路牛仔出现
1956 年	越洋电话电缆首次铺设成功

资料来源：根据相关资料整理所得。

三、全面全球化

全球化并非全新的事物，但是其扩展的速度和规模在 20 世纪 60 年代后才有了质的飞跃。80 年代以后，全球化现象的种类、数量、强度、制度化程度、意识和影响都获得了最大限度的发展。

经济全球化进入了全面发展阶段的标志包括以下方面。

1. 统一的全球市场形成

冷战结束后，原苏联境内各独立国家、东欧国家开始从计划经济向市场经济转轨，从封闭的经济逐步融入世界经济，第二次世界大战后即已形成的"两个平行市场"消失，开始汇合成为统一的全球市场，包括货物市场、服务市场、资本市场、技术市场、劳动力和人才市场，形成全球市场体系，资源在全球范围内实现了优化配置。

2. 全球经济贸易自由化加强

从 20 世纪 80 年代以来，各国开始致力于体制改革。总的方向是放宽或取消对经济活动的管制，减少政府对经济的干预，实行国有经济民营化，充分发挥市场机制的作用。减少和消除各国间的壁垒，使商品和生产要素能在国际范围内自由流动。

3. 经济信息化加强

自20世纪80年代以来，信息技术革命掀起高潮。计算机、个人电脑、移动电话和互联网在短短的时间内覆盖全世界，为全球各地经济的联系和交往提供了空前便捷和低廉的通信手段，为全球化奠定了基础。而且，20世纪90年代，美国等发达国家带头，实行了由传统的工业经济向知识经济的转变，传统的工业产业区域萎缩，并有部分向发展中国家转移；高新技术为主导的产业迅猛发展，在经济中占有主导地位，并向世界扩散。高技术产业在全球贸易和投资中所占的比重迅速提高。发展中国家的高科技产业在短短几年间就有了很大的发展。

4. 国际分工不断深化

国际分工从传统的垂直分工、水平分工发展到产业内分工和企业内分工。世界贸易、世界金融和世界投资都以前所未有的速度加快发展，成倍或几倍超过世界国内生产总值的增长，国民经济的对外依存度大大提高，达到了前所未有的高水平。

5. 跨国公司大发展

在第二次世界大战后，美国、西欧和日本的跨国公司相继崛起，20世纪80年代后，一些发展中国家的大公司也开始加入跨国公司俱乐部。到了90年代，跨国公司不仅数量猛增，而且以"世界500强"为代表的巨型跨国公司声势日益浩大。它们推行全球经营战略，在全球编织生产、科研、投资和销售网络，对全球化起着有力的推动作用，成为经济全球化的主力和中坚。

6. 发展中国家参与经济全球化的进程加速

20世纪80年代，发展中国家也先后进行了以市场为导向的经济体制改革，发展外向型经济，以往的封闭自守的状态大为改观。最大的发展中国家中国自20世纪70年代末实行改革开放，到90年代已大见成效。中国经济逐渐与世界经济接轨。中国于2001年加入世界贸易组织更是推动经济全球化进步的重大步骤。

7. 全球经济管理机制加强

除二战后建立的国际货币基金组织和世界银行依然存在并发挥作用外，为适应经济全球化的发展要求，1995年，关税和贸易总协定在乌拉圭回合结束后完成其历史使命，世界贸易组织应运而生，其成员不断增加，到2008年7月为止已有153个，其职能范围不断扩大，对全球经济的管理机制有所加强。

以上种种是经济全球化进入全面扩张时期的标志和特点。这些都是早期全球化时期所没有或少有的。这一切表明，在进入全面全球化后，全球化在广度、深度、速度和制度等方面都有了重大新发展和新变化，是从量变到质变的一种变化。

四、经济全球化的未来走势

经济全球化不是一种固定和稳定的经济状态，其作为一种对立统一的过程必然有高潮也有其低潮。经济全球化是伴随着工业结构不断演进的一种持续发展的过程。近20年来，在技术进步的推动下，以因特网为代表的信息技术在生产、流通、消费等领域得到了广泛应用，大幅度提高了劳动生产率和降低了商业成本，极大地改变人类生产和生活方式。随着国际贸易和投资规模扩大，各国生产活动之间的相关程度提高。经济全球化进程逐渐加快，成为世界经济发展的主流。

在21世纪可预见的时期内,经济全球化将呈现出新特征:一是网络经济将带动电信、银行、保险和运输等全球服务业市场继续扩张,而且,随着其交易手段和方式的不断创新,交易量将迅猛增长;二是跨国公司已突破反垄断法约束,全球购并将涉及更多领域,规模不断扩大,跨国公司规模和市场份额的不断扩大将使生产、营销、消费日益具有全球性;三是WTO等多边组织、国际政策协调机构、区域性经济组织和非政府组织的国际网络,通过全球范围和区域内贸易和投资自由化安排,将在推动经济全球化进程中发挥越来越重要的作用。

第三节 经济全球化的利弊

经济全球化的进一步发展对各国经济的影响越来越大,人们对全球化的认识也在不断深化。透过亚洲金融危机等经济事件,人们看到了经济全球化的复杂性和应对不当可能产生的破坏性。人们普遍认识到,经济全球化是一把"双刃剑"。面对经济全球化,既要很好地把握它带来的机遇,又要趋利避害,规避它带来的风险。

一、经济全球化的利弊之争

从某种意义上讲,经济全球化实际上是市场经济规则在全球的扩展,是市场经济的全球化。市场机制从来就有两面性,利益和风险并存,机会与挑战同在。而经济全球化放大了市场机制的这两个作用,使其产生乘数效应:一方面,以各种经济资源愈益跨越国界在全球范围的自由流动和配置为主要特征的经济全球化,使得市场机制产生的利益和机会倍增,如利用得好,经济发展可能迅速腾飞;另一方面,经济全球化也使得市场机制产生的风险、挑战倍增,全球范围内争夺资源、市场等的竞争更为激烈。从这个角度讲,经济全球化对所有国家都是利弊并存。

(一)经济全球化的正负效应

经济全球化的正面效应表现为以下几点。

(1)为资源在全球范围内的优化配置提供了新的有利条件。作为全球经济组成部分的各个国家,可以发挥自己特有的优势在国际经济交往中实现优势互补,从而在总体上促进世界范围的经济增长。在这一过程中,发达国家凭借其在资本实力和科技上的优势,能比发展中国家获得更大的利益。

(2)使得世界市场成为一个不断扩大的统一的整体。在统一的世界大市场中,各国面对着激烈的国际市场竞争,必须努力改善生产经营活动,降低成本,提高劳动生产率,实现规模生产。这一切都会有效地扩大世界的总产出水平。同时,激烈的国际竞争还会刺激新技术的研究与开发,使科技成果在世界范围内更快地转化为生产力,从而刺激全球经济的增长。

(3)加速了世界性产业结构的调整。在经济全球化的过程中,国际直接投资和技术转让这两个方面的相互作用和相互促进,导致世界性产业结构不断得到调整和升级。在这一过程中,发展中国家可以通过引进发达国家的资金和先进技术,借鉴发达国家的先进管理经验,加快国内产业结构的调整和优化,加速实现工业化和现代化的进程。当然,发达国家在产业结构调整的过程中,能够继续保持在这方面的优势地位。

(4)为解决经济、社会发展面临的一些共同问题,可能提供有利的条件。在当今世界经济发展过程中,生态、环境、资源、人口等问题是各国发展所面临的共同问题。在经济全球化过程中,倘若世界各国,尤其是发达国家能充分认识到并采取积极的措施来解决这些问题,也就能在全球范围内推动经济、社会的可持续发展。

经济全球化的负面效应表现在三个"可能加大"上。

（1）可能加大世界经济发展的不平衡性。由于发达资本主义国家在经济发展中占有明显的优势,因此,在经济全球化的进程中它们的获益也大大超过发展中国家。这就使得南北国家的发展不平衡差距在全球范围内进一步扩大。特别是发达国家和发展中国家人均国内生产总值的指标相差悬殊。这种发展的不平衡具体体现在对外贸易、科学技术力量等方面。

（2）可能加大世界经济发展的波动性。例如,1994年墨西哥发生的金融危机,1995年2月巴林银行的倒闭,1997年爆发的东南亚金融危机,以及后来的阿根廷金融和经济危机,21世纪初美国互联网泡沫的破裂,2007年美国金融危机在全球的蔓延等等,都对世界经济发展造成了巨大的波动和损失。这充分暴露出全球化给世界经济带来的消极影响。

（3）可能加大世界经济发展的矛盾性。当代资本主义的矛盾错综交织,使全球经济充满了不平衡、不协调、不稳定和各种危机。在发达国家之间,以及发达国家与欠发达国家之间的贸易战、货币战接连不断,并波及整个世界。发达资本主义国家,尤其是美国,凭借其经济实力和在世界中的优势地位,对别国的干预、制裁、威胁愈演愈烈,甚至发动军事侵略。这理所当然地引起其他国家的反击,从而加剧了世界范围内的矛盾、摩擦和斗争。这对世界经济的发展同样造成了不利的影响。

总的来说,经济全球化的利弊有三种可能性:利大于弊、弊大于利和利弊相当。对特定的主体来说,重要的问题是要弄清楚对谁利大于弊,对谁弊大于利。对少数发达国家来说,肯定是利大于弊;而对发展中国家来说,利弊具有不确定性;这个利与弊对于各个国家是不对称、不均等的。因为世界各国的市场体制、运行机制的状况不同,市场竞争力、市场风险抵御能力不同,所以即使竞争规则是平等的,各国参与经济全球化的利与弊也不可能是对称与均等的。

（二）经济全球化对不同国家的影响

如上所述,无论是经济全球化的正面影响或负面影响,对于发达国家和发展中国家的影响程度是不一样的。因此,具体到发达国家和发展中国家内部,全球化的影响具有不同的典型表现。

1．经济全球化对发达国家的影响

发达国家以其领先的科学技术和信息优势、完善的市场经济体系和在国际"游戏规则"制定中的有利地位占尽了先发优势,成为全球化的最大受益者。经济全球化对其影响的典型表现如下。

首先,经济全球化为发达国家提供了更加广阔的经济活动空间,使它们凭借各自的优势和经济实力,积极活跃在世界经济舞台上,不断扩大经济势力范围,在全球获得更大的销售、投资和劳动力市场,谋取最大的经济利益。

其次,由于经济全球化的加快发展,国际贸易强劲发展,发达国家不仅是国际贸易的最大受益者,而且也成为国际贸易的垄断者。美、日、欧三方在世界商品贸易中所占的份额高达50％以上[1],全球贸易实际上主要为这三方所垄断。一方面,发达国家的科技开发与应用直接地促进了自身以及全球贸易的发展。另一方面,发达国家对外直接投资的不断增加,成为全球贸易

---

[1] 世界银行：《2006年世界发展指标》。

发展的主要推动力。而发达国家对外贸易的发展又促进了地区经贸一体化趋势的加强,从而更加有利于发达国家经贸合作关系的拓展。欧洲联盟(EU)和北美自由贸易区(NAFTA)都是以发达国家为主的规模最大和最有影响力的地区性贸易集团。

再次,经济全球化极大地促进了发达国家跨国公司的发展和全球扩张,并使其对外投资规模不断扩大。目前,全球生产的40%左右、国际贸易的50%~60%、国际技术贸易的60%~70%、科研与开发的80%~90%、国际投资额的90%,都被发达国家的跨国公司所控制。发达国家跨国公司在经济全球化进程中发挥着越来越重要的作用,始终是国际直接投资的主导力量。

最后,经济全球化带来的世界范围内的空前竞争,促使发达国家经济向科技和资本密集型产业升级,在高新技术方面不断创新,研究、开发和生产出技术和知识含量高的新产品,并及时推向市场,提高产品的国际竞争力,维持其在高新技术产业上所占据的优势地位。

综上所述,发达国家作为经济全球化的积极推动者,利用其在国际贸易、国际生产和投资以及在高新技术产业上的优势和垄断地位,在经济全球化进程中逐步建立起有利于发达国家的国际经济秩序,并成为经济全球化的最大受益者。事实上,在经济全球化进程中,制定国际经济规则的主导权始终掌握在发达国家手中,因而,这些规则会充分顾及发达国家的利益。加之发达国家拥有先进的生产力,掌握高新技术,国际竞争力强,并在国际贸易和国际资本流动中占有3/4以上的份额,使发达国家在经济全球化过程中始终处于有利地位。

任何事物都有其两面性,都是一个矛盾的统一体。经济全球化在给发达国家带来巨大经济利益的同时,难免会对其经济产生一些冲击。

在发达国家,对于全球化的一个重要观点是认为全球化导致了发达国家就业的下降。一般认为,由于国际贸易的迅速发展和发展中国家向发达国家出口规模的扩大,对发达国家的某些劳动密集型产业和就业会产生不利影响。但对该问题的分析应一分为二。一方面,国际贸易的发展尤其是发展中国家对发达国家的出口增长,可能会对发达国家的工资和收入水平有一些负面影响,但如果发展中国家增加进口,则又会拉动发达国家的出口及与之相关的生产和收入的增长,不仅可以增加就业机会,还能提高工资。而且,从理论上说,随着发达国家对发展中国家国际投资的不断增加,虽然会造成一定程度的就业机会转移,使本国的某种岗位的就业机会相对减少。但同时,也有对外投资为自己创造就业机会的有力例证。以大众汽车公司为例,该公司在中国设立一家工厂并不会减少德国的任何一个就业岗位。相反,大众汽车公司的市场扩大了,因此,在德国还创造了新的就业岗位,因为与中国分公司的联系仍需保持,而且研究和开发工作仍像以前一样在德国进行。

综上所述,无论是国际贸易还是国际投资,其带给发达国家的巨大经济利益远远超过对发达国家就业和工资水平所带来的微不足道的冲击。事实上,发达国家只有积极融入经济全球化进程,才能从根本上解决就业和工资问题。

2. 经济全球化对发展中国家的影响

对于发展中国家而言,全球化所造成的影响表现在以下方面。

第一,大量外资的进入,有助于解决发展中国家严重的资本不足问题,能够促进经济增长。资本的进入带来了市场经济的规则和惯例,有助于缩短发展中国家从二元经济向现代化经济转型的时间,能够加快现代经济制度的形成。但是,资本的进入也带来了"资本专制"等不良西方文化的冲击,使社会价值观念发生倾斜。而且,大量通过贷款形成的资本进入也易造成沉重的债务负担,可能引发国际债务危机。

第二,资本的进入带来了实用技术、管理经验和企业创新精神。通过购并当地企业实现的外资进入还有助于传统产业结构改造和促进产业竞争。但是,由于跨国资本"无国籍"和无民族认同感,它不可能完全取代民族资本的功能。因此,外资的过度进入有可能挤垮发展中国家的民族工业,因而可能损害其经济的长远发展。

第三,资本的进入有助于发展中国家安排大量的工资低廉的过剩劳动力从事有效就业,从而发展自己具有国际分工优势的劳动密集型产品和产业。但是,跨国资本总有一种摆脱所在投资国政府控制的倾向。在利用廉价劳动力替代发达国家劳动力的好处的同时,往往对所购并的企业大量裁员,以及建立相对资本密集型的企业。所以,外资的正的"雇员效应"从发展中国家总体上来看并不明显。如果还考虑到被外资挤垮的其他企业,外资的雇员效应就更大打折扣了。

第四,多种结构的跨国资本的进入,活跃了发展中国家的金融市场,有利于发展中国家的货币化和金融深化。但是,跨国资本的进入增大了金融市场的投机性和风险度,也容易给短期投机资本冲击较虚弱的发展中国家国内市场造成可乘之机。

第五,经济全球化带给发展中国家的最大问题或者说最大威胁,是它们的国家主权受到冲击和削弱,国家经济安全受到挑战。由于经济全球化条件下世界范围内市场力量的加强,贸易自由化、金融全球化以及发达国家大跨国公司的不断扩张,发展中国家在经济事务中的权力相对减弱。特别是由于生产结构越来越具全球性,发展中国家实际上已很难完全控制本国的生产结构,发展中国家经济主权受到了无情的侵蚀,造成国家经济不安全。而且,适应经济全球化需要而成立的专门性国际经济组织这类"超国家机构",也对发展中国家的经济主权形成约束。

通过以上分析已经很清楚,经济全球化对发达国家和发展中国家所带来的正负效应、利与弊、机遇与挑战是各不相同的。经济全球化作为由西方发达国家主导的资本主义市场经济在全球范围内的延伸,其最大受益者理所当然是这些发达国家。它们的一切活动和所追求的全部目标都可以归结为一点:以全球为市场,在全球范围内取得最大利润,获取最大经济利益。而发展中国家在与发达国家分享经济全球化部分利益的同时,却承受着经济全球化所带来的负面效应甚至对本国经济的严重冲击。面对这种情势,作为经济全球化最大受益者的发达国家应当承担起帮助发展中国家发展经济的责任与义务。发展中国家也需要保持清醒的头脑,采取有力措施来面对经济全球化带来的挑战和风险。

第四节 反全球化

近年来,随着经济全球化进程不断加快,在关于全球化的利弊、善恶和目标的激烈争论中,一股反全球化的浪潮也在世界各地逐渐形成。

1999年12月,以世界贸易组织在西雅图启动"千年回合谈判"时爆发的群众抗议活动为标志,反全球化运动在全球兴起。在其后的几年时间里,全球又爆发了10多起规模不等的反全球化集会。如今,任何一个国际经济组织、多边经济论坛和东道国在举办重要的国际会议时,不得不思量再三,寻求应对反全球化示威之策。除了大规模的街头示威外,反全球化者还通过网络社区论坛,对全球化意识形态和政策进行质疑和反对,形成一种世界性群众运动。

反全球化与全球化相伴而生,其影响与规模已构成另一种"全球化"。反全球化运动的参与者多为一些在经济全球化中被"边缘化"了的发展中国家,以及发达资本主义国家中受到经济全球化排斥的人群。他们构成复杂,来自社会的各个阶层,有工会活动分子、环保主义者、反对各国政府与国际组织的无政府主义者、发达国家的农产品保护主义者、抵制新经济自由主义与资本主义世界体系的左翼力量,以及那些担心全球化将导致资本统治的民主派,他们为了反全球化这个共同目标走到一起来,组成了形式各样的非政府组织与抗议联盟。反全球化的目标与口号包括反经济自由化、反全球竞争与失业、反全球资本主义、反全球经济、反自由贸易、反环境污染、反美国化等[1]。总体上看,反全球化者的动机多样、言论不一。反全球化的非理性与暴力行为不足取,但这种现象反映的问题是深刻的,这些问题的根源就在于当前的全球化在经济、政治、社会、文化方面存在明显缺陷。

全球化的最主要影响体现在经济方面,当前的全球化以公司为中心,偏重于贸易与投资自由化,其主张者与推动者宣称,只要实现了全球经济自由化,各国经济,特别是发展中国家的经济就搭上了飞速发展的列车。事实上,经济开放只是摆脱贫穷、发展经济的一个必要条件,并不是必然结果。在资本流动完全超越国家主权的情况下,任何开放国家都免不了受资本市场波动的影响。最近几年,在东亚、东欧、中东与拉美,金融危机以及连带的经济衰退此起彼伏。全球化弱化了国家的传统作用,世界上多数国家面对全球化的挑战,还没有找到新的国家定位。

其次,在政治方面,全球化的主要动力源是不再考虑边界限制的各种跨国公司和工业化国家的政府。由于秉持着新自由主义立场,它缺少充分的民众基础与广泛的社会支持。在许多情况下,当前的全球化正在带来资本与劳工、资本与国家之间两大关系的新的紧张。在某种意义上,全球化被某些人当作了让美国权势影响世界化的新政治意识形态,许多反全球化者于是把全球化等同于美国化。抵制全球化行动是与他们对美国世界霸权的憎恨、反对情绪分不开的。

最后,在社会方面,全球化引起的问题更多。全球化进程与全球生态退化的进程几乎同步,这使得反全球化者把生态恶化归咎于全球化。在相当程度上,目前的全球化并不重视财富分配、就业与发展问题。这样的全球化越是加速,无论国内还是国际,贫富鸿沟不断扩大,社会分化越发明显。由于各国的劳动力具有相对不可流动性,而跨国公司又在全球配置资源,获取竞争优势,无论发达国家还是发展中国家的劳工权益都受到不同程度的损害。全球化也对人们的文化认同带来重大冲击。

归结而言,反全球化者反对全球化的主要原因是,他们认为经济全球化使各国付出了相当大的代价:一是全球化使得经济波动和危机的国际传染成为经常性的、不可避免的情况;二是全球化使各国经济主权的独立性正面临日益严峻的考验;三是全球范围内的贫富差距正进一步扩大[2]。这一切都刺激着他们不遗余力地振臂高呼,反对全球化。然而正如联合国前秘书长安南所说,反全球化不是反对全球化本身,而是反对全球化带来的各种问题。

全球化既能带来机遇也同样带来了挑战,从根本上说,是个利益分配问题。全球化似乎是不问民族与国家,不分地区与方位,不管穷富与贵贱,但实际上,如同一切事物一样,全球化的发展也是不平衡的,一些国家从全球化中受益,一些国家则逐渐被边缘化。甚至在一国内部,也区

---

[1] 曹文振:《经济全球化问题与应对》,中国海洋大学出版社 2003 年版,第 50 页。
[2] 赵登华:"经济全球化与反全球化",载《经济日报》2001 年 11 月 26 日。

分为全球化的受益者与全球化的失落者。

全球化是世界经济发展的历史趋势。在经济全球化的进程中,一方面,应该让大多数的世界人民真正参与全球化,只有广大人民对全球化的利益与风险有了切身感受,全球化才能获得真正的动力源泉,全球化才会有可持续性。另一方面,世界各国和各种超国家的组织机构不能听任全球化进程只受市场力量支配,而必须有驾驭全球化的相应制度安排,否则全球化的社会成本太高,将在根本上制约全球化的进一步发展。在国内层次,各国应加强适应全球化的制度建设。在国际层次,现存国际经济组织要加速机构改革,对各国政府与人民更加负责,增加机构与工作的透明度并接受全球各国公众的监督。地区是沟通全球与国家的中间环节,有关国家应在地区一级积极探讨多边合作、地区一体化的模式,争取使类似欧洲、东亚这样的地区在全球化的制度结构中扮演更大角色。而从长远看,当前反全球化运动提供的最深刻教训应该是:世界各国应尽快探索"全球治理"之道。为了人类的共同未来,为了一个更均衡的、可持续性的全球化,民主、公正与合理的全球治理是非常必要而紧迫的。因为全球治理涉及各国的切身利益,各国之间达成一些能付诸实施的全球化问题框架非常困难。尽管如此,各国领袖必须拿出足够的政治勇气追求国家体系存在下的全球治理,以建设性的态度争取去调和国家利益与全球利益的矛盾。

本章小结

全球化是社会生产力达到高水平的产物,它包括社会、经济、政治、安全、思想、文化和人类面临的越来越多的共同性问题。而经济全球化更是全球化整体进程的基础和核心。关于经济全球化的定义,目前虽然众说纷纭,但在本书中,我们给出了自己的理解:经济全球化是指经济发展要素——商品、资本、信息、技术、人力资源在全球范围内的自由流动、组合,进而实现优化配置,以及与此相适应的市场经济运行机制建立与规范化的过程,其涵盖了三个方面的内容,即生产的全球化、贸易的全球化,以及金融的全球化。有别于早期经济全球化的若干特征,目前全面展开的全球化具有其鲜明的时代特点:生产力的发展、生产关系的推动和推动型管理结构的制度创新使得全球化在贸易、金融、投资和组织上有了较之以往的质的飞跃。在贸易方面,国际贸易的总量和规模不断扩大,贸易广度不断扩大(WTO的成员国不断增加),深度不断加强(各国贸易依存度不断上升),贸易结构也发生了深刻的变化。在金融方面,全球金融资本的规模空前扩大,各类金融市场发展迅速,跨国金融交易不断上升,国际金融衍生工具(产品)市场飞速发展,国际金融中心不断发展和广泛分布。在生产的全球化方面,正是由于对外直接投资和跨国公司的全球性迅猛发展,导致了生产的全球化。除去上述的积极表现,经济全球化还进一步表现在愈演愈烈的环境、能源、贫困和人口问题以及全球化的扩展对各国所造成的主权制约。当然,经济全球化的发展必然有利有弊。这种利弊不仅表现在对全球经济的影响上,更深刻地反映在不同发展水平的国家之间。发展中国家和发达国家对于经济全球化的吸收程度以及从经济全球化中所分担的利益和风险都有着截然不同的表现。全球化既能带来机遇也同样带来了挑战,从根本上说,是个利益分配问题。全球化似乎是不问民族与国家,不分地区与方位,不管穷富与贵贱,但实际上,如同一切事物一样,全球化的发展也是不平衡的,一些国家从全球化中受益,一些国家则逐渐被边缘化。甚至在一国内部,也区分为全球化的受益者与全球化的失落者。正是由于全球化在政治、经济、文化等方面的分配不公,导致了与全球化相生相伴的反全球化运动的兴起和发展。而反全球化运动的发展另一方面也削弱了全球化所带来的利益。因此，如何协调和处理全球化发展中的不公和不利因素已经成了摆在世界各国和各个国际经济组织面前的一个亟待解决的问题。

关键词

全球化　经济全球化　贸易全球化　金融全球化　生产全球化　反全球化

复习思考题

1. 请简述经济全球化的定义和本质。
2. 经济全球化有哪些具体表现？
3. 经济全球化的推动因素主要有哪些？
4. 请简述全面全球化的标志和特点。
5. 你如何看待经济全球化的利弊？试分析经济全球化对发达国家和发展中国家的不同影响。
6. 如何看待反全球化问题？

第七章

贸易全球化

贸易全球化是经济全球化的一个显著特点。在国际贸易发展的历史中一直存在着贸易自由主义和贸易保护主义的斗争和论战。但是自由贸易一直是国际贸易的主旋律,这推动着世界经济的发展,大部分国家也从自由贸易中获得了国家经济的发展。战后特别是20世纪90年代后,贸易全球化得到了快速发展。从全球贸易的增长速度、广度、深度等指标来看,当前的贸易全球化都发展到了新的水平,并具有一些新的特征。然而,全球贸易的发展又是不平衡的,这种不平衡性既体现在地区与地区之间,又体现在国家与国家之间。对于贸易与经济增长的关系,绝大部分的理论与实证分析都认为贸易是可以促进经济增长的,贸易全球化、自由化在推进的同时可以为发展中国家的经济带来发展的机遇。

第七章 贸易全球化

学习目标

通过本章的学习，你应该能够：
1. 了解贸易自由化的发展历程，贸易自由化进一步促进贸易全球化的趋势；
2. 熟悉贸易全球化的几个指标，并归纳出贸易全球化的几个趋势；
3. 掌握国际贸易与经济增长的有关理论，了解有关两者的一些实证研究进展。

第一节 贸易自由化

一、贸易自由化的兴起

（一）国际贸易的初步发展

在19世纪世界市场形成之前，国际贸易主要以区域性贸易为主。在古代的世界贸易中，主要形成了以地中海沿岸国家为主的地中海贸易圈，以中国为中心的东亚贸易圈和中世纪形成的波罗的海和北海贸易圈，也就是北欧贸易圈。这时的贸易由于受生产力发展水平特别是交通工具的限制，投入流通的商品数量和种类不多，进入贸易范围的往往只是供上层社会消费的奢侈品。尽管此时从事国际贸易的风险极大，但获利颇丰，因此有大量商人从事国际贸易，各国政府对国际贸易也十分重视，常常制定各种鼓励对外贸易的政策。

随着贸易规模的不断扩大，贸易范围超过了传统社会的基本组织形式——庄园的管辖范围。贸易的发展要求政治单位在更大的地区规定、保护和实施所有权。不断发展的贸易促使市场联合成一个整体，分割的特权趋向集中，民族国家兴起，开始强调政府对经济生活的干预，在对外贸易上主张施行重商主义。

重商主义主要对贸易进行控制。在封建社会末期，其所推行的保护政策符合商业资本和中央集权的封建王朝的利益，它是资本原始积累的重要途径，促进了资本主义生产方式的兴起。但是随着工业化在各主要国家的完成，机器大工业的建立，社会生产力极大提高，剩余产品大大增加，对外出口成为实现资本主义再生产的重要条件，此时，重商主义已成为资本主义自由扩张与国际贸易扩展的绊脚石。19世纪英国创立了自由贸易体制，成为最早实行自由贸易的国家。

（二）英国自由贸易的兴起

亚当·斯密（A. Smith）（1723～1790年）和大卫·李嘉图（D. Ricardo）（1772～1823年）最先给出了实行自由贸易政策的理论依据。斯密主张自由放任原则，认为在国内经济生活方面的自由竞争和在对外贸易方面的自由贸易同样重要，其绝对利益学说为自由贸易理论的发展奠定了基础。斯密在其名著《国民财富的性质和原因的研究》（即《国富论》，1776年）中提出国际分工，并以此来论证自由贸易的好处。在他看来，正像国内生产部门内部和彼此之间存在分工一样，国际上不同国家之间也存在分工，这种分工的发展可以促进劳动生产率的提高。每个国家都只生产它最擅长的东西，然后去交换别国擅长生产的东西，则各国都可以在交换中获益，而要实现这种合理的分工就必须实现各国间的自由贸易。李嘉图在斯密的基础上提出了以比较成本和自然禀赋为基础的比较利益理论。其《政治经济学赋税原理》（1817年）将自由贸易学说向前推进了一大步。李嘉图认为,每个国家都应专门生产它相对成本比较小的商品,即这种商品在生产上具有比较优势,即使其成本的绝对额比在其他国家还要高。他还进一步指出,一个国家的比较优势取决于它的自然禀赋。因此,英国应当集中生产工业品,其他国家只生产工业原料,主张英国实行自由贸易。英国在该时期推行自由贸易政策的具体措施包括以下几方面。

1. 废除《谷物法》

在英国,关于《谷物法》①的存废成为自由贸易与保护贸易斗争的典型事件。1815年,英国政府为了保护土地贵族的利益,通过了《谷物法》,以保证谷物的价格水平,避免外国竞争,但这却间接造成了资本家支付给工人工资成本的提高,因此遭到了工业资本的极力反对。经过反复的争斗,托利党人皮尔在辉格党的支持下,终于在1846年,将《谷物法》废除了。《谷物法》的废除标志着工业资产阶级对土地贵族的胜利,为资本的自由扩张铺平了道路。在此之前及其后取得的一系列自由贸易的胜利为英国对外实行贸易自由化扫除了障碍。

2. 改革关税制度

1842年英国进口税目达1 052个。1860年英国财政大臣格莱斯顿实行了英国对外贸易完全自由化的第一个预算,将税目削减到48个,1860年以后,只有少数商品保留着进口税,像白兰地、葡萄酒、烟草、咖啡等②,后来又免除了木材关税,1869年取消了谷物进口的注册费,1875年免除了蔗糖进口税。

3. 取消对殖民地的贸易垄断

英国实行自由贸易也引起了其殖民地贸易政策的变化。英国早期对殖民地贸易实行垄断,后来逐渐变成特惠制,英国商品在殖民地享受特惠待遇,而殖民地商品在英国市场获得关税优惠。后来特惠体制也被废除,殖民地逐渐自由地执行独立的贸易政策。加拿大在1849年废除小麦特惠税和1860年废除木材关税后,无力与欧洲商品竞争,在1855年与美国签订了互惠贸易协定。在澳大利亚,1851年废除了英国特权,各殖民地自由地执行独立贸易政策。南非在1860年废除了特惠葡萄税,已经可以自由地决定关税水平。印度在19世纪的60年代就在降低关税,尤其是降低棉纺织品的关税。英国殖民地的贸易政策逐渐趋于自由。

4. 自由贸易在欧洲的扩展

在英国自由贸易政策胜利的鼓舞下,古典经济学家坚信其他地区为了共同的利益也将随之走向自由贸易,事实确实如此。受英国影响,大多数欧洲国家改革了它们的税则。19世纪50年代前半期,俄国、瑞典、挪威、丹麦、普鲁士等将英国输出的许多商品的关税降低;西班牙废除禁止税改为保护税;法国则大大降低了钢铁和五金器材的关税水平。1860年以后,英国的贸易自由化通过签订贸易条约和关税协定而不断扩散到其他欧洲国家。其中重要的进展是1860年著名的《英法通商条约》(《科布登-谢瓦利埃条约》),它是19世纪60年代有效地把欧洲大部分地区变为低关税集团的一系列贸易条约中的第一个,它的签订标志着自由贸易在一向被视为欧洲保护主义关税壁垒的法国得以确立。随后,一系列的类似条约在法国与其他国家展开,如1862年与比利时和德意志关税同盟的协定;1863年与意大利的协定;1864年与瑞士的协定等等。此时英国也与比利时、意大利、奥地利等订立了类似的条约。

---

① 《谷物法》是1815年至1846年英国强制实施的进口关税,以保护英国农夫及地主免受来自生产成本较低廉的外国所进口的谷物的竞争。《谷物法》规定,当谷物价格降低到一定程度时,即鼓励出口限制进口。《谷物法》增加了工业生产成本。
② 高德步、王珏:《世界经济史》(第二版),中国人民大学出版社2005年版,第321~322页。

至此,自由贸易以英国为发源地,逐步扩展到欧洲其他国家和英国殖民地,完成了贸易自由主义在欧洲甚至全世界的扩张。尽管这次贸易自由化还很不完全与彻底,但它却极大地促进了国际经济一体化的发展,尤其是欧洲经济一体化。在贸易自由化的刺激下,国际贸易迅速增长,国际贸易值在1830～1850年间翻了一番,在随后的30年里至少翻了3番或4番。1800～1913年间,人均世界贸易值以每10年33%的速度增长,而1840～1870年达到每10年53%的最高增速[①]。

（三）贸易保护主义的抬头

自由贸易理论的假设前提是完全竞争,但在实际中,不完全竞争才是常态,所以在自由贸易中,并不是每个国家都能获得均等的比较利益。发展相对落后的国家由于国内幼稚工业的劳动生产率低,无法面对自由贸易带来的市场竞争,转而实行贸易保护政策。美国在19世纪初开始实行贸易保护,不断提高关税,1862年应税商品的税率为37%,1864年上升到47%[②]。德国在19世纪70年代末实施贸易保护政策,提高工业品进口关税,以保护其幼稚工业。受德国影响,1870年后,意大利、俄国、法国等都转而实行贸易保护政策。由于经济的衰落,自由贸易的先驱英国在贸易政策方面也逐步转向。

两次世界大战以及20世纪30年代资本主义世界经济危机,使世界生产陷入停滞,世界贸易也遭到严重破坏,各国对贸易的管制和干预进一步加强,除了实行高额关税外,还大量采用了数量限制、外汇管制、卫生检疫措施、烦琐的海关手续等新的保护措施。贸易自由主义被各个国家所放弃,贸易保护主义达到顶峰,国际贸易遭到严重破坏,1913～1937年间的每10年贸易增长率从1881～1913年间的近40%下降到14%,而人均贸易增长率从1881～1913每10年的平均34%下降到1913～1937年间的3%[③]。

二、GATT,WTO与战后的贸易自由化

（一）GATT与贸易自由化

第二次世界大战后,大部分国家变成一片废墟,美国却实力大增,成为世界政治经济的头号大国,它就像19世纪的英国一样,开始鼓吹自由贸易政策。经过战争的洗礼,各国也认识到,战前的贸易保护主义政策尤其是以邻为壑的贸易保护政策,不利于任何国家的发展,只有实行自由贸易才能促进世界经济的繁荣与稳定。在美国的主导和推动下,23个国家于1947年10月30日在日内瓦签订《关税与贸易总协定(GATT)》(简称《关贸总协定》),并于1948年正式生效。《关贸总协定》分为序言和四个部分,并有若干附件。其基本条款包括:① 在国际贸易中实施非歧视性待遇;② 不得采用直接进口管制;③ 禁止采用数量限制措施;④ 强调国家间的磋商与谈判等。其主要活动是主持关税减让谈判,即在成员国之间分别就重要贸易商品,通过多边谈判,定出减让税率,然后根据最惠国条款,扩大到关贸总协定的所有成员国。关税与贸易总协定成为战后贸易自由化的重要推动者。

在关贸总协定的推动下,世界各国先后进行了八轮多边贸易谈判,达成了范围越来越广泛的贸易自由化协议(见表7-1)。"肯尼迪回合"使用了线性方法削减大部分商品关税,结束了以前逐一产品谈判的方法,提高了谈判效率,关税削减幅度更大。而1986～1994年进行的"乌

---

① A·G·肯伍德、A·L·洛赫德著,王春法译:《国际经济的成长:1820～1990》,经济科学出版社1997年版,第60页。
② 同上书,第64页。
③ 同上书,第207页。

拉圭回合"谈判议题更加广泛,达成了从关税措施到非关税壁垒、从货物贸易到服务贸易、从国际贸易到国际投资的规模空前的贸易自由化协议。在货物领域,自"乌拉圭回合"谈判后,各缔约方平均减税幅度达40%,减税涉及的贸易额达1.2万亿美元以上。在非关税措施方面,进一步完善了"东京回合"所达成的6个非关税措施协议,并签署了2个新的协议。这些协议的达成,促进了各国市场的进一步开放,为限制贸易保护主义提供了法律上的依据,极大地促进了贸易自由化的发展。作为"乌拉圭回合"最重要的成果,1995年1月1日世界贸易组织成立,以取代关贸总协定,标志着世界贸易正在向着完全贸易自由化的方向迈进。

表7-1 GATT的八轮多边贸易谈判

年 份	地点/名称	主要议题	参与国家	主 要 成 果
1947	日内瓦(瑞士)	关税	23	创立了关贸总协定。达成双边减让协议123项,约54%的应税进口商品平均关税降低35%,关税减让项目45 000项
1949	安纳西(法国)	关税	13	达成了约5 000项关税减让,关税降低35%
1951	托奎(英国)	关税	38	达成了约8 700项关税减让,从而把1948年确定的关税水平下调了25%
1956	日内瓦(瑞士)	关税	26	由于美国国会对美国政府的授权有限,所达成的关税减让只涉及25亿美元的贸易额,关税减让项目3 000项,关税下降15%
1960~1961	日内瓦(瑞士) 狄龙回合	关税	26	谈判达成的关税减让涉及49亿美元的贸易额,关税减让项目4 400项,关税下降20%
1964~1967	日内瓦(瑞士) 肯尼迪回合	关税与反倾销措施	62	确定削减关税"一刀切"的办法,在经合组织成员间工业品一律平均削减35%的关税。通过《反倾销协议》
1973~1979	东京(日本) 东京回合	关税,非关税措施等	102	将世界9个主要工业品市场的关税平均削减1/3,制成品的平均关税由关贸总协定成立时的40%左右降至4.7%。还产生了一系列关于非关税壁垒的协议(包括倾销、补贴、标准、政府采购、海关估价和进口许可程序),关税下降31%
1986~1994	埃斯特角城(乌拉圭) 乌拉圭回合	关税,非关税措施等	123	发达国家和发展中国家平均降税1/3,发达国家工业制成品平均关税水平降为3.6%左右。签署了《世界贸易组织协定》。减税涉及贸易额1.2万亿,20个产品实行零关税,服务贸易自由化

资料来源:世界贸易组织(WTO)。

(二) WTO与贸易自由化

世界贸易组织(WTO),是当今世界上最大的全球多边贸易组织,与关贸总协定不同,它是契约式的贸易组织,极大加强了国际贸易体系的法制化和规范化,强化了全球性多边贸易机制,形成了多边贸易体制坚实的法律基础和组织基础,有力地推动了国际贸易自由化的发展。《世界贸易组织协定》在其序言部分写道:"为了保持关贸总协定的基本原则和进一步完成关贸总协定的目标,发展一个综合性的、更加有活力的、持久的多边贸易制度"而达成协定。因此,世界贸易组织取代关贸总协定后,也继承了它的基本原则,除了在货物贸易领域继续推进自由化外,还在服务贸易、与贸易有关的知识产权以及与贸易有关的投资措施等新的领域加以适用和推广。

世界贸易组织在其诞生之日起,便扮演起了贸易自由化强有力的推动者。例如,在货物贸易方面,在世界贸易组织成立之前,纺织品贸易作为一种特殊的贸易体制,长期游离于关贸总协定体制之外,背离了《关贸总协定》的基本原则。1974年进口纺织品的发达国家制定了《多种纤维协定》(又称《国际纺织品贸易协定》),此后一直展期。《多种纤维协定》名义上是为了扩大纺织品贸易,减少贸易壁垒,逐步实现世界纺织品贸易的自由化,但实际上该协定是对来自发展中国家的纺织品实行歧视性的进口数量限制。在"乌拉圭回合"谈判中,《多种纤维协定》被《纺织品和服装协议》所取代,并达成在世界贸易组织成立之日起10年内,要逐步将纺织品贸易纳入到关贸总协定的规则内,也即到2005年1月1日,废止《纺织品和服装协议》,取消一切限制,逐步实现纺织品与服装贸易的自由化。

在贸易自由化的进程中,世界贸易组织体现出极大的灵活性,如1997年3月26日,在美国和欧盟的推动下,占全球信息技术产品贸易额90%的40个国家和地区宣布加入《信息技术产品协议》,承诺在1997年7月1日前削减计算机和通信产品关税,发达国家到2000年,发展中国家到2005年,将其信息技术产品的关税降为零。由于《信息技术产品协议》无法获得世界贸易组织全体成员的支持,其协议承诺只适用于签字国,并给签字方保留敏感项目及较长减让期的灵活性,减少了自由化推进中的阻力。

在服务贸易方面,《服务贸易总协定》成为世界贸易组织中与《关税与贸易总协定》和《知识产权协定》并行的多边贸易规则,这与当今国际贸易呈现货物贸易、服务贸易和知识产权贸易共同发展的态势是一致的。1997年4月15日世界贸易组织成员谈判达成《基础电信协议》,并于1998年2月15日生效。参加谈判的成员国有68个,涉及全球电信市场份额的90%以上,各方承诺逐步开放各自的市场,以更广泛地实现基础电信服务自由化。1997年12月12日,70个国家达成一项多边金融协议,同意开放各自的金融服务业,它包括95%以上的有关银行、保险、证券和金融信息等方面的贸易。世界贸易组织还促进了《与贸易有关的知识产权协议》的实施,加快了技术与知识产权的国际交换,为推动科技的进步和新产品的开发起到了促进作用。同时,为了促进投资自由化,避免对贸易造成不利影响,WTO还制定了《与贸易有关的投资措施协议》以促进世界贸易的扩大和逐步自由化,并便利国际投资,以便在确保自由竞争的同时,提高所有贸易伙伴,尤其是发展中国家成员的经济增长水平。

表 7-2　WTO 的主要协议

名　称		主　要　内　容
有关贸易补救措施协议	反倾销协议	关于出口商品倾销、国内产业损害、倾销与损害之间因果关系的确定,以及应采取的反倾销措施等实体性问题的规定;关于反倾销案件起诉、调查、裁决和司法审查等程序性问题的规定;关于各缔约方争端解决的规定等
	补贴与反补贴措施协议	主要涉及补贴的范围与分类、反补贴措施和对发展中国家的特殊和差别待遇等
	保障措施协议	包括:总则、条件、严重损害或受到威胁的确定、保障措施的实施、对发展中成员的特殊待遇、磋商与争端解决等内容

续表

名　称		主　要　内　容
规范非关税壁垒的多边货物贸易协议	海关估价协议	包括：海关估价的规则，管理、协商和争端解决，特殊和差别待遇，最后贷款等，由24条3个附件组成
	原产地规则协议	包括：定义和适用范围，实施原产地规则的纪律，通知、审查、磋商和争端解决的程序安排，原产地规则的协调等内容
	技术性贸易壁垒协议	包括《技术性贸易壁垒协议》和与技术性贸易壁垒有关的协定：《就世界贸易组织—国际标准化组织信息系统所提出的谅解的决定》和《关于审议国际标准化组织/国际电工技术委员会信息中心出版物的决定》
	进口许可程序协议	由前言和8个条款组成，内容依次包括：前言、总则、自动进口许可、非自动进口许可、机构通报、磋商与争端解决、审议及最后条款
	装运前检验协议	包括：适用范围和定义，进口成员方的义务，出口成员方的义务，争端解决等
	实施动植物卫生检疫措施协议	主要内容：基本权利与义务，建议保护，地区条件，透明度，控制、检查、通知程序，特殊和差别待遇等
规范特定商品的贸易措施协议	农产品协议	附有各成员方的具体减让承诺表。协议的内容主要涉及扩大农产品市场准入、国内支持、出口竞争及管理等
	纺织品与服装协议	主要内容有：协议适用产品清单；逐步扩大所有数量限制的过程；过渡期内实行的保障安排、反规避条款；设立一个具有调节和准司法职能的纺织品监督局对整个过程进行监督
服务贸易总协定	服务贸易总协定	协定管辖范围及定义、一般义务与纪律、具体承诺、逐步自由化、机构条款与最后条款
	服务贸易的部门协议	包括：自然人流动服务协议、金融服务贸易协议、基础电信协议、海运运输协议、航空运输协议
与贸易有关的其他协议	与贸易有关的知识产权协议	内容：总则和基本规则；关于知识产权的效力、范围及使用标准；知识产权执法；知识产权的活动、维护及相关程序；争端的防止与解决；过渡性安排；机构安排等
	与贸易有关的投资措施协议	包括：协议的适用范围、国民待遇和数量限制、例外原则、发展中国家成员的待遇、通知和过渡性安排、透明度与贸易有关的投资措施委员会、磋商和争端解决、货物贸易理事会的审议

资料来源：根据胡涵钧：《WTO与中国对外贸易》，复旦大学出版社2004年版，第36~118页整理。

如果说英国自由贸易政策是贸易自由化的开端，那么关贸总协定则为贸易自由化奠定了基础，而世界贸易组织则将贸易自由化推向了一个更高级的阶段，在每一次的贸易自由化席卷全球时，都进一步加剧了贸易全球化乃至经济全球化的趋势。现在不论是发达国家还是发展中国家抑或是转轨国家，在经济全球化的背景下，从贸易制度到贸易政策，再到贸易范围都朝着自由化大步迈进，世界上越来越多的国家与地区正在逐步融合到经济全球化中。在一定时期内，贸易保护主义虽时有抬头，但贸易自由化已经成为不可阻挡的趋势。

第二节　贸易全球化的特征

一、贸易全球化的特征

（一）全球贸易快速增长

第二次世界大战结束后，各国对战前的贸易保护主义政策进行了深刻的反思，认识到只有实行自由贸易才能促进世界经济的繁荣与稳定，因此贸易自由化迅速在全球展开。战后成立的关税与贸易总协定（GATT）是贸易自由化的产物，极大地促进了全球贸易的发展。特别是进入20世纪90年代中期以后，在世界贸易组织（WTO）的推动下，包括商品和服务在内的国际贸易日益自由化、法制化和规范化，得到了长足的发展。图7-1显示世界商品的进出口增长状况，在此"商品"只包括食品、农业原材料、燃料、矿产品与金属和制成品，如果将国际贸易中的服务贸易包括在内，那么国际贸易的发展更快。

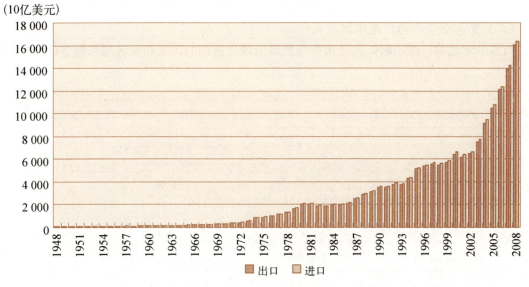

图7-1　世界商品进出口的增长（1948～2008年）

资料来源：联合国贸发会议。

世界经济与国际贸易都易受到多种经济、非经济因素的影响，其在一段时间内往往表现出一定的波动性，但总的来说国际贸易的增长快于世界GDP的增长，从1971年至2003年世界商品与服务的出口、进口平均增长率分别为6.66%与6.30%，而同期世界GDP的平均增长率只有2.99%，国际贸易的增速远远高于世界GDP的增长速度。但在经济衰退期间，国际贸易也最易受到冲击，波动幅度超过世界经济的波幅。例如，受1973～1974年和1979～1980年两次石油危机的影响，世界经济陷入衰退，进出口贸易也严重萎缩，在1975年、1982年呈现负增长（图7-2）。20世纪90年代初，美国、英国、加拿大等国家陷入衰退。海湾危机的爆发，更使经济衰退的范围不断扩大，国际贸易也受到严重影响。2001年由于世界经济增长放缓，发达国家经济发生衰退,以及"9·11"恐怖事件的影响,国际贸易增长势头减弱,出口增长率只有0.92%,但进口增长率(2.42%)仍大于世界GDP的增长率(1.61%)。

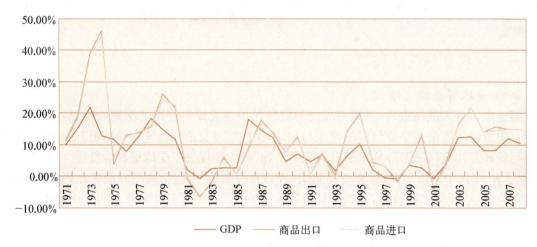

图7-2 世界商品与服务及世界GDP的增长率(1971～2008年)

资料来源:UNCTAD。

(二)贸易全球化的广度不断扩大

贸易全球化的广度不断扩大是指参与贸易全球化进程的国家和地区越来越多(图7-3)。

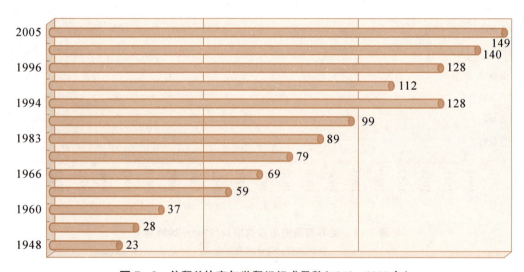

图7-3 关贸总协定与世贸组织成员数(1948～2005年)

注:关贸总协定(GATT)成立于1948年,1995年由世界贸易组织(WTO)取代,因此1994年以前为GATT成员数,1995年后为WTO成员数。因为GATT的成员并未在1995年全部加入WTO,如安哥拉为GATT成员,但直到1996年才加入WTO,所以1995年WTO成员数少于1994年GATT成员数。

资料来源:世界贸易组织。

1948年,关税与贸易总协定(GATT)成立。虽然它是战后美国等发达资本主义国家为了实现自己的经济利益主导成立的,但其客观上促进了各国贸易的发展,使各国逐渐融入全球贸易的链条中。作为贸易自由化的推动者,GATT虽然存在一些缺陷,但毕竟是各国追求贸易自由化,寻求贸易国际协调的一次伟大尝试。在GATT成立的47年中,它极力推动缔约方双边、多边的关税减让,消除贸易壁垒等国际贸易发展的障碍,将更多的国家纳入全球贸易的框架中,到 1994 年世界贸易组织成立前,已有 128 个国家加入到关贸总协定中。世界贸易组织(WTO)的成立是国际贸易发展史重要的里程碑,作为关贸总协定乌拉圭回合谈判的重要成果之一,它是当代涉及世界经济贸易范围最广、影响最大最深远的国际多边贸易组织,是真正的"经济联合国"。它继承了关贸总协定促进世界贸易自由化的理念,其组织结构更趋合理,谈判议题更加广泛,法律框架日益完善,推动着国际贸易体系走向自由化、法制化和规范化。其成员在 GATT 的基础上,近年来又有大批发展中国家和转轨国家加入,截至 2008 年 7 月,WTO 成员数已达到 153 个,其全球贸易网络已覆盖了世界绝大多数国家,而没有加入到这一组织中的国家也都在积极申请。2001 年最大的发展中国家中国加入 WTO,极大地扩大了贸易全球化的广度。

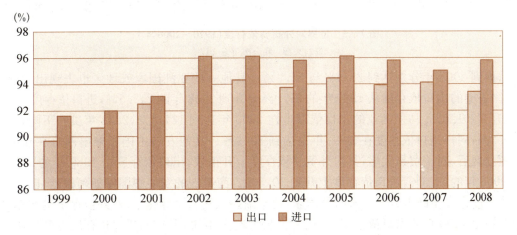

图 7-4　世界贸易组织成员商品进出口占世界商品进出口的比重(1999~2008 年)
资料来源:WTO,*International Trade Statistics* 各年。

世界贸易组织的成立是 20 世纪国际贸易自由化取得的最大成就,它将越来越多的国家卷入全球化的浪潮中,其成员方贸易额占世界贸易总额的比例一直在 90%以上。

(三)贸易全球化的深度不断加强

贸易全球化的深度是指世界和各个国家或地区对进出口贸易的依赖程度,通常用进出口贸易总额占国内生产总值的比重表示,也就是对外贸易依存度。第二次世界大战后,在贸易全球化、自由化的大趋势下,无论是世界贸易抑或是各国贸易都得到了快速发展,大多数年份都要快于国内生产总值增速,因此世界和绝大多数的国家的对外贸易依存度都在不断提高。从图 7-5 可见,世界对外贸易依存度虽在个别年份有所下降,但整体趋势不断提高,已由 1970 年的 20%提高到 2008 年的近 53.5%,世界贸易的进口依存度与出口依存度也表现出同样的趋势,2008 年世界贸易的出口依存度为 26.5%,进口依存度也达到 27%,这表明世界经济对世界贸易的依赖度在不断增强,也表明了贸易全球化的深化。

虽然世界对外贸易依存度整体趋势不断提高,但具体到不同国家又显示出巨大的差异。从表 7-3 我们可以看出,尽管横向上各个国家的进出口依存度存在差异,但从纵向上看,都表现出不同程度上的加深趋势。发展中国家这一趋势更加明显,如中国伴随着近年来贸易的快速发展,进出口贸易依存度不断提高,1980 年进出口贸易依存度分别只有 6.6%与

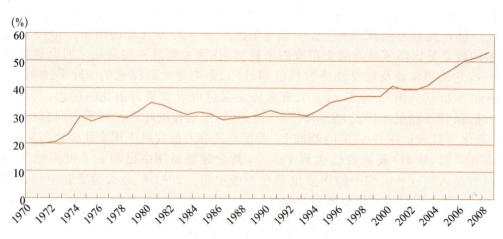

图 7-5　世界对外贸易依存度(1970~2008年)

资料来源：联合国贸发会议。

6.3%，而到 2008 年分别达到 28.4%与 35.0%。其他一些亚洲国家或地区也表现出同样的趋势，中国香港的出口依存度从 1980 年的 89.9%上升到 2008 年的 212.5%，进口依存度也从 90.8%上升到 201.6%。马来西亚的出口依存度在 2000 年达到 124.4%，2008 年虽有下降，但仍达到 110.2%，同样进口依存度在 2008 年也达到 89.9%。其他发展中国家如墨西哥在加入北美自由贸易区后，对美贸易大增，其对外贸易依存度上升很快，出口依存度由 1980 年的 10.7%上升到 2008 年的 28.3%，进口依存度上升到 30.5%。南美洲的发展中国家如阿根廷、巴西，对外贸易依存度也在不断上升。一些转轨国家，也渐渐融入贸易全球化中，对外依存度迅速提高，如白俄罗斯由 1990 年的出口依存度 46.0%上升到 2007 年的 57.3%，进口依存度上升更快，达到 66.4%。

表 7-3　部分国家和地区商品与服务进出口占 GDP 的比重(1980~2008年)　　　　单位：%

国家和地区	出口				进口			
	1980	1990	2000	2008	1980	1990	2000	2008
中　国	6.3	17.5	25.9	35.0	6.6	14.3	23.2	28.4
中国香港	89.9	131.8	145.5	212.5	90.8	124.1	141.9	201.6
孟加拉国	4.2	6.1	14.0	19.4	13.5	13.5	19.2	27.6
印　度	6.5	7.1	13.9	24.0	10.1	8.6	14.6	30.3
印度尼西亚	34.2	25.3	42.9	29.8	20.2	23.7	33.5	28.6
日　本	13.7	10.4	10.8	**16.1**	14.6	9.5	9.4	**14.8**
韩　国	33.9	28.1	40.8	52.9	41.3	29.3	37.7	54.1
马来西亚	na	74.5	124.4	110.2	55.0	72.4	104.5	89.9

续表

国家和地区	出口				进口			
	1980	1990	2000	2008	1980	1990	2000	2008
巴基斯坦	12.5	15.5	16.3	12.1	24.1	23.4	18.0	22.1
菲律宾	23.6	27.5	55.4	36.9	28.5	33.3	53.5	38.7
泰 国	24.1	34.1	66.8	*76.0*	30.4	41.7	58.1	*68.1*
土耳其	5.2	13.3	24.0	23.6	11.9	17.6	31.5	28.7
越 南	na	36.0	55.0	*76.8*	21.8	45.3	57.5	*90.2*
阿根廷	5.1	10.4	10.9	*24.6*	6.5	4.6	11.5	*20.3*
巴 西	9.1	8.2	10.7	14.3	11.3	7.0	12.2	14.2
加拿大	28.2	26.0	46.1	*36.3*	26.4	26.0	40.3	*33.7*
墨西哥	10.7	18.6	31.0	28.3	13.0	19.7	32.9	30.5
美 国	10.2	9.6	11.2	*11.2*	10.8	10.9	15.1	*17.0*
法 国	21.5	21.2	28.5	26.5	22.7	22.2	27.3	28.5
荷 兰	51.1	54.5	67.5	*75.3*	51.6	50.8	62.2	*67.3*
波 兰	28.2	28.6	27.8	37.1	31.1	21.5	34.4	40.44
西班牙	15.6	16.3	30.1	26.2	17.9	19.7	32.4	32.7
英 国	27.3	24.0	28.1	*25.9*	25.0	26.6	30.1	*29.5*
澳大利亚	16.0	16.7	22.9	*20.7*	17.8	16.8	22.8	*22.6*
白俄罗斯	na	46.0	69.2	*57.3*	na	43.6	72.4	*66.4*
俄罗斯联邦	na	18.2	44.1	33.4	na	17.9	24.0	22.5

注：斜体加黑表示为 2007 年数据。
资料来源：《国际统计年鉴 2009》。

发达国家近年来对外贸易依存度变化不大，如美国、日本。这主要是因为这些国家经济实力强，GDP 总量大，国内市场大、需求大，尽管它们都是贸易大国，但是进出口额占其庞大的国内生产总值的比重并不会太高。如日本的出口依存度在 1980 年曾达到 13.7%，但在 1990 年至 2003 年间基本维持在 10% 左右，进口依存度也基本维持在这一水平，之后有所上升，在 2007 年出口依存度和进口依存度分达到 16.1% 和 14.8%。同样，美国的出口依存度一直在 10% 左右波动,而进口依存度虽有小幅上升,但波幅不大。

(四) 全球贸易发展极不均衡

随着贸易全球化广度不断扩大、深度日益加强,各个国家或主动或被动地加入全球贸易网络中,贸易全球化因此也极大地促进了全球以及各个国家贸易的巨大发展。但在飞速发展的背后隐藏着巨大的不平衡,这种不平衡既体现在地区与地区之间,也体现在国家与国家之间。

图 7-6 表明了不同地区之间贸易额的巨大差异。从图上我们可以看出,全球商品贸易主要集中在北美洲、欧洲与亚洲地区,而像中南美洲、独联体国家以及非洲在全球商品贸易份额中所占比例很低。如中南美洲①占全球商品贸易份额近几年一直在 3% 左右,最低只有 2.6%,最高也才达到 3.4%,独联体国家和非洲所占份额更少,两者基本维持在 2% 左右,在贸易全球化不断深化的今天,这些地区的国家却有被"边缘化"的危险。北美洲、欧洲与亚洲集中了全球商品贸易的 90% 以上,这些地区包括发展中国家如亚洲的中国以及东盟一些国家,北美洲的墨西哥等,它们的对外贸易近年发展迅速,如中国,自改革开放以来,进出口贸易大增,1978 年进出口总额只有 206.4 亿美元,1990 年便达到 1 154.4 亿美元,2008 年统计数据显示其进出口贸易总额已达 25 608 亿美元,在世界商品贸易额中的排名上升到第二位②。同时,这些地区也包括发达国家如美国、日本和欧盟国家,它们一直是全球贸易的主导。联合国贸发会议数据表明,2008 年发达国家的货物出口额达到世界货物出口额的 56.6%,它们在贸易全球化中扮演着重要的角色。北美洲、欧洲与亚洲分别拥有自己的区域一体化组织,成为当今全球贸易的三个中心。

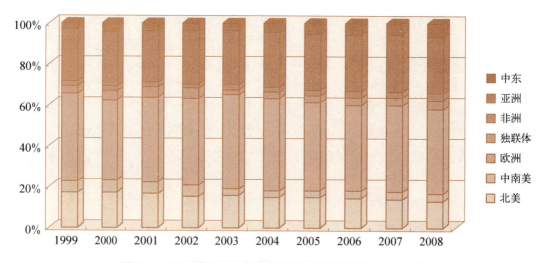

图 7-6 不同地区所占全球商品贸易份额(1999~2008 年)

资料来源:WTO,*International Trade Statistics* 各年。

---

① 中美洲指墨西哥以南、哥伦比亚以北的美洲大陆中部地区。东临加勒比海,西濒太平洋。是连接南美洲和北美洲的狭长陆地。包括危地马拉、伯利兹、萨尔瓦多、洪都拉斯、尼加拉瓜、哥斯达黎加和巴拿马 7 个国家。南美洲位于西半球的南部,东临大西洋,西临太平洋,北濒加勒比海,南隔德雷克海峡与南极洲相望。一般以巴拿马运河为界同中美洲相分,包括哥伦比亚、委内瑞拉、圭亚那、苏里南、厄瓜多尔、秘鲁、巴西、玻利维亚、智利、巴拉圭、乌拉圭、阿根廷、法属圭亚那等 13 个国家和地区。

② WTO,*International Trade Statistics* 2009。

第七章 贸易全球化

贸易全球化的不平衡性也体现在国家(地区)与国家(地区)之间,主要的贸易大国集中了全球贸易份额的大部分。在商品贸易领域,从表7-4可见,2008年世界商品贸易排名前十位的国家的贸易额占全球商品进、出口贸易总额的比例分别高达50.7%与52.6%。在这10个国家中,8个为发达国家,只有两个是发展中国家——中国和俄罗斯,这也说明了贸易全球化中南北国家贸易的非均衡性。在服务贸易领域,发达国家更是占有绝对的优势,中国服务贸易进口量和出口量都为第五位,前十位国家垄断了全球服务贸易出口量的52.1%,进口贸易量的49.9%(表7-5)。

表7-4 世界商品贸易排名前十位的国家(2008年)　　　　单位:10亿美元,%

名次	出口	价值	份额	名次	进口	价值	份额
	世界	16 070.0	100.0		世界	16 422.0	100.0
1	德国	1 461.9	9.1	1	美国	2 169.5	13.2
2	中国	1 428.3	8.9	2	德国	1 203.8	7.3
3	美国	1 287.4	8.0	3	中国	1 132.5	6.9
4	日本	782.0	4.9	4	日本	762.6	4.6
5	荷兰	633.0	3.9	5	法国	705.6	4.3
6	法国	605.4	3.8	6	英国	632.0	3.8
7	意大利	538.0	3.3	7	荷兰	573.2	3.5
8	比利时	475.6	3.0	8	意大利	554.9	3.4
9	俄罗斯	471.6	2.9	9	比利时	469.5	2.9
10	英国	458.6	2.9	10	韩国	435.3	2.7
总计		8 141.8	50.7			8 638.8	52.6

资料来源:WTO, *International Trade Statistics* 2009。

表7-5 世界服务贸易排名前十位的国家(2008年)　　　　单位:10亿美元,%

名次	出口	价值	份额	名次	进口	价值	份额
	世界	3 780.0	100.0		世界	3 490.0	100.0
1	美国	521.4	13.8	1	美国	367.9	10.5
2	英国	283.0	7.5	2	德国	283.0	8.1
3	德国	241.6	6.4	3	英国	196.2	5.6
4	法国	160.5	4.2	4	日本	167.4	4.8
5	中国	146.4	3.9	5	中国	158.0	4.5
6	日本	146.4	3.9	6	法国	139.4	4.0
7	西班牙	142.6	3.8	7	意大利	131.7	3.8
8	意大利	121.9	3.2	8	爱尔兰	106.2	3.0
9	印度	102.6	2.7	9	西班牙	104.3	3.0
10	荷兰	101.6	2.7	10	韩国	91.8	2.6
总计		1 968.0	52.1			1 745.9	49.9

资料来源:WTO, *International Trade Statistics* 2009。

二、贸易全球化的新特征

在贸易广度不断扩大、深度不断加强、速度不断加快的同时,世界贸易也随着全球化发生了一系列深刻变化。除去上述量的变化,更重要的是质的蜕变。这些变化成为当代贸易全球化的重要特征,也是对贸易全球化起推动作用的重要因素。

(一) 产业内贸易和企业内贸易的快速发展

在以比较成本为基础的国际贸易中,国际贸易格局以产业间贸易为主,国际交换的对象属于不同的产业部门。这是因为在传统贸易理论认为比较成本、要素禀赋的差异是国际贸易基础的情况下,各国必然分工生产要素密集度不同的商品以供交换。它主要发生在经济发展水平不同的发达国家与发展中国家之间,或者经济发展水平相近但要素禀赋差异较大的国家之间①,产品的流动是单向的,产品的用途也存在很大差别。

20世纪70年代以来随着科技发展、国际分工的深化,发达国家的产业内分工、产业内贸易比重逐渐增加。根据国际贸易新理论,产业内贸易、产业内分工主要是发达国家的企业在产品差别的基础上为了追求规模经济效益而造成的,有的甚至通过协议性国际分工来达到。它主要发生在同一产业部门内部,产品的投入要素比例、最终用途基本相近。其主体主要是巨型跨国公司,它们充分发挥规模优势,生产大量产品销往世界各地。如美国出口豪华轿车、进口经济型轿车,日本出口经济型轿车、进口豪华型轿车。

但伴随着经济全球化过程中的贸易与投资一体化,国际贸易格局又进一步发生了变化,跨国公司企业内贸易迅速增加。当前,跨国公司把同一产品及其各种零部件和各种工序的生产活动配置在全球各地,由各地子公司和企业来完成,以充分利用各地的有利条件,发挥子公司的优势,然后把这些零部件或半成品运到一定地点进行组装。这样形成了企业内流通,同一生产企业的不同子部门之间,同一子部门的不同产品之间,甚至同一子部门的同一产品的不同生产阶段之间的劳动分工合作已经成了国际分工的主要形式。当今世界,最复杂、最具竞争力的产品往往是全球制造的。由于跨国公司的生产和营销网遍布全球,其企业内贸易的发展将有力地促进国际分工的深化和世界贸易的增长,促进贸易全球化的扩大和加深。

(二) 出口货物的构成发生了重大变化

20世纪80年代以来,出口货物的变化主要表现为,一是初级产品在货物出口总量中所占的比重下降,制成品比重相应上升;二是在制成品贸易中,一般制成品比重下降,高技术产品比重上升,见表7-6。这种变化是普遍的,无论是发达国家或发展中国家都呈现这种趋势。制成品种类繁多,市场广阔,出口遍及全球,其所占比重的提高既反映了世界制造业的迅速发展,也反映贸易全球化的迅速发展。

表7-6 各类货物在出口中所占比重的变化(1980~2008年) 单位:%

	1980	1990	1995	2000	2004	2008
农业原材料	4.4	3.0	2.7	1.8	1.8	1.6
食品	13.0	9.9	9.3	6.8	7.1	7.5

---

① 如加拿大由于森林、矿产等自然资源产品比较丰富,它就向美国大量出口这些产品,从美国进口制成品。

第七章 贸易全球化

续 表

	1980	1990	1995	2000	2004	2008
矿产品及金属	5.2	3.5	3.1	2.8	3.1	4.3
燃 料	12.6	9.0	6.8	10.3	9.9	12.1
制 成 品	63.0	72.5	75.7	74.6	74.7	70.2

资料来源：世界银行指标数据库。

（三）服务贸易迅猛增长

目前，外贸商品不仅仅是货物，服务贸易也占有很大的份额（见图7－7）。20世纪80年代以来，服务贸易越来越成为世界贸易中相对独立的重要组成部分，其部门和行业越来越多，主要包括交通运输、建筑、旅游、通讯、计算机和信息服务、金融及保险服务、其他商业服务、媒体、版税和许可证贸易、文化和休闲服务等。服务进出口的迅猛发展，其基础是在近几十年来国民经济中服务业的快速增长及其在GDP中所占比重的提高。2007年，世界生产总值中，服务业的产值已达到了69.27%，发达国家的比重更高，例如美国已达到77%，欧盟国家超过70%，日本也达到了69%[①]。服务贸易的大发展，对促进经济、社会及文化的国际交流至关重要，不仅是贸易全球化和经济全球化的重要特征和组成部分，而且还将在全球政治和文化的发展中发挥重要作用。

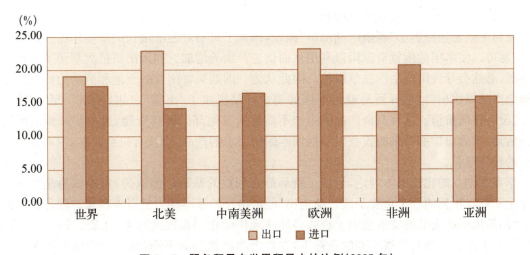

图7－7 服务贸易在世界贸易中的比例（2008年）

数据来源：WTO, *International Trade Statistics* 2009。

贸易全球化推动了全球贸易的快速发展，世界绝大部分国家和地区已经加入全球贸易的链条中，不同国家和地区对贸易的依存度都有不同程度的提高。然而在全球贸易快速发展的背后，却隐藏着全球贸易的巨大不平衡性，贸易主导国家和地区在全球贸易中有着举足轻重的地位，而其他国家和地区则处于从属地位。这种不平衡性对参与贸易全球化、自由化的经济主体有什么影

---

① 参见世界银行：世界发展指标数据库。

响,贸易大国与贸易小国都能在贸易全球化、自由化下获益吗?我们在下一节对此作重点考察。

第三节 贸易全球化与世界经济发展

一、国际贸易与经济增长

(一)传统理论认为国际贸易可以促进贸易各国的经济增长

1. 国际贸易可以实现资源在国际上的有效配置,从而促进世界经济的增长

按照比较优势原则进行国际贸易,可以实现资源在国际上的有效配置,从而促进世界经济的增长。英国古典经济学家亚当·斯密提出的"绝对利益"理论,是比较优势原则演化的最早理论渊源,也是比较优势原则的特殊体现。亚当·斯密最早提出国际贸易与经济发展相互关系的问题。他提出国际贸易可以促进经济发展以此来论证自由贸易的好处。"绝对利益"理论主张,各国应该专注生产自己具有绝对优势的产品并进行交换,以使各国享受到自由贸易的好处。为证明这一理论的正确性,斯密从社会分工出发,指出分工的发展是促进生产率长期增长的主要因素,这是因为:(1)分工可以使劳动者从事专门的工作,因此可以提高熟练程度;(2)劳动者专门从事一项固定的工作,节省了劳动转换的时间;(3)专门从事一种工作,使得发明创造和对工具与机械的改良变得更加容易,以上都可以极大地提高生产率。而分工的程度则受到市场范围的强烈制约,对外贸易是市场范围扩展的显著标志,因而对外贸易的扩大必然能够促进分工的深化和生产率的提高,加速经济增长。

亚当·斯密还提出了"剩余产品出口"模型,研究了贸易对经济增长的带动作用。该模型认为,贸易可以使本国的闲置资源得以利用从而促进产出的增加。如果出口扩大利用了国内的剩余资源,必然会导致国民生产总值增长。因此认为一国如果将闲置的土地和劳动力资源用来生产剩余产品以供出口,这样贸易就为本国的剩余产品提供了"出路"。如果这些产品不输出国外,就没有任何价值。这种剩余产品的生产不需要从其他部门转移资源,也不必减少其他国内经济活动,因而出口所带来的收益以及换回本国所需求的产品,也没有机会成本,因而必然促进该国的经济增长。

李嘉图创立的比较成本理论,论证了贸易静态利益的基础。他认为,对外贸易是实现英国工业化和资本积累的一个重要手段。他指出,经济增长的基本动力是资本积累。随着人口的增加,食品等生活必需品的价格会因土地收益递减规律的作用而逐渐昂贵,工资(劳动力的价格)也将随之上涨。在商品价格不变的条件下,工资上涨将使利润下降,从而妨碍资本积累。通过对外贸易,如果能够从外国获得较便宜的食品等生活必需品以及原料,就会阻止在本国发生作用的土地收益递减倾向,促使经济增长。总之,李嘉图认为,通过进口廉价初级产品,阻止土地收益递减、工资上涨和利润下降倾向,就可保证资本积累和经济增长。

20世纪30年代,美国经济学家罗伯特逊(D. H. Robertson)同样基于落后国家存在大量的农产品以及原材料等闲置资源的前提,提出了对外贸易是"经济增长的发动机"的命题。另一位经济学家诺克斯(R. Nurkes)在随后的50年代对19世纪英国等发达国家与新移民地区国家的经济发展进行分析,认为国际贸易是带动新移民地区的经济发展的主要原因,进一步证明发展了罗伯特逊的命题。诺克斯认为,因为各国按比较成本规律进行国际贸易,通过专业化分工,使

第七章 贸易全球化

资源得到有效配置,增加了产量,从而获得静态的经济效益。除此,更重要的是国际贸易使发达国家对农产品及原材料迅速增长的需求传递到发展中国家,从而使这些国家的出口产业获得迅速发展,出口贸易增长又以"乘数效应"传递到其他的非贸易部门,从而带动整个国民经济的发展。这就是对外贸易产生的间接的动态经济效益。

2. 贸易可以通过外部市场扩大产量,获得规模经济效益

一国国内市场相对来说总是狭小的,而出口的扩大克服了国内市场的狭小性,生产规模可以不断扩大,使生产效率提高,单位成本下降,获得规模经济效益,增强国际竞争力。1984年,美国经济学家克鲁格曼(P. R. Krugman)在其《工业国家间贸易的新理论》的论文中,提出了著名的产业内贸易学说。他认为,传统的贸易模式是建立在规模报酬不变与完全竞争假设的基础上,各国按照比较优势进行国际分工与交换。而我们在微观经济学中已经了解到,在工业生产中,许多产品都具有规模经济的特点,即产品的平均成本随着产量的上升而出现下降的趋势。克鲁格曼的贸易理论正是建立在这样一种基础上,并且认为产品市场往往并不是处于完全竞争状态。在规模经济与不完全竞争条件下,同一产业内的国际分工,可以增加相同产业内不同类型产品的需求,从而使各国获得规模经济利益。由于任何一个国家都不可能囊括一个产业的所有产品,产业内贸易的出现也就十分自然,这就解释了国际贸易中为什么会存在大量的产业内贸易。同时,产业内贸易的发展,使得贸易各国通过扩大规模获得规模经济的利益,进而提高要素的边际产出率,实现了要素投入不变情况下的经济增长。

3. 贸易可以刺激技术进步,从而促进经济增长

20世纪80年代以来,经济学家开始关注贸易通过技术进步(制度创新)促进经济增长的作用。其实贸易促进技术进步的作用早在亚当·斯密就已受到了重视。20世纪80年代以E·哈根为代表的经济学家开始更深入和集中地考察出口贸易对技术进步的促进作用,以此来解释贸易对经济增长的推动作用。E·哈根认为出口扩大,往往是一个技术创新的信号,从而导致新技术与新管理方法的采用,因此在出口扩大的同时,也伴随着产品质量的提高,这就增加了国民收入。出口产业新技术的外溢效应,也会在其他非出口产业产生连锁反应,最后实现整个国民经济规模和质量的提高。在进口部门,同样可以体现出国际贸易的技术进步效应。直接的技术进口对于提高国内技术水平的作用无疑是巨大的,对一国经济发展的作用也是毋庸置疑的。其他产品的进口如资本品,一般其与国内现有的资本品相比拥有更高的技术含量,那么本国不但可以获得比较优势下的贸易利益,还可以获得贸易下资本生产效率的提高。通过进口,国外先进技术还可以以贸易商品为载体,通过溢出效应传播到进口国。这一切都通过技术水平的提高达到刺激经济增长的目的。

(二) "中心-外围"说认为国际贸易导致了发展中国家的日益贫困化

虽然经济学家提出了大量有关贸易促进经济增长的理论与学说,也提供了不少实证经验分析加以证明。然而并不是所有的经济学家都同意以上观点,这其中以阿根廷著名经济学家普莱维什(R. Prebish)为代表,他提出的"中心-外围说"(Core and Periphery Theory)①证明了国际贸易会使发展中国家日益贫困化的机制,并得到了一大批经济学家的响应。普莱维什用"中心—外围"的体系结构来描述整个国际经济格局,少数经济发达国家处于"中心"地位,而大多数

---

① 1949年5月普莱维什向联合国拉丁美洲和加勒比经济委员会(简称拉美经委会)递交了一份《拉丁美洲的经济发展及其主要问题》的报告,系统和完整地阐述了他的"中心-外围"理论。

经济落后的发展中国家则处于"外围"地带。发达国家是生产技术的领先者,在国际贸易中生产并出口制成品,在国家贸易中处于有利位置,是国际贸易的获利者;发展中国家是技术的模仿者和接受者,主要出口原料、农产品等初级产品,进口发达国家的制成品,在国际分工中处于不利地位。在"中心-外围"的贸易格局下,贸易条件越来越不利于外围国家,国际贸易条件的长期恶化将阻碍发展中国家的经济增长。因此,普莱维什认为,传统的贸易理论从逻辑上是正确的,但它的前提是贸易主体的地位是平等的,而"中心-外围"贸易格局下的贸易主体间地位是非平等的,造成了传统贸易理论下的贸易利益分配的不公平。因此,贸易不但不能促进发展中国家经济增长,反而会对增长起阻碍作用。从第二次世界大战后部分发展中国家的实践来看,不平等的贸易条件确有阻碍发展中国家通过贸易促进经济增长的消极作用。

二、国际贸易与经济增长的经验分析

(一)国际贸易促进世界经济增长的实证分析

第二次世界大战后,国际贸易的增长持续快于世界 GDP 的增长,这标志着国际贸易已成为世界经济增长的重要推动力量。图 7-8 是第二次世界大战后世界商品出口与世界 GDP 增长的趋势图。1951~2008 年世界商品出口的平均增长率达到 6.17%,远远高于同期世界 GDP 的平均增长率 3.76%,从图上可以看出,两者表现出相同的趋势,即在国际贸易增长迅速的年份,世界 GDP 也表现出较高的增长率,而国际贸易在增速放缓甚至是负增长的情况下,世界经济也显示出增长的乏力。经测算,两者的相关系数达到 0.4,显示出国际贸易对世界经济增长的巨大促进作用。

图 7-8 战后世界商品出口与世界 GDP 增长(1950~2008 年)

资料来源:WTO,*International Trade Statistics* 2009。

整体来看,国际贸易促进世界经济的增长是毫无疑问的,但对于各个国家的情况如何呢?在当今贸易全球化、自由化趋势不断加强的情况下,对这一问题的不同回答,会对相应国家的贸易发展战略产生重要的影响,同时理论上的分歧也要求经济学家对国际贸易与单个国家经济增长的关系进行深入细致的实证调查。

1987 年,世界银行考察了 1963~1973 年和 1973~1985 年 41 个国家和地区的贸易战略与经济增长的关系①,按贸易战略将它们分为:坚定外向型、一般外向型、一般内向型与坚定内向型。按照划分,坚定外向型经济的贸易自由化程度最高,坚定内向型自由化程度最低,一般外向型和一般内向型处在两者中间。研究得出,贸易自由化的国家或地区经济表现不俗,例如国内生产总值增长率,1963年至1973年间,坚定的外向型经济的平均增长率为9.5%,比坚定内向型经济的4.1%高出一倍多。1973年至1985年间,上述两者的年平均增长率分别为7.7%和2.5%,表明差距正在扩大。人均收入增长、国内积累等一系列经济指标也显示出自由贸易经济要好于非自由贸易经济。

2002年9月号的《世界经济展望》以贸易和金融为主题,特别提到了贸易自由化与经济增长的关系。它谈到有关贸易与经济增长的实证研究近来主要集中在三个方面:跨国计量经济研究、国别案例研究、产业水平及公司水平分析。以上三个方面的研究综合表明,贸易开放对劳动生产率和人均收入都有重要的促进作用,其结论是贸易自由化有助于经济增长②。

David 和 Kraay 2001 年具体考察了贸易自由化与经济增长的关系。他们以进出口贸易与 GDP 的比和平均关税两个指标将所选样本的发展中国家划分为"全球化国家"(globalisers)和"非全球化国家"(non-globalisers)。从 20 世纪 70 年代到 90 年代,按贸易量来测算,"全球化国家"进出口贸易占 GDP 的比从平均的 16% 上升到 33%,而"非全球化国家"则从 60% 降到 49%,从关税角度看,"全球化国家"的平均关税降低幅度更大,从 57% 降到了 35%,幅度达 22 个百分点,"非全球化国家"则只降低了 11 个百分点(从 31% 降到 20%)(判断"全球化"的指标是看一国关税降低幅度,而不是绝对值)。David 和 Kraay 的研究得出,对于在 20 世纪 70 年代末到 90 年代中期贸易份额增长最快的发展中国家(所谓的"全球化国家"),其人均收入增长幅

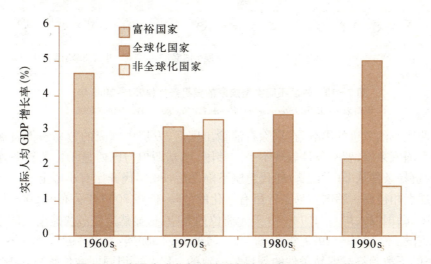

图 7-9 贸易自由化与经济增长的关系(1960~1990s)

注:富裕国家指 OECD 扩张前的 24 个成员,加上智利、中国香港、韩国、中国台湾和新加坡。全球化国家指所选样本 72 个发展中国家中贸易占 GDP 比例前三分之一的国家。非全球化国家指样本中余下的发展中国家。

资料来源:David, D. & Kraay, A.(2001):"Trade, Growth, and Poverty." WB, *Policy Research Working Paper*, No. 2615.

---

① 世界银行:《世界发展报告》,中国财政经济出版社 1987 年版,第 82~94 页。
② 国际货币基金组织:《世界经济展望》,中国金融出版社 2003 年版,第 118~119 页。

度在80年代后远远高于"非全球化国家",如图7-9所示。"全球化国家"的增长率由20世纪70年代的2.9%,上升到80年代的3.5%,到90年代达到5.0%。而"非全球化国家"同期增长率却经历了下降的趋势:70年代为3.3%,80年代为0.8%,90年代稍有复苏,也只有1.4%。

(二)"中心-外围说"的经验考察

"中心-外围说"以及其他一些经济学家的理论,认为贸易主体的非平等性,导致了发展中国家对外贸易条件不断恶化,从而在对外贸易中受损。因此,按此理论,贸易条件①走势成为判断发展中国家在对外贸易中获利与否的重要依据。

图7-10与图7-11考察了不同国家战后的贸易条件。从图7-10来看,作为一个整体发展中国家的贸易条件在战后经历了急剧上升,从80年代起稳定到1这样一个水平,此后变化不大。

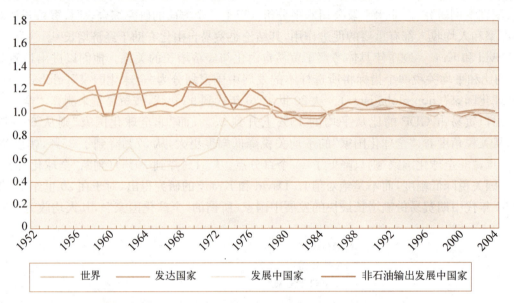

图7-10 战后不同类型国家的贸易条件(1952~2005年)

资料来源:IMF, *International Financial Statistics Yearbook* (2005)。

考虑到两次石油危机的影响,在剔除石油输出国后,发展中国家的贸易条件表现出恶化的趋势。从个别国家来看,贸易条件表现不一。韩国、巴基斯坦与巴西显示出贸易条件恶化的趋势,而印度的贸易条件从20世纪70年代急剧下降之后,80年代开始有小幅上升。然而几个国家的经济表现大相径庭。韩国贸易条件虽有恶化的危险,但在2006年公布的2005年世界发达国家新名单中,韩国以人均GDP 14 649美元而位列其中,这显然是经济快速发展的结果。巴西的年均经济增长率1971~1979年为8.44%,1980~1989年为2.99%,1990~2004年为1.98%,经济的下滑趋势与贸易条件的趋势是一致的。巴基斯坦同期增长率为5.16%,6.19%与3.90%,虽然从20世纪90年代起,经济增长率有所下降,但一直维持在3%以上,2003年、

---

① 贸易条件是衡量在一定时期内一个国家出口相对于进口的盈利能力和贸易利益的指标,反映该国的对外贸易状况,一般以贸易条件指数表示。常用的贸易条件为价格贸易条件,又称为净实物贸易条件,为一国出口与进口的交换比价,其计算公式为:贸易条件指数(N)=(出口价格指数(P_x)/进口价格指数(P_m))×100。如果贸易条件指数大于100,说明出口价格比进口价格相对上涨,出口同量商品能换回比原来更多的进口商品,该国的该年度贸易条件比基期有利,即得到改善;如果贸易条件指数小于100,说明出口价格比进口价格相对下跌,出口同量商品能换回的进口商品比原来减少,该国的该年度贸易条件比基期不利,即恶化了。

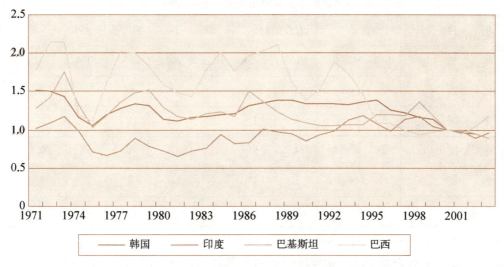

图 7-11　韩国、印度、巴基斯坦与巴西的贸易条件(1971～2003 年)

资料来源：IMF，*International Financial Statistics Yearbook*（2005）。

2004 年分别达到 5.15% 与 6.01%。而印度同期的增长率分别为 2.67%，5.96% 和 5.65%[①]，今后经济有望继续保持快速增长。从以上几个案例看出，贸易条件与经济增长的关系并没有保持一对一稳定的关系，贸易条件的恶化并不必然阻碍经济增长。

按"中心-外围说"的观点，贸易条件的恶化是由于发展中国家商品出口结构造成的。从表 7-7 中可以看出，中低收入国家商品出口对食品、燃料等初级产品具有很大的依赖性，其制成品份额上虽有上升，但十分有限。表 7-8 是实行贸易自由化若干国家的商品出口结构。除巴西外，其他国家制成品份额都相当的高，有的还超过高收入国家的结构水平。相反，初级产品在巴西的出口商品中占有很大比重，其制成品份额甚至低于低收入国家。巴西的贸易自由化并没有像其他国家那样带来出口商品结构的改善，其贸易条件的恶化符合普莱维什的观点。

表 7-7　不同收入国家的商品出口结构(1990,2004 年)　　　　单位：%

项　　目	食品		农业原材料		燃　料		矿产品与金属		制成品	
年　　份	1990	2004	1990	2004	1990	2004	1990	2004	1990	2004
世　　界	10	7	3	2	9	8	3	3	73	77
低收入国家	15	15	4	3	27	28	na	3	49	50
中等收入国家	17	9	4	2	22	17	5	5	50	64
高收入国家	8	6	3	2	6	5	3	3	77	81

资料来源：世界银行：*World Development Indicators* 2006。

---

① 以上增长率数据来自联合国统计司：http：//unstats.un.org/unsd/snaama/dnllist.asp，GDP 增长率以 1990 年不变价格为基期。

表 7-8　部分发展中国家的商品出口结构(1990,2004 年)　　　单位:%

项目	食品		农业原材料		燃料		矿产品与金属		制成品	
年份	1990	2004	1990	2004	1990	2004	1990	2004	1990	2004
巴西	28	28	3	4	2	5	14	9	52	54
中国	13	4	3	1	8	2	2	2	72	91
印度	16	10	4	1	3	9	5	7	70	73
韩国	3	1	1	1	1	4	1	2	94	92
巴基斯坦	9	10	10	2	1	3	0	0	79	85

资料来源:世界银行:*World Development Indicators* 2006。

因此,尽管大部分发展中国家正积极参与到贸易自由化进程中,并获得其带来的好处。但是我们也应该看到,仍然有一部分发展中国家在贸易全球化、自由化下遭受着损失。典型的如一些非洲国家。多数非洲国家只生产和出口低附加值的几种农矿产品,这些产品的价格完全操纵在少数几个发达国家手中,因此非洲的对外贸易非常脆弱。1981 年至 1994 年间,撒哈拉以南非洲国家在世界市场原料价格长期疲软的情况下,贸易条件不断恶化。据联合国估计,1990 年至 1993 年整个非洲因贸易条件恶化经济损失达 56 亿美元[①]。20 世纪 90 年代初,在国际社会的压力下,非洲开始实行贸易自由化,但是由于这些国家民族工业弱小,产品质量和价格难以与进口品竞争,自由化的后果是国内大量企业倒闭,失业增加,带来一系列经济社会问题。虽然在世界贸易组织的推动下,全球贸易自由化进程加快,但非洲并没有在这一进程中获益,相反,预计每年还将减少 26 亿美元的贸易收入[②]。

贸易全球化、自由化是否促进经济增长,既有正面的实践经验支持,也有相反的国家案例。贸易全球化与自由化既可以带来收益,也暗含着陷阱。总的来说,发达国家在经济全球化中处于主导优势地位,它们在贸易全球化与自由化中最容易获得好处。而大部分发展中国家经济基础薄弱,企业、产业的竞争能力差,在全球化进程中与发达国家相比处于劣势。但是贸易全球化、自由化在为广大发展中国家带来挑战的同时,也带来了机遇。发展中国家也可以成为经济全球化的受益者。在全球化的浪潮下,发展中国家可以利用世界范围内产业结构调整的契机,加速本国产业结构的调整,发挥本国的比较优势,积极融入全球化进程中,并占有一席之地。同时,通过参与全球化促进国内资源的合理配置,为其自身发展提供全球化的市场、资金、技术、人才及先进的管理经验,尽快地提高本国民族企业的竞争力,加快经济改革与对外开放,促进经济现代化的早日实现。

本章小结

在国际贸易发展的历史中一直存在着贸易自由主义和贸易保护主义的斗争和论战。在 19

---

① 朱重贵:"经济全球化对非洲经济的影响",载《现代国际关系》1998 年第 11 期。
② 谈世中、王耀媛、江时学:《经济全球化与发展中国家》(论文集),社会科学文献出版社 2002 年版,第 185 页。

世纪,英国凭借其强大的经济地位,并在亚当·斯密和大卫·李嘉图自由贸易理论的支持下,最先实行了自由贸易,并将其不断向外扩展。受英国的影响,大多数欧洲国家改革了税则,并通过一系列自由贸易协议将贸易自由主义不断向外扩展。英国实行自由贸易也引起了其殖民地贸易政策的变化,其殖民地如加拿大、澳大利亚、新南威尔士等地都实行了自由贸易。然而,自由贸易一开始就遭到了实力相对弱小国家的反对,德国和美国就是典型代表,它们为了保护本国幼稚工业,实行贸易保护主义,关税税率不断提高。受此影响,1870 年后,意大利、俄国、法国等都转而实行贸易保护政策。由于经济的衰落,自由贸易的先驱英国在贸易政策方面也逐步转向。在随后的几十年里经济环境的变化、实力对比的改变,再加上两次世界大战的破坏,自由贸易体制彻底崩溃。

二战后 GATT 与 WTO 的成立,极大地推动了全球贸易自由化的进程。GATT 进行了八轮多边贸易谈判,其主要议题基本上都是围绕减让关税与降低非关税壁垒方面展开,极大地促进了贸易自由化的发展。WTO 是当今世界上最大的全球多边贸易组织,在运行规则上更强调法制化与规范化,相比 GATT 在促进贸易自由化方面更加有效。在当今时期,贸易自由化已成为不可阻挡的趋势,而这种自由化趋势的加强,也极大地促进了贸易全球化。

二战后特别是 20 世纪 90 年代后,贸易全球化得到了快速发展。从全球贸易的增长速度、广度、深度等指标来看,贸易全球化都发展到了新的水平。然而,全球贸易的发展又是不平衡的,这种不平衡性既体现在地区与地区之间,又体现在国家与国家之间。对于贸易与经济增长的关系存在着不同的观点。在介绍代表性观点的基础上,本章给出了一些经验证据,绝大部分实证是支持贸易促进经济增长观点的。贸易全球化、自由化为发展中国家带来了机遇与挑战。发展中国家也可以成为贸易自由化、全球化的受益者。在全球化的浪潮下,发展中国家可以利用世界范围内产业结构调整的契机,加速本国产业结构的调整,发挥本国的比较优势,积极融入全球化进程中,并占有一席之地。同时,通过参与全球化促进国内资源的合理配置,为其自身发展提供全球化的市场、资金、技术、人才及先进的管理经验,尽快地提高本国民族企业的竞争力,加快经济改革与对外开放,促进经济现代化的早日实现。

关键词

GATT　WTO　贸易的广度　贸易的深度

复习思考题

1. 简述英国贸易自由化的历程。
2. 分析 GATT 与 WTO 在推进贸易自由化方面的成果。
3. 试述当今贸易全球化的特征。
4. 试述贸易与经济增长之间的关系。
5. 如何看待贸易全球化、自由化?

第八章

金融全球化

金融全球化首先表现为金融自由化。20世纪后半期，金融自由化浪潮几乎席卷了世界上所有国家。发达国家受"脱媒"危机、经济全球化、新技术革命等因素的影响，主动进行了金融自由化改革。发展中国家在独立之初大都实行了不同程度的金融抑制，逐渐阻碍了经济的发展，不得不进行以金融深化为主要内容的金融改革。随着金融自由化在全球的展开，金融全球化得到了迅速发展。全球资本流动限制越来越少，各国资本项目纷纷开放，国际资本加速流动，全球金融资产规模不断膨胀，国际金融衍生工具市场快速发展，跨国金融交易不断扩大。金融自由化与全球化极大地促进了各国金融发展，并通过多种渠道促进各国经济的增长。然而全球化与自由化也存在着巨大的风险。金融风险的全球化使风险在全球迅速传播，全球金融危机破坏力越来越大，涉及的国家也越来越多，这要求各国不断加强金融监管与金融的协调与合作。

第八章 金融全球化

学习目标

通过本章的学习,你应该能够:
1. 了解战后发达国家与发展中国家金融自由化的改革历程;
2. 熟悉金融全球化的主要指标;
3. 掌握金融与经济增长的有关理论,并了解相关的一些实证研究;
4. 掌握当今全球化下金融风险的来源以及如何防范金融危机。

第一节 金融自由化

金融业的发展距今已有几百年的历史了。早在7~10世纪初期的唐朝,中国就已经出现了办理金融业务的独立机构,而明朝中叶出现的钱庄和清朝产生的票号,已经具有银行的性质。近代最早的银行要算1580年建于意大利的威尼斯银行。此后,1593年在米兰、1609年在阿姆斯特丹、1621年在纽伦堡、1629年在汉堡以及其他城市也相继建立了银行,18世纪末至19世纪初,银行得到了普遍发展。作为工商业的润滑剂与助推器,金融业伴随着工商业的壮大而不断发展,在发展过程中,它又不断地进行着改革,以适应内外部经济环境的变化。世界金融体制的发展可以划分为三个阶段[①]。

(1) 从银行的产生到20世纪30年代资本主义经济危机时期属于早期的"综合化"、"自由化"阶段。这一阶段非银行金融机构很少,银行经营业务无所不包,政府限制较少,银行经营活动自由。

(2) 1929~1930年的世界经济危机导致了早期金融体制"综合化"、"自由化"的崩溃,金融业进入了"专业化"、"限制化"的阶段。到了第二次世界大战后,这种"专业化"、"限制化"的特点更加突出,非银行金融机构得到迅速发展,种类也越来越多,此时,各国政府和中央银行对金融体系的控制手段也日臻完善。实践证明,这一金融体制在战后一定时期内对西方各国经济发挥了相当大的作用。

(3) 当经济全球化在全球如火如荼展开的同时,世界经济再一次融入了金融自由化的浪潮中,这一浪潮启于20世纪80年代,被称为高级的"综合化"、"自由化"阶段。但是这一时期的"综合化"、"自由化"已不同于早期的"综合化"、"自由化",它不再是分散、小额经营的,代表不发达生产力的金融体制,而是由若干实力雄厚、掌握现代化通讯工具、信用手段和经营方式的大金融公司综合经办各类金融业务,以自由从事金融交易为特征的,代表发达的、高度社会化的生产力水平的金融体制。这一次的金融自由化浪潮几乎席卷了世界上所有国家,但不同国家其自由化进程却不尽相同:发达国家强劲的经济增长逐渐趋缓,经济、金融环境出现了新的变化,放松金融管制成为其金融自由化的主要内容。发展中国家基于战后重建与发展民族经济的需要,大都实行过不同程度的金融管制,其金融改革以金融深化或金融发展为主要特征。

---

① 刘锐、阎晓田、赵连杰:《东西方的金融改革与创新》,中国金融出版社1989年版。

一、发达国家金融自由化的动因

(一) 通货膨胀导致"脱媒"危机

从第二次世界大战后到 20 世纪 70 年代,西方发达资本主义国家普遍经历了一个高速发展的"黄金时期",各主要工业国家的国民生产总值年平均增长率一般都在 7%～10%,日本甚至高达 14%以上。此时,西方各国普遍接受了凯恩斯主义的经济政策,不断推行扩张的财政政策,大量发行国债,以刺激经济增长。到了 70 年代后,西方经济增长速度明显放缓,入不敷出的财政状况使西方国家再也无法摆脱对国债的依赖,通货膨胀率居高不下,形成了经济停滞与通货膨胀并存的"滞胀"局面。长期的通货膨胀刺激了市场利率的提高,而存款机构被限制利率束缚住手脚,导致了新形式的货币信用危机——"脱媒"危机。这种利率限制以美国 Q 条例①最为典型,"脱媒"危机在美国爆发得也最为频繁与严重,1966 年、1969 年、1974～1975 年、1979～1980 年多次爆发"脱媒"危机。在高通货膨胀率和高市场利率的压力下,美国的企业与个人一方面缩小了对收益水平相对较低的金融资产的需求,转而提高对实物投资的比重与消费支出;另一方面他们在对金融资产投资时开始关注利率高、流动性强、期限短的金融资产,减少在银行的储蓄存款。这样就使金融资产的蓄积速度难以跟上经济的增长速度,资金供不应求,影响了经济的发展。

(二) 金融机构竞争加剧要求放松管制

20 世纪 30 年代的世界经济危机之后,西方各国普遍实行了严格的金融管制,各类金融机构的业务范围受到限制,各国希望通过限制金融机构间的竞争以维护金融体系的健全。例如在美国,实行银行业与证券业的分离,而在日本则有着更为严格的银行业务机构划分,由政府给予特定金融机构特定的业务职能。这类现象不仅在实行金融分业经营的国家(或地区)中发生,而且在实行金融混业经营的国家中也普遍存在。传统的金融业务分工建立在竞争并不十分激烈的前提下,然而随着 20 世纪 60,70 年代金融环境的变化,高通货膨胀率与高市场利率诱发"脱媒"屡屡发生;非银行储蓄机构"短借长贷"的资产负债结构使其面对市场高利率损失惨重;政府对银行业严格管制的同时却对金融市场放松管制,造成了不公平竞争。金融机构之间竞争日趋激烈,传统的业务分工体系已难以适应经济、金融发展的需要,旧有的金融体制迫切需要改革。

(三) 生产和资本国际化要求放松金融管制

自 20 世纪 70 年代以来,在世界经济日益全球化的大背景下,各国在经济、技术、资金上的联系不断加强,生产和资本的国际化获得了巨大发展。国际贸易的增长和跨国公司的发展使国际资本流动更加频繁,规模不断扩大。资本的本性使它们在世界范围追逐利润,它们要求政府放松管制,以更加自由地开展业务,这就迫使政府不断放松金融管制,也使得政府管制越来越困难。面对国际业务的高收益,也引起了国内资本对限制的强烈不满。同时,各国政府也意识到面对激烈的竞争,谁管制越严格,谁的金融市场发展就越缓慢,在竞争中越处于不利地位。

(四) 新技术革命推动了金融体制改革

最后,新技术革命成为各国金融体制改革的重要推动力量。新技术的应用改变了金融机构

---

① 所谓"Q 条例",即第 Q 项条例。美联储按照字母顺序排出了一系列条例,如第一项为 A 项条例。对存款利率进行管制的规则正好是 Q 项。条例规定,银行对于活期存款不得公开支付利息,并对储蓄存款和定期存款的利率设定最高限度。后来,"Q 条例"变成对存款利率进行管制的代名词。

传统的业务手段,使新业务的开拓成为可能。新信息技术降低了交易成本,不但促使了大量中小金融企业和个人投资企业的涌现,也使更多的社会成员参与到金融市场与投资活动中。新技术的应用将国内市场和国际市场连接在一起,竞争更加激烈,各金融市场之间的一体化趋势不断加强。

二、发达国家的金融自由化改革

20世纪后半期的这场金融体制改革几乎席卷了西方各国,改革的最终结果是放松金融管制,鼓励金融自由化和加强竞争。在具体的操作过程中,各国放松管制的程度与进度,以及涉及的领域各不相同,但就改革的内容来看,大都包括以下几个方面。

(一)利率自由化

自20世纪30年代以来,利率管制一直是发达国家金融管制最基本、最广泛的措施之一。因此在放松金融管制的进程中,对利率限制的放松便成为各国金融体制改革的主要内容。英国在1971年5月公布了《竞争和信贷控制法案》,迈出了利率自由化的坚定一步,1981年8月英格兰银行将基础贷款利率与市场利率联动,利率实行自由化。1976年2月,(联邦)德国提出废除利率限制的议案,并于同年4月全面放松了利率管制,结束了利率管制的时代。美国放松利率管制始于《1980年银行法》。该法案的主要目标之一就是修改直至废除存款机构的利率限制。它规定,自1980年3月31日起,分6年逐步取消对定期存款和储蓄存款利率的最高限制(即取消Q条例),并为此专门成立一个委员会,负责制定存款利率的最高限,使其逐渐放松直至最后取消。1982年10月,里根总统签署了《1982年高恩—圣杰曼存款机构法》,该法是1980年金融改革的继续,在取消金融管制和促进不同类型金融机构的竞争方面前进了一大步,规定从1984年1月1日起分阶段取消利率限制过程中对于银行和非银行存款机构间的利率限制差距。

20世纪70年代以后,日本的存、贷利率也在向自由化方向发展。1978年6月以后,日本银行逐步取消了对银行间资金市场的利率限制,银行之间的资金往来不再受利率上的限制。有价证券的利率自由化进程更早,到了80年代新涌现的金融工具如各种信托证券、投资基金等,利率都已经是自由的。1984年6月,日本政府发表了《金融自由化和日元国际化的现状及展望》,规定到1987年将最终取消对大额存款、银行间资金拆借等利率的限制,到80年代末,日本已基本实现了各种利率的自由化。

(二)放松外汇管制,开放国内金融市场

如果将利率自由化看作是发达国家对内金融自由化的重要举措,那么,对外金融自由化的范围更加广泛,包括从诸如放松外汇管制到开放国内金融市场,从允许资本自由流动到许可外国金融机构进入本国开展经营活动等等。美国在1973年就已经取消了资本流入限制,1981年12月3日,美国正式立法允许欧洲货币在美国境内通过"国际银行设施"(Internaional Banking Facilities)进行交易,从而加强了美国与其他国际金融中心的联系。英国在1979年10月取消了外汇管制,本国居民可以自由地借入外币资金或将本国货币贷给外国人,1986年10月27日的伦敦城"大爆炸"①后,外国银行、证券公司、保险公司也可以申请成为伦敦证券交易所的会

---

① "大爆炸"(big bang),原系天文学术语,喻指英国伦敦证券交易所于1986年10月27日起厉行的一次全面革新。在这一天,伦敦证券交易所为开放市场而设计的一批新的规章制度生效,"屏基市场"(screen-based market)也于同一天启动。

员,外国公司也被允许100%地收购交易所会员公司。日本在1980年6月修订了《外汇与外贸管理法》,取消了外汇管制,对外汇存、贷不再实行限制。1984年6月随着《金融自由化和日元国际化的现状及展望》的发表,外汇不能自由兑换成日元的限制被取消,外汇买卖也实现了完全的自由,对外金融交易和银行的对外业务实现自由化,日本的金融市场也开始对外开放,如批准外国商业银行在日本开设经营信托业务的子公司,允许一些外国证券公司参加证券交易所交易等等。澳大利亚1980~1986年逐步取消了对外汇交易和外汇汇率的管制。1984年,法国取消了对非居民课征的债券利息预付税,1985年4月取消了不得发行欧洲法郎债券的限制,1986年废除了全部外汇管制措施。德国在1985年,取消了对欧洲马克为单位的欧洲债券发行规模和发行时间的限制,使外资银行获得了牵头经营这类发行业务的权利。1986年以后,外资银行在德国可以自由地运用各种金融工具。

(三)金融机构业务综合化

20世纪30年代经济大危机后,各资本主义国家普遍对金融业实行分业经营与管理。自20世纪80年代以来,各国金融机构开始突破原有的专业分工界限,综合经营各种金融业务。改革以美国、英国、日本三国最为典型。美国的《1982年银行法》与《1982年高恩—圣杰曼存款机构法》打破了几十年来形成的不同金融机构之间严格的业务限制,消除了储蓄机构与商业银行的区别,商业银行允许跨行业、跨州兼并,开展跨州业务。在英国,从20世纪80年代起,商人银行和清算银行已没有明显的差别,清算银行过去基本不办理国际业务,但现在都设有自己的国外业务行处,商人银行通过股份改造或合并,也逐渐转变为现代商业银行,其经营范围也已从证券交易、票据贴现转为集长、短期金融业务于一身。不同于其他各国,证券交易所的改革也是英国金融机构业务综合化的内容之一。1982年英国把非证券交易所成员不得持有交易商、经纪商公司10%以上股票的限制放宽至不超过29.9%,1986年3月又取消了以上限制。同年10月,取消了伦敦交易所最低佣金限制,废除了经纪商和交易商不得互兼的规定。改革给伦敦证券交易所带来了空前活跃的场面。1981年日本公布了新的《银行法》,这标志着日本金融制度进入了综合化发展的时期。该法案与旧《银行法》相比,最具有实质性意义的不同点就是明确规定了银行可以经营国家债券、地方政府债券、政府保付债券的买卖,打破了证券公司独家经营有价证券买卖的格局,而证券公司也争取到了办理银行发售的可转让大额存单的转让业务。在日本,打破专业分工限制的例子在同类金融机构内部也时有发生,如商业银行可以筹集长期资金,信托银行变相吸纳短期存款等,这在以前都是不允许的。

三、发展中国家的金融抑制与金融深化

第二次世界大战是发展中国家建设自己货币金融制度的起点。二战后,一大批殖民地、半殖民地国家获得了政治上的独立,摆在各个国家面前最迫切的任务就是独立自主地发展民族经济。然而,当时这些国家的共同点是生产力水平落后,资金严重缺乏。为了迅速发展经济,各国几乎都将迅速实现工业化作为自己的发展战略目标,将本国国内有限的资源优先向工业部门集中。在政策选择上,各国政府普遍加强了对金融系统的控制,对金融资源实行集中配置,普遍建立了以金融抑制为特征的金融制度。其主要特征有以下几方面。

(1)各种金融机构并存。各国金融体系普遍存在银行、保险公司等现代金融机构和出本土分散的私人钱庄、高利贷等落后的金融机构并存的局面,前者主要为现代经济部门服务,后者主要为传统经济部门服务,两者分割严重,没有形成一个全国统一的金融市场和统一的金融

价格。

（2）金融机构和金融市场不发达。发展中国家一般没有资本市场，即使存在，也只是处于萌芽状态。现代金融部门在经济生活中只局限在很小的范围内发挥作用。

（3）大部分国家都对金融实行严格的控制。表现在银行利率通常由政府规定，信贷实行配给，汇率也在政府的严格控制之下。

（4）储蓄率低下。落后的经济状况决定了大部分发展中国家的经济剩余很少，因此用于储蓄的资金十分有限，加之利率管制，人们缺乏储蓄的动力，国民储蓄率一般都很低。

（5）主要以内源融资为主。在落后经济体中，资本是相当稀缺的，而政府在信贷配给上实行严格控制，广大中小投资者很难获得融资，不得不依靠内源融资。

在经济发展初期，金融抑制制度有其存在的合理性，对发展中国家的经济发展也起到了巨大的作用。但是，随着经济的发展，这种制度越来越显示出其局限性，改革成为必然。几乎与发达国家金融自由化改革同步，广大发展中国家或地区，从亚洲到拉美，从中东到非洲，以及转轨的中、东欧国家，以金融深化或金融发展为特征的金融自由化运动如火如荼地展开了。它们的改革有激进的，有渐进的；改革结果有成功的，也有失败的。亚洲国家在20世纪经历了一个快速发展的时期，其经济的成功部分得益于金融自由化改革。我们下面就以亚洲国家为代表，简要介绍发展中国家的金融自由化改革。

金融自由化的速度和改革的广度在亚洲各国是大不相同的，但总的来说其金融自由化是一个逐步的、渐进的和持续的过程。

（一）利率自由化

利率自由化是几乎所有亚洲国家金融改革的显著特征，包括印度尼西亚、菲律宾、斯里兰卡等在20世纪80年代已完全放开对利率的管制；尼泊尔在1986年放开了主要利率；韩国、马来西亚、泰国主要通过经常调整利率、对受控制的利率放宽浮动幅度，并取消了一些利率上限。利率自由化再加上降低通货膨胀方面所取得的进展，实际利率一改20世纪70年代呈负数的局面，大多数亚洲国家在80年代实际利率转为正数①，从而促进了这些国家的金融深化。以M2（广义货币）与GDP（国内生产总值）来表示金融深化，马来西亚、新加坡和泰国这一比率在1989年达到了60%～90%，印度尼西亚从1983年的20%上升到1989年的约35%，其他国家也有不同程度的发展。

（二）减少信贷控制

几乎所有亚洲国家（印度尼西亚、韩国、马来西亚、尼泊尔、菲律宾、斯里兰卡、泰国）都减少或取消了对银行贷款总规模的直接控制。如韩国政策性金融在存款银行贷款总额中的比重不断减少：1980年为40.7%，1984年为33.8%，1988年这一数字则为33.3%。政策贷款占国内信贷总额的比例则从1982年的18%降低到1995年的5.3%。但是在经济困难时期，一些国家仍会重新使用直接控制手段。

（三）金融体制改革

为了提高银行效率，亚洲国家努力增加银行之间的竞争和改善银行管理。印度尼西亚、韩国、马来西亚、尼泊尔、菲律宾、斯里兰卡、泰国等都采取不同措施减少银行竞争的障碍并努力消

---

① 曾万达、罗伯特·科克著，黄兴海等译：《亚洲国家的金融自由化、货币需求和货币政策》，中国金融出版社1992年版，第8～9页。

除市场分割,这些措施包括自由的市场准入、扩大各类金融机构业务活动范围、放松对外资银行业务活动限制、国有银行民营化、给予金融机构更大自主权等。在实行金融自由化的同时,亚洲各国也加强了对金融机构的监管,将监管范围扩大到所有金融机构,统一并改善金融管理体系,建立存款保险制度,对经营不善和违规操作的金融机构进行改组等等。监督工作的重点也从监督日常业务转变到监督信贷分析程序、银行资产质量、风险比率的执行情况。

大多数亚洲国家采取措施鼓励创建和发展货币及资本市场。菲律宾和新加坡在20世纪70年代中期之前已建立了货币市场,到80年代初,货币市场在印度尼西亚、韩国、马来西亚和泰国越来越显得重要;80年代末,尼泊尔和斯里兰卡也建立起了货币市场。货币市场的发展不仅增加了金融系统的竞争性,而且为各国中央银行通过公开市场业务管理银行资产提供了更为灵活的手段。

(四)减少资本控制和增加汇率灵活性

大多数亚洲国家在放开国内金融市场的同时,放松了对国际资本流动的限制。20世纪80年代初,印度尼西亚和新加坡就基本取消了对资本流动的限制。马来西亚对非本地筹资的国际资本流动限制极少。而泰国只控制资本输出,对资本输入基本不予控制。韩国一直对资本流动控制较严,到80年代后期采取了一些开放措施,对外国在韩直接投资和韩国居民的海外投资放松了管制。

伴随着资本控制的放开,亚洲国家也开始实行更为灵活的汇率安排。到20世纪80年代末,大部分国家基本放弃了固定汇率安排,它们或钉住一揽子货币(马来西亚、缅甸、尼泊尔、泰国),或实行有管理的浮动汇率(印度尼西亚、韩国、菲律宾、新加坡、斯里兰卡)。

金融全球化是经济全球化的重要组成部分,在经济全球化的大背景下,金融全球化被不断推向深入,越来越多的国家与地区或主动或被动地加入到这一潮流中来。在这一全球金融的融合过程中,金融自由化构造了这样一种真正的金融活动的全球基础。在各国普遍实行金融自由化的条件下,"国际金融"与"国内金融"已没有明显的界限,世界各国的金融市场已经日益成为全球金融市场的一个有机组成部分。金融自由化促进了金融全球化的发展,并使金融全球化表现出一些新特征。当然,金融自由化也会给置身其中的国家带来一定的冲击。

第二节　金融全球化的特征

随着金融自由化改革在全球范围内的展开,金融全球化得到了迅速发展。

一、全球资本加速流动

金融自由化改革一个最重要的方面是资本流动限制减少,随着资本项目纷纷开放,各国与全球经济的金融联系增强,国家之间资本流动大幅增加。

近年来,全球资本流动的第一个特征就是全球资本流动总量迅速增长。按照国际货币基金组织的标准,资本流动包括直接投资、证券投资和其他投资流量,根据需要有时还包括储备资产的变动。从总量上看,20世纪的最后20年是全球资本流动增长最为显著的时期。从1986年到1998年,国际资本市场融资和外国直接投资总额由2.8万亿美元增加到13.8万亿美元,增长了近500%。20世纪80年代国际资本总量的快速增长主要是70年代后期国际范围的放松

第八章 金融全球化

资本流动控制后的反应,而随着潜在压力的逐渐释放和国际资本市场的进一步成熟,这种增长在 90 年代后期开始趋于平稳,在进入 21 世纪后情况有所变化,在经历了 2000 年高峰期后,西方主要各国的资本流入流出量均有所下降,直到 2003 年后才开始恢复增长,到 2004 年才首次超过 2000 年水平。2008 年的金融危机使得资本流入流出量也发生巨大的变动,危机前经济较为景气,所有的资本形式,包括外国直接投资、证券投资、跨境银行贷款和短期投机资本流动都是上涨的,但金融危机后国际的资本流动有所下降。

发达国家特别是美国一直是国际资本流动和投资的中枢。在 2000 年的高峰年,七国集团的资本流入和流出曾分别高达 2.6 万亿美元和 2.3 万亿美元,分别占全球资本流动的 70%,而美国一国的资本流入与流出量就分别占到全球资本流入流出量的 1/3 和 1/5。金融危机发生前,美、日、欧这三大经济体占据了全球资本流动的大部分。新兴市场和发展中国家作为一个整体来看发展很快,资本流入流出规模均超过日本。但是在金融危机发生后,2008 年的数据显示,美国在资本流入方面仍然保持优势,占全球资本总流入量的 41.7%。但是在资本流出方面美国和欧元区的规模都非常小,发展中国家中国在全球的资本流出中占最大份额,为 23.4%。

表 8-1　主要国家与地区的资本流动(2008 年)　　　单位:10 亿美元

	资 本 流 入	资 本 流 出
美　　国	534.1	−0.1
英　　国	−599.6	1 039.5
欧 元 区	1 025.8	−679.1
日　　本	−16.4	−211.9
新兴市场和发展中国家	776.8	−1 370.3

注:新兴市场与发展中国家包括《世界经济展望》界定的"其他新兴市场和发展中国家"以及中国香港特别行政区、以色列、韩国、新加坡和中国台湾省。
资料来源:IMF,*Global Financial Stability Report*,2010.04。

全球资本流动的第二个特征是其地域结构差别明显。全球资本流动长期以来表现为大量资本由发达国家向新兴市场国家的单向流动,但是,近年来,发达国家和地区在资本全球流动中的地位和作用显著上升,尤其是美国、欧洲和日本等相互间的资本流动继续保持较高水平,资本双向流动趋势日益显著。1982 年美国由资本净流出国转为资本净流入国,资本流入净额由 1983 年的 270 亿美元,增长到 2007 年的 19 739 亿美元,该数据经过 2006 年和 2007 年的增长后,于 2008 年下降为 5 341 亿美元(表 8-1)。欧洲资本流入流出规模相当,而日本长期以来一直是净资本流出国。新兴市场和发展中国家伴随着经济的发展,近年来一直吸引着大量资本流入,但资本流出规模更大,2008 年资本净流出达 3 703 亿美元,其中大部分来自储备资产的变动。

伴随着金融全球化,全球资本流动虽在个别时期规模会有所下降,但总体趋势是不断扩大。金融资本的全球扩张,在一定程度上有助于资本流入国的经济发展,但频繁的大规模的资本流入与流出也给各国经济带来了负面影响,逐利性驱使着资本在全球游走,这就要求各国加强对"游资"的监管,防范金融危机的爆发。

二、全球金融资产规模不断扩大

伴随着资本流动规模的扩大,全球金融资产不断累积,据国际货币基金组织统计,1980年全球金融资产只有12万亿美元,与全球GDP相当,1993年为53万亿,大约是全球GDP的两倍,到2008年全球GDP为612 187亿美元,而包括债券、股票和银行资产在内的全球资本市场规模约达221万亿美元,约为全球GDP的3.6倍。

表8-2 美日欧资本市场规模对比(2008年) 单位:10亿美元

	GDP	股票市场市价总值	债券		银行资产	股票债券和银行资产占GDP的比(%)
			公共	私人		
世界	61 218.7	33 513.1	31 573.9	51 694.8	104 712.3	361.8
欧盟	17 134.2	7 269.1	8 769.3	20 272.1	51 044.4	509.8
美国	14 441.4	66.6	7 887.4	22 683.9	14 004.8	389.9
日本	4 887	3 209	9 116.3	2 338	6 434.1	513.3

注:银行资产是指商业银行资产。
资料来源:IMF,*Global Financial Stability Report*,2010.04。

全球金融资产的增加依赖于债券资产的快速增长。金融资产的增幅有一半源自债券资产的贡献,2001年全球债券资产约为42万亿,2008年这一数字便接近83万亿美元,7年间增长了近98%。债券资产的增加主要来自私人债券资产的增加,2001年私人债券资产约为196 352万亿美元,2007年、2008年分别为511 898亿美元与516 948亿美元,从2001年到2008年增长近163%,而同期公共债券资产一直徘徊在30万亿美元左右,2008年公共债券比2007年的增长了10.27%。股票资产的增长速度也是很快的,但其风险性和变动性要高于其他形式的资产。例如,1999年股票资产的规模曾占全球金融资产总额的38%,2007年该比例为28.24%,但2008年这一比例跌至15.1%。从绝对数量上看,近年来变化更是剧烈,2001年全球股票市值为288 751亿美元,2002年为312 023亿美元,2003年跌至228 096亿美元,2004年又再次升至371 684亿美元,其后几年股票发展良好,2007年升至651 056亿美元。但金融危机阻碍了这种上升势头,数据显示2008年股票市值又下降为335 131亿美元。

全球金融资产大规模增加的同时,也导致了全球金融资产在地区之间的分布不均,美、日、欧三个地区集中了全球金融资产的约80%,而这其中又将近有37%集中于美国市场(表8-2)。近年来,欧洲所占的金融资产比率有所上升,而日本则略有下降。

三、国际金融衍生工具(产品)市场急剧膨胀

对于金融衍生工具(产品)市场的发展,金融自由化改革起到了不可或缺的作用。20世纪70年代以来,主要工业化国家逐步放松了或废止了对利率、汇率、证券等金融工具的管制,放松了金融机构从事某些金融业务的限制。这些措施的实行,使得金融机构获得了更大的发展空间,但同时也使它们之间的竞争更加激烈,面对的金融环境更加不稳定。为了应付日益剧烈的市场波动,商业银行、投资机构和企业公司等积极寻找规避金融风险的技术与手段,金融衍生产品正好迎合了它们的需求,于是得到了迅速发展。金融衍生产品按原生资产分,可分为六大类,见表8-3。

表 8-3 金融衍生产品的分类

对象	原生资产	金融衍生产品
利率	短期存款	利率期货、利率远期、利率期权、利率掉期合约等
	长期债券	债券期货、债券期权合约等
股票	股票	股票期货、股票期权合约等
	股票指数	股票指数期货、股票指数期权合约等
货币	各类现汇	货币远期、货币期货、货币期权、货币掉期合约等
商品	各类实物商品	商品远期、商品期货、商品期权、商品掉期合约等

金融衍生产品可以有效地规避金融风险,受到了各金融机构的青睐,其市场规模不断扩大。来自国际清算银行的统计,1998年全球场外交易衍生工具市场未清偿合约的名义数额为80万亿美元,在此以后稳步增长,到2008年6月达到了近684万亿美元,增长了755%。但在随后发生的金融危机中,金融衍生产品受到冲击,2008年12月数据显示全球场外交易衍生工具市场未清偿合约的名义数额下降了20%,为548万亿美元左右。但在2009年6月的统计数据中显示,该数额又有所回升,2009年12月该数据上升至615万亿美元(图8-1)。在国际金融市场上,与利率有关的金融衍生工具规模一直占据着全球衍生工具市场的较大比例,1998年全球金融衍生工具市场场外交易的80万亿美元中,利率合约(interest rate contracts)就占到了50万亿美元,占总交易量的63%,到2009年底,利率合约规模增加到450万亿美元,占总交易量的73.14%,而其中又以利率掉期(interest rate swaps)为主。近年来,由于外汇交易量的猛增以及

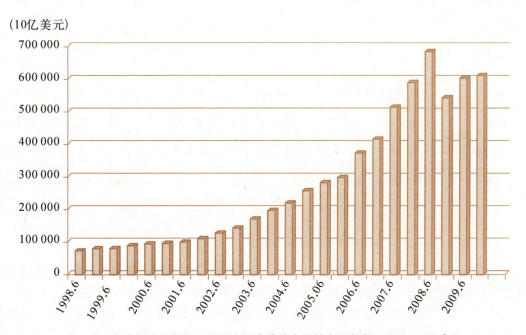

图 8-1 全球场外交易衍生工具市场未清偿合约的名义数额(1998～2009 年)

资料来源:BIS,*International Banking and Financial Market Developments*,2009。

外汇汇率的不稳定性,也使得与外汇交易有关的衍生工具快速发展,但期限较短,大部分交易集中在1年期以内,1~5年或5年以上的交易量总计不超过25%。

金融衍生工具的这种急剧扩大,已经与它所依赖的实体经济或金融市场严重背离。这种扩大一方面促进了金融市场的发展,有利于市场参与各方利用衍生工具来规避风险,但同时也增加了金融体系的系统风险。金融衍生工具市场的发展,打破了银行业与金融市场之间、衍生产品与原生产品之间以及各国金融体系之间的界限,这一方面加强了国内、国际金融市场的联系,促进了金融全球化的发展;但另一方面,一旦金融危机爆发将会在全球迅速扩展。这要求各国加强对这些金融衍生工具的监管。

四、跨国金融交易不断扩大

金融自由化促进了金融全球化的发展,也促进了全球金融市场的发展。国际金融市场的发展,加之金融自由化,各国政府、金融机构、企业公司可以摆脱对国内金融市场的依赖,在全球进行融资活动,可以更加有效地利用资源与规避风险。

国际信贷市场近年来发展迅速,1994年国际信贷规模只有5 019亿美元,从2000年到2008年,国际银行贷款从14 500亿美元增长到23 489亿美元。而如表8-4所示,大部分信贷提供集中在发达国家,而其中又有一大部分来自美国,这主要与国家的经济实力有关。

表8-4 按借款人国籍分类的国际银团信贷(2005~2009年)　　单位:10亿美元

	2005	2006	2007	2008	2009Q1	2009Q2	2009Q3
所有国家	1 797.148	2 600.129	2 777.156	2 348.967	761.51	909.839	434.387
工业国家	1 490.02	1 722.32	2 256.63	1 173.73	140.68	251.021	150.751
美国	700.653	778.331	1 070.27	442.7	36.821	78.337	58.038
日本	27.631	52.018	75.533	46.398	15.691	6.331	11.815
德国	84.276	132.992	126.362	47.002	19.851	24.592	8.155
法国	112.528	101.13	167.515	76.379	5.962	5.295	8.764
意大利	40.779	38.933	36.472	23.108	0.404	15.184	3.634
英国	158.318	189.364	240.784	190.976	11.042	20.204	8.395
加拿大	40.172	61.516	78.537	44.445	3.728	8.803	7.521

资料来源:IMF,*Global Financial Stability Report*,2010.4。

国际债券市场也获得了长足的发展。1997年国际债券的年发行额只有5 459亿美元,1999年发行额首次突破1万亿美元大关,进入21世纪后,国际债券的年发行额都保持在1万亿美元以上。2002年受国际金融市场波动的影响,国际债券融资低迷,出现短期下降,但仍达到10 087亿美元,2007年更是达到前所未有的29 748亿美元。由于受到金融危机的冲击,2008年国际债券的年发行额下降为24 274亿美元,2009年进一步下降为23 356亿美元。截止到2009年

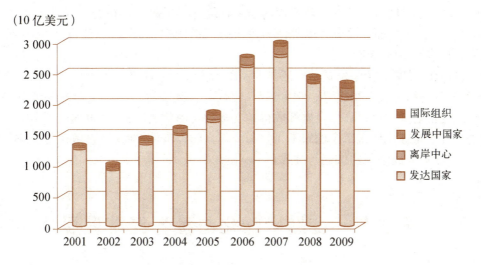

图 8-2 国际债券的发行方(2000～2009 年)

资料来源：BIS, *International Banking and Financial Market Developments* 相关各期。

底,国际债券余额已近 27 万亿美元的规模。在国际债券的发行中,发达国家一直占据着主体地位,值得注意的是,近年来发展中国家也开始积极地在国际市场上发行债券进行融资,从近两年来看,无论是绝对数量还是所占比例,都有较大程度的上升,如图 8-2 所示。

国际金融市场的发展,在股票市场上就表现为股票交易规模的扩大。图 8-3 给出了 2000～2009 年全球股票交易的总体规模及其随时间的变化情况。2000 年美国高科技股泡沫破灭,使得全球股市就一直处在低迷状态中,"9·11"事件和美国大公司的财务丑闻又进一步打击了投资者的信心,这也延缓了股市复苏的进程,也使得全球的股票规模在 2003 年之前都呈现减

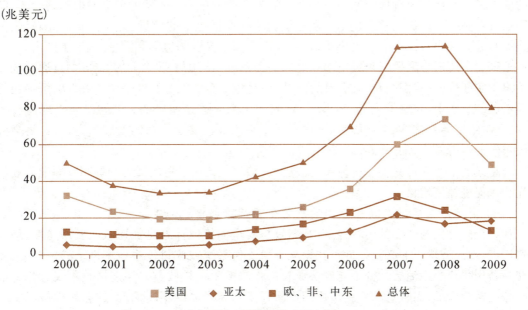

图 8-3 全球主要地区股票交易总量(2000～2009 年)

资料来源：世界交易所联盟(WFE), *Annual Report and Statistics* 相关各期。

少的趋势。2003年以后,伴随着全球股市的繁荣,股票交易额大增,在2007年达到前所未有的100万亿美元。但随后而来的金融危机使得每个地区的股票交易大减,所以2008~2009年全球股票交易总量呈下降趋势。

金融自由化,使得无论是发达国家还是发展中国家在金融领域更加开放。国际货币基金组织2004年的一份研究报告指出,从20世纪70年代一直到20世纪末,工业国家和发展中国家的金融开放度都有大幅度提高。金融开放得益于金融自由化的实施,这也加速了金融全球化与一体化的进程。全球化使得每个国家不再是一个孤立的经济体,在这场自由化与全球化的运动中,每个国家必然要面临新的机遇与挑战。

第三节 金融全球化与世界经济发展

一、金融发展与经济增长理论

金融自由化的改革,无论是发达国家的金融管制放松,还是发展中国家的金融深化,都是为了更好地促进金融发展,为经济发展服务,这也是各国进行金融自由化的初衷与最终目的。

雷蒙德·W·戈德史密斯(Raymond W. Goldsmith)最先对金融发展与经济增长之间的关系进行了研究,在其代表作《金融结构与发展》(*Financial Structure and Development*,1969)中提出了许多开创性的重要观点,揭示了实体经济与金融上层结构之间相互作用的关系。他指出金融结构对经济增长具有巨大的促进作用,这一结果通过以下机制来实现。首先,金融工具的出现可以加速经济增长。金融工具的出现使家庭和经济单位从其自身储蓄和自身投资两者中解脱出来,提高了投资效率和资本形成额与国民收入之比,从而使产出得以增加。其次,金融机构的业务经营是促进经济增长的另一来源。它来自两种途径:一是由于金融机构的介入,储蓄者和投资者储蓄和投资的总量超出了金融机构不存在情况下的数量;另一方面,金融机构往往能将储蓄分配到收益性更高的投资项目上,这就提高了投资的边际利润率,刺激了产出。

戈德史密斯对金融发展与经济增长之间的关系虽然给出了理论上的解释,而且通过统计研究给出了实证分析(我们会在后面予以介绍),但是他对金融发展与经济增长关系的解释还是比较粗糙的。事实上,金融发展和经济增长之间的关系应该是明确的。金融发展表现为金融体系,即金融组织体系、金融工具体系、金融市场体系和金融支付体系的发展与完善,这将会极大地改善经济运行效率,加速经济增长。

金融发展主要通过完善支付体系、提高动员储蓄及转化投资的能力与提高资源配置效率三个途径来促进经济增长。

(一) 金融体系通过有效而适用的支付体系促进经济的增长

在一个以交换为中心的市场经济中,高效与安全的价值体系是加速收入实现速度、降低流通费用、实现经济增长的必要条件。在缺乏价值支付系统或支付体系效率低下的情况下,高额的交易费用往往会抵消劳动分工与经济成长所带来的生产性收益。经济增长不仅意味着生产性收益的持续增加,而且意味着新市场的不断开拓与新产品的不断涌现,这会使得市场主体之间的交换关系越来越复杂,为了保持经济的活力,经济货币化就变得十分重要,然而货币化的加剧将导致货币流通速度的减慢,引发货币的大量闲置与信用规模的缩减。为了减少社会持币的成本，要求价值体系向以银行为中心的结算与支付体系集中，实现流通中货币的集中管理，以进一步扩张信用基础。在某一个阶段，支付体系的发展将最终会抵消货币流通速度减慢的趋势，提高货币的利用效率，扩大信用规模，实现社会生产资源的充分利用，促进经济增长。

（二）金融体系通过提高动员储蓄及转化投资的能力促进经济增长

理论与实践都证明，储蓄是经济增长所必需的，要想通过投资实现经济增长，就必须进行储蓄。因此金融体系对经济增长的另一贡献，就来自其动员储蓄并将储蓄转化为投资的能力。金融市场或信用中介的存在，可以通过更好地聚集现有的金融资源而更好地动员储蓄，较高水平的投资率意味着较高水平的收益率，进而推动资本生产率的提高，相应地加速经济增长。

金融中介可以分散单个投资项目的相关风险，并且会给储蓄者提供更高的预期收益，这就鼓励人们进行储蓄而不是进行低回报的不动产投资。但是另一方面预期回报率的提高也会使储蓄产生一种"收入效应"，从当前消费水平来看，储蓄增加获得的高收益意味着在将来可以实现更多的消费，这将导致储蓄率的降低。再者，实行金融自由化后，随着金融中介的发展，也会促进直接金融的发展，使得直接投资的工具增多，消费者面临的金融投资组合多样化，这也往往会使金融中介吸收的储蓄减少，储蓄率降低。但总的来说，金融发展更倾向于增加储蓄率，因此，金融可以在一定范围内使储蓄上升，从而为资本投入量的增加提供源泉。

储蓄的增加只是实现经济增长的一种必要条件，只有储蓄全部转化为投资，才能将这种可能性变为现实性。但由于金融中介的无效率及垄断市场的存在，因此，在一般情况下，金融体系很难将全部储蓄转化为投资。当实行金融自由化后，金融中介间的竞争加剧，金融中介在金融压抑或金融约束状态下获得的垄断利润减少，也即滞留在金融中介中的资源相对减少，使储蓄转化投资的比例提高。金融市场的发展，投资渠道的增加，也可以相应降低投资风险，从而促进投资比例的增加。通过金融体系，储蓄转化为投资有两种类型：一是储蓄者通过金融中介间接向投资者提供资金；再就是储蓄者通过金融市场直接购买企业发行的股票、债券以及政府的债券等，通过直接证券的买卖，投资者可以直接集中储蓄者分散闲散的资金用于投资。

（三）金融体系通过提高资源配置效率促进经济增长

通过资源配置，将资本从边际生产率低的行业转移到边际生产率高的行业中，从而提高整个社会的资本生产率。这主要通过以下几种途径来实现。

（1）金融体系通过提供风险分担来促使投资者投资于风险更高但更具有生产率的技术或项目。生产性风险的存在使潜在的投资者往往将资产过多地分配在流动资产上，而这种流动资产虽然风险小，但却是缺乏生产性的。再者为了克服这种风险，投资者将投资分散化，而这将以牺牲生产专业化和降低生产率为代价。金融体系可以通过提供更为有效的风险分散方法来影响单个投资者的投资与储蓄行为，解决他们的无效投资问题。

（2）金融体系可以通过收集信息，对各种投资项目进行筛选来促进经济增长。金融中介的发展，使得它能够比一般的投资主体获得更为全面的信息，在一定程度上可以解决信贷市场与资本市场信息不对称的问题。

（3）金融体系通过自身创新来提高资本配置效率。金融自由化后，金融机构之间的竞争加剧，促进了金融创新。金融创新所带来投资工具的增多可以将资金投入到风险小而收益大的项目或技术，从而有利于资本配置效率的提高。

二、发展中国家金融自由化与经济增长理论

对于大部分存在金融抑制的发展中国家来说,尽管也存在着诸如汇率控制、信贷配给等管制措施,但金融抑制的主要表现仍然是利率管制,如名义存款利率管制、名义贷款利率管制或两者兼有。因此,大部分经济学家在关注发展中国家金融抑制的时候,大量的研究便集中于利率上,利率自由化也成为他们关注与研究发展中国家金融自由化的主要对象。

(一)通过利率自由化提高储蓄促进经济增长

爱德华·S·肖(Edward S. Shaw)与罗纳德·I·麦金农(Ronald I. McKinnon)最先对发展中国家的金融抑制进行了研究,主张发展中国家实行金融自由化以促进经济发展。在《经济发展中的金融深化》与《经济发展中的货币与资本》这两本专著中他们为发展中国家的金融自由化提供了理论基础。

麦金农和肖的金融自由化主要是通过实际利率的变化来促进储蓄的增长,进而促进经济的增长。这是因为在金融抑制情况下,利率水平受到人为压抑,不能反映正常的资金供求状况,这就使得储蓄水平下降,经济发展所需资金长久不能获得,从而使经济总体水平无法提高,同时还会滋生银行体系的腐败与低效率。因此,麦金农和肖认为解决问题的最好办法就是取消利率管制,减少政府对金融体系的过度干预,让市场机制来决定利率水平。通过金融自由化来使利率高到足以反映资本的稀缺程度,从而使储蓄增加、投资增加,促进经济增长。

(二)通过促进投资来促进经济增长

然而,麦金农和肖过分强调了储蓄在经济发展中的作用,而忽视了储蓄转化为投资的渠道与质量。作为麦金农和肖理论的进一步发展,马西森(Donald J. Mathieson)与卡普尔(Basant K. Kapur)从投资角度来阐述金融自由化带动经济增长。马西森认为利率受到管制时会低于均衡水平从而阻碍经济增长。当贷款利率过低时,整个社会的投资水平将高于均衡水平,对银行存款的需求也相应提高。然而低利率造成实际存款余额过少,整个社会的投资需求不能得到满足,经济发展必然受到抑制。因此,只有通过金融自由化,放开利率管制,使利率水平回归到市场均衡水平,才可以促进经济增长。卡普尔模型则是通过货币需求来起作用。他认为,提高名义利率将提高实际货币需求,借此可以提高贷款供应量,增加资本投资量,促进经济增长。

西班牙经济学家加尔比斯(Vicente Galbis)从另一个角度阐明了利率自由化对经济增长的促进作用。他不是直接地把实际利率作为货币政策的传导机制,而是通过金融中介在参与资源转移过程中对投资效率的提高来说明其对经济增长的意义。他继承了麦金农有关发展中国家"分割经济"的观点,并有所发展。他将发展中国家的经济部门分为两个部门:高效部门与低效部门,高效部门的投资收益要大于低效部门,但总体来说经济是低效的。加尔比斯认为通过提高银行实际存款利率能减少低效部门的投资,而增加高效部门的投资水平,在社会资源短缺的情况下通过改善资源配置加速经济发展。

(三)适度"金融抑制"与经济增长

20世纪90年代后,在金融自由化理论继续发展的同时,一些经济学家对适度"金融抑制"重新给予了肯定,给金融自由化理论带来了新的挑战,持这一观点的代表经济学家为约瑟夫·斯蒂格利茨(Joseph E. Stiglitz)。斯蒂格利茨认为由于信息的不完全与市场失败的存在,需要政府的干预。政府通过一系列的金融抑制,使利率维持低水平且实际利率为正,同时适当限制竞争、限制资产替代并实行定向贷款等措施,可以平稳地提高市场运作效率。他还批评一些亚

第八章 金融全球化

洲国家,正是由于过快地放松或取消了金融管制,最终导致了金融危机的爆发。

三、金融自由化与经济增长的实证研究

(一)金融结构、金融发展与经济增长的实证研究

戈德史密斯在《金融结构与发展》中对比研究了 35 个国家百余年的金融史料与数据,采用定性与定量分析相结合的方法探讨了各国金融结构与金融发展问题。他以金融相关比率(FIR)[①]来衡量一国金融发展水平,根据这 35 个国家从 1860~1963 年的有关数据得出:在一国经济发展过程中,金融相关比率是不断上升的,从长期来看,各国金融发展与经济发展是齐头并进的。一般来说,金融结构越复杂,金融发展程度越高,经济越发达。

1986 年,Richard L. Kitchen 指出经济增长要受到一系列不同因素的影响,仅仅考虑金融发展一个因素而忽视其他因素的影响是难以得出金融发展与经济发展的确切关系的。因此,戈德史密斯的考察是有缺陷的。1993 年 Robert G. King 和 Ross Levine 系统地考虑了影响了经济增长的其他因素,研究了 80 个国家 1960~1989 年的相关数据,构造了 4 个指标来刻画金融发展,从资本积累与生产率提高两个途径来分析金融发展对经济增长的影响。他们分析得出:从各个指标来看,金融发展都与经济增长、资本积累、生产率的提高正相关,而且从长期来看,以上关系仍然成立。

(二)金融自由化与经济增长的实证研究

有关金融自由化与经济增长的研究,长期以来一直集中于发展中国家[②]。

Abe 等(1977)验证了 6 个亚洲国家 20 世纪 50 年代中期到 70 年代早期实际利率对储蓄的影响,指出存款利率对储蓄存在正向作用,利率每升高 1‰储蓄提高 0.112%。1978 年 Fry 对 7 个亚洲发展中国家 1962~1972 年的考察以及 1980 年 Fry 对 61 个发展中国家的考察,同样得出了以上的结论。1981 年 Fischer 对于 1960~1972 年 40 个发展中国家的研究发现,名义利率对投资具有显著的正向促进作用[③]。1989 年 Gelb 对 34 个人口超过 100 万的发展中国家在 1965~1985 年的数据进行了分析,他以 1973 年为界,将这些国家的数据分为 1965~1973 年和 1974~1985 年两个阶段,按实际利率的高低将这些国家分为三组。在实际利率为正值的国家里,其经济增长率的平均数比其他国家高出很多,在 1965~1973 年这三组国家的平均经济增长率分别为 7.3%,5.5%,4.6%,而 1974~1985 年的对比数字为 5.6%,3.8%,1.9%[④]。Gelb 进一步分析指出,经济增长率的差异不仅表明利率可以促进投资数量的增加,而且可以极大促进投资生产率的提高。以上研究都表明金融自由化通过利率促进储蓄与投资,进而可以促进经济增长,证实了金融压抑的危害,也说明了金融自由化的必要性。

关于金融自由化通过资源配置效率的提高来促进经济增长,在实证研究中一般比较困难,

---

① 金融相关比率(financial intervnational ratio,FIR)是指全部金融资产总额与全部实物资产(即国民财富)总额之比,是衡量金融上层结构相对规模的最广义指标。

② 主要是因为,肖与麦金农的《经济发展中的金融深化》与《经济发展中的货币与资本》系统地阐述了金融自由化思想,标志着金融自由化理论的诞生,而他们考察的对象主要是发展中国家。其次,相对于发达国家,发展中国家的金融体系是落后的,它们更易受到金融自由化改革所带来的冲击,因此以发展中国为研究对象更具现实意义。其三,同样是金融自由化,发达国家与发展中国家面对的内外部环境不一样,发展中国家发展经济的任务更加迫切。

③ 以上实证转引自 Richard L. Kitchen, *Finance for the Developing Countries*, 1986, pp. 89-94。

④ 增长率的下降,是由于受 70 年代初第一次石油危机的冲击。

这是因为难以选取一个适当的指标来衡量资源的配置效率。1988年Cho对韩国金融自由化后的状况进行了研究。他以借款成本的差异作为衡量指标,认为部门之间平均成本差异的缩小便意味着信贷配置效率的提高。由于金融改革,韩国从1972年到1984年,信用配置的效率显著提高了。1994年Schiantarelli等以单位资本的利率与单位资本价值增加量两个指标考察了印度尼西亚。通过实施自由化政策之前与实施自由化政策之后的对比,研究结果显示:两个指标都表明信用配置质量有所提高[1]。

金融自由化可以促进金融全球化与一体化的发展,国际货币基金组织2004年对金融全球化对发展中国家的影响进行了实证研究。在1980~2000年增长最快的10个经济体与增长最慢的10个经济体的对比研究中,其得出两个明显的结论:"金融一体化不是实现高增长率的必要条件……金融一体化也不构成经济高速增长的充分条件。"它以资本账户开放程度来表示金融一体化水平,考察了多个国家1982年至1997年实际人均国内生产总值增长率和金融一体化上升程度的散点图,发现这两个变量之间基本没有相关性。即使在考虑了这些国家的初始收入、教育水平、政治不稳定性等因素后,金融一体化与经济增长仍未反映出正向关系。在总结了大量有关文献的基础上,它指出"即使金融一体化对经济增长有积极影响,这种影响可能既不强,同时也不稳定"。

从理论上看,金融自由化可以促进经济增长,并且有不少实证上的支持,但也存在相反的案例。最明显的由于实施金融自由化的措施、顺序、时机不当等造成国内银行危机或汇率危机,金融危机的爆发使得金融自由化带来的益处大打折扣。因此,金融自由化并非是没有任何监管与限制的自由化,也不是不讲任何约束条件而随意进行的自由化。自由化的进程应该是渐进的。金融自由化必然相应带来金融全球化、国际化水平的提高,这也为自由化改革增加了难度。

第四节　金融危机与金融监管

一、金融风险的全球化及其根源

（一）金融风险的全球化

随着金融自由化和金融全球化的不断扩展与加深,一国与他国的金融联系日趋紧密。金融自由化改革促进了各国资本项目纷纷开放,极大地消除了资金跨国流动的种种障碍,各国金融机构可以自由地跨越国界进行金融交易,从而使原本独立的一国金融逐渐融入到全球金融之中。各国金融制度的改革,也使得各国金融运行规则日趋一致,各国金融市场逐渐融合,形成统一的全球金融市场。金融创新的发展为各国金融活动提供了新的交易工具,跨国资金以此为载体,越境流动更加自由,规模也越来越大,极大地促进了金融市场的一体化,加强了市场的竞争,提高了金融业的效率。但是这也带来了很大的危险。金融市场的一体化程度加深,使得无论是一国金融市场还是整个国际金融市场的波动,都会迅速地传播到世界其他国家和地区,带来连锁反应。此时,一国政府尤其是某个大国政府的货币金融政策的溢出效应也比以前来得更大,

---

[1] 以上实证转引自坎哈亚·L·古普塔、罗伯特·伦辛克著,沈志华译:《金融自由化与投资》,经济科学出版社2000年版。该书也介绍了相反的例子,如Capoglu关于土耳其的研究,Schiantarelli等关于厄瓜多尔的研究,第72~76页。

一国政策的变化常常会影响到其他国家,为各国政策的制定与执行带来新的困难。因此,金融全球化并不仅仅意味着全球金融活动的融合,金融一体化程度的加深也表现出金融风险的发生机制日益紧密地联系在一起。

(二)金融风险的根源

1. 汇率、利率波动

汇率与利率是国际金融活动重要的传导机制,两者的波动可以对一国的汇市、股市、债市、物价等等带来影响,当这种波动对一国造成负面影响且达到一定程度时,便有可能为该国带来金融危机。

汇率的波动会对一国进出口和直接投资产生影响。当汇率波动使本币被高估时,将会削弱该国出口商品的竞争力,造成经常项目失衡。逆差的不断扩大,会影响到该国的宏观经济稳定并给经济增长带来不利影响,对于那些高度依赖出口市场的国家,尤其如此;同时,汇率的高估会使直接投资流入减少,汇率的频繁波动也会使对外直接投资望而却步。汇率的波动会对一国股市、债市造成影响,汇率波动时,将造成按不同货币定价的股票和债券资产的升值与缩水。汇率的波动也会影响一国的债务状况。如当一国的汇率对另一国的汇率上升时,按升值国货币定价的贷款或债券所要求的还本付息的金额相对于贬值国货币来说就大大增加了,这加剧了贬值国的债务负担,容易引发贬值国的债务危机。

主要国际货币的利率波动也是国际金融市场波动的一个重要原因。金融资本的本性是追逐高利率,特别是短期性投机资本,哪个国家的利率高国际金融资本就流向哪里,这将增加对高利率国家的货币需求,导致该国汇率上升,而资本的过快与过多流动则会给一国汇市、股市以及宏观经济管理带来巨大的冲击。

2. 国际资本的过度投机

随着金融资产规模的不断膨胀、金融工具的日新月异以及跨国金融交易规模的日益扩大,金融交易与实体经济逐步脱离。巨量国际资本已脱离实际经济交易的需要,游走于全球金融市场,寻找着利润机会,伺机而动。国际游资的存在,对一国金融安全构成了极大的威胁,也对一国的金融监管提出了新的挑战。

国际资本的过度投机是造成金融市场泡沫现象的重要原因。在股票、外汇、期货、房地产等容易引发投机的市场上,巨量资金的入市、出市,将造成市场的暴涨暴跌。如果投机仅仅局限于小范围内,一般还不会对经济造成严重影响。但投机往往形成一种气候、一种心理,会导致成千上万亿美元金融资本的集体行动,这是任何国家或组织所难以控制的。当金融泡沫破裂以后,投机资本往往已获取暴利抽身事外,而留给当事国的便是金融体系的崩溃与经济倒退。

3. 金融衍生工具的风险

金融衍生工具是伴随着金融创新不断发展起来的,其初衷是交易者为了规避金融风险而发明的。然而随着金融全球化的发展,金融衍生工具逐渐被国际游资所利用,从避险工具变为投机工具,衍生工具这种角色的转变为金融市场带来了巨大的危险。

李扬、黄金老将与金融衍生交易相关的风险总结为企业特定风险和系统性风险两类[①]。企业特定风险包括五种:市场风险、信用风险、流动性风险、操作风险与法律风险。系统性风险则是由涉及整个金融活动的经济、政治和社会因素造成的,它指的是金融体系抵御动荡的脆弱性。

---

① 李扬、黄金老:《金融全球化研究》,上海远东出版社1999年版。

由于金融衍生工具具有极大的渗透性,它打破了银行业与金融市场之间、衍生产品与原生产品之间以及各国金融体系之间的传统界限,从而将金融衍生产品的风险通过这种联系传递到金融体系的各个角落,加剧了金融体系的系统性风险。金融衍生工具在本质上是跨越国界的,系统性风险也更多地呈现出全球化的特征,这也为风险的防范带来了困难。

4. 金融监管不力

监管不力和金融机构内部管理不严是金融风险的一个重要来源。监管不力的主要表现是,金融当局缺乏及时全面掌握金融市场和金融机构发展动向与真实信息的有效制度安排及措施手段,对金融机构内部来说,缺乏对有关从业人员行为的有效约束,对一些关键岗位没有建立有效的监督机制。此外,在金融自由化浪潮下,一些国家在没有准备好的情况下,盲目开放,金融监管的不力使这些国家更易于遭受金融危机的侵袭。

二、金融危机的全球化

20世纪80年代爆发的拉丁美洲国家的债务危机揭开了金融危机全球化的序幕。拉美国家取得民族独立后,迫切需要大量资金进行国内建设,但国内资金匮乏,使得它们不得不依赖国际金融市场去融通资金。从20世纪70年代末开始,这些国家的对外债务迅速增长。然而,国内政策的失误以及对外资利用的不当,使这些国家并未从对外借贷中获得好处,相反它们的负担越来越重,最终在1982年8月,墨西哥政府首先宣布无力偿还到期债务,此后,巴西、阿根廷、委内瑞拉、秘鲁和智利等国也纷纷跟进。一场席卷整个拉美乃至全球的国际债务危机爆发了。

20世纪90年代国际金融危机爆发得更加频繁。1992年爆发了涉及10个欧洲国家的欧洲货币危机,受国际资本的攻击,芬兰马克首先与德国马克脱钩,实行自由浮动,英镑、意大利里拉、瑞典克郎以及挪威克郎也紧随其后,宣布汇率自由浮动。其中英国和意大利由于经济不景气,不得不退出欧洲汇率机制。西班牙、葡萄牙和爱尔兰也重新调整了其汇率。到1993年9月,欧洲汇率机制中汇率波动的上下限不得不由±2.25%放宽至±15%,从而使欧洲汇率机制的稳定性名存实亡。

1994年3月,墨西哥革命组织党的总统候选人遇刺,使人们对墨西哥政局的稳定产生了怀疑,外资流入开始减少,外国投资者纷纷抽走其资本。墨西哥外汇储备急剧减少,到1994年12月底,外汇储备几近枯竭,政府不得不宣布比索与美元脱钩,实行贬值。受墨西哥金融危机的影响,阿根廷、巴西、秘鲁等国的汇率也出现了大幅度下跌,这些国家的证券市场、银行体系等也受到不同程度的冲击,政府在救助过程中都付出了巨大的代价。

1996年,受美元升值和美国利率上调的影响,泰国经济形势发生转折性变化,贸易萎缩和外资流入减速,再加上国内金融市场动荡迭起和政治动荡不断加剧,市场信心下挫,外资开始大量撤离,股市连续下滑。在此形势下国际对冲基金组织了一场对泰铢的大规模攻击。泰国中央银行为维持泰铢汇率几乎耗尽外汇储备,最后不得不于1997年7月1日宣布放弃钉住汇率制,一时间泰国掀起抛售泰铢抢购美元的狂潮,泰铢急剧贬值,东亚金融危机爆发。危机迅速蔓延到菲律宾、马来西亚、印度尼西亚以及韩国,造成这些国家的汇市和股市连续下挫,大批金融机构倒闭,失业增加,经济衰退。中国台湾、香港及其他东亚国家也承受着巨大的金融市场压力。此后危机还蔓延到世界其他国家和地区,并对全球经济造成了严重影响。

受东亚金融危机的波及,俄罗斯于1997年10月和1998年5月先后两次爆发金融危机,在货币市场和证券市场上,占俄罗斯国债总额约1/3的外国资本大规模外逃,引起汇率下跌和股市大幅下挫,再贷款利率一度攀升到150％,股市、债市和汇市基本陷入停盘状态,银行无力应付居民提款,整个金融体系和经济运行几乎瘫痪。1998年8月,政府决定让卢布自由浮动,宣布单方面延期偿付以卢布计价的内债和部分外债,并禁止银行兑付外汇,金融危机全面爆发。俄罗斯金融危机可以说是东亚金融危机的延续,进一步表现出了当今金融危机全球化的特征。

2007年夏天,随着房地产价格的止稳回落,同时在美联储加息的压力下,美国次级抵押贷款者的还款压力骤增,这使得次级抵押贷款的违约率和失去抵押品赎回权率迅速提高,这造成了与次级抵押贷款相关金融产品的迅速崩盘。风险迅速传播到其他金融领域,并造成了美国整个金融体系的崩溃,其五大知名投行集体从华尔街消失,大批金融机构纷纷倒闭。金融危机也造成了欧洲金融体系的震荡,其影响程度甚至大于危机的爆发地美国,世界其他国家和地区在金融危机的冲击下,几乎无一幸免。美国金融危机已发展成为第二次世界大战之后,可以与1929年经济大萧条相匹敌的全球性金融危机,对世界经济造成了巨大打击。

三、金融危机的防范

(一)国际金融监管

金融监管的目的主要是为了维护货币与金融体系的稳定,促进金融机构审慎经营,保护贷款者、消费者和投资者的利益,以及建立高效率、竞争性的金融体制。在当今金融风险、金融危机日益全球化的情况下,迫切需要各国合作,加强国际金融监管。迄今为止,比较有效的国际金融监管合作一直是由国际清算银行领导进行的,其制定的一系列《巴塞尔协议》也就成为国际社会金融监管的规范化与指导性文件。

1975年9月,巴塞尔委员会提出了第一个对银行业实施国际监管的条例,即《对银行的外国机构的监督》(Supervision of Banks' Foreign Establishments)。该条例被国际社会称为第一个《巴塞尔协议》,其主要意义在于它首次用国际协议的方式确定了国际监管合作的指导原则。这些原则主要包括:① 按照股权原则,将跨国银行的国外分支机构进行划分。② 监管的主要内容包括银行的流动性、清偿力和外汇头寸。③ 任何银行的国外机构都不能逃避监管,母国和东道国应共负责任。④ 母国和东道国监管责任的分担。⑤ 各国监管机构应加强信息交流与合作。此后,巴塞尔委员会又在该协议的基础上进行了补充与完善,并受到国际清算银行成员国与部分国际组织或国家的认可。

然而,第一个巴塞尔协议存在着一些缺陷,如没有对合资银行和外汇头寸的监管作出明确的规定,虽然协议提到了母国与东道国责任分担问题,但分工不明确,造成执行起来困难重重。因此,在1983年5月巴塞尔委员会通过了《修改后的巴塞尔协议,对银行国外机构监管的原则》(The Revised Basle Concordat, Principles for the Supervision of Banks' Foreign Establishments),习称第二个《巴塞尔协议》。新协议与旧协议相比,主要区别在于采取了综合监管法;对迅速发展的银行持股公司作出了说明;将监管责任在母国和东道国之间进行了重新划分等。

1988年7月,巴塞尔委员会通过了《关于统一资本衡量和资本标准的协议》(International Convergence of Capital Measurement and Capital Standards),也就是第三个《巴塞尔协议》,就衡量和确定国际银行资本的内容及监管的标准达成了一致意见。该协议阐述了两个方面的重要内容:一是关于银行合格资本的统一定义,把银行资本划分为核心资本和附属资本,其中核心资本是银行资本中最重要的组成部分。二是关于资本充足标准的统一的衡量架构。该协议将资本与资产负债表上的不同种类资产以及表外项目与所产生的风险挂钩,以评估银行资本所应具有的适当规模。第三个《巴塞尔协议》突出了风险防范在金融业运作中的核心地位,用资本充足率等一系列以防范风险为核心的指标取代了传统的各种指标,为衡量现代金融业的运行状况提供了新的尺度,从而推动了金融业的管理模式从传统的资产负债管理走向现代的风险资产管理。

1999年6月,针对国际金融领域的变化,巴塞尔委员会决定对巴塞尔协议进行修订。修订后的协议被称为《新巴塞尔协议》。与旧协议相比,新协议最明显的变化有三。其一,由原协议仅有的最低资本要求扩展为由最低资本要求、监管部门的监督检查和市场约束共同构成的三大支柱;其二,在考虑了信用风险和市场风险之外,又引入了对操作风险所需的资本要求,使得监管资本能够更全面地覆盖银行面对的风险;其三,在信用风险的计算中提出了内部评级法,使得覆盖信用风险的资本金对风险的变化更加敏感。

除了以上协议以外,国际清算银行就金融监管还制定了其他许多重要的协议文件,如1994年《衍生工具风险管理指导原则》,1996年《资本协议修正案》,1997年的《银行业有效监管核心原则》等等。这些协议与《巴塞尔协议》一起为加强金融监管的国际合作和防范金融风险的传播提供了一个制度框架。

目前,国际金融监管日益受到重视,除了国际清算银行以外,国际货币基金组织、七国集团等国际组织也在国际金融监管方面加强了合作。国际金融监管的范围也在不断扩大,逐渐从银行业扩展到包括银行、证券、金融衍生产品、外汇及保险等在内的整个金融业。国际证券的监督机构主要是国际证监会组织(International Organization of Securities Commissions, IOSCO)。国际证监会组织在1998年9月发布的《证券监管的目标和原则》中规定了证券监管的三大目标:第一,保护投资者;第二,确保市场公正、有效和透明;第三,降低系统风险。在国际证监会对证券进行监管的过程中,合作与协调是它们始终坚持的最一般规范和价值判断准则。除了国际证监会以外,国家和地区的地方证券期货监管机构之间也签订了谅解备忘录,通过双边谅解备忘录,各国(地区)证券期货监管机构在信息分享、协助调查、联合视察等方面进行了卓有成效的合作,这种国际证券双边监管合作与协调已经成为证券监督中较为有效的一种方式。国际保险的监督机构主要是国际保险监督官协会(International Association of Insurance Supervisors, IAIS)。但是保险业在2008年的金融危机之前并没有形成全球统一的监管体制,各国保险监管宽松程度不同所导致的套利风险在金融危机中暴露出来。2009年6月,IAIS决定比照银行的监管,制定全球统一的保险监管规则,即《共同评估框架》(CAF)。这是国际保险监督界第一次提出建立统一的监管规则,标志着保险业向全球化迈出了一大步。

(二) 改革现有国际货币体系,加强国际金融协调与合作

从20世纪80年代至今,世界不断爆发金融危机。经过1998年东亚金融危机、2008年金融危机后,经济学家普遍承认现行的国际货币体系有内在的固有缺陷,如:缺乏行之有效的危机"预警"机制;对金融全球化和自由化背景下的游资缺乏有效监督和约束机制;传统的以IMF为主角的"一揽子"救助不能发挥应有的作用。因此,国际社会提出应对IMF等国际金融组织进行改革,加强国际货币合作。

第一,加强国际货币合作。国际货币合作以区域货币合作为基础,货币合作会加强对金融危机的防范。首先,在区域货币合作体系下建立金融市场的预警分析系统,在各国金融市场进行监测,并在信息披露方面加强交流合作,从而对金融危机及时作出预警。其次,区域货币合作

第八章　金融全球化

框架下建立的货币基金或是储备基金可以对遭受外部冲击面临危机的国家及时提供短期融资支持和紧急援助。不仅如此,区域货币合作或一体化在促进区域内统一金融市场形成的同时,也会在短期或长期促进经济增长,良好的经济表现会提高国家防范金融危机的能力。

　　第二,对金融机构进行改革。这种改革措施包括:首先,要强化并改善各国银行和其他金融机构的内部管理体制和风险评价体系。各国政府部门要适应当今经济全球化发展的趋势,不断更新对金融部门的监管规则。其次,国际金融组织要确立国际上普遍接受的标准和行为准则,如向 IMF 提供特定数据的公布标准、财政透明度的行为规则、货币和金融政策透明度规则、金融部门合理行为的指导原则等等。在制定标准的同时各国的金融机构要遵守这些标准和行为准则,使得各个国家层面上形成合适的经济运作体系。然后,加强各国金融机构的透明度。国际金融组织要采取措施鼓励各国金融机构将有关金融政策、操作行为、决策机制、市场情况等方面的可靠数据及信息及时提供给市场及公众。

　　第三,加强国际金融机构的协调与合作。当今一些国家的金融市场相互开放程度不高,区域资金不能自由流动,且金融监管模式和监管标准差异较大,这就使得金融机构难以对经济发展提供一体化服务。通过加强金融机构的合作,可以在促进经济一体化的同时,加强共同抗击危机的能力。除了加强金融机构之间的合作外,还可以吸收私人部门参与危机的防范和解救。这种做法可以减少道德风险,强调市场约束,并改善债权所有者结构。如允许私人部门共同推行危机发生国的债务重组计划,可以使得金融调整有序进行,而不至于出现金融腐败或资源的不合理配置。

　　总的来说,金融全球化与自由化是大势所趋,每一个国家已不可能独立于全球金融市场之外,在享受全球化利益之时,也必然面临着全球金融风险的冲击。随着国际金融组织、运作和工具的复杂化,金融危机爆发越来越频繁,涉及范围越来越广泛,破坏力也越来越大。加强国际金融监管以及国际金融合作,可以降低金融风险,但在目前仍然难以完全消除。

本章小结

　　综观金融业发展的历史,经历了"综合化"、"自由化"到"专业化"、"限制化"再到"综合化"、"自由化"的一个循环。在第二次世界大战后,金融自由化浪潮几乎席卷了世界上所有国家。无论是发达国家还是发展中国家,都进行了以自由化为特征的金融改革。然而各个国家自由化的动因却不尽相同。发达国家主要是受"脱媒"危机、经济全球化、新技术革命等因素的影响,主动进行了金融自由化改革。发展中国家由于经济状况的落后,在独立之初大都实行了不同程度的金融抑制,逐渐阻碍了经济的发展,不得不进行以金融深化为主要内容的金融改革。

　　虽然各国改革的原因与改革的初始条件有所不同,但改革的内容都几乎包括利率自由化、放松资本流动控制、改革金融体制等内容。自由化改革为金融全球化奠定了全球基础,极大地促进了金融全球化的发展。在金融自由化基础上,全球资本流动限制越来越少,各国资本项目纷纷开放,国际资本流动的规模也越来越大。全球金融资产规模不断膨胀,已远远超过全球 GDP 的总量。国际金融衍生工具市场的快速发展,既为人们提供了规避风险的工具,但也加剧了全球金融体系的不稳定性。跨境金融交易规模的扩大将全球经济紧密地联系在一起。

　　金融自由化与全球化对世界经济产生了重要影响。金融自由化与全球化极大地促进了各国金融发展,并通过多种渠道促进各国经济的增长。金融自由化促进经济增长的最大实践来自

20世纪最后几十年发展中国家的金融改革。然而全球化与自由化也存在着巨大的风险。金融风险的全球化使风险在全球迅速传播,全球金融危机破坏力越来越大,涉及的国家也越来越多。这要求各国不断加强金融监管与金融协调合作。

关键词

金融全球化　金融自由化　"脱媒"危机　金融抑制　金融深化　金融发展　金融风险　金融危机　金融监管

复习思考题

1. 简述金融体制发展的几个阶段。
2. 简述发达国家和发展中国家金融自由化的内容。
3. 试述发展中国家金融抑制的特征。
4. 当今金融全球化的特征有哪些?
5. 试分析金融自由化和经济增长之间的关系。
6. 试分析金融风险的全球化及其根源。
7. 试述金融危机的有关防范措施。

第九章

生产全球化

　　生产全球化,得益于跨国公司的有力推动。对外直接投资、国际劳动力流动、国际技术转移是跨国公司的基本行为。资金、劳动力、技术要素在全球范围内的自由流动和合理配置,极大地促进了世界经济的发展。与此同时,跨国公司成为经济全球化的驱动力量,广泛地参与世界经济领域的活动和运行,深刻地改变着世界经济的特征和运行方式,并给世界经济带来了新的影响。

目次

第九章　生产全球化

学习目标

学习本章后,你应该能够:

1. 了解国际投资、国际直接投资与国际间接投资的定义,熟悉国际直接投资的两种投资方式,重点把握国际直接投资的发展阶段以及各个阶段表现出来的趋势特点,特别是 21 世纪以来的最新发展趋势;
2. 了解劳动力国际流动的发展阶段、最新趋势特点,掌握它的经济效应;
3. 了解国际技术转移的定义、分类,并掌握其基本特征及经济效应;
4. 了解跨国公司的定义、发展历程及跨国公司在世界经济中的地位,熟悉跨国公司的最新动向,理解跨国公司与生产全球化的关系;
5. 分析跨国公司对世界经济、对母国及东道国的经济影响。

第一节　生产要素全球化

全球化的一个直接结果,是传统上的"国界"对经济分割和屏蔽作用的弱化。世界超越国界的统一大市场的形成,资本、技术、信息、商品和服务的跨国流动,促进了各种生产要素全球领域的优化组合,进一步激化了竞争,从而给国际经济注入了新的活力。促进世界经济增长的要素为资本、劳动力、技术,本节就从这三方面入手论述生产要素全球化的内容。

一、国际资本流动

(一) 国际投资概述

国际投资(international investment)主要指投资主体为获取经济利益,而将货币、实物以及其他形式的资产或要素投入国际经营的一种经济活动。简略地说是一国的资本所有者对另一国进行的投资活动。按照投资者对所投资项目的控制方式,国际投资一般可分为国际直接投资和国际间接投资两种形式。

1. 国际直接投资

国际直接投资也可称为对外直接投资(foreign direct investment),简称 FDI。它是指一国(地区)的居民实体(对外直接投资者或母公司)在本国(地区)以外的另一国(地区)的企业(外国直接投资企业、分支机构或国外分支机构)中建立长期关系,享有持久利益,并对之进行控制的投资①。可以看出,国际直接投资是国际资本流动的一种重要形式,是指一国投资者(自然人或法人)以有效控制企业经营管理权为核心,以获取利润为主要目标,以对外投资为媒介并通过在海外设立独资企业、合资企业、合作企业等形式而进行的投资行为。

从投资方式上,国际直接投资可以分为绿地投资和跨国并购两种类型。绿地投资即创办新企业,这里指投资者在国外设立分支机构、附属机构、子公司或与东道国联合创办合资企业等。跨国并购是跨国收购和合并现有企业的统称。跨国收购是指一国企业通过现金或股票等收买

---

① 联合国贸易与发展会议:《2002 年世界投资报告》中译本,中国财政经济出版社 2002 年版,第 253 页。

另一国企业的资产或股份的方式,取得另一国企业资产和经营的控制权和管理权。跨国收购一般是规模较大、实力较强的企业接管另一家或几家规模较小或实力较弱的企业,通过收购可以迅速获取目标企业的"所有权"资产。跨国合并是指原属两个不同国家的企业通过转移企业所有权的方式,一国企业归并另一国的一个或多个企业的全部资产和负债。跨国合并一般发生在规模和实力大致相当的企业之间,通过合并可以使各方的"所有权"优势实现内部联合,从而获得规模经济效应。收购和合并的区别在于:在跨国收购中,企业资产和经营的控制权从当地企业转移到外国公司,前者成为后者的子公司;而在跨国合并中,原来属于不同国家企业的资产被结合成一个新的法人实体。跨国公司间的合并、收购成为20世纪后期生产全球化的重要特征。从20世纪80年代以来,全球并购案件数量和并购额均呈现出稳步上升的趋势,尤其是2001年以后全球并购波动性明显增强。1987年全球并购数量是1 174件,并购交易额为973.1亿美元;2001年全球并购数量增加到8 098件,交易额达到7 304.4亿美元;2007年全球并购数量达到创纪录的10 145件,交易额达到1.64万亿美元。20年来,全球并购数量扩大了8.6倍,交易额扩大了16.8倍。

国际直接投资同其他投资相比,由于所涉及的投资主体、投资领域、投资区域和投资目的不同,而具有以下几个重要特点。首先,与多工厂的国内经营相比,国际直接投资对投资主体的远距离管理和控制技能有更高的要求。同时,FDI的投资主体会面临比国内经营更为复杂的跨国界经营环境以及伴随产生的各种市场机遇和风险。其次,同出口相比,国际直接投资可以突破出口所不能突破的关税及非关税的贸易壁垒,FDI的主体不仅在海外销售还在海外生产,而且其中很大一部分出口(包括进口)属于跨国公司内部贸易。最后,与发放许可证和缔结技术协议相比,国际直接投资可以有效降低履约成本,同时又可以克服知识产权市场的固有弱点,由于FDI的主体拥有对经营的有效控制权,因而可避免其特有的知识产权包括技术诀窍被他人染指。

因此,从上述三点可以看出,国际直接投资虽然在主要形式上也表现为股权投资,但其特有的标志是投资者对有关的海外经营性资产拥有有效控制权,其特点在于:其一,国际直接投资的主体对海外所属公司既有所有权又有控制权,从而可以对其实施有效的经营管理;其二,国际直接投资在国际转移的是组合生产要素而非相互独立的单项要素,因而可取得比单项要素更大的经济利益。

2. 国际间接投资

国际间接投资一般是指不以控股为目的的国际证券投资以及中长期的国际信贷。在国际间接投资中,投资者并不参与外国企业的经营管理活动,其投资的主要目的在于获得利息、股利和资本利得。

国际间接投资与国际直接投资相对应,是国际投资的另一个重要形式。同国际直接投资相比,它具有以下特点。首先,国际直接投资中,投资者对投资的国外企业可实施有效控制;而在间接投资中,即使投资者取得了股权,投资者也不参与企业的决策与管理。其次,相比于国际直接投资的规模大、风险高、投资周期长的特点,间接投资除有些中长期信贷的偿还期限较长外,其他形式的间接投资回收期较短。而且,由于利益的驱使,国际间接投资在一定程度上表现出自发性和频繁性。同时大部分间接投资至少有部分固定受益,风险相对较小。

二战以后,国际直接投资的发展速度、流动规模及其影响都远远超过了其他形式的投资,成为国际投资的主体。因此,本章关于国际投资的分析主要集中在国际直接投资上。

（二）国际直接投资的发展概况

国际直接投资的历史可以追溯到19世纪中期，由于当时一些主要资本主义国家的资本积累和生产的扩张，资本的逐利性和增值性驱使企业突破国内的市场，开始对外直接投资，进行跨国生产，成为跨国公司，但其规模有限。到了20世纪初，在英、美、德、法等主要资本主义国家的推动下，国际直接投资获得了较大的发展。直到第一次世界大战前，资本主义国家的对外直接投资额约400亿美元，由于受两次世界大战和世界经济危机的影响，国际直接投资处于低潮。四个主要资本主义国家（英、美、德、法）的资本输出额在1938年时为423亿美元，二战结束时减少到330亿美元。第二次世界大战后，特别是20世纪50年代到70年代初，新的科技革命兴起，以美国为首的发达国家的实力大大增强，国际直接投资迅速增长，以跨国公司为载体的对外直接投资取代了间接投资成为国际资本流动的主要形式。自20世纪90年代起，国际直接投资流入规模陡然剧增，地域遍及全球，跨国公司进入了全新的全球化经营时代，从而实现了生产的全球化。

1. 20世纪90年代国际直接投资的发展趋势

（1）国际直接投资的总趋势是规模不断扩大。

20世纪90年代，全球经济国际化的步伐明显加快，各国之间经济合作的规模和范围越来越大，其中以国际直接投资总额的大幅上升最为引人注目。根据联合国贸发会议统计，外国直接投资流入1986～1990年年均增长23.6%，1991～1995年年均增长20%，1996～2000年年均增长40.1%。全球FDI呈快速增长的趋势。

（2）国际直接投资的区域分布不平衡。

从国际直接投资的输出来看，世界上五大对外投资国约占全球输出投资总额的近70%。其中，美国在1994年对外投资额为460亿美元，占全球总额的1/5，而该年美国吸收的外国直接投资占全球总额的1/4，约600亿美元。日本1994年对外投资比1993年增长约30%，达180亿美元，但与其1990年的最高纪录480亿美元相去甚远。随着经济的复苏和活力的增强，法国、德国和英国的跨国公司在这一时期的对外投资方面再度出现活跃的局面。从国际直接投资的流入来看，1995～1998年间，发达国家占了世界流入量的60%～70%，而欧盟、美、日三极就占了1/2～2/3。发展中国家约占世界流入量的1/3，其中亚洲占的比重约20%，拉丁美洲略高于10%，非洲略高于1%。可见，国际直接投资的区域分布极不平衡，美日欧三极占了绝大比重，发展中国家只占较少的比重，其中亚洲略占优势。

（3）国际直接投资流入在发展中国家与发达国家的差距较大，但发展中国家参与国际投资的成就突出。

如果分别透视FDI在发达国家和发展中国家的分布，不难发现，无论从投资来源和目的地来看，发达国家均为全球直接投资的主体。从外国直接投资流入看，2000年80%的FDI流入了发达国家，只有16%左右的FDI流入了发展中国家。从外国直接投资流出看，这种特点更加明显。1999～2001年间，发达国家对外直接投资占全球的份额一直维持在92%和93%的水平，而发展中国家则仅占6%～8%。

从动态看，进入90年代以来，由于许多发展中国家对待FDI的政策发生改变，从封闭、严格限制到倾向于借助外资作为发展本国经济的发展战略，国际直接投资因而日益成为许多发展中国家获取国际资本的主要方式。外国直接投资占发展中国家资本总流量的比例已由1991年的29%增至2000年的67%。

(4) 国际直接投资倾向投资服务业。

近几十年来,全球外国直接投资的产业结构分布呈现出不断变化的态势。20世纪50～60年代,全球直接投资主要集中于以初级产品为主的第一产业;20世纪70～80年代则主要集中于以制造业为主的第二产业;80年代末90年代初,国际直接投资的产业构成又发生了一次重大变化,以服务业为主的第三产业成为主要投资领域。然而,由于全球投资环境不同,在不同的区域和不同的东道国之间还是存在明显差别的。其中,发达国家相互投资的重点已明显地集中在资本、技术密集型产业,而流向发展中国家的投资仍偏向劳动密集型产业。但流向新兴工业化国家的外资已从劳动密集型产业向某些资本、技术密集型产业倾斜。

2. 21世纪国际直接投资的新形势

进入21世纪以来,由于受美国新经济热潮降温、世界经济增速放缓和全球市场需求下降等诸多因素的影响,跨国公司对外直接投资出现了许多新的特点。

(1) 国际直接投资的规模随着世界经济的起伏而升降。

国际直接投资总规模历经低迷后开始复苏。2001年,国际直接投资总额为7 800亿美元,其中FDI的流入量比2000年减少51%,是10年来首次下降;同时流出量也比2000年减少55%。造成FDI骤减的主要原因是由于全球经济减速,特别是世界三大经济体的衰退,以及随之而来的跨国并购的减少。2002年,国际直接投资总额为6 510亿美元,比2001年又减少了20%。与2001年的状况相同,企业跨国并购活动的不断减弱是导致2002年国际直接投资下降的直接原因。进入2003年,国际投资的总量达到了6 530亿美元,全球企业的跨国并购活动依然十分低迷,但总算改变了下降的格局,呈现恢复性的增长态势,但仍有国家面临投资缩减的局面。2008年,由于受全球金融危机的影响,世界跨国直接投资出现急剧下滑的局面。联合国贸发会议2009年的世界投资报告统计表明,2008年全球直接投资规模较2007年下滑30%。其中,美国下降18%,欧盟则下滑近30%,扭转了其连续6年FDI流出额增长的局面,但与此相反,日本则增长近74%,延续其2003年来的不断增长态势。对发展中国家而言,其2008年的FDI流出额占世界比重约16%,比2007年上升了2个百分点。

(2) 国际直接投资的方式发达国家以并购为主,发展中国家以绿地投资居多。

由于企业利润和股价的增长,占发达国家外国直接投资流入量较大比重的并购,在2004年已经出现了恢复性上升,2005年出现快速增长态势。跨国公司正考虑将并购作为增加企业利润、解决战略性问题的一个重要途径。但到2008年,发达国家的外国直接投资流量较2007年下降了29%左右,其主要原因是跨国并购历经五年繁荣期后于2007年结束,并购额下降了39%。欧洲的跨国并购交易骤跌56%,日本下降了43%。世界范围内的巨额交易(即交易额超过10亿美元的交易)在2008年也备受这场金融经济危机的影响,其数量下降21%,交易额下降了31%。在发展中国家,由于通过私有化引入的投资在逐渐减少,一些国家通过鼓励政策积极吸引绿地投资。在2008年,绿地投资(新投资和现有设施的扩张)基本显现出了对危机的耐受力,但是自2008年底也开始受到危机影响。

(3) 制造业的外国直接投资前景总体依然较好。

制造业中的信息产业、医药、机械、冶金行业等领域仍然是外商投资较为集中的行业。从制造业来看,其大约占到世界内向FDI存量的1/3。21世纪制造业的外商直接投资呈现较好的增长势头。世界投资报告的数据显示,2002～2004年全球制造业外商直接投资流入额为1 849亿美元,2005～2007年该数据为3 532亿美元,上升了91.02%。2006年制造业的跨国并购额为

2 155 亿美元,2007 年该数据变化至 3 363 亿美元,上涨 56.1%。2008 年由于金融危机,制造业跨国并购额下降至 3 026 亿美元,大约减少了 10%。在制造业部门内部,不同产业的跨国并购额在 2008 年经历了不同程度的下滑,其中纺织服装、橡胶塑料、金属产品制造业平均下滑了 80%,但机械设备下滑较少。与此相反,与初级产业相关的制造业在危机期间表现出较好的投资前景,危机期间的食品、饮料和烟草制造业跨国并购活动不降反升,比 2007 年上升 125%。

(4) 金融、研发、地区总部、基础产业正在成为国际直接投资产业转移的热点。

第一,外国直接投资的行业分布中,服务业的外国直接投资持续增长,尤其是金融服务业。2004 年跨国并购总价值中服务业比重已经达到 63%,而且服务业并购活动的 1/3 都发生在金融服务业。每年,服务业部门吸引 FDI 大约占 3/5,但其大多数产业在 2008 年仍然经历了跨国并购下滑 54% 的局面,仅商业服务业上升了 2%。第二,研发领域的外国直接投资正在迅速增长。如 2004 年研发领域外国"绿地"式投资项目的数量从 2003 年的 516 个增加到 642 个,其中发展中经济体 2004 年接受了 429 个新研发项目,研发领域在亚太地区所有绿地投资项目中占到了 11%,2005 年全球研发领域的投资也保持了相当的水平。第三,新建立的地区总部的外国直接投资也出现了大幅增加,2004 年全球新建立地区总部超过 350 个,其中近 60% 都设在发展中国家。第四,其他行业,如公用事业、交通运输和旅游服务业等领域的外国直接投资增长也较快。在基础行业,受各种商品尤其是石油需求上升的拉动,采矿业和石油相关产业的外国直接投资从 2004 年起开始大幅增长,2005 年继续保持快速增长。2005 年石油天然气领域的购并案件就多达 10 多件。到 2008 年危机期间,基础产业在吸引外国直接投资方面较制造业和服务业更加优异,尤其是石油、采石业和采矿业等,其跨国并购额就增长了 17%。

(5) 世界各国吸引外国直接投资竞争激烈。

目前国际直接投资流向仍以美国、英国、法国、德国和日本等发达国家为主,中国由于经济发展的巨大潜力和取得的成绩已经成为全球吸引外资最多的国家之一。此外,亚洲和中东欧对外资的吸引力也正在继续提高,在发展中国家中,吸收外资较多的国家除了中国外,印度、南非、埃及、巴西、墨西哥、波兰和俄罗斯等国也增长较快。

由于外资的稀缺性和对当地经济的巨大带动作用,近年来各国都竞相出台各种鼓励政策吸引外资。据联合国贸发会议统计,在 2008 年和 2009 年上半年,由于受到金融危机的影响,尽管投资保护主义有所抬头,但外国直接投资政策的总体趋势仍然是更加开放,包括降低外国直接投资的门槛和降低企业所得税。其中,2008 年有 55 个经济体全年颁布了 110 项有关外国直接投资的新措施,其中 85 项更加有利于外国直接投资。

20 世纪 90 年代以来至今,国际直接投资之所以迅猛增长,是由以下因素诱发的:第一,第三次科技革命和社会信息化为国际直接投资的增长提供了技术基础,跨国公司广泛利用信息技术手段,迅速形成强大的创新能力,扩大全球经营。第二,发达国家产业结构的深刻变革,大公司纷纷把传统产业和技术成熟的产业迁至国外,这为国际直接投资的增长提供了产业基础,第三,贸易和投资的自由化以及有利于 FDI 的制度安排为国际直接投资的增长提供了制度基础,这样可以使跨国公司更加专业化并寻求具有竞争力的区位。第四,更加高效的管理方式和组织结构为跨国公司进行 FDI 新区位选择,获取最大利润提供了主观基础。

二、国际劳动力流动

在经济全球化日趋明显的今天,劳动力作为一种重要的生产要素,其国际流动发展非常迅速。劳动力的国际流动已经与商品贸易紧密地结合在一起,共同推动经济的发展。劳动力的国际流动在国际经济中占据重要地位,从而形成广泛的外部经济效应和社会效应。

(一)劳动力国际流动的发展阶段

劳动力国际流动的发展大致分为三个阶段。

第一阶段为18世纪初到第一次世界大战前。这一时期劳动力国际流动主要集中在欧美地区。18世纪初,在重商主义的影响下,欧洲国家采取了吸引技术工人入境的政策,用以传播先进技术。劳动力国际流动经历了200年的自由发展阶段,直到19世纪中期,经济自由发展的思想使劳动力的国际流动有了快速的发展。从19世纪30年代到60年代初,从爱尔兰向英国移民达几百万之众,英国工业所需劳动力有半数来自国外移民。美洲、欧洲向美国的移民,从1840年以后显著增加。从表9-1中我们可以看到,当时的移民流入量每年都超过人口的1%。

表9-1 美国官方关于合法移民的记录(1820~2000年)

时 期	移民数量(万)	年比率(每万人中所占比例)
1820~1830	15.2	12
1831~1840	59.9	39
1841~1850	171.3	84
1851~1860	259.8	93
1861~1870	231.5	64
1871~1880	281.2	62
1881~1890	524.7	92
1891~1900	368.8	53
1901~1910	879.5	104
1911~1920	573.6	57
1921~1930	410.7	35
1931~1940	52.8	4
1941~1950	103.8	7
1951~1960	251.5	15
1961~1970	332.2	17
1971~1980	438.9	20
1981~1990	733.8	31
1991~2000	750.01	35

资料来源:U. S. Immigration and Naturalization Service, *Annual Report*; U. S. Bureau of the Census, 1992 *Statistical Abstract of the United States*, Table 5; John W. Wright, ed., *The Universal Almanac* 1990 (New York: Andrews and McNeel), p. 247; and 1996 *Information Please Almanac* (Boston: Houghton Mifflin Company, 1996), p. 831, p. 835.

第二阶段是第一次世界大战开始到第二次世界大战结束。为发展被战争破坏的本国经济,欧洲各国实行了贸易保护主义和限制吸纳移民的政策,使许多欧洲的劳动力进入未受战争破坏的美国。1919年国际劳工组织(ILO)成立,为促进劳动力的国际流动发挥了重要作用。

第三阶段是第二次世界大战以后。二战以后,劳动力的国际流动进入了一个新的阶段。在世界范围内主要有欧洲劳动力市场、北美劳动力市场、中东劳动力市场等。20世纪50～60年代,西欧每年吸收60万～110万移民。逐渐成为世界性的劳动力市场。如阿尔及利亚、西班牙、葡萄牙、突尼斯、摩洛哥等国劳动力大量涌入法国;土耳其、南斯拉夫、意大利、希腊等国劳动力涌入联邦德国。战后美国的外籍劳动力也急剧上升,20世纪50年代平均每年进入25万人,而进入90年代,每年进入约100万人(见表9-1)。中东各国由于20世纪70年代石油提价而获得巨额收入,各国大规模的建设吸引了众多的劳动力流入。1975年中东地区有外来劳动力约170万人,到80年代增加到600万人以上。

(二)战后国际劳动力流动的最新趋势特点

1. 劳动力流动保持较快增长,国际劳务合作空间广阔

从存量上看,据国际劳工组织估计,活跃在各国的外籍劳工达8 090万人;从流量上看,目前全球每年流动劳务3 000万～3 500万人,比20世纪80年代初的2 000万人增加了50%以上;从劳务政策上看,由于许多发达国家受人口增长率低和劳动力成本高的影响,需要外来的低成本劳动力,因此,各国对劳动力流动的限制会逐步放松。

此外,经济全球化的发展、国家间依存度的增加和交通运输的改善,也加速了国际上劳动力的流动。

2. 普通型劳动力的流动趋缓,技术型劳务限制放宽

一些国家和地区奉行保护主义政策,主要是针对普通劳务人员入境设限。从发展趋势看,这种状况不会有太大改观,技术型劳务会日益成为国际劳务市场发展的主力。由于现代科技发展日新月异,对劳动力素质的要求越来越高,全球范围内各类技术人才和管理人才普遍短缺,尤其是复合型人才短缺的现象更为严重。

据世界银行统计,美国引进的外籍劳务中,60%以上是技术工人和专业技术人员,德国这一比例达到70%。另据经合组织(OECD)报告,OECD国家引入的外籍劳动力中,受过高等教育的外籍工人比例超过了60%,而受过初级教育的外籍工人比例仅为10%左右。

3. 流动基本格局未变,但已呈现分散性和对流性

现在亚、非、欧三大洲发展中国家仍然是主要输出国,北美与大洋洲发达国家仍是主要输入国,尽管格局未变,但已呈明显的分散性和对流性。如20世纪70年代末全球有2 000万劳动力跨国流动,其中来自上述三大洲发展中国家的仅有1 200万,其余则来自发达国家,其中有600万流入北美,500万流入西欧,而且出现了对流现象。如1976年流入欧共体的劳动力有603万人,其中来自西欧的有347万人,来自欧共体内部国家的有162万人。

一般来讲,国际劳动力的流动方向是从发展中国家流向发达国家。在这一总趋势不变的前提下,近年来,随着产业的转移,发达国家的技术管理人员向发展中国家的流动在不断增加,甚至在发展中国家之间,由于经济发展程度和劳动力结构的差异,不同质的劳动力对流现象也十分普遍。可以预见,今后国际劳动力的流动将呈现多样化趋势,传统的劳务输出国和劳务输入国概念将失去严格意义。

4. 服务业劳务需求明显增长

随着经济发展和生活水平的提高,发达国家(地区)和较发达国家(地区)的产业结构发生了很大变化,服务业的比重不断上升,社区及公共服务行业的劳动力出现短缺。例如,韩国的餐饮、宾馆清洁、社会福利和家政服务等行业缺员达 50%;英国、中国香港短缺家政服务人员和厨师等;金融、保险、广告、旅游和咨询服务等也是劳务需求旺盛的行业。因此,今后外籍劳务在服务业中的就业机会将会增加。

同时,由于低生育率和健康长寿,发达国家人口老龄化现象更为严重,老龄人口的比例迅速增长,为老人服务的医疗保健事业将得到进一步发展,医护人员的短缺也会越来越严重。美国 2003 年护士空缺达到 15%,沙特雇佣了近 10 万名外籍医护人员。英国、日本、澳大利亚等国也相继开放了外籍医护人员市场。各国经济的增长和引进劳务政策的放宽,为国际劳动力的自由流动创造了有利的条件,也为发展中国家的劳务输出提供了机遇。

总之,国际上的劳动力流动具有生产要素合理配置的经济学意义,但受到地理位置、历史文化和生活习惯的影响,更受制于各国的出入境管理政策,任何主权国家都不会轻易放弃对劳动力出入境的管制。因此,国际上劳动力的自由流动是各国协商谈判的方向。

(三) 国际劳动力流动的动因及障碍

当代国际劳动力流动受到多种因素的影响:一方面有促进劳动力全球流动的因素;另一方面也有阻碍劳动力全球流动的因素。

1. 国际劳动力流动的动因

从总体上讲,促进劳动力全球流动的主要因素包括:(1) 劳动力的价格差异即工资收入水平的差异是引起国际劳动力流动的根本因素。在影响国际劳动力流动的因素中,收入水平的差异是决定劳动力国际流向和规模的根本驱动因素。国际劳动力趋向于从收入低的国家向收入高的国家流动,收入差距越大,从低收入国家向高收入国家流动的劳动力数量也就越大。(2) 国际劳动力市场供求状况不平衡是国际劳动力流动的主要因素。国际劳动力市场供求状况的不平衡首先表现为劳动力供求数量的不平衡,其次表现为劳动力结构分布的不平衡。世界经济的周期性波动是引起国际劳动力市场供求不平衡的主要原因。(3) 各国政府对外籍劳动力流入的态度和政策是国际劳动力流动的决定性因素。各国特别是劳动力输入国的相关法律、政策,对劳动力跨国流动的影响是直接的。政府对劳动力的流动是鼓励、不鼓励或者是持限制、禁止的态度,不同的政策选择对劳动力跨国流动的成本、规模、方向和结构产生决定性的影响。

除了上述因素外,交通和通讯技术的迅速发展,使跨国迁移变得容易,也促进了劳动力跨国流动。企业模式的变化、战争、政局变化、寻求更安全的生活环境、对异国的偏好也是引致国际劳动力流动的因素。

2. 国际劳动力流动的障碍

国际劳动力流动存在着各种矛盾、限制与障碍,其流动的自由程度远远低于商品和资本的国际流动。从总体上讲,国际劳动力流动的障碍有:(1) 经济因素方面的障碍,即流动的成本对劳动力的限制。劳动力从一国向另一国流动的成本越大,选择国际流动的劳动力数量就越少。(2) 非经济因素方面的障碍。例如,进入一个陌生的社会环境、语言障碍、文化的差异、远离家庭亲友和社会关系等,都对劳动力的流动形成障碍。(3) 政策因素的障碍。目前,特别是"9·11"事件发生后,越来越多的国家对外籍劳动力的流入采取严格限制的政策,对劳动力的流入提出诸如就业技能、年龄、健康、职业、政治背景、国别以及各种专业资格要求等等规定,对外国劳动力的流入进行有区别的限制。

（四）全球各国、各跨国公司对高端人才的争夺

20世纪90年代以来的新经济的发展加剧了全球高质量人才资源的短缺，特别是信息技术、生物工程、国际金融、商贸、企业经营管理等知识型人才严重供不应求。无论是国内还是国外，高层次人才都是最稀缺的资源。全球范围内针对信息技术、生物工程、国际金融、商贸、企业经营等人才的争夺已全面展开，人才资源争夺战正日益激烈。经济全球一体化的发展，消除了地域之间、国家之间的保护性屏障，人力资源的跨国流动迅速加剧。一方面，发达国家进一步放宽了对高科技人才引进的移民限制，不断增发"绿卡"，优质人才资源在全球流动的范围更大，频率也更高，人才资源在全球的流动已成为大趋势。另一方面，发展中国家的人才向发达国家流动频率加快。据调查，2000年美国科学及工程项目1200万工作人员中，72%来自发展中国家。与此同时，发达国家之间的人才流动也不平衡，如欧洲在美国完成硕士学业的人中，有50%留在美国。据英国官方的一份报告显示，英国仅1958年到1963年间获得博士学位的物理学家中，就有37%在国外（主要是美国）工作。有英国学者把人才的流失称为英国国际收支中最大的一项逆差。

（五）劳动力国际流动的经济效应

劳动力和人才的全球大规模流动，对世界经济的发展带来了积极影响。首先，劳动力和人才的全球流动，从经济学上说，是人力资源在全球范围内的配置，它和其他资源的全球配置相结合，有力地促进生产力的发展和经济效率的提高。其次，劳动力和人才的全球流动具有溢出效应，能够促进科学技术和劳动技能在全球范围内进行传播。最后，通过人的跨国转移，不同国家和民族的文化可以互相交流、互相学习、互相融合，形成新的全球文化。

对于劳动力流出国而言，首先可以获取一定的收益，其中最大的收益就是一笔数量可观的汇款。2001年联合国发表的一份报告指出，目前发展中国家在发达国家的移民每年汇往本国的资金达500亿美元，这一数字与发达国家向发展中国家提供的官方援助数额相当。其次，移民也会带动两国的经济交往，特别是这些移民所起的在两国企业之间的纽带作用，这是劳动力流出的溢出效应。再次，移民能在国外开拓眼界、增长见识，还可能学到某些先进的技能和专业本领。但是，流出的劳动力整体具有较高的劳动素质，他们的流出会降低本国的劳动生产力，不利于本国经济的后续发展。而且，生产性人员的流出会使本国减少课税对象，也会在一定程度上减少本国的财政收入。

对于劳动力流入国而言，首先劳动力的流入弥补了本国劳动力的短缺，特别是某些关键技术领域的人才引进，同时也节约了大量劳动力的教育费用。其次，由于课税对象的增加，劳动力的流入使流入国的财政收入也会相应得到增加。再次，通过专业高级技术人才的引入，可以带动本国技术的升级改造，有利于劳动力流入国经济的发展。但是另一方面，劳动力流入也会带来负面影响，比如增加流入国某些行业的就业压力，造成交通、住房等生活问题，甚至有可能引发社会集团的摩擦与对抗，也会扰乱社会秩序。

三、国际技术转移

国际技术转移是指作为生产要素的技术，包括产品设计、生产方法、管理知识和知识诀窍等有偿地或无偿地从一国流向另一国，从一个企业流向另一个企业的活动。

（一）国际技术转让的分类

从目前国际技术转移的角度看，国际技术转移可以按以下两种标准分类，更能体现目前发达国家与发展中国家技术转移的特点。

一类是以国际技术转移是否以市场为媒介，将技术转移模式分成以市场为媒介的技术转移模式和非市场媒介的技术转移模式。如果将常见的技术转移模式按照对市场的依赖程度逐渐递减方式排列的话，可依次分为：FDI、许可证、合资企业、授权特许、市场合同、技术服务合同、交钥匙合同、国际分包和传统的转移渠道，如反向工程、反向人才流动等。

另一类是根据是否把国际技术转移作为明确目标而分为正式的技术转移和非正式的技术转移。如果将常见的国际技术转移作为明确的转移目标进行排列的话，像 FDI、许可证、合资企业、授权特许、市场合同、技术服务合同、交钥匙合同、国际分包等都属于正式的技术转移模式，而反向工程、反向人才流动、合作联盟和其他的非产权联系则被称为非正式的技术转移模式。

以往由于发展中国家缺乏资金，并认为获得了技术的所有权就获得了技术等原因，在发达国家和发展中国家的国际技术转移过程中，人们比较偏爱以市场为媒介的正式的技术转移模式，而随着技术的发展和国际技术转移的实践，人们对国际技术转移模式的认识也在不断深入。不同的国际技术转移模式代表了不同的技术学习方式。技术中的意会性知识是国际技术转移过程中存在的一大障碍，传统的市场交换对国际技术转移而言是不充分的。国际技术转移模式选择的重要性不仅表现在其所带来的转移成本和所有权不同，更重要的是能够转移的意会性知识的程度不同，为技术接受者所提供的学习机会不同，而后两点才是决定国际技术转移成败的关键。因而，非市场媒介和非正式的国际技术转移正越来越受到人们的重视。

（二）当代国际技术转移的特点

随着新科技革命的蓬勃发展和经济全球化的深入，当代国际技术转移发展趋势呈现出以下新的特点。

第一，国际技术转移的速度加快，规模越来越大，领域不断拓宽，已由梯度式转移发展到跳跃式转移。20 世纪 90 年代以来，国际技术贸易额平均每十年翻两番，已接近世界贸易总额的 1/2，其增长速度之快为一般商品所望尘莫及。国际技术转移的结构正在升级，技术转移趋向软件化，以许可证贸易方式转移的技术越来越多，其增长速度超过商品贸易及资本输出的增长速度。

第二，国际技术转移发展不平衡，世界技术市场的分布十分集中。全球 80% 以上的科技及其进展均在发达国家进行和取得。当前，发达国家之间的技术贸易额占世界技术贸易总额的 80% 以上，发达国家或地区与发展中国家之间的技术贸易仅占世界技术贸易总额的 10%，而发展中国家之间的技术贸易额则不足 10%。新兴工业化国家和地区及一些具有长期工业发展经验的发展中国家，日益成为当今南北技术转移的桥梁。

第三，技术转移已成为推动经济发展的重要动力，高技术产品成为世界贸易发展的主导力量。以高技术产品和高技术贸易为对象的现代技术贸易的扩展，以技术服务和信息交换为内容的国际技术服务贸易的形成和发展，构成了世界贸易结构变化的基础。国际技术转移与多种形式的国际经济技术合作相互渗透，逐步扩展为以技术商品为中心的复合型国际经济技术合作。

第四，国际科技合作与交流不断加深，从数量和质量上都已进入了新的发展阶段。国际技术摩擦加剧，各国在高技术领域的竞争和合作趋势同在。知识产权制度的国际准则逐步完善、趋向成熟，产权对象日臻完备，范围不断扩大，产权保护趋向广泛、严格和国际化。知识产权制度成为国际经济新秩序的核心问题,也是当代技术摩擦和贸易摩擦的焦点。

第五,跨国公司是国际技术转移最活跃、最有影响的力量。20 世纪 80 年代以来,国际技术转移的 70% 是由跨国公司运作的,跨国公司以其雄厚的资金和强大的技术力量成为国际技术转移的主要承担者,垄断着世界技术市场。

(三) 国际技术转移在国际直接投资中的作用

国际直接投资可以成为国际技术转移与技术扩散的渠道,作为技术创新的采用者,国际直接投资的跨国公司及其子公司具有一种示范作用,使得东道国的本地企业看到新技术的应用有利可图,继而引进和采用这些新的技术。先进技术的拥有者,在对外直接投资中直接或间接地转移了技术,从而使别的生产者也逐渐掌握了这些技术。国际技术转移在国际直接投资中还表现为技术的外溢效应,即跨国公司所具有的产品技术、管理技术和研发能力从外商投资企业向东道国企业扩散的效应。

(四) 国际技术转移的经济效应

对世界经济而言,国际技术转移可以促进世界整体技术水平的提高,从而推动世界经济的增长。当前,随着科学技术的突飞猛进,新兴学科不断涌现,学科之间相互渗透的趋势日趋加强,新技术的开发难度不断加大,任何国家和企业都只能在有限的领域内实现技术创新和突破。通过国际技术转移,可以实现技术领域的国际分工协作,这对提高世界整体的技术水平是非常有益的。

对技术输出方而言,他们对国外转让的技术一般都是成熟的技术,通过技术转让,一方面会造成技术的国际扩散,使自己在相关技术上的垄断优势遭到威胁;另一方面,技术输出国可以从技术转让中获得利益,用以补偿技术开发成本和增加新技术开发的资金投入,有助于技术的更新换代。

对技术引进方而言,引进国外的先进技术或自己所需要的外国技术是提高本国经济效率和国际竞争力的重要途径。但各国引进技术对经济发展的促进作用是不同的,这主要取决于各国在引进技术时所采取的措施是否得当。引进的技术必须与国内产业结构相适应,且自身具有对引进技术的消化吸收能力,并能在引进的基础上结合国内实际有所改造与创新,这样,引进技术才能最大限度地实现对国内经济的推动作用。

第二节 跨 国 公 司

由于国际直接投资主要是通过跨国公司进行的,所以跨国公司的发展状况反映了当代国际直接投资的发展特点,跨国公司是生产全球化和对外直接投资的载体,同时也是全球化的微观主体,其发展已经成为影响当今国际经济关系发展和变化的重要力量之一。

一、跨国公司概述

(一) 跨国公司的内涵及扩展方式

随着国际投资在二战后的迅速发展,跨国公司在全球经济中的地位不断提高,成为国际经济学界的一个研究热点,也同时成为联合国有关组织所关心的重要问题。1973 年联合国经社理事会提出了一份名为《世界发展中的跨国公司》的报告。该报告对跨国公司的定义为:"在两个或两个以上国家控制有工厂、矿山、销售机构和其他资产,在一个决策体系下从事国际性生产和经营活动的企业。其中包括由两个以上国家共同创办和经营的以前被称为多国公司的企业。"

联合国贸易与发展会议发布的《世界投资报告》明确将跨国公司定义为:跨国公司是由母公司及其国外分支机构组成的联合与非联合的企业。母公司被定义为通常以拥有股本金的方式来控制在其本国以外国家的其他实体资产的企业。拥有联合企业10%或10%以上普通股或表决权的股本金或非联合企业的等量资本金,通常被认为是控制这些企业资产的门槛。国外分支机构是指外国投资者在非本国企业中享有持久利益股份的企业,其可以是联合企业也可以是非联合企业(对联合公司来说为10%的股份,对非联合公司来说为等量资本金)。在《世界投资报告》中,子公司、附属企业和分公司统称为国外分支机构或分支机构。子公司是指另一个实体直接拥有超过一半的股东表决权,有权指派或撤换大多数行政、管理和监督人员的设在东道国的联合企业。附属企业指投资者拥有总数最少10%、但不超过50%的股东表决权的设在东道国的联合企业。分公司指投资者拥有或部分拥有的设在东道国的非联合企业,有以下任一情形:(1)外国投资者的常设机构或办事处;(2)外国投资者与一个或一个以上第三方的非联合合作企业或合资企业;(3)外国居民直接拥有的土地、建筑物(政府机构拥有的建筑物除外),以及/或者不可移动的设备和物品;(4)外国投资者在其本国以外的国家经营了至少一年的可移动设备(如船舶、飞机及油气开采设备)①。

根据上述定义,可以简单地将跨国公司近似定义为:通过跨国界的直接投资并且获得相应控制权,从事以营利为目的的国际生产和经营活动的企业。

跨国公司意味着企业组织与国界的交叉,这是世界经济作为复合型市场经济的一个矛盾产物。因此,研究跨国公司时我们应注重其扩展方式。跨国公司的扩展方式有三类,即横向扩展、垂直扩展和混合扩展。横向扩展是指跨国公司在不同国家制造同样的基本产品。例如,美国可口可乐公司在许多国家的子公司也同国内一样制造可口可乐饮料就是一例。垂直扩展是指跨国公司把生产和购销过程的不同阶段分布于不同国家。例如,从事石油业的跨国公司埃克森-美孚,在不同国家从事石油的开采、提炼和零售等经营活动。混合扩展是指跨国公司在国际上制造一系列多样化产品。许多日本跨国公司大都是按照混合结构扩展的,其中包括三菱重工业公司和一些大的综合商社。

(二)跨国公司的迅速发展及其在世界经济中的地位

1. 跨国公司的发展历程

跨国公司的发展经历着从崛起到鼎盛的过程,跨国公司与对外直接投资是同步发展起来的。早在19世纪60~70年代,就有个别公司在国外投资建厂,就地生产,成为现代跨国公司的先驱,从那时到19世纪末20世纪初,跨国公司有相当大的发展。受到两次世界大战和世界经济危机的影响,期间对外直接投资停滞不前,跨国公司的发展同样受阻。跨国公司的重新崛起是在第二次世界大战后的50年代,先是美国的大公司大举进军西欧;到20世纪50年代末,随着西欧国家经济的重建和加速发展,它们的跨国公司也走上世界经济的舞台;随后是日本的大公司开始跻身于世界跨国公司的行列;到20世纪80年代,新兴工业国家和地区的公司也开始崭露头角;20世纪90年代,跨国公司的发展达到鼎盛时期。

---

① 联合国贸易与发展会议:《2002年世界投资报告》中译本,中国财政经济出版社2002年版,第253页。

第九章 生产全球化

2. 跨国公司在世界经济中的地位

随着对外直接投资的迅猛发展,跨国公司也获得了极大的发展,并对世界经济的运行发挥着越来越大的影响力。跨国公司的影响力日益增大是当前世界经济发展变化中最值得我们关注的领域。跨国公司在当代世界经济中的地位可以通过下面一些数据来反映。首先,从跨国公司的数量上来讲,1990年全球跨国公司3.5万家,海外分支机构15万家,国际直接投资2 430亿美元。2000年全球跨国公司猛增到6.3万家,海外分支机构82万家,国际直接投资1.27万亿美元,仅仅10年中,三组数字分别增长了80%、4.47倍和4.23倍。到2008年,全球大约8.2万家跨国公司控制着81万家外国子公司。这些跨国公司国外子公司的出口估计占全世界商品和服务出口总量的1/3,其全球雇员人数达到7 700万人,超过德国劳动力总数的2倍。在销售额方面,这些跨国公司在2008年的总销售额达30.3万亿美元。其次,从跨国公司在世界经济中的份额来讲,以全球最大的100家非金融跨国公司为例,在2006年至2008年的3年间,这100家公司占所有跨国公司的国际资产、销售和就业的比例分别为9%、16%和11%,其附加值总共约占全球国内生产总值的4%,并且自2000年以来这一比例保持相对稳定。从销售额来看,这前100家跨国公司的销售额在近三年内占全球GDP总值的15%左右(见表9-2)。

表9-2 全球最大的100家跨国公司资产和销售额情况(2006~2008年)

单位:10亿美元,%

	2006年	2007年	2008年
资产	9 239	10 702	10 687
销售额	7 088	8 078	8 518
销售额占全球GDP的比重	14.46	14.66	14.07

资料来源:根据UNCTAD,*World Investment Report 2009*编制而成。

二、跨国公司与生产全球化

跨国公司对世界经济特别是对生产全球化的影响是深远的,跨国公司以世界经济为舞台,广泛地参与世界经济各领域的活动和运行,深刻地改变着世界经济的特征与运行机制。

(一)跨国公司是生产全球化的主要动力

首先,跨国公司跨国界的对外直接投资导致了资源配置的全球优化,使世界生产在最合理的区位布局下进行。跨国公司超越了原先国际贸易、国际资本流动、国际劳动力以及技术等单一要素流动的模式,形成了多要素综合性转移的模式,包括资本、技术、管理、人才乃至行业的跨国移动。从而跨国公司的对外直接投资导致了生产经营方式的全球化,使投资流入国采用市场经济的生产方式和与国际市场一致的经营方式。另外,跨国公司对外直接投资的强大的经济效益加速了不发达国家的经济开放,以巨大的吸引力推动这些国家对外开放,进入世界经济体系中。因而,跨国公司成为经济全球化的主要动力。

(二)跨国公司是生产全球化的微观主体

处于全球化背景下的世界经济已经不同于由各国贸易分工关系建立起来的分工型世界经济,其构成主体,不仅有主权国家,而且越来越重要的是跨国公司。随着跨国公司投资超越国际贸易成为各国经济关系的主要形式,以国家为主体的世界经济逐步向以跨国公司为主体的世界经济转化。巨型跨国公司不仅决定了世界经济的生产布局进而决定了东道国的产业结构,而且也决定着世界产业结构的变化和经济增长。因此,世界经济在地理意义上是以主权国家为主体的,而在生产全球化意义上是以跨国公司为主体的。

(三)跨国公司与全球生产的不均衡

跨国公司进行跨国的生产营销活动,如进行跨国并购、组建战略联盟等等,一方面,它们制定和实行适当的经营战略,不仅提高了公司的生产率和竞争力,增进了本公司的效益和价值,也有力地促进了生产全球化和经济全球化的发展。另一方面,跨国公司的全球经营战略认为哪里有利就到哪里去进行投资经营,那些有悖于它们经营战略目标和根本利益的地方,就避而远之,其结果就加剧了生产全球化的不平衡。一些国家和地区深深地融入全球经济之中并有效地利用全球化带来的机遇,经济得以较快发展;而另一些国家和地区,则处于全球化进程的边缘,很少或不能获得发展的机遇,经济长期落后。因此,跨国公司的对外直接投资、生产全球化发展是不平衡的,给各国带来的巨大利益的分配也是不平衡的。国家越是投资环境好、经济发展快,越受到跨国公司的青睐,它们也越要争先前去投资,从而形成良性循环;相反,国家越是贫穷落后、经济停滞,跨国公司越是避而远之,这些国家就越难获得发展,从而形成恶性循环,这已成为跨国公司在推进生产全球化进程中的一种不平衡机制。

三、跨国公司的最新进展

20世纪90年代世界经济发展的一大特征就是跨国公司进入新的发展时期。随着经济全球化浪潮的兴起,跨国公司既对经济全球化起到了推波助澜的作用,也借助经济全球化浪潮使自己更快地走向世界。与此同时,跨国公司的发展也不可避免地融入了这一时期这一时代的特点。

(一)跨国公司的跨国程度不断加深

跨国程度指数是用来衡量一个跨国企业跨国程度的主要指标之一,它是由一个跨国公司的国外资产与总资产、国外销售额与总销售额和国外雇员与总雇员三个比率的均值构成的。跨国程度指数越高,表明海外企业相对于母国企业的地位越重要。根据联合国贸易和发展委员会编制的全球最大100家跨国公司的资料,在1991~2000年间,世界最大的100家大型跨国公司平均跨国指数由51%增长到56%。在2004~2008年间,这一跨国指数由57%增加到62%。尽管受到金融危机的影响,2008年这一跨国指数仍保持在2007年的水平。可见,100家大型跨国公司的跨国程度在不断加深。从全球最大100家跨国公司从事的行业特点来看,与近些年全球FDI总的趋势有所不同,其行业的分布仍以制造业为主。1990~2000年间,100大跨国公司的行业分布基本保持稳定,在汽车、电子、石油、医药、食品饮料行业的跨国公司数量占到跨国公司总量的一半以上。从国际化程度来看,前100家跨国公司中涉及医药、电信、食品和饮料产业的企业国际化程度往往高于从事汽车、石油和公用事业的跨国公司。

(二)跨国并购成为跨国公司对外直接投资的重要方式

20世纪90年代以来,跨国公司之间的竞争异常激烈,跨国公司为了分担创新成本,获取技术资产的所有权,提高企业国际竞争力,抢占全球市场份额和取得规模经济,在全球范围内掀起了新一轮的跨国并购浪潮,其发展速度之快、规模之大,前所未有,其主要特点如下:

第九章 生产全球化

1. 跨国并购发展十分迅速

随着经济全球化的快速发展,全球并购(包括跨国并购和国内并购)发展十分迅速,跨国并购数量从1987年到2008年以年均12%的速度增长,1987年并购数量约为1 187次,到2008年则增加到9 654次。跨国并购总金额在1987~2008年间的年均增长率也达到19%左右,从1987年的972亿美元增加到2008年的12 050亿美元(表9-3);跨国并购总金额占世界GDP的比重由1987年的5.84%上升到2007年的31%。全球并购中跨国并购增长尤为引人注目。1990年跨国并购总金额为2 014亿美元,到了2007年全球跨国并购总额便达到17 003亿美元,在此期间,跨国并购金额上涨幅度最大是在1997~1998年,上涨87%。从跨国并购交易数量上看,2007年达到历史顶峰,约有10 633宗跨国并购交易,其中超过10亿美元的交易数量达319次,约占跨国并购数量的3%。从地区跨国并购情况来看,欧盟、美国和日本仍然是跨国并购集中的区域。在2008年,欧盟和美国的跨国并购就占全球近2/3,亚洲地区占15%,日本则占1.4%;在欧盟内部,英国和德国各自占比19%和5%。

表9-3 全球跨国并购金额及年增长率(1990~2008年)

项目	金额(亿美元)		年 增 长 率 (%)			
	1990	2008	1990~1994	1995~1999	2000~2004	2005~2008
跨国并购	2 014	12 050	4.6	41.3	−1.5	25.3

资料来源:根据UNCTAD, *World Investment Report 2009* 编制而成。

2. 大型跨国并购日益突出

20世纪90年代以来,随着科技创新的加快,对全球技术领先者(主要是跨国公司)的竞争压力日益增大,通过与其他跨国公司合并来提高企业的竞争力已经成为共识,因此并购的规模越来越大。并购金额超过10亿美元的并购称为大型跨国并购。1995年大型跨国并购为31件,1996年上升到45件,1997年达58件,到2008年就上升为251件,约占全年跨国并购总金额的68%。大型跨国并购主要以英国和美国为主,在1998年的89件大型跨国并购案中英国和美国就占了63件。

3. 跨国并购中的收购方主要是发达国家

在跨国并购中发达国家占主导地位,在2000~2008年间,其占世界跨国并购总额的比重一直保持在70%~90%之间。欧盟是跨国并购中主要的收购地区,其收购金额从1990年的548亿美元上升到2000年的6 156亿美元,增长了10倍多。在2000年以后,欧盟作为主要的收购地区其比重有下降的趋势,一度降至2003年的486亿美元,虽然之后又恢复增长,但到2008年其比重约为45%,远低于2000年的67%。在欧盟内部,传统资本主义强国英、德、法占世界收购总额的比重最大,英国在2000年一度达到35%,而美国在2000年则仅占10%左右。在2000~2008年,发展中国家收购额占世界比重在7%~15%之间,近年来其比重不断上升。由于日本在海外投资中倾向于"绿地投资",跨国并购从2000年的139亿美元下降到2004年的20亿美元,2004年以后略有增加,2008年增加到540亿美元。发展中国家在跨国收购中也增长很快,从2000年的586亿美元增加到2007年的1 397亿美元(表9-4),增长了2倍多。

表 9-4 跨国并购：出售与收购的地区分布表(2000~2008年) 单位：10亿美元

地区/国别	出售					收购				
	2000	2005	2006	2007	2008	2000	2005	2006	2007	2008
发达国家和地区	856.9	402.5	538.4	903.4	551.8	838	358	498	842	540
欧盟	503.6	304.6	335.7	526.5	224.6	615.6	208.6	265.7	538.5	302.8
美国	272.1	66.3	136.6	179.2	225.8	92.7	87.4	114.4	179.8	72.3
日本	11.6	0.66	—11.7	16.1	9.25	13.9	4.1	17	30.3	54
发展中国家和地区	57.8	63.3	89	97	100.9	58.6	67.2	114.1	139.7	99.8
非洲	2.4	8.5	11.2	7.9	20.9	3	14.5	15.9	10	8.2
拉美与加勒比地区	40.4	14.5	12.7	20.5	15.2	3.4	10	27.5	38.5	2.6
欧洲	521.9	316.8	353.1	557.5	245.7	681.4	232	305.9	569.4	333.5
亚洲	14.9	40.3	65.2	68.3	65.5	51.7	42.5	70.6	91.2	89.3
太平洋地区	0	0.016	—0.036	0.2	—0.7	0.429	0.15	0.154	0.014	0
世界a	915.3	460.6	635.9	1 031.1	673.2	915.3	460.6	635.9	1 031.1	673.2

注：a 包括不能按地区统计的数据。
资料来源：UNCTAD, Cross-border M&A Database。

4. 跨国并购的行业范围非常广泛

20世纪90年代以来的跨国并购浪潮几乎席卷了所有行业,包括正在失去比较优势或生产能力过剩、需求不足的传统工业(如汽车、能源、钢铁、食品饮料、烟草等),研究费用较高、风险较大的高新技术产业(医药、生物化学、电信、计算机等)和高度发展的第三产业(如金融服务)。在传统工业部门,并购方式主要以水平并购为主。

(三) 跨国公司战略联盟成为跨国公司的重要发展模式

跨国公司战略联盟是指两个或两个以上的跨国公司为实现某一战略目标而建立的互相协作、互为补充的合作关系。随着世界经济一体化和区域集团化的发展,跨国公司为了保持和发展自己的生存空间,纷纷组织跨国联盟。应该说,跨国联盟是世界经济全球化高度发展的产物,是各国经济活动国际化的表现。从实际操作上看,跨国联盟主要有三类:一是合并式联盟,主要指两个以上的跨国公司出于对整个世界市场预期和公司自身总体经营目标的意愿,采取一种长期性合作与联盟的经营行为方式。二是互补式联盟,这种联盟通常是将各自优势方面联合起来既发挥各自的优势,又与联盟伙伴密切配合,共同以最佳服务来满足客户的需求。三是项目式联盟,这种联盟通常是跨国公司为获取高附加值及高科技领域发展而采取单个项目或多个项

第九章 生产全球化

目合作的形式。

20世纪90年代以来,跨国公司战略联盟表现出其鲜明的特征。

1. 战略联盟的合作是全方位的

战略联盟在组织形式上不断创新,一些大公司通过合资、承包、协议等形式,把多个中小跨国公司联合起来,以提高在全球范围内的竞争能力;还有一些企业采取公司群的形式,把相关跨国公司联合起来,互相利用优势,扩大业务活动,以合作求发展。

2. 跨国联盟主要集中在高新技术行业

世界各国的许多跨国公司在生产、销售、研究开发,以及原材料供应等方面进行密切合作,广泛结成联盟,以求得更大的生存和发展空间。目前,战略联盟主要集中在汽车、航空、电子、石油等高技术密集型产业,其中又以加强产品项目的研究与开发,以分担高昂的研制费用,或为分散因竞争激烈和产品生命周期缩短所产生的投资风险而结成的联盟为主。

3. 由产品联盟发展成以技术合作为主要内容的知识联盟

在20世纪90年代以来,随着知识经济的发展,特别是竞争节奏的加快,企业的竞争不仅取决于生产成本和产品质量,更重要的是企业的创新能力,因此,跨国公司的战略联盟更多地表现为以技术开发和研究共享的知识型战略联盟。知识型联盟加强了跨国公司之间的技术交流,使它们能各自保持市场竞争优势,提高企业的核心竞争能力。

4. 战略联盟由简单粗放型向集约型发展

简单粗放型的战略联盟主要指跨国公司为了扩大企业规模和扩展企业生产价值链而进行的联盟,这种联盟主要发生在跨国公司的生产扩张阶段。20世纪90年代以来,随着经济全球化的发展,特别是国际竞争的加剧,这种简单粗放型的战略联盟已经不适应世界生产力发展的需要,跨国公司为了保持自己的核心竞争能力,把生产链上自己不具有核心竞争优势的环节外包给自己的联盟企业,于是就产生了以完善跨国公司生产链,提高各生产环节效率为主要目标的集约型战略联盟。在这种联盟下,跨国公司按自身比较优势的发展,进一步培养自己的核心竞争力,而对自己非核心竞争力的部分则外包给联盟企业,通过联盟内在某些业务上具有核心竞争力的企业去经营自己的非核心部分,最终形成联盟企业之间"共赢"的局面。

(四)研发国际化成为跨国公司增强持续竞争力的重要工具

当代激烈的国际市场竞争实质上是新产品和新技术的竞争。谁拥有了先进的新技术,谁就能缩短产品生命周期,不断推出个性化产品,从而占领和扩大市场份额,在竞争中取胜。因此,跨国公司往往把新技术的研发作为取胜的重要策略和企业持续发展的举措。跨国公司逐渐投入巨额资金开发新技术,同时又控制和垄断着新技术。

20世纪90年代以来,随着经济全球化的发展和国际竞争的日益加剧,跨国公司研究开发的国际化也产生了许多新特点。

1. 区位的选择具有前瞻性和战略性

与生产性直接投资不同,以技术创新为主要目标的跨国科研投资更多地考虑东道国的科研条件和高新技术产品的市场销售前景,因为巨额的研发投资只有在消费需求旺盛、消费潜力巨大的市场上才能获得可观的投资回报。因此,跨国公司研究与开发的区位总是选择在经济发展前景好、市场潜力大的国家和地区,研究开发的投资具有前瞻性与战略性。

2. 研发注重追求产业与知识的集聚效应

由于产品生命周期的日益缩短,跨国公司研发的国际化不仅要注重研发的商业化,更要注

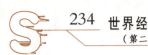

重研发的知识储备和可持续发展,因此,发达国家跨国公司海外研发多选择在有雄厚经济实力、人才集中、信息密集、有完善的科研基础服务设施、著名大学集中、相关产业高度密集的地区,主要目的是追求产业集聚经济效应,从而分享知识技术的外溢性,保持创新能力的更新,降低研究开发的前期成本,保持技术水平在行业中居全球领先地位。

3. 不同行业研究与开发的国际化发展水平不同

目前跨国公司研究与开发主要集中在电子、通信、制药、汽车制造、化工、航空航天等技术难度较大、研制周期长的高新技术领域内。

4. 吸引东道国技术人才成为跨国公司海外科研开发的重要工作

跨国公司在进行跨国科研开发中,往往大量招聘东道国高素质的技术工作人员、工程师、科学家和经验丰富的管理人员,来从事高新技术产业的开发和企业的经营决策,因此,跨国公司海外科研部门中本地科研人员、管理人员的数量大幅度增加。

(五)本土化战略成为跨国公司在东道国立足的重要基础

跨国公司在国外建立分公司时,必须充分考虑各地的具体条件并加以比较,进行选择,以保证子公司在最有利的条件和最适宜的环境,得到更大的发展。这些条件中包括当地经济发展的实际情况及其前景、市场潜力,政治的安定和社会的稳定,资源的供应,当地的规章制度和政策,以及其对外关系的发展情况等等。因此,跨国公司选某国或某地时,必须通过自身的努力,适应这个新的环境。跨国公司在当地建立子公司,或与当地公司组建战略联盟,或与当地企业发展分包制与供应制关系,应充分考虑当地特有的优势,以求获取更大的区位优势。近些年来,跨国公司把"本地化"作为一种战略来推行,都在不断充分利用当地有利条件,又在不断融入当地社会文化,从而在那里"落地生根"。此外,跨国公司对在当地雇佣的工人、消费者、客户给予了应有的尊重,尊重他们的风俗习惯和宗教信仰,还不断聘用当地的专门人才参加企业管理,使企业在当地人眼里,不被视为外国企业,而与本国民族企业无异。所以,本土化战略目前已经成为跨国公司在东道国立足的重要基础。

四、跨国公司对世界的经济效应

(一)跨国公司是世界经济增长的驱动力和经济全球化的微观主体

跨国公司已经成为重要的经济体,在世界经济中的地位日益突出。跨国公司在世界范围内的经济扩展,特别是90年代以来的跨国投资与兼并,不断改变着国际经济分工协作关系,推动生产向全球一体化发展。跨国公司生产经营所到之处,努力与本土政治制度、经济制度和文化习俗融合,从本土化出发进行企业制度创新,在使企业适应地区市场竞争需要的同时,将新的竞争规则带到了本土文化中,逐渐把世界上每一个国家或地区纳入全球经济竞争中来,促进了全球市场的一体化。而且,跨国公司越来越独立于某个确定的国家,与多国经济竞争与合作,在一定程度上改变了传统意义上市场与国家之间的关系,从而对国家与市场、国家与国家之间的博弈产生了重要影响,并通过企业制度创新革新市场竞争规则,不断推进世界经济的全球化和市场化。

1. 促进了国际分工的深化和广化

首先,跨国公司通过对外直接投资,把分支机构所在国家纳入全球分工体系,将各类产品生产配置于全球范围内资源禀赋最有利的区位上,充分发挥资源要素的比较优势,从而在全球范围内降低成本,提高生产效率。其次,跨国公司的生产专业化和分工协作的成熟发展,使它们的分工不仅深入到产品而且细化到不同工序，即在全球范围内构筑生产网络体系，不同国家分别生产某一产品的各个零部件，然后集中进行组装成最终产品的不同工序、不同环节的产业内分工。甚至将生产国际分工内在化，使之成为跨国公司内部母公司、子公司之间的专业化分工体系，同样，跨国公司内部国际分工可以实现一般国际生产分工生产效率的最大化目标。

2. 促进了国际贸易的发展特别是公司内贸易的发展

首先，跨国公司的全球生产网络体系，使其生产经营活动扩大了国际贸易流量，由跨国公司引起的国际贸易在世界贸易中所占的比重越来越大。同时跨国公司的对外直接投资，伴随着机器设备、原材料和零部件等大量商品的输出和输入，也会带动国际贸易的发展。其次，跨国公司创造了企业内部的贸易，即跨国公司内部母子公司之间、子公司之间进行的原材料、中间产品、生产技术和设备的跨国流动。跨国公司内部母公司与子公司之间、子公司与子公司之间的内部贸易占跨国公司贸易总额的50%～60%，其内部贸易与外部贸易的总和占到全球贸易总额的80%。最后，跨国公司对外直接投资的产业结构与地区分布变化，影响了国际贸易的商品结构与流向。在二战后，跨国公司对外直接投资的主要行业是制造业。从20世纪90年代起，跨国公司逐步向服务业倾斜，并因此推动了全球服务贸易的发展。从地区分布看，二战后，跨国公司的对外直接投资在发达国家之间互动，由此带动了发达国家之间的国际贸易。20世纪90年代以来，跨国公司流向经济发展迅速的亚洲等发展中国家，由此对国际贸易量有很大的拉动。

3. 促进了资本的国际流动

首先，跨国公司的对外直接投资活动始终伴随着大量的资金流动和资本流动，其拥有的巨额自有资金和外部资金、生产资本和借贷资本构成了国际资本流动的主体。其次，为维持跨国公司的正常运转和内部贸易的正常开展，母公司与子公司之间、子公司与子公司之间大量的资金调拨、利润汇出和转移等业务的频繁与高效发生，再加上跨国公司内部各子公司之间、子公司与母公司之间的商品、劳务交易、技术使用和管理费用的偿付以及借贷、结算等活动，会使国际资本流动速度加快、规模扩大。最后，跨国并购的浪潮促进了国际资本证券化，规模庞大的跨国并购交易，刺激了股权资本的相互渗透，使各类股票和债券的国际发行比重逐年上升。国际资本的证券化，意味着国际资本市场更加一体化，国际资本流动会进一步发展壮大。

4. 促进了先进技术的创造和传播

跨国公司间的合并、收购及战略联盟成为20世纪后期生产全球化的重要特征。与此同时，跨国公司间技术合作的全球化趋势不断增强。跨国公司是技术创新的主要拥有者和技术发明的领头羊。在经济自由化背景下，为了保持和增强自己的竞争能力，利用其他国家和地区及其公司已经存在的科学技术能力，利用不同国家的研究、开发成本的差异，获得研发的规模经济和区位经济效益，跨国公司将研发活动在地理位置上更广泛地分散开来，所带来的利润越来越大。研发的分散化使跨国公司体系将自己的发明能力与其他地方的技术力量结合在一起，发明了更多的新技术，增强了自身的竞争优势。

（二）跨国公司对东道国的经济效应

跨国公司对东道国的经济影响主要表现以下几个方面。第一，跨国公司投资有助于东道国的资本形成。对东道国来说，跨国公司的直接投资带来了新的设施，增加了东道国的资本存量，扩大了生产和就业。有关统计表明，外国直接投资在国内资本形成中的比例，从1980年的2.3%提高到1998年的11.1%；外国直接投资在私人资本形成中的比重，从1980年的3.4%提高到1998年的13.9%。通过购买和私营化而进行的国际直接投资是发达国家中较为普遍的国际投资形式,这对东道国企业的资产重组及产业结构的调整起到间接的推动作用。第二,跨国公司有利于东道国企业增强竞争力,加快结构调整,进行产业结构升级。对吸引外资的东道国,跨国公司不仅对国内资源进行补充,提高东道国的生产能力,同时也扩大了东道国产品的销售市场。跨国公司拓展了新的产业空间,如果没有跨国公司的投资,单纯依靠民族企业或现有的产业,许多发展中国家是不可能引进这些新产业或创新其经营方式的。第三,跨国公司能够促进东道国的技术进步。吸收外国直接投资是获取新技术和先进技术、技能的主要途径。涉及组建研发分支机构的外国直接投资可以增强东道国技术发明的能力,跨国公司的技术溢出效应和外在效应还会对东道国技术进步产生间接影响。第四,跨国公司能够推动东道国的制度创新。跨国公司的分支机构虽然设在东道国,但是其生产管理、产品标准、价格制定等都按照国际标准来运作,这会促使东道国的产品质量、技术标准等向国际标准靠拢。同时,跨国公司管理"外溢效应"和生产经营、竞争、管理技术的示范效应,可以刺激和带动东道国企业改善经营状况和运行机制,然后通过不同产业和企业之间的关联效应,先进的管理知识一层层地传递。

当然,跨国公司给东道国带来有利影响的同时,也带来许多消极影响。这种消极影响包括政治、经济、文化等方面的制度冲突,尤其是借助于技术控制的经济控制,有可能对东道国的经济安全和国家安全构成一种威胁。对此,东道国要维护好国家主权和保护好国家安全,应制定正确的应对措施,积极化解风险,扬长避短,趋利避害。

(三) 跨国公司对母国的经济效应

一方面,跨国公司的对外直接投资有利于母国扩大市场,增强企业的竞争力。跨国公司对外直接投资不仅通过国际贸易,还通过国外分支机构的销售来增强母公司占领国际市场的能力。同时,跨国公司在企业内部的贸易网络,也将跨国公司的生产纳入全球网络体系中,使每一子公司能优先获得体系内其他子公司的资源和市场。跨国公司内贸易带来的交易成本的降低能够产生与国际贸易、规模经济相同的效应。另一方面,跨国公司的对外直接投资会带动母国经济增长。跨国公司的对外投资使母国边际报酬相对低下的过剩资本和成熟技术通过对外转移获得更大收益,这些收益又可以通过利润汇回和转移价格等方式回到国内,改善国际收支状况,使这些回流资金投入到技术创新和新产品的研发和生产领域中去,改变母国的产业结构,进行产业结构的升级,来促进国内的经济增长,能从根本上有利于母国的经济发展。

本章小结

本章主要探讨了生产要素的全球化和跨国公司两个问题。

关于生产要素全球化,本章前一部分重点介绍了国际投资、国际劳动力流动、国际技术转移的相关知识。国际投资是一国的资本所有者对另一国进行的投资活动,分为国际直接投资和国际间接投资。国际直接投资是国际资本流动的一种重要形式,是指一国投资者(自然人或法人)以有效控制企业经营管理权为核心,以获取利润为主要目标,以对外投资为媒介并通过在海外设立独资企业、合资企业、合作企业等形式而进行的投资行为。国际间接投资一般是指不以控股为目的的国际证券投资以及中长期的国际信贷。在国际间接投资中,投资者并不参与外国企业的经营管理活动,其投资的主要目的在于获得利息、股利和资本利得。本章重点阐述了国际直接投资的定义、分类与发展的趋势特征;另外介绍了劳动力国际流动的发展阶段、最新特征与经济效应和国际技术转移的定义、分类与经济效应。

第九章 生产全球化

本章后一部分着重阐述了生产全球化的微观主体跨国公司的概念、在世界经济中的地位和作用、发展历程。跨国公司是指通过跨国界的直接投资并且获得相应控制权,从事以营利为目的的国际生产和经营活动的企业。该部分通过对跨国公司与生产全球化的关系、跨国公司的最新进展的一番阐述,进而分析了跨国公司对世界经济、对东道国和母国的经济效应。

跨国公司是生产全球化的主要动力和微观主体。跨国公司的最新进展表现在:(1)跨国公司的跨国程度不断加深;(2)跨国并购成为跨国公司对外直接投资的重要方式;(3)跨国公司战略联盟成为跨国公司的重要发展模式;(4)研发国际化成为跨国公司增强持续竞争力的重要工具;(5)本土化战略成为跨国公司在东道国立足的重要基础。跨国公司对世界经济产生了深远影响,跨国公司对世界经济的影响在于跨国公司是世界经济增长的驱动力和经济全球化的微观主体,其首先促进了国际分工的深化和广化;其次促进了国际贸易的发展特别是公司内贸易的发展;再次促进了资本的国际流动;最后促进了先进技术的创造和传播。跨国公司对东道国的经济效应在于:第一,跨国公司投资有助于东道国的资本形成;第二,跨国公司有利于东道国企业增强竞争力,加快结构调整,进行产业结构升级;第三,跨国公司能够促进东道国的技术进步;第四,跨国公司能够推动东道国的制度创新。跨国公司给东道国带来有利影响的同时,也带来许多消极影响。跨国公司对母国的经济效应在于:一方面,跨国公司的对外直接投资有利于母国扩大市场,增强企业的竞争力;另一方面,跨国公司的对外直接投资会带动母国经济增长。

关键词

  国际投资 国际直接投资 绿地投资 跨国并购 国际间接投资 国际劳动力转移 国际技术转让 跨国公司 跨国公司战略联盟

复习思考题

1. 简述国际直接投资在 20 世纪 90 年代以来的特点及其诱因。
2. 简述战后国际劳动力转移与技术转让的特点。
3. 简述跨国公司在世界经济中的地位,并分析跨国公司的最新进展。
4. 简述国际劳动力流动的动因和障碍。
5. 叙述跨国公司对世界的经济效应。

第四篇　世界经济中的全球性问题

第十章

世界经济的周期与波动

世界经济的发展总是带有一定的周期性，表现为繁荣与危机的交替。从第二次世界大战至20世纪90年代，主要资本主义国家先后发生了6次世界性经济危机。90年代以后，经济周期体现出一些不同的特点，发生了一些变形，但是经济周期并没有消失。

第十章　世界经济的周期与波动

学习目标

学习本章后,你应该能够:
1. 了解经济周期的定义、类型,掌握世界经济周期的传导机制;
2. 分析战后历次经济危机的特点及其产生原因;
3. 认识新经济条件下经济周期,了解其变化的原因;
4. 掌握世界经济的长周期理论,分析战后长周期上升波和下降波的特点及原因。

第一节　经济周期及世界经济周期

资本主义经济总是存在一定的波动,呈现明显的周期性。

一、经济周期概念及类型

(一) 经济周期含义

经济周期一般是指经济由一个波谷,经过复苏、繁荣到顶峰,然后经历危机、萧条到达另一个波谷的过程,即一国经济以一种有规律的周期性或近似有规律的周期性方式,出现扩张和收缩的一种现象,它可以分为危机、萧条、复苏和繁荣四个阶段。在这四阶段中,危机是经济周期的基本或是决定阶段,它是上一个经济周期的终点,同时又是下一个经济周期的起点;萧条的最低点是波谷,标志着经济由萧条转向复苏的开始;复苏标志着经济走出衰退,转向繁荣;繁荣的最高点是波峰,标志着经济由繁荣转向危机。现代西方发达国家一般用衰退①和扩张来取代经济周期中的四个阶段。从波峰到波谷为衰退阶段,包括危机和萧条;从波谷到另一个波峰为扩张阶段,包括复苏和繁荣。

危机阶段时,企业利润下降,竞争激烈,投资减少,生产下降,甚至部分企业倒闭,恶化以致进入萧条阶段;萧条时期,大量资源闲置,大量企业倒闭,生产处于停滞,失业率达到最高水平;萧条过后,经济开始复苏,企业开始更新固定资本投资,投资增加,失业率下降,个人收入提高,生产逐渐恢复;繁荣时期,需求旺盛,资源充分得到利用,生产扩大,投资活跃,失业率降到最低水平,收入提高。繁荣过后,经济又进入危机阶段,从而循环往复,构成一个又一个的经济周期。

(二) 经济周期类型

根据经济周期持续的时间来分,一般可将经济周期分为以下四种类型。

1. 基钦周期(2~4 年)

1923 年,英国经济学家约瑟夫·基钦从厂商生产过多造成库存增加,从而减少生产的现象出发,提出了 2~4 年的短周期,这又被称为基钦周期。基钦周期这种短期波动主要由存货变动和外生的随机因素引起。由于基钦周期的时间较短,它在实际经济短期决策的微观层次上受到重视。

---

① 不同的国家对衰退有不同的定义。美国以经济持续两个季度出现负增长为衰退。

2. 朱格拉周期(7~10年)

1860年,法国经济学家克莱门·朱格拉从与投资周期相对应的主要产品和设备更新时间出发,提出了7~10年的中周期。固定资本的大规模更新会引起国民生产总值、物价和就业波动。朱格拉周期与设备投资有关,因此又被称为设备投资周期。这与马克思的资本主义再生产周期是一致的,属于经济周期的主周期,可以包含2~3个短周期。通常所说的经济周期就是指朱格拉周期,它在宏观理论和政策上受到关注。

3. 库兹涅茨周期(20年左右)

1930年,美国经济学家库兹涅茨从人口、劳动力数量、货币供给、资本储存等增长率变化出发,提出了时间长度为20年左右的中周期。库兹涅茨周期与建筑业的兴衰有着密切联系,因此又被称为建筑业周期。

4. 康德拉季耶夫周期(50年左右)

1925年,苏联经济学家尼古拉·康德拉季耶夫从生产、利率、工资、外贸与价格变动的现象出发,提出了时间持续期为50年左右的长周期。技术进步和创新引起的产业结构变动和升级是影响该周期的主要因素。这种随技术进步而产生的经济从扩展到收缩的周期很长,是一种长期波动。

尽管经济周期类型各异,现代西方经济学家一般认为经济周期具有以下几个特点:第一,经济周期是市场经济的基本特征和必然产物。第二,经济周期是总体经济的波动,几乎包括所有的经济部门,因此它不是发生在一个或几个部门的局部性波动。第三,经济周期的时间长短不一致,具有一定的变化性。随着经济发展、技术进步等多种因素变化,想识别出有规律的周期通常越来越困难。

二、经济危机的成因

(一) 马克思主义政治经济学对经济危机成因的解释

马克思主义政治经济学派对经济危机的形成和资本主义经济危机周期性的研究比其他学派更为全面,也更为深刻。该学派指出经济危机的根源在于资本主义市场经济本身的缺陷和资本主义制度的基本矛盾。

马克思认为:资本主义市场经济和资本主义制度是人类社会发展过程中的一个阶段,它自身充满了无法克服的矛盾和冲突,资本主义周期爆发的经济危机便是这些矛盾和冲突尖锐化的表现。马克思的经济周期理论认为:经济危机只有在资本主义制度下才会产生,其实质不是生产的绝对过剩,而是相对过剩的危机,其根源在于生产的社会化与生产资料的资本主义私人占有之间的矛盾,即资本主义的基本矛盾。这个矛盾随着资本主义生产方式占据统治地位而展开并不断地激化,当这一矛盾尖锐激化到市场调节失灵时就必然引起经济危机,经济危机从一定程度上恰是上述矛盾缓解的方式。

资本主义基本矛盾引起经济危机具体表现为两个矛盾的激化:一是个别企业内部生产的有组织性和整个社会生产的无政府状态之间的矛盾;二是资本主义生产的无限扩大趋势同人民有支付能力需求相对缩小之间的矛盾。这两个具体矛盾的激化直接引发了经济危机,每一次经济危机都强制性地使得上述两个矛盾得到暂时的缓解,使社会的总供求强制性地被动地得到暂时的平衡,经济运行从混乱、崩溃又暂时恢复到有序。当经济运行一段后,由于基本矛盾并未解决,又再度发展激化,到了生产无限扩张又大大超过人民有支付能力需求时,再生产的比例关系遭到严重破坏,产品大量过剩,收入实现困难,市场机制无法自发调节,经济危机再次爆发。因此,资本主义的经济发展必然呈现出周期性,经济波动和经济危机也必然是周期性的。

(二)西方经济学关于经济周期成因的解释

资本主义经济最规则有序的现象是经济危机或衰退的周期发生,资产阶级经济学各流派对经济周期规律的认识及成因的解释各有不同,其理论演变也一定程度上呈周期性特征。

1. 古典—新古典经济学家的周期理论

古典—新古典经济学家的周期理论认为,自由放任的资本主义能够通过经济体系本身的自动调节达到充分就业均衡。从这一基本观点出发,他们或者否认危机的存在,或者将其归因于外部原因。其中主要的学者及其观点包括萨伊的"销售原理"、杰文斯的"太阳黑子"说、熊彼特的技术创新周期理论、西斯蒙第的"收入不足"或"消费不足论"等。

2. 凯恩斯主义的经济周期理论

凯恩斯认为周期性生产过剩和失业是资本主义社会的"常态",其周期理论主要是说明经济系统的不稳定性,然后寻找或提供稳定化的政策建议。首先,其研究的重点从寻求有规律的外部冲击转到寻求不稳定的内在结构。凯恩斯认为,资本边际效率的波动导致经济的周期波动,资本主义经济存在内在的不稳定性。当私人资本主义不能实现总供给和总需求的均衡时,就需要政府出面来对经济实行调节和干预,这样就能够熨平经济波动。

3. 新自由主义的经济周期理论

凯恩斯主义把经济的波动归因于私人部门的内在不稳定性,同时又把私人部门的不稳定归因于实际因素而不是货币因素,而政府总是作为稳定作用的力量而出现。新自由主义(包括奥地利学派、货币主义和理性预期学派)正好相反,他们把经济的周期波动归因于政府,特别是归因于政府的货币政策。他们认为:私人资本主义具有内在的稳定性;市场机制能导致资源的充分利用和有效配置;经济波动的根源在于货币的波动;政府刺激需求的政策是无效的或有害的。因此应减少政府干预,回到自由放任。

4. 新古典主义者的实际经济周期理论

由于新自由主义经济周期理论上存在的缺陷和及其实践上的缺乏支持,20世纪80年代中期以后,西方学者又转向用实际因素去解释宏观经济波动,产生了所谓"实际经济周期理论"(Real Business Cycle Theory)。这种理论认为经济波动的根源是实际因素,其中特别值得注意的是技术冲击。这种理论声称,他们原则上不排除货币对产量的影响,但这种影响小得可以忽略不计,因此他们的模型往往不涉及货币因素。他们认为经济波动本身不足以构成政府干预的理由。

三、世界经济周期及其传导

当代世界经济本质上仍然是资本主义经济,资本主义经济构成了世界经济的本质。一方面是因为资本主义经济在世界经济中占据主体地位,对世界经济的运行起着主导作用。根据2004年世界银行的统计,仅发达资本主义国家国内生产总值(GDP)就占全世界国内生产总值的53.5%。另一方面是因为世界经济仍在资本主义主导下运行和发展。经济的运行、协调规则都是发达资本主义国家制定的。在经济全球化和经济一体化不断加强的当今世界经济中,以国际分工为基础、以发达国家的跨国公司为主导的资源的全球配置,使世界各国经济更加紧密联系和相互融合在一起,使发达国家的经济周期影响、主导并形成了世界经济周期。

（一）世界经济周期

世界经济周期按照持续的时间一般可分为两种:第一种是时间为10年左右的世界经济主周期,简称世界经济周期;第二种是时间为50年左右的世界经济长周期。

世界经济周期与经济周期类似,不同的是范围。世界经济周期的研究对象是整个世界,主要包括在世界经济中起主导作用的发达国家以及从属的发展中国家。

世界经济长周期是指时间长度50年左右的世界经济增长速度的周期性波动,其本质特征是经济增长速度长期平均值的周期性波动,一般可分为两个时期:上升期和下降期。

经济全球化和经济一体化是世界经济周期形成和发展的前提。在经济全球化和经济一体化下,世界各国经济更加紧密地融合在一起,发达国家的经济周期相互影响,并向发展中国家转移,从而形成了世界经济周期。

（二）发达国家与发展中国家经济周期相关性

发达国家与发展中国家经济周期产出波动在地区之间差异很大。从整个时间来看,非洲、西半球和燃料出口国与主要发达国家集团——七国集团的经济关联很密切,而亚洲和初级产品出口国与之相关系数较低。发展中国家作为一个整体与七国产出基本同步并呈现比较高的相关性(见表10-1)。根据IMF统计,七国实际经济增长率每变动一个百分点,发展中国家经济增长率将变动0.4个百分点;世界实际利率下降一个百分点将使发展中国家经济增长率上升0.3个百分点。但是,发达国家与发展中国家经济周期的相关系数明显低于发达国家之间的相关系数(见表10-2),这一方面是由于发展中国家范围大,经济结构和制度等方面差异大;另一方面是由于发展中国家经济易受外部冲击,产出波动大。

表10-1 发展中国家和地区与七国产出的相关性(1971～2000年)

	1971～1980	1981～1990	1991～2000	1971～2000
非　洲	0.20	0.51	0.67	0.33
亚　洲	0.03	0.57	−0.04	0.15
中　东	0.31	0.06	0.04	0.26
西半球	0.42	0.16	0.18	0.32
燃料出口国	0.41	−0.06	0.27	0.32
初级产品出口国	0.07	0.08	0.21	0.07
发展中国家	0.52	0.62	0.10	0.45

资料来源:IMF,《世界经济展望》,2001年10月。

表 10-2 七国产出缺口的相关性

	美国	日本	德国	法国	意大利	英国	加拿大
美国	—	*0.28*	*0.47*	*0.35*	*0.46*	*0.66*	*0.78*
日本	−0.6	—	*0.65*	*0.55*	*0.53*	*0.27*	*0.1*
德国	−0.57	0.53	—	*0.61*	*0.74*	*0.23*	*0.26*
法国	−0.1	0.05	0.72	—	*0.7*	*0.5*	*0.32*
意大利	−0.28	0.38	0.75	0.74	—	*0.45*	*0.5*
英国	0.68	−0.36	−0.38	−0.14	0.15	—	*0.6*
加拿大	0.79	−0.66	−0.38	0.15	0.08	0.82	—

注：斜体为 1974～2000 年相关系数；非斜体为 1991～2000 年相关系数。
资料来源：IMF，《世界经济展望》，2001 年 10 月。

发展中国家与七国产出同步程度主要取决于其参与经济全球化的广度和深度，以及其贸易与金融一体化的程度。国际贸易的迅速发展和金融流动使发展中国家与七国联系密切，使冲击的传导更加迅速。与发达国家贸易联系越密切的发展中国家和地区与发达国家产出的同步程度越高（表 10-3）。

表 10-3 发展中国家与七国产出共同变化的决定因素

决定因素	七国	决定因素	七国
贸易开放度	0.019+	资本项目开放度	0.056
与七国贸易	0.035+	净私人资本流动	−0.025
国土面积	0.003+		

注：+表示相关显著。贸易开放度以指一国总进出口额占 GDP 比例；与七国贸易指对七国出口占总出口比例；国土面积指以美元计 GDP 占全球 GDP 的比例；贸易开放度、与七国贸易、国土面积、净私人资本流动都以每上升 10 个百分点计算对产出的影响；资本项目开放度只分封闭和开放来计算对产出的影响。
资料来源：IMF，《世界经济展望》，2001 年 10 月。

（三）世界经济周期的传导机制和途径

随着发展中国家更多地融入世界经济之中，其经济越来越受到发达国家的经济周期的影响。影响的途径主要是贸易途径和金融途径。

1. 贸易途径

首先，发达国家的经济周期对发展中国家的商品需求有很大影响。发达国家经济危机或经济放缓时，会减少对发展中国家最终产品与中间产品的需求，导致发展中国家出口下降。一般来说，与发达国家贸易联系紧密的东亚和拉美国家受到直接影响比较大，而撒哈拉以南非洲国家受到影响较小。

其次，发达国家经济周期通过国际贸易影响贸易条件。许多发展中国家生产低附加值的劳动密集型产品和初级产品,而这类产品往往竞争激烈,容易随发达国家经济周期波动,出口收入往往随商品价格波动发生变化。商品的价格冲击是撒哈拉以南非洲国家经济波动的重要决定因素。1995 年 Mendozas 以 1961~1990 年为期,收集了 23 个发展中国家的数据,表明贸易条件的冲击波动在发展中国家产出波动中所占比例高达 50%。

因而,发达国家经济放缓,往往会通过贸易途径,使发展中国家的出口和贸易条件恶化,从而使其经济与发达国家经济周期呈现正的相关关系。

2. 金融途径

随着发展中国家与国际金融市场的联系不断加深,发达国家宏观经济波动可以通过金融途径迅速传导到发展中国家。

首先通过官方发展援助。许多发展中国家资金缺乏,建设所需资金依靠发达国家的外资流入,尤其是贫穷的发展中小国往往严重依赖发达国家的官方援助。发达国家的官方援助与其经济周期密切相关,从而导致发展中国家经济周期与发达国家经济周期呈正相关。

其次通过私人资本流动。对于其他主要依赖私人资本流入来为国内投资和经常项目融资的发展中国家,发达国家直接投资的规模和波动往往会直接影响这些发展中国家的投资和产出。

再次通过利率。金融市场的利率水平与发展中国家的外资流入有一定联系。根据 IMF 的研究,20 世纪 80 年代以来,国际实际利率每下降 1 个百分点,发展中国家的外资流入就上升 0.3 个百分点。另外,实际利率对外债水平很高的国家而言,影响巨大。

第二节 二战后至 20 世纪 90 年代的世界经济危机及其特点

一、二战后至 20 世纪 90 年代的世界经济危机

发达资本主义国家虽然实力雄厚,经济发展水平居世界前列,但由于资本主义的基本矛盾,决定了其经济发展不可能一帆风顺。1825 年,英国爆发了资本主义第一次经济危机。1857 年,资本主义国家发生了第一次世界性经济危机。此后,资本主义国家就在繁荣与危机的周期中曲折前进。一般来说,到第二次世界大战以前,一共发生了 12 次世界经济危机[①]。尤其是 1929~1932 年的世界经济危机,造成了资本主义巨大损失,所带来的社会痛苦影响了几代人。

从二次世界大战后至 20 世纪 90 年代,主要资本主义国家先后发生了 6 次世界性经济危机,即 1948~1952 年的经济危机,1957~1958 年的经济危机,1964~1970 年的经济危机,1973~1975 年的经济危机,1979~1982 年的经济危机以及 20 世纪 90 年代初的经济危机(具体见表 10-4)。

---

① 第二次世界大战前爆发的世界经济危机的年份为:1857 年,1866 年,1873 年,1882 年,1890 年,1900 年,1907 年,1913 年,1921 年,1929 年,1937 年,差不多每隔 7~8 年发生一次。

第十章　世界经济的周期与波动

表 10-4　战后历次世界资本主义经济危机简况(二战后至 20 世纪 90 年代)　　单位：%

美　　国		日　　本		德　　国		英　　国	
危机时间	下降幅度	危机时间	下降幅度	危机时间	下降幅度	危机时间	下降幅度
1948.8～1949.10	10.1	1951.6～1951.10	3.1	1952.1～1952.5	2.6	1951.7～1952.8	23.6
1957.3～1958.4	13.5	1957.7～1958.6	10.1	1958.1～1958.4	3.1	1957.9～1958.10	3.6
1969.11～1970.11	6.8	1964.12～1965.5	3.1	1964.4～1965.1	7.6	1966.3～1966.11	5.8
1973.12～1975.5	15.3	1973.12～1975.2	20.8	1973.12～1975.7	12.3	1973.11～1975.8	11.2
1979.4～1982.12	11.8	1980.3～1983.1	4.1	1980.3～1983.1	12.2	1979.7～1983.1	14.8
1990.8～1991.3	5.2	1991～1993	—	1990～1993	—	1990.6～1991.5	8.1

资料来源：IMF：《国际金融统计》各期。

(一) 第一次世界经济危机(1948～1952 年)

由于第二次世界大战对发达资本主义国家经济的破坏程度不同,各国经济恢复和发展的速度存在差异,导致了战后第一次世界经济危机的非同期性。二战中,美国不仅没有遭受战争的直接破坏,反而大发战争财。1945 年,美国工业生产比 1940 年增加了 116%。1948 年美国工业生产占整个资本主义世界的 54.6%,出口贸易占 23.9%,拥有世界黄金的 75%。战后居民需求的高涨、私人投资大幅增加、对其他资本主义国家的大量出口,使美国生产能力和经济迅速膨胀。这使美国资本主义的再生产周期很快重新开始,矛盾也重新激化。1948 年 8 月,战后第一次世界经济危机首先爆发于美国。美国的工业生产指数从 1948 年 8 月开始持续下降 15 个月,共下降了 10.1%;危机期间企业倒闭数高达 9 928 家;道·琼斯工业股票平均价格从 1948 年 6 月到 1949 年 6 月共下降 13.3%,500 种普通股票的价格指数也下降 17%;批发物价指数下降 7.9%,消费者物价指数下降 3.5%,但相比战前经济危机下降幅度较小。

同时期日本、德国和英国等发达资本主义国家还处在经济恢复和发展当中,经济危机爆发的矛盾还不成熟。1951 年 6 月、7 月,日本和英国相继爆发了经济危机;1952 年 1 月,德国也陷入了经济危机。但是相对于美国,日本、德国等国家经济危机并不严重,其工业生产指数分别下降 3.1%和 2.6%,只有英国是个例外,达到 23.6%。

(二) 第二次世界经济危机(1957～1958 年)

20 世纪 50 年代中期,二战对发达资本主义国家的影响已经消失,主要资本主义国家进入固定资本更新的高潮,各国都进入了再生产周期。1955 年,主要发达资本主义国家工业生产增长都达到了 10%以上。随着基本矛盾的积累和发展,1957 年 3 月,美国首先爆发了经济危机,很快引起了连锁反应,迅速波及其他主要资本主义国家,甚至一些中小发达资本主义国家如比利时、荷兰等也先后卷入这次经济危机中。

这是战后第一次同期性的世界经济危机,美国是这次危机的中心,因而遭受的打击也是最严重的。美国工业生产指数下降 13.5%,失业人数高达 508 万,失业率达到 7.5%。1958 年,美国国际收支第一次出现了 33.5 亿美元的逆差,导致大量黄金的流失,美元国际信誉下降,削弱了美国国际金融的霸权地位。而日本、德国和英国工业生产指数分别下降 10.1%、3.1% 和 3.6%,失业人数分别达到 92 万、143.2 万、59.6 万。在危机期间,整个资本主义世界工业生产指数 1958 年比 1957 年下降 2.5%,进出口贸易总额下降 6%。此外,这次世界经济危机首次出现了物价不降反升的情况,如美国危机期间生产价格指数上涨 2.2%,消费者物价指数上涨 4.2%。

（三）第三次世界经济危机(1964～1970 年)

1960 年 2 月,美国出现了一次中间性经济危机,历时 13 个月,到 1961 年 2 月结束。此后美国出现了 1961～1969 年长达 8 年的经济增长,然后于 1969 年 11 月爆发了经济危机。而日本、西欧等发达资本主义国家分别于 1964～1966 年进入了经济危机。这是战后第二次非同期性世界经济危机。自从美国取代英国成为世界经济中心,每次经济危机一般都是先从美国爆发,然后扩散到其他国家。这次经济危机却是美国在日本、西欧之后爆发,这主要因为美国的特殊原因所导致的。一个原因是扩张性的财政政策对经济的推进作用。20 世纪 60 年代是凯恩斯主义最流行的时期,肯尼迪和约翰逊政府都大力推行扩张性的经济政策,削减所得税、扩大社会福利、增加转移支出等刺激了企业投资和个人消费。另一个原因是越南战争不断扩大刺激了经济增长。1965 年以后,越南战争不断升级,军费支出迅速增加。1965 年军费支出 547 亿美元,到 1969 年增加至 855 亿美元。战争带来的景气畸形地刺激了经济的发展,推迟了经济危机的发生。扩张性的经济政策和越南战争刺激了美国经济的增长,但也给经济发展带来严重问题。1961～1968 年赤字累计达 604.5 亿美元,再加上扩大社会福利、增加转移支出,给 20 世纪 70 年代的"滞胀"埋下隐患。1969 年尼克松上台,采取了紧缩性政策、从越南撤军并削减军费,矛盾马上显现,1969 年 11 月美国爆发了经济危机。

（四）第四次世界经济危机(1973～1975 年)

美国在战后尤其是 20 世纪 60 年代长期推行扩张性经济政策,实行国民经济军事化及越南战争的巨大消耗,导致赤字迅速增加,通货膨胀日趋严重,国际收支连年逆差,经济实力相对削弱。1971 年 5 月和 7 月,美国先后爆发两次美元危机。1971 年 8 月,为摆脱困境,美国不得不宣布实行"新经济政策",停止美元兑换黄金,后又于当年 12 月实行美元贬值。此后,各国纷纷宣布实行浮动汇率制,放弃战后以美元为中心的国际货币体系——布雷顿森林体系。

20 世纪 70 年代,美元的不断贬值使以美元计价的石油价格偏低,石油输出国组织遭受巨大损失。石油输出国组织因此提出石油价格以战后物价指数来计算,但是遭到发达国家石油垄断资本的拒绝。再加上发达国家在中东政策上长期偏袒以色列,1973 年 10 月爆发的第四次中东战争,使石油输出国组织对发达国家的不满达到顶峰。石油输出国组织对美国、荷兰实行石油禁运并缩减石油生产,先后两次提高石油价格,使石油价格从每桶 2.48 美元上升到 11.65 美元。这次石油危机成为 1973～1975 年世界经济危机的直接导火索。

这是战后世界经济最严重的一次危机,主要表现在以下几方面。

第一,工业生产下降幅度大且持续时间长。这次危机日本遭受的打击最重。日本生产下降 20.8%,美国、德国和英国分别下降 15.3%、12.3% 和 11.2%;危机持续时间分别为 15 个月、18 个月、20 个月及 21 个月。

第二,固定资本投资大幅度下降,企业倒闭严重。危机中美国固定资本投资下降 23.6%,企业倒闭 13 786 家;德国固定资本投资下降 18.6%,企业倒闭 8 544 家;英国固定资本投资下

降 14%;而日本光 1975 年企业倒闭就超过 1.3 万家。

第三,失业现象严重。危机期间,各国公布的失业人数都创历史新高。1975 年 5 月,美国官方统计失业人数为 825 万,失业率达 9.1%。

第四,金融市场动荡,股票价格下跌。以美国为例,1973 年 1 月到 1974 年 12 月,道·琼斯工业股票价格下降 41.9%,为战后下降幅度最大的一次。

第五,危机中,滞涨现象严重。本来各国经济危机就是在通货膨胀加速情况下发生的,危机又加深了通货膨胀。1974 年,美国、日本和英国通货膨胀率分别达到 10.9%、23.3% 和 15.8%,远远超过历次经济危机。

第六,经济危机的同期性明显。主要国家基本从 1973 年 12 月陷入经济危机,1975 年走出危机。这使转嫁危机困难,各国纷纷转向贸易保护主义,使发展中国家出口下降,导致国际贸易的严重萎缩。

这次危机也标志着战后资本主义国家经济发展的黄金时代结束,进入经济调整和改革时期。

(五) 第五次世界经济危机(1979～1982 年)

主要发达资本主义国家从 1975 年第三季度走出危机后,经济回升缓慢,接近停滞,失业率和通货膨胀率居高不下。仅仅相隔 4 年左右,又爆发了新的经济危机。这次危机是在长期滞胀基础上发生的。1973～1975 年经济危机之后,整个资本主义世界经济陷入经济停滞和通货膨胀并存的困境。1979 年下半年爆发的石油危机更加深了生产和市场之间的矛盾,使危机更加复杂曲折。

除以往的一些经济危机期间固有的经济现象,本次危机还出现了一些新特点。

第一,工业生产呈现下降—上升—下降的 W 现象,使危机时间延长,但危害小于上次危机。这主要是由于发达国家垄断资本主义和其他一些非周期性因素的影响。

第二,经济危机伴随着结构性危机。自从 1973～1975 年经济危机后,各国加紧产业结构调整。一方面促进信息产业和高新技术产业的发展;另一方面加紧改造传统产业,使经济危机伴随大量的结构性失业。

第三,发展中国家经济受到损害。一方面,为抑制通货膨胀,发达资本主义国家纷纷紧缩银根,使利率升高,这使得发展中国家以浮动利率计算的外债加重,造成拉美地区的债务危机;另一方面,为转移矛盾,发达国家纷纷加强对国内市场的保护,造成初级产品价格下跌,使发展中国家出口困难,收入锐减。

(六) 第六次世界经济危机(1990～1993 年)

主要发达资本主义国家中,1990 年第二季度加拿大首先进入经济危机,随后英国在 1990 年 7 月爆发经济危机,1990 年 8 月美国也陷入了经济危机。日本紧随其后,1992 年泡沫经济的破灭更加重了经济危机。1990 年 10 月 3 日,两德统一,东部地区的需求短暂地促进了经济的发展,但从 1992 年第二季度开始,德国陷入经济危机。美国从 1991 年 4 月走出了经济危机,随即进入持续扩张的新经济时代,使这次危机的危害减轻。但是日本的下降持续到了 1993 年底,并且在 1995 年第三季度前经济一直处于长期的萧条之中,虽然在 1995 年和 1996 年日本 GDP 实际增速有短暂的恢复,各自达到 2.5% 和 3.4%,但受亚洲金融危机的影响,其 1997 年 GDP 增速又跌至 0.2%,在 1998 年更是跌至 -0.6%,经济危机影响的长期性使得日本经历了"失去的十年";而德国经济危机也持续到了 1994 年的第一季度。这使得经济危机持续时间延长。

二、二战后至 20 世纪 90 年代的世界经济危机特点

与二战前的经济危机相比,战后资本主义经济危机出现了一些新的特点,概括起来主要有以下几点。

(一) 经济危机的冲击减弱

二战后发生的 6 次经济危机相对战前而言,危机的冲击有所减弱。这主要表现为三方面。

1. 经济危机持续时间缩短

以美国为例,1873~1879 年的经济危机持续 65 个月,1929~1932 年的经济危机长达 43 个月,而战后经济危机平均持续时间为 1 年左右。1846~1949 年,美国平均每次经济周期中危机阶段时间为 20 个月,而 1949~1982 年,平均每次经济周期中危机阶段时间为 11 个月。

2. 经济危机中生产下降幅度减小

1929~1932 年的经济危机,美国工业生产下降了 46.2%,日本下降了 32.9%,德国下降了 40.6%,英国下降了 23.8%。但是即使是战后最严重的两次经济危机——1973~1975 年,1979~1982 年——美、日、德、英工业生产分别下降了 15.8%,20.8%,12.3%,11.2% 和 11.8%,4.1%,12.2%,14.8%。平均而言,战后的经济危机生产下降幅度远小于战前。

3. 经济危机中失业和通胀状况也有所减弱

1929~1932 年的经济危机中,美、日、德、英失业率最高分别达到 24.9%,6.8%,30.1% 和 22.5%,而战后各次经济危机失业率从未达到这次的程度。通货膨胀率比战前也有很大程度的下降(见表 10-5 和表 10-6)。

经济危机持续时间缩短,生产下降幅度减小,失业率和通货膨胀率下降,这三方面的原因使战后各次经济危机的冲击有很大程度的减弱。这与发达资本主义国家所采取的各项宏观经济政策、措施有很大的关系。

表 10-5 战后历次世界经济危机——美国和日本经济状况(1957~1993 年)

年 份	美 国			日 本		
	年增长率	年失业率	通货膨胀率	年增长率	年失业率	通货膨胀率
1957	1.9	4.3	3.5	7.3	1.2	3.1
1958	-0.5	6.8	2.7	5.8	1.3	-0.5
1964	5.1	5.2	1.4	13.2	0.8	3.9
1965	6.0	4.5	1.6	5.1	0.8	6.5
1966	6.0	3.8	2.9	10.6	0.9	5.1
1969	2.6	3.5	5.4	12.3	1.1	5.2
1970	-0.1	5.6	6.0	9.8	0.9	7.8
1973	5.4	4.9	6.3	8.8	1.3	11.5

续表

年份	美国			日本		
	年增长率	年失业率	通货膨胀率	年增长率	年失业率	通货膨胀率
1974	−1.3	5.6	10.9	−1.0	1.4	23.3
1975	−1.0	8.5	9.2	2.3	1.9	11.7
1979	3.2	5.8	11.4	5.2	2.1	3.7
1980	−0.2	7.2	13.5	2.8	2.0	7.8
1981	2.5	7.6	10.4	2.9	2.2	4.9
1982	−1.9	9.7	6.2	2.8	2.4	2.7
1983	4.5	9.6	3.2	1.6	2.7	1.9
1990	1.9	5.6	5.4	5.2	2.1	3.1
1991	−0.2	6.9	4.2	3.4	2.1	3.2
1992	3.3	7.5	3.0	1.0	2.2	1.7
1993	2.7	6.9	3.0	0.2	2.5	1.3

资料来源：IMF，世界经济展望数据库。

表10-6 战后历次世界经济危机——德国和英国经济状况(1957～1993年)

年份	德国			英国		
	年增长率	年失业率	通货膨胀率	年增长率	年失业率	通货膨胀率
1957	5.6	3.4	2.1	1.9	1.5	3.7
1958	3.5	3.5	2.2	0.2	2.0	3.0
1964	6.7	0.7	2.3	5.2	1.8	4.0
1965	5.6	0.6	3.5	2.3	1.5	4.8
1966	2.5	0.7	2.3	2.0	1.5	4.9
1969	7.8	0.8	1.8	1.5	2.5	5.3
1970	6.0	0.4	3.3	2.2	2.4	6.4
1973	4.9	1.2	6.9	7.5	2.7	8.4
1974	0.5	1.6	7.0	−1.2	2.6	15.8

续 表

年份	德国			英国		
	年增长率	年失业率	通货膨胀率	年增长率	年失业率	通货膨胀率
1975	−1.8	3.7	5.9	−0.8	4.1	24.2
1979	4.4	3.2	4.1	1.3	5.7	13.3
1980	1.3	3.4	5.4	−2.1	6.5	16.8
1981	0.1	4.9	6.3	−1.4	9.4	12.2
1982	−0.8	6.8	5.3	1.9	10.6	8.5
1983	1.6	8.2	3.3	3.5	11.4	5.2
1990	5.7	6.2	2.7	0.7	7.0	7.0
1991	5.0	5.5	3.5	−1.4	8.6	7.5
1992	2.3	5.8	5.0	0.3	9.8	4.2
1993	−0.8	6.9	4.5	2.4	10.4	2.5

资料来源：IMF，世界经济展望数据库。

（二）经济周期的四阶段不明显

战前经济周期一般明显分为危机、萧条、复苏和繁荣四个阶段，而战后资本主义经济周期所固有的四阶段差异趋向淡化，阶段性差异小，不容易区分。

1. 战后经济周期界限不明显

大多数周期只有三阶段，即危机、复苏和繁荣，往往表现为上升和下降。生产下降到最低点迅速回升，在最低点停留时间短，难以区分萧条和复苏。战后经济危机时期，经济出现负增长的几率大为降低，甚至很少出现（见表10-5和表10-6）。因此，有很多经济学家指出，战后资本主义的四阶段更替已经不再表现为正负的转换，而是经济增长率的高低转换。

2. 高物价与高失业率贯穿整个经济周期

战前经济周期中，危机阶段一般表现为失业率上升，物价下降；繁荣阶段一般表现为失业率下降，物价上升。而20世纪70年代的经济危机，物价居高不下，并呈上升趋势。危机过后，失业率仍旧居高不下，与战前形成鲜明对比。

3. 经济周期中掺杂着中间性危机和结构性危机，使经济周期复杂化

第二次世界大战后至20世纪90年代，主要资本主义国家先后发生了6次世界性经济危机。但是各自还发生了多次中间性危机。如美国1953～1954年、1960～1961年；日本1954年、1962年；德国1971年；英国1961～1962年、1971～1972年。

（三）经济危机同期性与非同期性交替出现

二战前，主要资本主义国家经济危机有很强的同期性。而战后世界经济危机出现了同期性与非同期性交替出现的现象。战后出现了6次世界经济危机，其中4次是同期性（1957～1958

年、1973~1975 年、1979~1982 年及 20 世纪 90 年代初),2 次是非同期性(见表 10-4)。战后,资本主义国家的经济危机同期性与非周期性交替出现的原因,一方面是由于各国自身经济实力不同及战争对各国破坏和影响不同。另一方面,战后贸易与金融一体化,使各国经济联系加强,对资本主义世界经济危机同期性起了明显的促进作用。

(四)经济危机与财政赤字、通货膨胀融合

"反周期"政策与措施是战后发达资本主义国家宏观调控的主要内容,而财政政策与货币政策是"反周期"的主要手段和内容。当经济出现危机时,政府通过扩大财政支出、减税、降低利率来刺激社会需求,促进经济回升。20 世纪 60 年代,财政政策与货币政策超出了各国经济发展的需要,导致物价快速上涨,1973 年爆发的经济危机更使通货膨胀加速。经济危机与财政赤字、通货膨胀融合,是战后世界经济危机的新特点,也使得经济危机更难以控制和摆脱。各国高额财政赤字和通货膨胀,使国际金融市场动荡,导致战后以美元为中心的国际货币体系的崩溃。

(五)干预经济危机手段的变化

战前资本主义国家对待经济危机,一般采取放任自流的方式。当经济危机发生时,物价下降,生产锐减,使供给与需求再次达到平衡,危机向复苏阶段转移,以至达到繁荣,开始新一轮经济周期。但是 20 世纪 30 年代的大萧条,使凯恩斯国家干预政策在世界范围流行。在面对危机时,发达国家开始推行扩张性的财政政策和货币政策,来扩大社会信贷,刺激需求,依靠人为刺激,走出经济危机。"反周期"政策与措施的出现标志着战后对付经济危机的方式发生了显著变化。

三、战后世界经济周期变化原因

战后资本主义经济周期之所以出现上述新特点,这与战后科技的进步以及发达国家所采取的政策与措施以及环境不无关系。

(一)科技的进步和产业结构升级

当代社会,科学技术进步是经济增长的主要原因,其当然也是影响经济周期变化的主要因素之一。科技进步减少了传统工业部门对原材料和能源的消耗,并创造出更低成本的新材料;科技进步大大提高了劳动生产率,扩大了资本积累,使固定资本更新时间缩短;科技进步还加快了产业结构调整和升级。技术进步和产业结构升级对经济周期产生了巨大影响。

固定资本更新是周期性经济危机的物质基础。在工业没有在国民经济中占主导地位时,就没有经济危机,更没有所谓的经济周期。在现代发达资本主义社会,第三产业占据了经济的主体,第二产业在经济中地位和比重下降。这使得第二产业对经济周期波动的影响弱化,并被第三产业所代替。科技发明和应用的持续发展,引起战后资本主义国家投资不断增加,导致战后的经济周期延长,这使战后经济周期的阶段性和经济危机的危害趋向放缓。

(二)国家对经济的干预加强与调整

战前资本主义国家对经济运行和资源配置基本依赖市场机制调节,很少对经济进行干预和调节。第二次世界大战后,科学技术的发展和全球经济一体化,将生产社会化推向更高水平,生产和资本的集中达到了一个新的高度。随着发达资本主义国家社会生产力的迅速发展和国家垄断资本的加强,国家垄断资本主义形成并发展起来。国家垄断资本主义的标志主要有两个方面:一是国家宏观调控的建立和发展;二是国家所有制经济的发展。国家垄断资本主义形成和发展导致国家对经济的干预,这对战后世界经济周期产生了巨大影响。

战后资本主义国家宏观调控的目标是实现经济增长、充分就业、物价稳定和国际收支平衡,其调控手段主要是财政政策、货币政策、产业政策及社会福利制度。其主要措施有:

(1) 推行扩张性的财政、货币政策,通过国民收入的再分配,改善人民生活。这有效地刺激了社会需求的增加,缩小了供给和需求的矛盾。

(2) 推行产业政策,强调经济的计划性。这大大缓和了社会化大生产的无政府状态矛盾。

这些措施推迟了经济危机的发生,使经济危机的冲击减弱,经济周期的四阶段不明显。这有利于缓和资本主义经济危机,使战后资本主义经济出现了一个黄金时代。但是长期以来实行的凯恩斯主义经济政策,造成政府财政赤字连年增加,社会信用急剧膨胀,从而扰乱了正常的经济发展规律,使战后出现了战前所没有的新现象:经济危机与财政赤字、通货膨胀的融合。1973年爆发的经济危机使这种情况达到了顶峰。资本主义国家从这次危机中吸取了深刻教训,对国家干预进行了调整、补充和完善。

(1) 从单方面调节社会需求或供给转向需求与供给结合。20世纪80年代以前,资本主义国家主要以刺激性财政和货币政策来调节社会总需求。此后,发达国家转向适度从紧的货币政策和适度从松的财政政策,以治理通货膨胀。另一方面,加强了总供给的调节,转向需求与供给结合。主要是减少税收和国有企业的私有化,刺激私人投资,缓解政府财政压力,提高经济效率,促进经济健康发展。

(2) 加强宏观经济政策协调,促进经济稳定发展。国际宏观经济政策协调在国内政策层面上主要涉及财政政策、货币政策、贸易政策等国内宏观经济政策的协调;在国际层面上主要涉及建立稳定的国际经济体系、联合干预外汇市场、金融危机救援、推动多边贸易体制的建立及平稳运行,以及其他重大国际经济问题的解决。

第三节 20世纪90年代的新经济与经济周期

一、新经济及其主要动力

在20世纪90年代初,美国经历了一次短暂的周期性经济危机。从1991年4月开始,美国经济走向复苏,直至2001年3月,持续增长120个月。经济持续稳定的增长,突破了传统的"菲利浦斯曲线"模式,与以往经济增长形成了鲜明对比。美国《商业周刊》主编谢泼德就将它称为"新经济",并首先提出了新经济的概念。概括来说,"新经济"是建立在信息技术进步和全球化基础之上,国家宏观调控引导之下,以高科技、信息、网络、知识为其重要构成部分和主要增长动力的经济。

"新经济"概念的提出,引起各国经济学家的广泛关注。经济学家普遍认为,新经济发展的主要动力包括以下几个方面。

(一) 科技进步的推动

首先,以信息技术为核心的高新技术产业在国民经济占据主导地位,成为美国经济增长的主要动力。根据美国商务部报告显示,非农部门约60%的生产附加值来源于信息技术部门,其中8.2%来自信息技术生产部门。其次,信息技术提高了劳动生产率。这主要表现在两方面:

第一,信息技术带动自身产业劳动生产率的提高;第二,信息技术在其他部门的应用,有力地促进了其他部门生产率的提高。20世纪80年代,美国农业部门的劳动生产率平均增长1.6%,1990~1998年为2%,1999年达到4.9%。此外,信息技术带动了其他产业的发展,促进了就业率的提高。最后,信息技术进步使产品价格下降,有效地抑制了通货膨胀。

（二）增加科技投入,推进产业结构的调整和升级

20世纪90年代,克林顿政府意识到科技在产业结构中的重要作用,为此专门成立全国科学技术委员会及总统科学技术委员会,把科学技术开发和进步提高到国家安全的重要地位。并采取措施,增加科技投入,推动产业结构的调整与升级。首先,调整政府研究和开发的预算,平衡军事和民用研究。使军事开发预算从20世纪50~60年代的80%下降到90年代的50%左右。其次,重视科学技术发展,增加科研投入,重点开发高新技术。科研投入从1988年的680亿美元上升到1999年的1693亿美元。再次,优化人才结构,大力培养年轻化、专业化人才,加强对员工的职业培训,提高人力资本。最后,政府运用税收优惠、财政补贴和优惠贷款等多种方法,支持产业升级,提高竞争力。

（三）稳健的宏观经济调控政策

1. 实行财政改革和中性货币政策

一方面,美国政府改变了以往的扩张性财政政策,以平衡财政预算为政策取向。1992年底上台的克林顿政府把削减财政赤字、克服宏观经济不平衡作为财政政策的主要目标,采取了有增有减的结构性财政政策。主要措施有:削减军费开支,鼓励私人投资,通过增加投资、经济转型来增加财政收入,削减政府行政支出等。

另一方面,美联储认识到扩张性货币政策只能带来一时的经济繁荣,最终会对经济造成损害。因此制定了中性的货币政策。美联储估计,美国劳动力年增长率为1.5%左右,生产率年增长约1%,从而美国潜在经济增长率应维持在2.5%左右。通过调节联邦利率,促使经济增长率在低通货膨胀条件下稳定在2.5%左右。

2. 对外经济上,努力开拓国际市场

美国政府在1993年建立国家贸易促进委员会,每年制定"国家出口战略",推行"公平贸易",积极开拓海外市场。

第一,在WTO框架下,推动全球多边贸易体系,致力于自由贸易。

第二,参与双边和地区贸易协定,推进贸易与投资的自由化。

第三,注重拓展新兴市场,扩大出口。

1990年,美国进出口总额为9 100亿美元,占GDP比重为16.6%。到了1998年,美国进出口总额达到18 447亿美元,占GDP比重达到21.9%。

（四）经济全球化

战后,特别是20世纪70年代以来,科技进步、信息技术发展、生产专业化程度的提高,使资源、商品、服务在世界范围内流动,使各国经济联系进一步加深,形成经济全球化。经济全球化主要表现在三方面:贸易全球化、金融全球化和生产全球化。前任美联储主席格林斯潘指出:"我们正在面对美国历史上一个史无前例的时期,国际上发生的事件正在主宰我们国内市场和经济政策。"生产的全球化、金融全球化使企业改革管理模式,以适应全球化的统一经营,也使跨国生产规模迅速扩大,加速跨国公司向海外转移传统产业和污染严重的产业,促进本国产业结构的调整。

二、新经济和经济周期

新经济条件下,资本主义的基本矛盾总体是趋向缓和。因为现代资本主义已经是可调节的资本主义。国家对经济的干预不断完善和加强,重视总供给与总需求的平衡。一方面,用财政、货币政策,通过国民收入的再分配,改善人民生活,调节总需求;另一方面,推行产业政策、强调经济的计划性,运用信息技术,调节总供给,大大缓和了社会化大生产的无政府状态矛盾。同战后出现的几次经济周期相比,新经济条件下的经济周期又有了新的变化。

(一)新经济条件下经济周期变化

1. 经济增长呈现一高两低,稳定性加强,经济扩张期明显延长

新经济下,美国出现了两个特点:一是扩张期延长,经济持续增长;二是周期特征弱化,没有强劲的高潮,也没有明显的衰退。经济稳定增长的同时伴随着低失业率和低通货膨胀率,这是以往历次经济增长所没有出现的(见图10-1)。经济持续增长120个月,超过战后美国1961年2月到1970年11月(106个月),1982年11月到1991年3月(96个月)两次最长的经济扩张期。

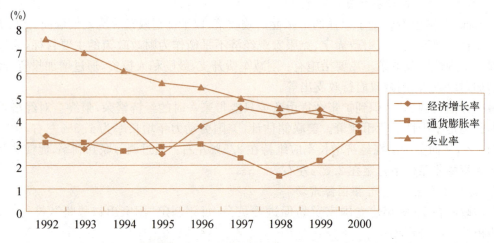

图10-1 美国经济增长率、通货膨胀率和失业率(1992~2000年)

资料来源:IMF,世界经济展望数据库。

经济增长呈现以上特征,首先是因为20世纪70年代经济"滞胀",发达国家把通货膨胀视为经济发展的头号敌人,长期实施以抑制通货膨胀为主要目标的宏观经济政策。发达国家把低通胀率下的经济适度增长作为最主要的政策目标,积极而恰当地动用货币杠杆,随时根据经济增长和通胀率变化调整利率,对抑制经济过热和通货膨胀抬头,产生了根本性的作用。

其次是因为以信息技术产业为主导的新经济以高科技、信息、网络、知识为投入要素。技术进步提高了劳动生产率,降低了单位产值能耗,而以知识等为投入要素降低了经济对原材料和资源的依赖性。两者共同作用使20世纪90年代的美国在没有增加单位能耗的前提下,实现了经济持续增长。

再者,产业结构进一步软化,第三产业——服务业占国内生产总值的比重继续有所提高。信息技术大大节约了交易成本,密切了与供应商、客户和消费者的联系。信息的及时传递能使企业迅速对市场做出反应,节省资金、库存和管理的成本。这提高了产业和企业对市场变化的

应变能力,分散了经济周期波动的风险,使经济周期变化不明显。

此外,国际宏观经济政策协调机制也创造了一个相对稳定的国际金融和贸易环境,减少了因外部市场变化所引起的国内经济波动,减少了贸易保护主义与外汇倾销,减少了以邻为壑、损人不利己的对外经济政策,创造了以协商解决国际经济争端的机制和可能性,减少了世界经济危机,减弱了经济危机的深度。

2. 经济危机的冲击进一步减弱,危机可能性下降

首先,冷战结束后,国际形势总体上继续趋向缓和,国际政治和社会环境有利于世界经济持续增长。大国间建立的各种伙伴关系逐渐向机制化方向发展,标志着大国关系逐步趋向稳定。经济因素在国际关系中的地位更趋突出,经济全球化进程加快,国家间相互依存关系明显加深。

其次,科学技术已成为全球化的火车头,科技迅猛发展正在把世界经济推向知识经济的新时期。以高新技术发展为基础的信息化为发达国家经济增长注入了新的动力因素。信息化不仅带动了新兴产业的发展,而且使传统产业得到改造。信息产业已成为新型产业和新的经济增长点,影响改变了传统经济周期。

最后,国际组织制定的多边规则日益完善,贸易和投资日趋有序自由化。世界贸易组织取代关税与贸易总协定以来,主持进行了一系列谈判,并达成多项重要协议。世界贸易组织的争端解决机制也在有效地运转。实践表明,世界贸易组织的建立,加快了全球贸易与投资自由化的步伐。90年代初以来,国际贸易与投资始终超前于世界经济的增长。一国经济的发展,越来越大程度地依赖于积极参与国际分工和国际市场上的竞争。各种区域性的多边合作机制不断发展,区域贸易与投资自由化也在迅速发展。

3. 经济周期波动主要受科技创新影响

20世纪90年代以前,固定资本更新是周期性经济危机的物质基础。新经济条件下,知识经济虚拟化对整个经济运动的影响越来越大,经济周期的改进不再简单地表现为物质经济和传统经济那种周期性波动。由技术和金融推动的主导技术的更新取代固定资本更新,成为周期性经济危机的物质基础。新经济下,知识的力量增强,信息服务业大幅度增长,使传统产业的衰退或复苏对整个周期的影响力减弱;信息网络化影响了商品流通、资金转移和劳动者的流动,大大缩小了各环节、各部门、各地区的不平衡,进而改变了其经济周期的波动。

主导技术的出现、发展、成熟和淘汰的周期性过程引起了经济的周期性波动。当技术处于上升时,研究开发和投资不断上升,使经济持续地增长,当主导技术从成熟走向淘汰时,创新速度减慢,经济增长放慢。

(二)新经济与经济周期缓和论和消失论

新经济下经济周期发生了一系列的变化,这引起了经济学家对新经济的极大关注。一些经济学家提出了经济周期缓和论,但是也有一些经济学家提出了经济周期消失论。

经济周期缓和论认为,在生产和消费全球化环境下,高科技的发展和国家干预经济的增强,减少了发达国家经济的不稳定性,发生经济周期大规模的起伏波动的概率减少,传统经济周期中所呈现的危机、萧条、复苏、繁荣四大阶段不再像从前那样明显,经济周期并没有消失,只是它的内容出现了变化。

经济周期消失论认为,新经济条件下,引发经济危机的许多因素在今天已不复存在,经济周期已消失,传统的经济周期理论和概念已经失效,经济将稳定持续增长。经济周期消失论否认了今后资本主义世界经济的周期性经济危机。

2001年3月,美国道·琼斯工业股票平均指数在一周内下降821点,股市下跌,经济增长放缓,标志美国新经济的结束,美国进入战后的第十次经济衰退。世界主要发达国家出现集体的衰退,标志着战后第七次世界经济危机的出现。这说明新经济下,经济周期发生了变形,但是经济周期并没有消失。在国家垄断资本主义高度发展的时代,信息产业的发展和国家干预经济能力的日趋成熟下,资本主义生产无限扩大的趋势和人们支付能力日趋缩小的矛盾并没有达到空前尖锐的地步,这个矛盾在大多数情况下是缓和的,资本主义供需矛盾也成为可调节的矛盾,这使经济周期发生了变形,但是资本主义的根本矛盾并没有消失,因而经济周期也没有消失。

第四节　世界经济的长周期

一、长周期理论

对经济中长周期现象的研究,最早可追溯到19世纪末。1896年,俄国帕尔乌斯通过对农业危机的研究,发现资本主义经济存在50~60年的长期波动。1913年,荷兰范·盖尔德伦发表了《春潮》一文,他在书中以一系列的数据说明资本主义经济存在约60年为一个周期的大循环,并用生产扩张来解释长周期原因。但是第一次系统提出长周期理论的是前苏联经济学家尼古拉·康德拉季耶夫。

(一)康德拉季耶夫长周期理论

1925年,前苏联经济学家尼古拉·康德拉季耶夫发表了《经济生活中的长周期》一文,他通过对英国、法国和美国等主要资本主义国家1790~1920年商品批发价格、利率、工资和对外贸易等经济指标及煤、铁、铅等原材料产量和消费量的统计研究,消除7~11年的经济主周期和短周期的影响,发现存在一个50~60年的长周期,并将这段时间分为三个周期。第一次长周期是1790~1851年,繁荣期是1810~1817年;第二次长周期是1851~1896年,繁荣期是1870~1875年;第三次长周期是1896年开始,繁荣期是1914~1920年。

康德拉季耶夫概括了长周期不同于其他经济周期的特点:第一,长周期包括7~11年的主周期;第二,长周期的下降期,农业会出现长期显著的萧条;第三,长周期的下降期,生产和交通运输部门会出现重要发现和发明,会在下一个上升期得到大规模的运用;第四,长周期的上升期,会伴随着新国家的加入,使世界市场扩大,并且黄金产量会增加。

康德拉季耶夫认为长周期是资本主义国家内部因素而非外部因素引起的。长周期不同于其他经济周期的特点,只是说明长周期的存在,并不是长周期的原因,但是他自己并没有说明长周期的内生因素。

(二)熊彼特的创新说

1939年,美籍奥地利经济学家熊彼特发表了《经济周期》一书,他指出创新是资本主义经济周期的主要原因。创新时间不同,对经济的影响也不同。许多小的创新构成大的创新,就产生了许多经济周期,主要的是长周期、朱格拉周期和基钦周期。熊彼特认为创新是建立一种新的生产函数,是对生产要素的一种新的结合。这种新的结合主要表现为以下几个方面:第一,引进新产品;第二,应用新的生产方法;第三,开辟新市场;第四,原料和半成品的新来源;第五,引进新的企业组织形式。一旦创新实现,大量的企业就会模仿,形成一股创新的浪潮。创新浪潮的出现以大规模的投资增加为标志,引起需求和银行信用的扩大,从而经济出现上升。等到创新浪潮逐渐平息,如果没有新的创新出现,经济就会放缓,出现下降。这里的创新是能推动社会发生重大变革的技术进步,能迅速转变为生产力,进而形成新的产业,成为经济发展的主导产业。

根据创新理论,熊彼特将资本主义发展划分为三个长周期:第一个长周期从18世纪60年代到1842年,是产业革命时期,技术创新以蒸汽机和纺织工业为代表,主导产业是纺织工业;第二个长周期从1842年到1897年,是蒸汽钢铁时代,技术创新以钢铁和铁路为代表,主导产业是钢铁和铁路工业;第三个长周期为1897年以后,是电气、化学和汽车时期,技术创新以电和化学为代表,主导产业是化学工业和汽车工业。

熊彼特的创新说是解释长周期的一个重要理论,对后来的经济学家产生了重大影响。许多经济学家吸取熊彼特的创新说观点,发展形成了长周期理论主要学派——现代长周期技术创新理论。

二、战后世界经济的长周期

根据康德拉季耶夫长周期理论,以50年左右为一长周期,从1920年以后,是第三个长周期的下降期,世界经济第三个长周期应该在1945年左右结束。从战后开始进入第四个长周期,到20世纪70年代初是该长周期的上升期,此后到20世纪90年代中期左右是第四个长周期的下降期。战后资本主义经济发展的历程在一定程度上验证康德拉季耶夫长周期理论。在第三个长周期的下降期,资本主义发生了20世纪30年代的大萧条。在第四个长周期的上升期,即战后至20世纪70年代,资本主义经历了经济发展的黄金时代;而在下降期,1973~1975年世界经济危机使资本主义各国陷入了经济滞胀,20世纪80年代进行了结构调整,直到20世纪90年代,资本主义经济才恢复生机。

因此,战后的世界经济长周期,以1973年为分界,之前为上升期,之后为下降期。

(一)战后长周期的上升波及原因

在战后世界经济长周期的上升期中(1950~1973年)发达资本主义国家实际GDP年均增长率为4%,其中美国为3.9%,日本为9.5%,德国为5.9%,法国为5.4%。世界实际GDP增长率更是高达5.4%。同期美国失业率为4.8%,日本为1.2%,德国为2.7%;发达国家消费者物价指数年均增长率保持在3%左右,而1970~1981年高达9.2%①。经济保持高速增长同时通货膨胀维持在较低水平,这是资本主义经济发展史上罕见的,因而被称为资本主义的黄金时代。这与战后资本主义国家的高投入和高生产率有直接关系,但是科技进步和国家垄断资本主义的形成才是根本原因。

1. 战后的高投资和高生产率

战后经济长周期的上升期,发达资本主义国家固定资本投资增长迅速。1951~1970年,发达资本主义国家固定资本投资年均增长4.9%,其中1951~1955年为5.4%,1956~1960年为3.5%,1961~1965年为5.1%,1966~1970年为5.4%。固定资本高投入有力地促进了经济的持续增长。另一方面,发达资本主义国家劳动生产率保持很高的增长速度。1951~1970年,美国、日本、德国、法国、英国、意大利劳动生产率年均增长3.3%,10.7%,4.8%,9.0%,2.5%和

---

① IMF:《国际金融统计》各期。

7.0%,而1984～1993年,各国劳动生产率年均增长分别为2.9%,2.5%,3.7%,3.1%,4.4%和2.8%[①],有了很大幅度的下降。劳动生产率增长的放慢导致经济增长速度的放缓。

2. 科技进步与科技革命

战后资本主义国家的高投入和劳动生产率的提高是新科技发明和推广应用的结果。战后各国出现了军事技术转化为民用技术的高潮,计算机、通讯、原子能及超音速飞机等军事技术纷纷转为民用,战后的第三次科技革命,也促进了大量新科技成果的诞生和应用。这有力地促进了劳动生产率的迅速提高,为经济持续发展提供了坚实的基础。

第三次科技革命是人类文明史上继蒸气技术革命和电力技术革命之后科技领域的又一次重大飞跃,具有前两次科技革命所没有的特点:第一,这次技术革命中出现的新技术,不是单一的技术,而是技术群。它以原子能、电子计算机和空间技术的广泛应用为主要标志,涉及自然科学的诸多领域。第二,科技成果转化为生产力的周期越来越短,产品升级换代速度加快。第三,科学技术的各个领域相互渗透、相互促进,形成许多新兴学科和产业。第四,科学技术对社会生产、经济发展的影响越来越大,科技进步日渐成为社会经济发展的决定因素。

3. 国家垄断资本主义

战后发达资本主义国家形成了国家垄断资本主义。从自由竞争发展到私人垄断再发展到国家垄断,每一次转变都是对资本主义生产关系的一次进化,以此来缓和资本主义基本矛盾。国家垄断资本主义在形成和发展的前期,很好地缓和了私人垄断资本的尖锐矛盾,相对适应战后生产力迅速发展的状况。在国家垄断资本主义时期,发达国家完善和发展了国家干预。主要表现为:第一,推行相机抉择的财政、货币政策,通过国民收入的再分配和社会福利制度,改善提高人们的生活水平,刺激了人们的需求,有效提高了社会总需求,缩小了供给和需求的矛盾。第二,制定长期规划、发展战略或产业政策,实行企业的国有化,一定程度上强调经济的计划性;完善企业经营方式,尤其是信息技术等在管理中的应用,使企业在相当程度上能预测市场需求,并以此来决定生产,缓解生产过剩。两者结合使企业生产有组织性和社会化大生产的无政府状态矛盾得到缓和。第三,建立高新技术区,设立公共研究机构,利用财政和税收政策大力扶持高新技术的发展;鼓励企业联合、大学与企业联合、政府和企业联合,促进新兴产业的发展。第四,进行国际宏观经济政策的协调,协商解决发达国家之间的矛盾,为国内政策的实施创造良好的外部环境。

(二)战后长周期的下降波及原因

1973年以后,世界经济长周期进入了下降期。1974～2001年世界实际GDP年均增长率为3.2%,发达资本主义国家实际GDP增长率为2.7%,其中美国为3.2%,日本为3.2%,德国为2.2%,法国为2.2%。这与上升期经济增长率形成鲜明对比,并且发达国家经济增长速度逐渐有减慢趋势。1974～1979年,发达国家实际GDP增长率为3.2%,1980～1989年为2.9%,1990～2001年则为2.3%[②]。相应的失业率有增长趋势,1974～1997年,美国年均失业率为6.8%,日本为2.7%,德国为8.1%。

1. 战后长周期下降波的特点

战后长周期的下降期有两个显著特点。

---

① IMF:《世界经济展望》,2000年9月。
② IMF:《国际金融统计》各期。

(1) 经济危机与财政赤字、通货膨胀融合。

传统经济理论认为,经济增长率与物价水平呈正相关关系,当经济进入上升期往往伴随着物价的上涨,而经济进入下降期往往伴随着物价的下降。但是 1973 年世界经济进入下降期,物价水平并没有随之下降。在整个 20 世纪 70 年代反而有上涨的趋势,1970~1981 年物价年均增长高达 9.2%。战后发达资本主义国家推行的财政政策与货币政策超出了各国经济发展,导致物价快速上涨和财政赤字的增加。经济危机与财政赤字、通货膨胀融合,是战后世界经济下降期的新特点。

(2) 下降波出现了美国长达 10 年左右的经济持续增长。

20 世纪 90 年代美国长达 10 年的经济持续增长使人们对长周期的下降期出现了疑问。在上一节,我们介绍了美国新经济的原因。新经济是由多方面的原因促成的。虽然美国经济在发达国家中一枝独秀,但是日本、西欧等发达国家经济还是低迷,美国经济并没有改变世界资本主义国家总体处于下降期的局面。21 世纪初美国互联网络泡沫的破灭及经济危机,说明美国也并没有摆脱经济周期的束缚。

2. 战后长周期下降波的原因

任何新生事物在一开始总是适应社会发展的需要,随着经济发展,就会显示出一定的弊端。国家垄断资本主义的出现只是暂时缓和了基本矛盾,并没有从根本上消除基本矛盾。

(1) 国家对经济干预过多,国有化,使经济失去活力和效率。

发达资本主义国家长期以来实行凯恩斯主义经济政策,沉湎于扩张性的经济政策不能自拔,造成政府财政赤字连年增加,社会信用急剧膨胀,从而扰乱了正常的经济发展规律。本来实行一定范围的财政赤字政策,有利于扩大社会需求,促进经济增长,但是超过一定的限度,就使发达国家的相机选择的余地越来越小,政策陷入僵化。1962~1969 年美国财政除了 1969 年有盈余外,其他各年均为赤字。进入 20 世纪 70、80 年代,经济滞胀下,财政赤字不断恶化,直到 1998 年财政才转为盈余。

另外,战后发达国家推行凯恩斯主义经济政策和一定程度的国有化缓解了社会生产的无组织性,但是加重了政府的财政压力,占用了大量社会资源,并造成了某些行业的垄断,使资源配置效率低下。

(2) 发展中国家的觉醒与兴起。

第二次世界大战给各个帝国主义以沉重打击,大大削弱了它们对殖民地半殖民地的控制。第二次世界大战的胜利也鼓舞了被压迫民族的反抗斗争,民族解放运动和社会主义运动蓬勃发展,广大亚、非、拉地区的殖民地半殖民地国家掀起了民族解放运动的高潮,纷纷建立了独立的国家,并出现了"亚洲风暴"、"非洲觉醒"等民族解放运动的高潮。

随着发展中国家国民经济的初步发展、产业结构的初步改善和经济独立自主能力的增强,发展中国家作为一个整体,成为世界经济中一支重要的新兴力量。但是现行的世界经济运行的规则是在资本主义主导下运行和发展的。经济的运行、协调规则都是发达资本主义国家制定的。当代世界经济本质上仍然是资本主义经济,资本主义经济构成了世界经济的本质。发达国家并没有改变对发展中国家的压制和剥削,这就导致南北矛盾的激化。发达国家对世界经济的垄断,导致工业制成品相比初级产品价格偏高,这使得发展中国家尤其是初级产品出口国家贸易条件恶化,容易受发达国家经济的影响。再加上发达国家在某些政策上的偏袒,如发达资本主义国家在中东政策上长期偏袒以色列,导致发展中国家与发达国家矛盾更是激化。如 20 世纪70～80年代两次石油危机就是矛盾激化的代表。

本章小结

  本章主要探讨了经济增长的周期性问题，阐述经济周期的内涵和经济发展下经济周期的特点及原因。本章前一节重点阐述了经济周期的定义和类型原因，在此基础上介绍了世界经济周期的传导机制和原理。后两节作为一个大的整体，讨论经济周期在战后各经济发展时期的不同特点以及经济周期变化的原因，从而说明在各经济发展阶段，即使是新经济下经济周期发生了变形，但是经济周期并没有消失。在国家垄断资本主义高度发展的时代，信息产业的发展和国家干预经济能力日趋成熟的条件下，资本主义生产无限扩大的趋势和人们支付能力日趋缩小的矛盾并没有达到空前尖锐的地步，这个矛盾在大多数情况下是缓和的，但是资本主义的根本矛盾并没有消失，因而经济周期也没有消失。最后，介绍了经济周期中重要的长周期理论，希望能使读者全面了解掌握经济周期的基本内容，并培养一定的对现实经济周期现象的分析能力。

关键词

  经济周期 世界经济周期 经济周期类型 周期性经济危机 经济周期传导途径 新经济 经济周期消失论 经济周期缓和论 长周期 康德拉季耶夫长周期理论 熊彼特创新说

复习思考题

1. 简述经济危机的成因。
2. 简要介绍经济周期的传导途径。
3. 简述二战后至20世纪90年代资本主义经济周期的特点。
4. 分析战后资本主义经济周期变化原因。
5. 简述新经济时期经济周期的特点。
6. 分析新经济发展的原因。
7. 简述战后长周期上升波及下降波的特点及原因。

第十一章

经济增长中的人口、贫困、环境、能源问题

> 经济全球化的发展,世界经济的融合,也为各个国家带来了一些共同的问题,如人口、贫困、环境和能源等问题,这些问题已经越来越成为影响人类在地球上的生存条件和人类能否持续发展下去的共同性问题。世界人口不断增长,特别是发展中国家人口的激增,成为影响和制约经济增长的一个严重问题,并且对社会经济发展带来了严重影响。世界经济发展的不平衡,使很大一部分国家并没有享受到全球化带来的成果,相反,它们一直挣扎在贫困的边缘。在经济增长过程中如果只注重经济发展,而忽略了经济发展过程中对环境的影响,对环境的破坏性将越来越大。同样,经济增长过程中的能源问题也已经越来越严峻。

第十章

第十一章　经济增长中的人口、贫困、环境、能源问题

学习本章后,你应该能够:
1. 了解伴随着全球经济增长产生的人口、贫困、环境和能源问题的概况;
2. 根据所学的经济学知识提出对上述问题及世界经济的可持续发展问题的解决方案。

第一节　世界经济增长与人口问题

世界人口问题是全球性经济问题中的一个重要问题。人类社会发展的历史表明,人口的增长必须与经济的增长相适应。人口及其发展对社会经济的发展有着重大的促进或延缓作用。

一、人口与增长

人类是世界经济的主体,也是世界上持续增长的少数生物之一。现在全球每年新出生8 000万人,而用于维持这些人口生存、改善人类生活质量和消除普遍贫困的自然资源是有限的,因此,人口增长已日益成为制约世界经济发展的一大障碍甚至是威胁。

(一) 人口增长的过去、现状与前景

从公元初年到1750年,世界人口年平均增长率还不到0.05%,1750年到1850年,人口平均增长率为0.5%,甚至在1900~1950年间,世界人口平均增长率也只有0.8%。而从1950年以来的几十年间,世界人口增长异常迅速,人口年均增长率猛增到2%。公元初年,世界人口约为2.5亿,到1750年增长到7.28亿,直到20世纪初的1900年,世界人口也只有16亿。1950年上升为25亿,到1980年,人口迅速增长到44亿,而1987年又突破了50亿大关,37年时间人口增长1倍。到1999年,世界人口已经达到了60亿,而在2005年,世界人口已经突破了65亿。

根据世界银行的统计,世界人口的增长率按地区划分,增长趋势如表11-1所示。

表11-1　世界人口及年均增长率(1990~2020年)

	总人口(百万)			年均人口增长率(%)	
	1990	2004	2020	1990~2004	2004~2020
全世界	5 256.3	6 365.0	7 573.5	1.4	1.1
低收入国家	1 763.4	2 343.0	3 084.4	2.0	1.7
中等收入国家	2 589.4	3 017.8	3 427.1	1.1	0.8
下中等收入国家	2 082.8	2 441.6	2 796.9	1.1	0.8
上中等收入国家	506.4	576.2	630.2	0.9	0.6
低收入和中等收入国家	4 352.8	5 360.8	6 511.5	1.5	1.2

续 表

	总人口（百万）			年均人口增长率(%)	
	1990	2004	2020	1990～2004	2004～2020
东亚和太平洋地区	1 596.1	1 869.5	2 107.6	1.1	0.7
欧洲和中亚	466.1	477.5	476.9	0.1	0.1
拉丁美洲和加勒比地区	437.6	545.9	660.3	1.6	1.2
中东和北非	225.5	300.3	399.1	2.0	1.8
南亚	1 113.1	1 446.8	1 834.9	1.9	1.5
撒哈拉以南非洲	514.4	725.8	1 032.7	2.5	2.2
高收入国家	903.5	1 004.2	1 062.0	0.8	0.4
欧洲经济与货币联盟	293.3	309.3	315.7	0.4	0.1

资料来源：世界银行数据。低收入国家，中等收入国家以及高收入国家的划分标准见第四章专栏4-1。

世界人口的急剧增长是发展中国家人口爆炸性增长的结果，在世界总人口中，85%生活在发展中国家。发展中国家的人口增长率远高于世界人口增长率。迅速的人口增长具有强大的惯性。即使发展中国家政府普遍采取严格措施控制人口增长，人口增长的势头也仍会持续十多年之久。

（二）人口增长因素分析

世界人口增长受到多重因素的制约。生产增长、技术进步、医疗保健的发展，使世界人口的增长超越了自然的束缚，快速增长。

（1）生产增长是世界人口增长的前提和基础。人口增加首先需要与之相适应的可供消费的资源。粮食是束缚人口增长的主要瓶颈，在人均消费粮食保持不变的情况下，有多少粮食决定了有多少人口。换句话说，食物资源是促进或限制人口增长的关键因素。一个国家、地区乃至全球的人口数量在相当大的程度上取决于世界粮食、肉类、水产、蔬菜和水果等食物的供给量。

（2）技术进步是生产增加的重要动力。每次壮观的人口激增都是在生产技术获得重大突破时发生的。无论是早期火和工具的使用，还是后来的蒸汽机，以及现代的基因技术，都使生产力大大提高，从而使能供养的人口大大增加。在这个进程中，技术进步和工业革命向人类提供了新的增长途径。目前，支撑世界人口增长的主要是工业和服务业。未来的工业化、生物化农业将使农业生产彻底摆脱自然条件的限制，为世界人口的增长带来新的发展空间。同时，科技进步不但提高了粮食生产率，在提高人类寿命和生存质量方面也起了积极的作用。

（3）医疗保健技术的发展。疾病曾是限制人口增长的重要原因，而医疗保健技术的发展、一些重大的医学发现、基因技术的应用，使人类逐渐摆脱了疾病的困扰，死亡率普遍下降，人口寿命和人口质量大为提高。

（4）社会文化在相当程度上也是影响人口增长的重要原因。中国、印度等人口大国的人口增长在相当程度上与他们的人口观念有关。

(三) 人口增长与经济增长

人口多具有两面性,作为经济活动主体的人是生产者与消费者的统一。西方的传统经济理论曾经认为,众多的人口一方面在生产上为建立规模经济、降低成本提供了充足的廉价劳动力;另一方面在消费上为较高的产出水平提供了充分的必要需求。但是,这种理论不切合今天世界经济增长中出现的人口问题。目前,世界人口的现实问题是:人口过多已成为绝大多数发展中国家国民经济的沉重负担和经济发展的巨大障碍,而居高不下的人口增长率更是今后许多年人民生活水平无法提高的重要原因,虽然这不是唯一的原因。诚然,企图把经济弊病和社会罪恶统统归咎于过度的人口增长是一种错误的观点,人口增长与经济增长的联系是比较复杂的,但是,对于目前世界经济的发展现状而言,人口过多、增长过快或是人口过少、增长下降都将威胁着经济的持续稳定增长。

从表11-2可以看到,人口过多、增长过快的国家,经济增长所带来的福利往往被增加的人口所抵消,尽管经济增长很快,但还是赶不上人口的增长,从而形成人口越多越穷、越穷人口越多的"马太效应",而这种效应将是一个人口增长与经济增长的恶性循环。

表11-2 世界人口与经济发展状况(1990~2008年)

	人口（百万）	人口密度（人/平方千米）	年人均增长率（%）	国民总收入GNI(10亿美元)	按PPP计算的GNI(10亿美元)	国内生产总值增长百分比(%)
	2008	2008	1990~2008	2008a	2008	2007~2008
全世界	6 697	51.7	1.36	60 355	69 261	1.7
低收入国家	976.2	52.1	2.27	558	1 323	6.3
中等收入国家	4 652	60.2	1.33	16 631	28 553	5.8
下中等收入国家	3 703	118.8	1.42	8 375	17 008	7.4
上中等收入国家	949	20.6	0.99	8 262	11 595	4.2
低收入和中等收入国家	5 628	58.6	1.48	17 205	29 867	5.8
高收入国家	1 068	31.9	0.73	43 279	39 749	0.5

注：上标a指该数据根据《世界银行地图集》的相关材料统计而成。
资料来源：世界银行：《2009年世界发展指标》。

在有着过多人口的家庭中,在收入不高的情况下难以承担子女的教育费用,儿童往往得不到良好的教育,只能从事收入微薄的体力劳动。为了更多地增加就业,往往会用更多的劳动力来取代能够提高生产效率的机器设备和高新技术,因此,人口增长过快成为技术进步的重要障碍。而且,人口压力大的国家往往无法提供完善的医疗保健和社会保障,人们的生活水平难以提高,经济发展质量也就降低了。人口密度在一定程度上决定了人均资源和生活空间的水平。在国土面积和资源数量一定的情况下,人口增长过快,往往导致人口密度过大,人均生存空间和资源拥有量降低。从总体上看,人口密度较小的国家(表中为高收入国家),相对人均资源量比较高,收入水平(gross national income)也比较高。

(四)全球人口的老龄化问题

人口的年龄结构主要取决于人口的平均寿命的长短。随着各国经济的普遍发展和医疗水平的不断提高,世界人口的平均寿命不断延长。20世纪后半期,人的平均寿命从47岁增加到60岁,因此,世界范围内出现了人口老龄化的趋势。从世界范围来看,人口老龄化主要发生在经济发达和比较发达的国家和地区,发展中国家和地区的人口结构相对比较年轻。根据联合国人口司预测,1975~2025年,全球人口增长3倍,达到82亿;而60岁以上的老人将增加5倍,由2亿增加到11亿,其中80岁以上的老人将增加7.3倍,达到1.11亿[1]。具体对比情况如表11-3所示。

表11-3 世界各地区年龄中位数情况分析(1950,2000年)

地 区	1950	2000	地 区	1950	2000
世 界	23.5	25.4	拉丁美洲	20.1	24.5
非 洲	18.7	17.9	北 美 洲	29.8	35.9
亚 洲	21.9	26.3	大 洋 洲	27.9	31.1
欧 洲	29.2	37.8			

数据来源:美国普查局(http://www.census.gov/)。

人口老龄化的根本原因在于生育水平的降低,使少年儿童在总人口中的比重不断降低,相对提高了老年人口在总人口中的比重。死亡率的下降、人们的平均寿命的延长都使老年人口数量逐年增加。目前,发达国家所面临的人口老化问题尤为突出。在这些国家,生活质量和医疗水平的提高,使人均寿命延长,老龄人口的数量急剧增加。据有关专家对50个国家人口结构老化程度的研究表明,2000年时,只有德国、希腊、意大利、保加利亚、日本等5国的老年人口数超过了14岁及其以下的人口数。然而,到2030年时,预测的所有发达国家老龄化指数[2]都将超过100,其中几个欧洲国家和日本的老龄化指数将在200以上。最高的意大利、保加利亚、日本将分别达到261,244和231。

人口老龄化将给社会经济的发展带来许多不利影响,将会导致社会适龄人口的不足和其负担的加重,每个工作年龄的工作人员将不得不承担更加沉重的负担。今天,发达国家工作的纳税人和不工作的领取养老金的人的比例是3∶1,2030年将下降到1.5∶1,甚至是1∶1。中国的一对年轻夫妇要赡养四个老人和抚养1个孩子。长此以往,不但会出现劳动力的极度短缺,而且人类社会本身将难以为继,家庭和社会都将不堪重负。目前,发展中国家的老龄化指数一般都大大低于发达国家的水平,据预测,到2030年时,发展中国家中老龄化指数最低的马拉维、利比里亚、危地马拉、肯尼亚等国分别只有10,11,18,19。然而,不容忽视的是,未来几十年,发展中国家老龄化指数上升的潜力较之发达国家更大。

---

[1] 张安定、孙定东、杨逢珉:《世界经济概论》,上海人民出版社2005年版,第129页。
[2] 老龄化指数:同一人口总体中,老年人口与少儿人口数的相对比值,即与每100名0~14岁人口相对应的65岁及65岁以上的老年人口数。

二、世界人口的迁移

世界人口的迁移主要指人口经常性住地的迁移,包括国内迁移和国际迁移。

(一)城市化

国内迁移是指人口在一国范围内从一个地区向另一个地区移动。一般的,人口总是从经济不发达地区向发达地区转移。城市化就是国内迁移的典型体现。

伴随着经济的发展,城市化的比例正在不断提高。1950年,世界人口的29%居住在城市,1985年这一数字上升到42%,根据联合国推算,世界城市人口占总人口的比例,到2000年达到了48%,2025年将达到62%①。城市化的发展,人口的集中,其产生的集聚效应可以大大降低经济成本。集中于城市的现代生产有明显的集聚效应,工厂集中在城市里,缩短了物流空间和时间,降低了运输成本。同样,城市化也可以有效降低居民的生活成本,更具规模效应,基础设施的边际成本更低了,城市本身的消费也会带来更多的刺激。

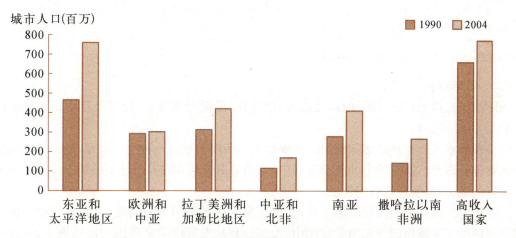

图11-1　1990年以来发展中国家的城市人口增长迅速

资料来源:世界银行,《2006年世界发展指标》。

但是,世界人口城市化的发展也是不平衡的。这主要表现在发展中国家人口城市化的速度远远高于发达国家(见图11-1)。发展中国家内存在着二元经济结构。城市不但收入水平普遍高于农村,有比较完善的生活设施,可以提供医疗、教育、娱乐、金融、商业等多种服务,而且就业机会也高于农村。在发展中国家人口城市化的过程中,大量农民涌入大城市。城市化的出现意味着社会经济形态从农业经济向工业经济和服务经济的转变。

人口城市化的比例在一定程度上也可以反映经济发展的水平,经济发展与城市化在一定时期内相互促进(见表11-4)。2004年中等收入国家城市人口的比例达到了53%,除中国、印度外的低收入国家城市人口比例只有31%,低于49%的世界平均水平,也远低于高收入国家的78%。如果以世界平均水平49%为1,高、中、低收入国家的城市化比例分别是1.59,1.08和0.63,相应的人均国民收入水平分别为4.5,1.05和0.09。但是,当城市化水平达到一定程度以后,经济增长与城市化的关系逐渐减弱。

---

① 联合国:《世界人口展望》——根据1982年普查。

表 11-4　世界人口城市化进度表(1990～2004 年)

	城市人口(百万)		城市人口占总人口的百分比(%)	
	1990	2004	1990	2004
全世界	2 259.9	3 091.5	43	49
低收入国家	454.7	717.1	26	31
中等收入国家	1 146.2	1 604.3	44	53
下中等收入国家	797.7	1 187.9	38	49
上中等收入国家	348.5	416.4	69	72
低收入和中等收入国家	1 600.9	2 321.4	37	43
高收入国家	659.0	770.1	75	78

资料来源：世界银行，《2006 年世界发展指标》。

（二）国际移民

国际移民也指人口的国际迁移，是指人口在国际范围内的流动，特别是指由于经济原因引起的劳动力国际流动。

经济发展水平的差异是国际移民的主要原因。劳动力也是一种生产要素，他们可以根据利益最大化进行选择。在劳动力的流动过程中，劳动力由劳动和收入条件差的地方流向劳动和收入条件好的地方，以实现自身的价值。

从劳动力的国际流动发展阶段来看，发达国家始终是国际移民的输入国，而发展中国家则是国际移民的主要输出国。在国际移民中，大部分是从发展中国家移民到发达国家，但也有一部分是发展中国家之间的相互移民。据估计，发达国家人口中有十分之一是移民，发展中国家只有七十分之一是移民。

对于移民输入国，移民的流入在一定限度内可以解决由于经济增长过快而发生的劳动力短缺问题，但超过一定限度，又会加重迁入国人口相对过剩的压力。同时，迁入国的一部分国民收入会通过外来移民之手流往国外。对于移民输出国，人口的迁出可以减轻本国相对人口过剩的压力，又可以通过迁出的人口从国外带来一笔经济收入，这就有利于迁出国经济的发展。但人口的迁出，特别是科学技术人员和熟练劳动力的外流，会造成迁出国人才短缺，又不利于其经济的发展。目前，发展中国家人才外流已经成为影响发展中国家经济发展的一个重要问题。

关于国际移民的发展阶段、特点、动因以及经济效应，可参见第九章第一节中的"国际劳动力流动"部分。

三、人口问题与可持续发展

无论是中国的人口学家马寅初还是西方的马尔萨斯等都先后就人口增长与经济增长之间的关系进行了探讨。他们指出，人口增长与经济发展之间存在着一种负的反馈效应。一方面经济发展可能会刺激人口增长,经济发展是人口增长的基础,它决定人口增长的规模、速度和总量,当人口增长适应经济发展的需要时,人口增长对经济发展产生积极的推动作用;另一方面,当人口增长超越了经济发展所能承受的能力时,人口增长将阻碍经济发展,有时甚至会产生极大的破坏作用。因此,人口问题的可持续发展将成为影响世界经济发展的一大关键。

(一)控制人类自身的消费

一方面,人口的过度增长加大了对环境和资源的压力,以至于超过地球本身的承载能力,使地球的环境和资源陷入灾难性的危机。在经济发展水平越低的国家和地区人口出生率往往越高,为了生存,这些国家和地区的人民往往会掠夺性地采集和消费自然资源,造成环境和资源的深度恶化。另一方面,不同人群所消费的物质的质量和数量有着极大的差别。一些发达国家的人民以及发展中国家中一部分比较富裕的阶层,为了追求比较优裕的生活,耗费了多倍于贫穷人民所消耗的物质资源,也向自然界排出了多倍于贫穷人民所排放的废物及垃圾。因此,要想减少人口对于环境和资源的压力和破坏,一方面要改进人们的消费方式以及提高生产技术;另一方面也是更重要的是要提高人们对于环境保护和可持续发展的意识,让人们自觉地约束自己。在提高资源利用率的基础上,减少对于自然资源的过度开发,把向自然排放的废物减少到最低程度,加强对自然环境的保护。而在这方面,关键是要提高发达国家消费者的环保意识,约束他们的消费欲望,减少浪费现象。

(二)重视教育

教育对于控制广大发展中国家的人口增长尤为重要。首先,这些国家和地区的人民受教育以后,一方面获得了知识,提高了技能,从而改变传统生产方式以及生存方式;另一方面,人们受教育后可以改变不正确的价值判断,可以改变一直以来根深蒂固的生育习惯。其次,受教育水平的提高会带来收入水平的提高。尽管一些发展中国家存在着教育程度与收入水平不成正向关系的现象,但这毕竟是反常的、非大量出现的情况。一般来说,收入水平和受教育水平是正相关的。受教育水平提高可以使个人收入水平提高,宏观的结果自然是国民收入水平的提高,进而是福利水平、保障体系的提高和完善,这有利于进一步改善发展中国家依靠廉价劳动力创收从而人口激增的状况。第三,妇女受教育后可以增加就业机会从而有利于控制人口。教育不仅培养妇女参加社会和经济活动的能力,还可以增加她们的劳动报酬,其结果是妇女在家里照料孩子的机会成本增加,使她们不愿多生子女,降低生育率,因此有利于人口控制。

第二节 世界经济增长与消除贫困

在世界范围内,社会和经济日益一体化。一边是世界经济的快速增长,而另一边却是许多人深陷贫困的泥潭而无法自拔,贫困问题成为当今世界一个重要的经济学课题。从总体上讲,全球化减少了贫困,因为一体化程度较高的经济倾向于以更快的速度增长,这些增长通常会扩散。但全球化既造就了一部分受益者,也使一部分人受损。在全球化浪潮的推动下,世界极度贫困的人数下降了很多,但与此同时,许多国家已经被抛离在全球化进程以外,这些国家日益走向世界经济的边缘,与之伴随的是不断下降的收入和持续增长的贫困。

一、贫困的定义

贫困是一个涉及历史、地域的多元性概念。世界银行认为,贫困不仅指物质的匮乏、低水平的教育和健康,而且还包括风险和面临风险时的脆弱性,以及不能表达自身需求和缺乏影响力。对于其定义,不同国际组织和国家有不同的看法,但大体涉及三个方面:经济福利、能力、社会排斥。

(一)经济福利

目前使用最广泛的贫困的定义和衡量尺度是关于经济福利的测度。从这一角度看来,贫困是一种福利被剥夺的状态,是由于基本需求和权利的缺乏而没有能力达到最低的生活水平。它包括三个方面:收入、消费和福利。

1. 绝对贫困

绝对贫困是指衣、食、住和医疗等基本需求得不到满足,通常以对基本生活费用的测量结果,作为评判贫困与否的标准。基本生活费用是指维持生命、体力所需要的最低生活费,收入或消费达不到这一标准的人被视为是贫困的。世界银行一般采用每人每天1美元作为最低贫困线,低于此线的人群则被归入极度贫困者的行列。为了保证国际上的可比性,世界银行采用以消费水平为依据的购买力平价(PPP)指标,把每天1美元的标准转换为本地货币。

从1990年到现在,世界上极端贫困的人口比例已经从28%下降到了21%,但与此同时,全球人口数量也增加了15%,所以目前,还有11亿人生活在极端贫困之中。如图11-2所示,在发展中国家极度贫困的人口比例较高,即使近20年来其有所下降,但仍保持在20%以上。

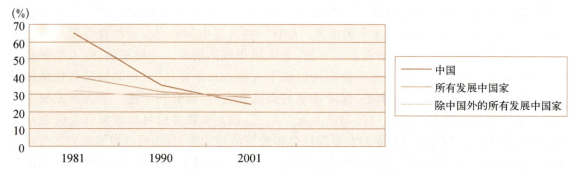

图11-2 日均消费低于1美元的人口比例(1981~2001年)

资料来源:世界银行:《2005年世界发展指标》。

2. 相对贫困

相对贫困指的是一种不平等的概念,贫困者被定义为不占有大多数人所消费的物品的人,这一概念需要在广阔的社会范围内,衡量一个典型的收入和消费水平,并且相对贫困标准会随社会范围内收入和消费水平的变动而变动。经济合作与发展组织运用收入比例法测算,提出了国际贫困线标准的概念,它以一个国家或地区的中位收入或平均收入的50%或者60%为贫困线。这种测度方法最大优点是简单易行,并且反映了贫困的相对性与地区差异性,但它的缺点在于没有考虑到个人的具体需求,另外以50%或者60%来确定贫困线,这一点也是值得怀疑的。现在,国际组织主要采用基尼系数(Gini index)来反映收入不平等的状况。基尼系数的经济含义是在全部居民收入中用于不平均分配的百分比。它的取值范围最小等于0,最大等于1,

当基尼系数等于0时,表示收入分配绝对平均;等于1时,表示收入分配绝对不平均。基尼系数越大,则收入分配越不平均。联合国规定,若低于0.2表示收入绝对平均;0.2~0.3表示比较平均,0.3~0.4表示相对合理,0.4~0.5表示收入差距较大,0.6以上表示收入差距悬殊。如表11-5所示,在不发达国家,尤其是非洲一些国家,收入不平等的情况非常严重,基尼系数甚至高达0.7以上。

表11-5 部分国家基尼系数对照表

国家	美国	英国	加拿大	日本	中国	印度	智利	阿根廷	中非共和国	冈比亚	纳米比亚
测量年份	2000	1999	1998	1993	2001	1999~2000	2000	2001	1993	1998	1993
基尼系数	0.408	0.36	0.331	0.249	0.447	0.352	0.571	0.522	0.613	0.475	0.707

资料来源:世界银行:《2005年世界发展指标》。

（二）能力

1998年诺贝尔经济学奖获得者阿马蒂亚·森认为,个人收入的多少并不一定能改善生活环境,评估一个人生活状况的重要指标是能力。能力贫困的概念倾向于考察那些导致个人无法达到起码人文水准的因素。一个人的能力包括许多方面,如教育、健康等等,它们对生活状况（包括为增加物品和服务所必需的收入）有着更大的影响,但其测度确实困难。为此,联合国开发署（UNDP）以识字率、营养状况、预期寿命、健康长寿以及可预防疾病来定义贫困。

（三）社会排斥

一个人如果被排斥在主流经济、政治以及公民、文化活动之外,那么即使他们拥有足够的收入、足够的能力,他们依然可能是贫穷的。有关社会排斥的概念便反映了这种贫困的现象。社会排斥是指个人或群体被全部地或部分地排除在充分的社会参与之外,这种被排斥通常表现为:生命安全无法保证;无法获得传统生计能力资源（如土地资源等）;缺乏必要的食物而造成营养不良;无法享受受教育的权利;在决策的制定或执行时意见和利益不被表达;无法享受同强势群体均等的医疗和社会保障等社会福利。被排斥者缺少本应享有的公民权、政治权、文化权和其他人类发展所必需的最基本的机会和选择权利,而恰恰是这些机会和选择权利才能把人们引向一种长期、健康和创造性的生活,使人们享受体面生活、自由、自尊和他人的尊重。社会排斥的概念超越了经济的和能力的幸福观。这一概念虽尚在萌芽阶段,但其运用却是越来越广泛。

二、贫困的根源

（一）劳动力质量相对较低

在当今世界,知识在经济中的作用日益凸显,教育成为一国劳动力质量提高以及促进经济增长的关键。识字率与劳动力技能有着正相关的关系,而广泛的初等教育是识字的先决条件。但目前全球仍有11.5亿的儿童无法接受最基本的初等教育。

发展中国家的劳动力往往没有受过良好的教育,相对于发达国家的劳动力来说,其劳动生产率水平较低。从图11-3和图11-4中,我们看到,在南亚和撒哈拉以南非洲地区,有大部分儿童不能入学,并且人均入学时间偏短。据测算,在莫桑比克,平均一个儿童只能接受4年的正规教育,在南亚,人均接受学校教育的时间只有8年,而在法国,这一时间长度延长到15年。

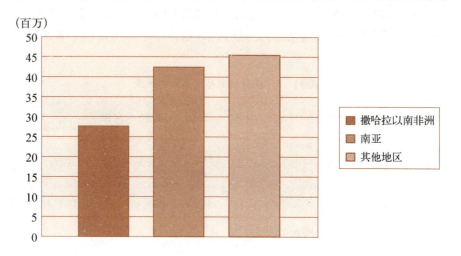

图11-3 撒哈拉以南非洲及南亚辍学儿童数量(2003年)
资料来源:世界银行:《2005年世界发展指标》。

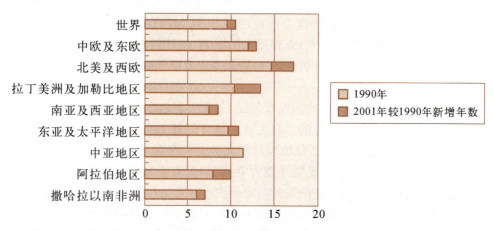

图11-4 世界各地区儿童平均入学年数(1990~2001年)
资料来源:世界银行:《2005年世界发展指标》。

(二)资本存量与资本积累不足

兴起于20世纪50年代的发展经济学在对发展中国家的贫困问题进行研究后认为,贫困的原因在于经济增长的停滞和人均收入低下,而经济增长停滞和人均收入低下的根源又在于资本匮乏和投资不足。其中较著名的理论是纳克斯提出的"贫困恶性循环"理论①,该理论认为,发展中国家之所以长期贫困,是因为经济中存在若干相互联系、相互作用的"恶性循环系列",其中最主要是"贫困恶性循环"。贫困恶性循环有两方面:一是反映供给方面的循环;二是反映需求方面的循环。从供给方面看,资本形成有一个恶性循环,发展中国家经济不发达,人均收入水平

---

① 1953年,美国发展经济学家罗格纳·纳克斯出版了《不发达国家的资本形成》一书,系统地考察了发展中国家的贫困问题,探讨了贫困的根源和摆脱贫困的途径,提出了"贫困恶性循环"理论。

第十一章 经济增长中的人口、贫困、环境、能源问题

低下,储蓄能力小;低储蓄水平引起资本稀缺,从而使资本形成不足,这又导致了生产规模难以扩大,生产率难以提高;低生产率又引起低产出,低产出又造成低收入。这样周而复始,形成了一个恶性循环。从需求方面来看,资本形成也有个恶性循环。发展中国家因收入水平低,导致购买力水平低;购买力水平低导致投资引诱不足,从而资本形成不足,生产率难以提高[1]。这里的资本指的是:地产资本(土地)、物质资本(设备、工具、机器)、金融资本、社会资本(即在困难情况下能够提供援助的关系网)和集体设施资本(如公路、铁路、医院等)。

(三)技术落后

长期的经济增长是一国公民经济福利最重要的决定因素,而技术进步正是推动现代经济持续增长的重要力量。索洛增长理论认为,在没有技术进步的条件下,储蓄率的提高引起一个迅速增长的时期,但达到新稳定状态时,增长便会停滞。若提高储蓄率,虽然能使长期均衡收入提高,经济体迈向更高的新的均衡。然而,这种靠不断提高储蓄率促进经济增长的办法并不现实,因为维系人的生存需要一定的消费水平,并且决策者为了使社会组成人员的福利最大化,会选择一个适当的储蓄率,以保证资本存量达到黄金规则水平。因此,要促进经济长期增长,必须依赖于技术进步。科学技术不发达,技术研发及创新能力不强,是发展中国家普遍存在的问题,甚至在一些极度贫困的地区,人们仍在运用一些原始的生产技术进行劳作。技术的落后直接导致了生产率的低下和贫困的产生。

(四)制度的不完善

人的自身行为及个人选择会受到社会制度的影响。研究表明,在贫困国家制度体系的不完善现象较为严重,主要表现在权利分配的不公、倾斜的收入分配制度以及二元社会结构体系的存在等。在权利分配不平等的社会里,不同群体可能由于其所处地位等级的不同,而失去他们本应获得的经济和其他价值报酬,不仅在收入方面如此,在就业、住房、医疗、教育等多个方面也都如此,它们相互关联,彼此加强。不完善的制度还会造成政府救济的失败,形成与目的相反的结果。政府对贫困者进行救济的目的在于帮助其生存并发展,但由于制度的不完善,广泛的"输血"活动却阻止了穷人状况的改善,反而助长了贫困者的依赖思想,安于贫困,最后导致贫困产生和永久化。

(五)人口压力过大

人口压力并不是导致贫困的根本原因,但它却在一定程度上激发了贫困的产生。在贫困地区,人口的迅速增长给土地带来了巨大的压力,其增长超过了农业的增长,甚至出现了人均农业负增长的严重问题。人口的快速增长吞噬了增长所带来的成果,这一点不仅体现在农业生产中,在经济生活的其他方面也有体现。GDP的增长速度慢于人口增长的速度,经济处于停滞状态,贫穷的依然贫穷。

三、消除贫困

认识贫困,是为了消除贫困,各国政府、各国际组织都在积极寻求消除贫困的方式、方法。经过长期发展实践和深入理论研究表明,迅速的经济增长是减少贫困的一个重要影响因素,但经济增长并不会自动解决贫困问题,因为经济增长的成果并不能保证被每个社会成员平等地分享。为此,不能单纯用加快经济增长的方法加快贫困人口收入的增长,而是应该建立综合的基

---

[1] 谭崇台:《发展经济学概论》,武汉大学出版社2001年版,第37,38页。

础广泛的收入增长模式。世界银行的《2000/2001 年世界发展报告》认为,以下三个方面的进步可以形成持续减贫的动力。

(一)创造机遇

对于广大贫困人口来说,不平等突出表现为机会的不平等。因此,要想消除贫困,就必须为贫困者提供更多的机会。首先,国家应该采取行动支持穷人逐渐增加资产,包括人力资产、物质资产、自然资产、金融资产和社会资产,并且解决不同性别、部族、种族和社会群体之间的资产不均问题;其次,要提供有利于私人投资和技术创新的环境,促进本国市场向国际延伸;最后,政府在进行建立完善市场体系的同时,不能忽视面向穷人的市场改革,要争取实现社会中更大的公平。另外,社会基础设施的改善和公共服务的广泛提供也是增进贫困者福利的重要手段。

(二)赋权

经济增长和减少贫困的潜力在很大程度上受到了国家和各种社会机构的制约,为此,我们必须促进赋权。赋权就是要通过加强贫困人口对政治进程和当地决策的参与,以提高他们对涉及自身生活的国家制度的影响力。主要包括以下几点:第一,国家应该建立包容性的政治与法律基础;第二,政府应该改变治理结构,创建促进经济增长及公平的公共行政管理,建立稳健而具有反应力的机制,使公共行政、立法机构为全体公民提供更有效的服务;第三,消除性别、种族和社会地位差异造成的制度障碍。

(三)提供安全保障

为贫困者提供安全保障意味着减少他们面对经济动荡、自然灾害、健康问题等风险的脆弱性。这需要做以下几方面的工作:(1)建立国家计划以防止、预防和化解宏观冲击的灾祸,构建有利于经济增长的国家社会风险应对体系;(2)建立有效的机制来减少贫困者面临的风险,使其积聚人身、自然、物质、金融和社会等资产以克服风险发生时造成的损失;(3)医疗卫生体系的建立完善,应对传染性疾病的传播。

第三节 世界经济增长与环境代价

随着全球环境问题的日益严峻,环境保护和实现可持续发展已成为 21 世纪各国政府的重要职责和目标,这就要求我们必须对环境问题的成因有正确深刻的认识。

人类对环境问题产生原因的认识,是一个逐步深化的过程。刚开始,人们认为环境问题是由于科学技术发展的不足而引起的,倾向于仅从技术角度来研究环境问题的解决之道。但是,环境问题并没有随着科技的发展而得以解决,因此可以认为,环境问题的产生是相当复杂的,应当从多学科的、多维的视角予以研究。

一、环境问题产生的经济根源

(一)经济行为的负外部性和共有资源的非排他性

所谓行为的负外部性,是指人们的行为对他人或社会不利的影响。在经济行为中,它既包括生产的负外部性,也包括消费的负外部性。当这种外部性理论应用到环境问题时,它不仅可以用来解释资源低效率配置的原因,也可以为解决环境外部不经济性问题提供思路和框架。例如,工矿企业的排放废水、废气、废渣等行为,居民在使用助动车或汽车的过程中排出的尾气,对他人和周围的环境均有负面影响。为有效减少和控制经济行为的外部负效应,就应当使得外部成本内在化。根据科斯定理①,如果私人各方可以无成本地就资源配置进行协商,那么,私人市场将总能解决外部性问题,并能有效地配置资源。但是,由于交易成本的存在和交易人数众多等原因,使得科斯定理难以适用于现实。为此,就需要政府采取管制、征收庇古税②等公共政策来应付外部性问题。然而,与"市场失灵"一样,由于存在"政府失灵"现象,从而使得负外部性问题难以有效得以克服。

在经济学中,根据物品是否具有排他性和竞争性,可以把物品分为私人物品、公共物品、共有资源和自然垄断物品。私人物品是既有排他性又有竞争性的物品,公共物品是既无排他性又无竞争性的物品,共有资源是有竞争性而无排他性的物品,自然垄断物品是有排他性但没有竞争性的物品。清洁的空气和水、石油矿藏、野生动物等是典型的共有资源。1968年,美国加州大学的哈丁教授就人口资源等问题撰写了一篇题为《共有的悲剧》(Tragedy of Commons)的论文,深刻地说明了由于外部性的存在和人们追求个人利益最大化而导致共有资源的枯竭。"共有的悲剧"是一个有一般性结论的故事:"当一个人用共有资源时,他减少了其他人对这种资源的使用。由于这种负外部性,共有资源往往被过度使用。"③当今社会,资源的枯竭,环境质量的退化,与共有资源的非排他性和经济行为的负外部性有密切的联系。

外部性与产权制度的不完善相关,造成环境污染的主要原因是资源的产权不明晰。资源长期以来都被看作是取之不尽、用之不竭的东西,似乎从来都不存在产权问题。谁都可以任意地、不受约束地使用和浪费这些资源,只要他愿意,甚至可以向河里、空中或是土地上倾倒或排放各种废物和污染物,造成环境资源的迅速恶化。正如外部性理论所指出的,即使是像河流、水、空气和土壤等环境资源也是有限的,使用这些资源也是有代价的。只是长期以来损害环境的代价不是由损害者支付的,而最终是由社会支付的。因此,正是由于人们不能正确认识环境资源,普遍缺乏环境保护意识,促成了当今日益严重的环境污染问题。

(二) 传统的生产方式和消费方式

传统的生产方式和消费方式呈现出如下形态:大量开采资源—大量生产—大量消费—大量废弃。这种模式是建立在高能耗、高物耗、高污染的基础之上的,是不可循环的因而也是不可持续的。"虽然贫困导致某些种类的环境压力,但全球环境不断退化的主要原因是非持续消费和生产模式,尤其是工业化国家的这种模式。这是一个严重的问题,它加剧了贫困和失调。"④

从生产方式的角度看,概括起来,传统的生产方式给环境造成的破坏包括:(1) 由于大量使用化肥和农药,造成土壤板结,土壤和水资源的污染,大批土地丧失生产能力。(2) 由于不计算环境资源的成本而使得自然资源的价格过低,最终造成无限制地开采地矿资源,造成自然资源和环境资源的巨大破坏。(3) 由于工业化的发展,二氧化碳、氟氯烷等温室气体大量排放,造成气温升高,全球变暖,臭氧层出现空洞,危害人们的身体健康。(4) 由于城市化的发展,城市废水、废气和废渣的排放与日俱增,严重地毒化着人们的生活空间。(5) 农业、工业和城市的发展,各国对水资源的需要越来越多,浪费和污染淡水资源的现象越来越严重,致使淡水资源在世

---

① R. Coase, The Problem of Social Cost. *Journal of Law and Economics* 3, 1960, pp. 1-44.
② 1920年英国经济学家庇古在《福利经济学》一书中首先提出对污染征收税或费的想法。
③ 〔美〕曼昆著,梁小民译:《经济学原理》,生活·读书·新知三联书店,北京大学出版社1999年版,第237页。
④ 联合国环境与发展大会编,国家环境保护局译:《21世纪议程》,中国环境科学出版社1993年版,第16页。

界范围内严重短缺①。

从消费方式的角度看,过度的消费对地球资源和环境的可持续性带来了莫大的威胁。人类已经把挥霍无度的消费文化推到极致,把大量自然资源转化为消费性商品。经济系统往往致力于把自然资源转化为产品以满足人们不断提高的生活要求,用过的物品被当作废物加以抛弃。这种消费模式的结果是随着人民生活水平的提高及消费量的增加,废物也越来越多,从而导致了生态环境的恶化。

传统的生产模式和消费方式在经济上是不可持续的,因此,从某种意义上说,目前各国经济的快速发展是以牺牲后代人的生存环境为代价的,也同样是不能持久的。

(三)经济的贫困化

与发达国家的高消费和享乐主义相对应,广大发展中国家特别是最不发达国家,由于发展不足而导致的经济贫困,是环境恶化的根源之一。这些国家没有建立起本国的工业体系,为了生存和偿还外债,迫使他们不断开采本国的自然资源廉价出口到发达国家。由于缺乏资金和技术,一些发展中国家无法解决因过度开采资源所导致的环境问题,如土壤肥力的降低、水土流失、森林等资源的急剧减少以及由此而带来的各种自然灾害。而这些环境问题又反过来加剧了经济的贫困化。于是乎,很多国家陷入了经济贫困和环境退化的恶性循环之中。《联合国人类环境宣言》指出:"在发展中国家中,环境问题大半是由于发展不足造成的。千百万人的生活仍然远远低于像样的生活所需要的最低水平。他们无法取得充足的食物和衣服、住房和教育、保健和卫生设备。因此,发展中国家必须致力于发展工作,牢记他们的优先任务和保护及改善环境的必要。"②

二、协调世界经济发展与全球环境保护的国际对策

(一)建立明晰的环境产权制度

前面谈到,外部性与产权制度的不完善相关,在存在外部效应的情况下,市场竞争并不一定导致帕累托最优。同时科斯定理认为,在不考虑交易费用的情况下,只要私有产权界定明确,被外部效应所影响的各方,可以通过自由买卖、讨价还价的方式取得帕累托最优的资源配置。因而解决外部性问题的方法,首先应该是各国政府对产权制度的改进。在人类历史中,产权制度也是不断进步的,从而不断地解决外部性问题。例如,对知识产权的确认和保护是在很晚的时候才实现的。当知识产权确立以后,有关知识生产的外部性得到克服,从而促进了技术的进步。因此,在讨论克服环境破坏和资源耗竭的问题时,首先也应该依赖于各国对产权制度的改进,建立明晰的环境产权制度。

因此,要保护环境,节约资源,实现可持续发展,就要坚持"谁污染,谁付费"的成本覆盖原则,使污染者付费能够完全覆盖其产生的负外部效应;对污染付费的成本要传导到商品和资源的使用者,使他们支付的价格足以补偿生产成本和社会成本。

如何让污染者付费?可通过一定的制度安排,运用市场机制和经济手段来实现。

首先,可以借鉴发达国家的污染权交易制度。即政府根据当地的实际情况,确定可承受的排放污染物的总量和浓度,并据此向各经济主体发放(或者拍卖)排污许可证。持有者可以享有排放一定污染物的权利,也可以将许可证按市场价转让。只要持有者治理污染的花费小于许可

---

① 谷源洋、林水源:《世界经济概论》,经济科学出版社2002年版,第754页。
② 《联合国人类环境宣言(斯德哥尔摩宣言)》,1972年6月5日。

证的价格,它就有动力治理污染,并将许可证转让以获取利润。而治理污染费用较高的企业,可以通过购买许可证来扩大其污染权。这种制度安排,将环境保护和市场机制有机地结合了起来,一方面鼓励厂商降低污染的排放量,另一方面也减少了环保政策对市场机制的干扰。

其次,征收环境税。产权制度的改进也是有边界的。在今天的技术条件下,还无法将大环境分割开来并且个人化,所以产权制度的改进还无法将环境成本纳入到个人成本中去。这就需要政府的政策来补救,而这个政策就是征税。征收环境税是一种更具有经济效率且体现社会公平的经济手段。这样一方面可以通过征收环境税为社会提供社会需要的资金来源,纠正环境资源配置中的"市场失灵"问题,提高经济效率;另一方面,可通过征收环境税使这些企业的外部成本内在化,利润水平合理化,并将税收用于补偿受害人或环境保护,从而更好地体现"公平原则",有利于各类企业之间进行平等竞争。

(二) 可持续消费

可持续消费的基点是当代消费不影响后代人的利益。"当消费扩大了人们的能力、丰富了人们的生活而又没有危害他人的幸福时,才对人类发展有所贡献。"①

可持续消费首先必须改变现有的生产和消费方式。从长远看,必须将现在的浪费性、破坏性、直线型生产和消费方式变为循环生产、循环消费方式。改变消费方式与改变生产方式一样,循环消费是可持续消费的根本途径。

首先,技术进步在保持可持续消费方面有着巨大的潜力。技术进步可以减少资源使用量和保护环境。以往,在传统增长方式的影响下,人们只顾以大量的资源消费来换取人们物质生活方面的进步,因此技术发展的重点也只是利用资源扩大生产,最后必然导致自然资源的大量浪费和环境资源的破坏。然而,在可持续消费已经成为各国所追求的目标的情况下,技术的发展出现了与以往截然不同的方向,即在追求发展的同时保护自然资源和环境资源,以求得资源的永续使用。例如,太阳能汽车不仅可以大大地降低能源消耗,也有利于环境。除了使用更少的原材料,向自然界排放更少的废料和生产更多的有用产品以外,也包含着更多的重复利用一切有用的资源和替代资源。在现代生活中,随着技术的发展,慢慢出现一种社会生产和消费的"非物化"的倾向。例如,互联网出现以后,不仅用网络为各方面提供了大量的信息,而且节约了大量诸如纸张、印刷、装卸、运输等的成本,既节约了木材和纸张等加工生产工序,也减少了对于自然界的污染。

其次,通过市场也可以调节生产和消费,但市场不能保证消费的正确性和合理性,也不能保证消费的适度和可持续性。因此,就有必要利用法律、经济和制度等带有一定强制性的手段。法律规定(包括环境立法)和管理制度是可以有效影响、引导和规范消费者行为的。我们所建立起来的法律和管理的规范应该鼓励发展"清洁生产"②技术,而不是以往强调的"末端控制"。"清洁生产"是关于产品和产品生产过程的一种新的、持续的、创造性的思维,它是指对产品和生产过程持续运用整体预防的环境保护战略,是要引起研究开发者、生产者、消费者也就是全社会对于工业产品生产及使用全过程对环境影响的关注,从而使污染物产生量、流失量和治理量达到最小,资源充分利用,是一种积极、主动的态度。而传统的"末端控制"相较于"清洁生产",其主要问题表现在污染控制与生产过程控制没有密切结合起来,资源和能源不能在生产过程中得

---

① 联合国开发计划署:《2000年人类发展报告》中文版,中国财政经济出版社2000年版,第261页。
② "清洁生产"在不同的发展阶段或者不同的国家有不同的叫法,例如"废物减量化"、"无废工艺"、"污染预防"等,但其基本内涵是一致的,即对产品和产品的生产过程采用预防污染的策略来减少污染物的产生。

到充分利用;污染物产生后再进行处理,处理设施基建投资大、运行费用高以及现有的污染治理技术存在局限性,使得排放的"三废"在处理、处置过程中对环境还有一定的风险性。因此,清洁生产是工业可持续发展的必然选择。同时,各国政府应该停止那种不利于消费观念转变的政府补贴、优惠等措施,辅以某些消耗环境资源的产品价格的提高。这样,环境成本的内部化才可以适当减少社会对于这些资源的需求。

（三）淡化分歧,南北共同保护生存环境

由于经济发展水平的差异,世界被划分为发展中国家和发达国家。可是,无论是发展中国家还是发达国家,都正从不同方向破坏着人类的生存环境。关于环境保护,发展中国家和发达国家一直以来存在着一个分歧,即发展中国家是否真正有权利发展自己的经济,它们是否必须同发达国家一样,承担同样的责任?

这个分歧由来已久。从20世纪70年代罗马俱乐部的"零增长理论"开始,就基本上剥夺了发展中国家发展经济的权利。他们认为,无论是环境污染还是自然资源消耗都已经达到了极限,因此世界应该停止发展。众所周知,要发展经济,就要使用自然资源和能源,就一定会对环境造成污染。因此,不让发展中国家排放温室气体,就等于不让发展中国家发展自己的经济。即使不完全剥夺发展中国家发展经济的权利,那也只有在发达国家提高生产技术和减少排污的条件下发展中国家才能相应地发展经济。那么,广大的发展中国家何时才能发展到今天发达国家的经济发展水平呢?实际上,永远不可能。由于温室气体排放涉及各国的切身利益,因此发展中国家和发达国家间存在着严重的分歧。

发达国家如果一直逃避自己的责任,那么要使温室气体的排放真正受到控制只能是一句空话。因为一方面发达国家过去是现在仍是世界上最大的温室气体排放者,它们对于全球气候变坏负有最主要的责任;另一方面,正是由于发达国家长期对广大殖民地的剥削和压迫使得现在这些国家仍处于十分贫困的境地,它们所能排放的温室气体在当前全球温室气体的排放总量中仍是少数(见图11-5),世界排名前十位的二氧化碳排放国家一半以上都属于高收入国家。因此,发达国家既有责任减轻自身的污染,也有义务帮助发展中国家加快经济的发展,并在经济发展中注意防止环境破坏。为此,发展中国家和发达国家应该在共同的环境问题前消除分歧意

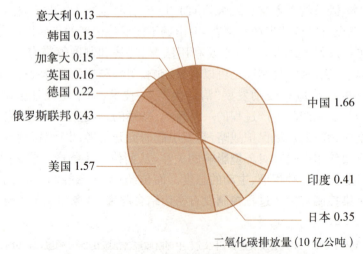

图11-5　世界前十位国家二氧化碳排放量(2006年)

资料来源:CDIAC(二氧化碳信息分析中心)数据(http://cdiac.ornl.gov/trends/emis/top2006.tot)。

见,同心协力,共同治理和保护环境质量。发达国家应该在资金和技术上支援发展中国家,使它们在迅速发展经济的同时能够最有效地保护环境与自然资源;反过来,发展中国家的经济发展和人民生活水平的提高又会进一步支持发达国家的经济发展。发达国家应该意识到,帮助别人就是帮助自己,实现世界可持续发展的道路只有合作一条,别无他途。

第四节　世界经济增长与能源危机

能源是促进经济发展的动力,是人类可持续发展的重要保证。能源的利用推动了社会经济的进步和人民生活水平的提高。在产业革命后的200多年中,煤炭一直是世界范围内的主要能源。随着科技和经济的发展,石油在能源结构中的比例不断增加,成为世界的主要能源。目前,世界经济中的能源问题主要集中在石油问题上。

一、历史上的三次石油危机

（一）第一次石油危机

1973年10月,以色列和阿拉伯国家之间爆发了战争。为了抗议美国和荷兰对以色列的支持,包括绝大多数石油生产大国的国际卡特尔石油输出国组织,即欧佩克(OPEC)中的阿拉伯成员国强制该组织通过了一个对美国和荷兰的石油禁运决议。由于害怕石油输出方面更大的混乱,购买者努力增加预防性石油存货,从而抬高了石油的市场价格。因为石油市场这种情况变化的刺激,欧佩克成员国开始提高对它们的主要顾客——大石油公司的价格。到1974年3月,石油价格涨到原来的4倍,从战争爆发前的3美元一桶升到12美元一桶。持续3年的能源危机对发达国家的经济造成了严重的冲击。在这场危机中,美国的工业生产下降了14%,日本的工业生产下降了20%以上,所有工业化国家的经济增长都明显放慢。石油价格的大规模上涨导致了消费者支付的能源价格上涨和使用能源的企业营运成本的提高。

要理解这些价格上涨造成的影响,可以把这种价格上涨看成是欧佩克成员国对石油进口商征收重税的结果。这次石油危机对宏观经济的影响如同对消费者和企业同时征税:各国的消费和投资都出现紧缩,世界经济步入衰退。因为价格上涨增加了石油进口国的支付负担,所以许多国家经常项目的赤字增加。全部工业化国家的经常项目收支从1973年的141亿美元盈余变为1974年的214亿美元赤字。同期内,主要石油出口国以外的欠发达国家的经常项目赤字,也从35亿美元增加到218亿美元。

根据传统的经济理论,一个国家的经济在经济繁荣的时候通货膨胀会上升,在经济萧条时通货膨胀会降低。但是,在1974年世界经济严重衰退时,尽管失业增加,大多数国家的通货膨胀却加剧了。石油价格的上涨直接提高了石油产品的价格和使用能源的产业的成本,所以导致了整个价格水平的上涨。并且,从60年代末开始的世界范围内的通货膨胀压力不断增强,在决定工资的过程中产生了很大的影响,并在失业增加的情况下继续推动通货膨胀的上升。对通货膨胀的预期不仅使新工资合同确定的工资水平越来越高,还通过投机者们大量收购囤积价格看涨的商品,使商品价格进一步提高。

（二）第二次石油危机

1978年底,世界第二大石油出口国伊朗的政局发生剧烈变化,石油产量受到影响,从每天

580万桶骤降到100万桶以下,打破了当时全球原油市场上供求关系的脆弱平衡。油价在1979年开始暴涨,从每桶13美元猛增至34美元,导致了第二次石油危机的出现,此次危机成为20世纪70年代末西方经济全面衰退的一个主要原因。

像1973～1974年那次石油危机一样,石油进口国的经济出现滞胀。在1978年到1980年间所有工业化国家的通货膨胀都大大加剧,产出增长普遍放慢,失业率普遍上升。但这些变化不像第一次石油危机时那样一致,也不那样剧烈。进口石油的发展中国家也同发达国家一样面临着更高的通货膨胀和放慢的经济增长。像前一次石油危机一样,工业国家作为一个整体,经常项目出现赤字但逐渐减少,不产石油的发展中国家持续保持较高的赤字。

在1975年时,工业国家的宏观经济政策制定者们运用扩张性货币政策和财政政策对付了第一次石油危机。但在第二次石油危机中,它们的对策却大为不同了。在1979年和1980年,大多数主要工业国的货币增长实际上受到了限制,因为这些国家想消除石油价格上涨带来的通货膨胀。各国中央银行在费尽心机压低了70年代初的高通货膨胀之后,现在又因为1978～1980年通货膨胀的上升而大为焦虑。因为一旦这次通货膨胀的上升被用于对以后通货膨胀的预期和工资决定的过程中,就很难再使它降低下来了。但是,抑制通货膨胀的措施使就业和产出付出了高昂的代价。到1981年,失业出现了只上不下的棘轮效应,紧缩性宏观经济政策对经济复苏形成了障碍。事实上,各国还没有来得及从石油危机中解脱和复苏,世界经济于1981年又陷入了自20世纪30年代大萧条以来最大的一次衰退之中。

(三) 第三次石油危机

1990年8月初伊拉克攻占科威特之后,伊拉克遭受国际经济制裁,使得伊拉克的原油供应中断,国际油价因而急升至42美元的高点。美国经济在1990年第三季度加速陷入衰退,拖累全球GDP增长率在1991年跌破2%。国际能源机构启动了紧急计划,每天将250万桶的储备原油投放市场,使原油价格在一天之内就暴跌10多美元。以沙特阿拉伯为首的欧佩克也迅速增加产量,很快稳定了世界石油价格。由于战争很快结束,这次油价暴涨对全球经济的冲击要小得多。

二战后世界石油价格变动状况见图11-6。

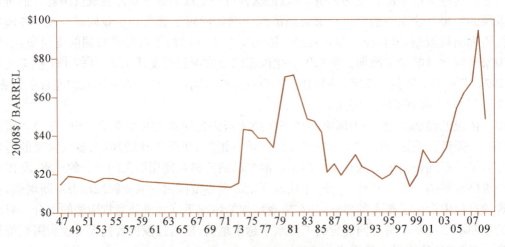

图11-6 二战后世界石油价格走势(1947～2009年)

资料来源:WTRG Economics。

二、世界石油市场现状

（一）2003年后世界油价的暴涨暴跌

石油价格受多种因素影响而起伏，但会呈现周期性的涨落。伊拉克战争后人们曾预计，随着美军在伊拉克战争中迅速取胜和对局势的控制，世界石油市场将会趋于稳定。然而，自2003年以来，从世界石油市场变化的总趋势来看，国际原油价格呈现上升态势，期间虽然有间断的油价回落，甚至连续数周的油价下滑，但是，几年来各种国际原油的年均价格数据都显示，国际油价有明显的升高特性（见表11-6）。这种油价的上升状况表明，世界正进入一个高油价阶段。但在2008年，战后最严重的金融危机爆发使得国际原油价格出现暴跌的局面，从最高的135美元/桶降至40美元/桶，全球原油市场遭遇"滑铁卢"。其后，国际原油价格基本呈现缓慢上涨的趋势，2009年基本维持在70美元/桶以上。

表11-6　国际主要原油价格（2007～2009年）　　　　单位：美元/桶

月份	2007			2008			2009		
	Dubai	Brent	WTI	Dubai	Brent	WTI	Dubai	Brent	WTI
1	50.92	58.76	54.14	85.9	91.6	92.25	43.02	45.65	41.69
2	55.92	60.88	59.39	90.8	94.69	95.75	42.82	43.95	39.21
3	58.83	60.54	60.36	97.56	103	105.62	46.52	47.58	48.78
4	63.95	65.93	63.9	106.2	111.28	113.15	50.12	51.54	50.03
5	65.11	68.27	63.59	122.32	125.9	126.62	58.87	58.54	59.49
6	66.05	70.45	67.63	130.06	134.07	134.86	70.23	69.39	69.81
7	70.03	77	73.95	128.74	134.3	133.05	64.4	62.26	63.63
8	67.91	71.08	71.85	110.93	114.79	116	66.46	73.23	71.2
9	68.53	77.74	79.65	92.09	100.1	103.59	67.58	68.02	69.62
10	70.24	82.56	85.99	63.63	72.17	75.22	75.43	74.46	76.37
11	73.23	92.33	94.62	45.57	54.75	57.44	77.79	77.65	78.05
12	78.35	91.26	92.07	40.25	42.68	41.43	73.97	74.87	77.96

注：WTI——美国西得克萨斯中质油，Brent——英国布伦特油，Dubai——亚洲迪拜油，其中WTI和Brent为原油期货价格。

资料来源：根据国际能源网（http：//www.in-en.com/oil/crudeoil/）提供的数据编制。

油价变化不仅受经济周期影响，还受到石油及石化行业国际投资变化、能源技术的进展、世界气候变化、国际石油投机及产油地区突发事件等长期因素或短期因素的影响。从中长期看，油价猛涨推动石油开发投资，也会推动提高能源使用效率，促进节能技术的应用，还会促进石油替代能源的开发。新的石油投资会导致石油探明储量上升、采油与加工技术进步，产油边际成本随之下降。节能技术的推进则使单位产出的能耗下降。这些因素一旦促成世界石油市场供大于求，油价就会下跌。然而油价在低价位的徘徊又会使开发新油田的投资减少，石油加工的备用生产能力逐步消耗。当石油消费的增长积累到一定程度超过生产的增长时，又会出现石油短缺，引起油价上涨。国际石油投机和其他短期因素则使油价波动幅度增大。

2003年后石油价格暴涨的因素同样也是多方面的，主要原因有三个：一是伊拉克战争后美国未能迅速平定伊拉克局势，伊拉克国内局势动荡，石油生产能力迟迟未能恢复，石油出口严重受阻；同时委内瑞拉的罢工风潮、沙特阿拉伯油田受恐怖分子威胁等问题也对油价上涨造成推动作用。二是出于反恐和应对石油危机的需要，近几年世界各主要发达国家纷纷提高石油战略储备，大量采购石油，无形中刺激了石油经销商和投机商囤积石油，伺机牟利。当然，也有一些欧佩克成员国有意控制石油产量抬高油价。三是由于全球经济在经历了多年衰退后开始复苏和增长，对包括石油在内的能源需求激增。而之前由于世界经济的不景气，能源需求偏低。欧佩克的主要成员国的生产能力没有根据实际需求而及时提高，因此造成了石油供不应求的局面。

（二）油价暴涨的经济后果

油价暴涨产生的直接后果是影响世界经济的恢复性增长。根据国际货币基金组织的估计，每桶石油的价格上涨5美元，世界经济增长率就将减少0.3%，其中对欧盟国家影响尤其大，近年来欧洲微弱的经济增长很可能很快就被油价上涨所抵消（见表11-7）。另外，由于世界石油市场以美元结算，油价的上涨还迫使欧元继续坚挺，这对于依赖出口的欧洲经济非常不利。然而也有国家从油价上涨中获得好处，大部分OPEC成员国从高油价中获得巨大利益，俄罗斯2004年6.2%的GDP增长相当部分得益于高价能源的出口，而澳大利亚也因亚洲地区的能源短缺，煤炭出口量大增。高油价也刺激了对能源开采的投资，例如在中国，2008年用于能源方面的投资就达6.78亿美元。

表11-7 世界主要能源大国能源需求情况（2000～2007年）　　　　单位：10亿吨，%

	能源进口			能源进口增长率	能源进口占世界的份额
	2000	2004	2007	2000～2007	2007
巴西	4.1	2.69	2	-7.08	1
中国	3.2	7.2	14	41.09	10
印度	9.3	10.9	14.4	6.66	6
日本	41.2	42.6	42.3	0.39	8
美国	60.7	66.56	67.4	1.75	24
欧元区	72.3	77.4	77	0.92	39
世界	214	248	222	4.3	100

资料来源：根据世界银行数据计算而得。

（三）油价暴涨的根本原因

油价暴涨反映出的一个基本事实：世界能源消费结构不合理，能源安全体系脆弱。在过去的50年里，世界经济主要依赖石油、天然气、煤炭等化石能源，而作为交通运输的动力燃料几乎都依赖石油。因此，一旦石油价格出现大幅波动，世界经济就会出现震荡。从长远来看，以化石能源为主要能源的经济已无法可持续发展，人们必须及早进行能源消费结构的转型，大力发展包括水电、太阳能、风能、生物质能等各种可再生能源。发展核能和开发利用氢能及燃料电池，大力推行节能降耗技术，利用能源多元化和开源节流多种措施，实现能源的可持续发展，已成为全球的共识。

三、当前能源危机的解决对策

（一）全球加快可再生能源开发进程①

由于石油价格上涨和《京都议定书》②即将生效，全球加紧了新能源的开发和利用。

首先，氢能作为有望替代石油的动力燃料，已经得到了各发达国家的普遍关注。2004年2月，美国能源部出台了《氢能技术研究、开发与示范行动计划》，该计划是继2002年发布的《美国向氢经济过渡的2030年远景展望》和《国家氢能发展路线图》之后，美国推动氢能发展的又一重大举措。2004年6月，欧盟也发表了《氢燃料经济——通向可持续能源的桥梁》报告。2004年5月日本公布了《新产业创造战略》，将氢能及燃料电池列为7个重点发展领域之一。2004年"第二届国际氢能论坛"在北京召开，世界各大汽车公司、氢能源开发企业和研究机构的500多位专家与会，共同探讨氢能及燃料电池技术的发展战略和市场化前景。

其次，作为替代石油的重要战略选择，生物质能也成为世界最新关注的热点。与太阳能、风能、水电等其他可再生能源不同，生物质能可直接生产和提供动力液体燃料，这对于解决交通能源十分重要。德国在2001年就通过了《生物质能条例》，2004年生产和消费生物柴油110万吨，成为全球使用生物柴油最多的国家。法国从2005年1月1日起，实施一项新的推动生物质能的开发和利用计划，计划在能源作物种植方面超过德国。欧盟2003年5月也通过了《在交通领域促进使用生物燃料油或其他可再生燃料油条例》，要求到2005年，欧盟生物质燃料应占总燃料比例的2%，2010年达到5.75%。巴西作为开发生物质能源的强国，2004年以甘蔗为原料生产的酒精出口量已达20亿升。巴西也将批准在石油柴油中添加2%的生物柴油，并在数年内将这一比例提高到5%。巴西将优先在最贫困的东北部地区种植蓖麻，以此为原料生产生物柴油，以实现保障能源供给和农民脱贫的双重目的。

可再生能源市场化中遇到的最大障碍是成本偏高，当前还无法与石油能源的成本竞争。因此，在短期内，可再生能源还缺乏竞争力（见图11-7）。

---

① 顾钢、毛宗强、张晶、王革华：《2004世界能源发展总体态势》，国际经济技术研究所。

② 为了人类免受气候变暖的威胁，1997年12月，《联合国气候变化框架公约》第3次缔约方大会在日本京都召开。149个国家和地区的代表通过了旨在限制发达国家温室气体排放量以抑制全球变暖的《京都议定书》，它规定从2008年到2012年期间，主要工业发达国家的温室气体排放量要在1990年的基础上平均减少5.2%，其中欧盟将6种温室气体的排放量削减8%，美国削减7%，日本削减6%。《京都议定书》需要占1990年全球温室气体排放量555以上的至少55个国家和地区批准之后，才能成为具有法律约束力的国际公约。中国于1998年5月签署并于2002年9月核准了该议定书。欧盟及其成员国于2002年5月31日正式批准了《京都议定书》。2004年11月5日，俄罗斯总统普京在《京都议定书》上签字，使其正式成为俄罗斯的法律文本。2005年2月16日，《京都议定书》强制生效。2001年，美国总统布什刚开始第一任期就宣布美国退出《京都议定书》，理由是议定书对美国经济发展带来过重负担。

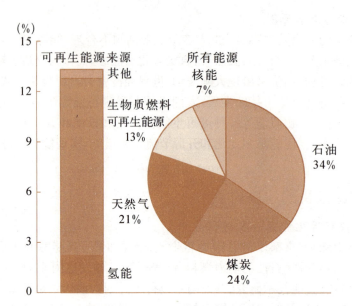

图 11-7　可再生能源的使用率不断增加,但比重仍很小
资料来源:世界银行:《2006 年世界发展指标》。

（二）国际能源竞争与合作更加普遍

1. 国际能源竞争

世界各主要石油消费国对石油和天然气的消耗量正在不断增加,为满足国内市场的需求,一些国家正在加紧开发近海油气资源和实行"走出去"战略,到海外寻找油气生产和投资机会。然而各国对油气资源的竞争不可避免地将引发国家利益的冲突。例如,中日两国就已在能源项目上多次发生摩擦。西方国家受"中国威胁论"的影响,在一些国际油气项目开采招标和公司股份收购中也极力排斥中国。另外,在南海油气资源开发方面,越南、菲律宾、马来西亚等国与中国也有争议。未来国家间在能源领域的竞争会变得更加激烈和扑朔迷离。

2. 国际能源合作

竞争是国际能源形势的一个方面,另一方面是国际能源合作的普遍与广泛。从广义上讲,能源问题、环境问题都不是一个国家能够解决的问题,需要各国共同努力和协作。为了响应 2002 年可持续发展世界首脑会议上全球可持续发展峰会提出的对可持续发展问题进行全球系统机构间合作的要求,联合国专门设立了能源机制,该机制是确保联合国关于能源问题的工作得以顺利进行的首要合作机制。2006 年,中国国家主席胡锦涛在出席八国集团同中国、印度、巴西、南非、墨西哥、刚果(布)6 个发展中国家领导人对话会议时着重就全球能源安全问题作了阐述,其在同年访问摩洛哥、尼日利亚、肯尼亚和中亚地区时,也把能源问题列为双边合作的重要领域。2009 年美国总统奥巴马上任后的首次访华即把能源问题列为重要双边议题,尤其是在清洁能源合作方面。

国际能源合作在技术层面上也非常突出。1999 年 6 月由美国克林顿政府能源部发起的第四代核反应堆研究倡议正在顺利进行,参加这一计划的有法国、英国、巴西、瑞士和南非等 10 个国家。针对第四代核反应堆,科学家已提出了 6 种可选方案。2000 年,由国际原子能机构主持的国际"核反应堆和燃料回收创新计划"也在进行中。2003 年,美国宣布重返国际核聚变研究计划(ITER)。由欧盟、俄罗斯、中国、美国、日本和韩国参加的 ITER 计划尽管在选址上还存在分歧,但各国都认为在研发核聚变技术上需要共同合作,希望尽快启动该计划。2003 年 4 月,美国能源部部长在巴黎召开的"国际能源机构部长级会议"上提出了《氢能经济国际伙伴关系计划》(IPHE),旨在通过促进氢燃料研发和标准制定方面的国际合作,协调各国在发展氢经济方面的努力。2003 年 11 月,包括中国在内的 15 个国家和欧盟代表共同签署了《IPHE 协议》(氢能经济国际合作伙伴协议),正式成立国际氢能合作机构。国际能源竞争与合作更加普遍。

本章小结

新的全球矛盾正伴随着全球化问题的出现而出现。新的全球矛盾主要体现在人口、贫困、环境以及能源问题上。当代世界的人口问题,尤其是世界人口的迅速增加特别是发展中国家人口的激增,成为影响和制约经济增长的一个严重问题,并且对社会经济发展带来了严重影响。由于粮食和资源的人均占有量受制约,一些发展中国家陷入"马尔萨斯困境",经济成长的成果被人口增长所吞没。同时,发展中国家人口增长过快,老龄化的问题没有妥善解决,从而造成了反常的落后现象,即尽管工业发展较快,但仍然扩大了人均产值的差距;尽管就业人数增加,但仍然出现失业人数增多现象;尽管都市化迅速发展,乡村人口密度仍然增大,这些都在一定程度上加剧了贫困问题。贫困问题不仅引发了穷者与富者间的对立,而且造成了在民族国家内部和民族国家之间的社会、经济不平衡,以及世界广大地区的两极分化。在全球化和新技术正给一部分人带来迄今为止无法想象的利益的同时,另一部分——据估计人数更多——却仍然享受不到这些利益,过着极度贫穷、往往营养不良和疾病缠身的生活。新的世界矛盾还体现在对于全球生态系统的过度开发与破坏导致的日益蔓延的荒漠化、对土地的侵蚀、动植物物种的灭绝、海洋与河流的污染上。这些问题与全球化的关系不一定是直接的,但其恶化速率却也正好与加速的全球化一致。如果全球化最后导致的是全球大多数人们没有得到利益,甚至失去家园,失去基本的生存保障,那么全球化的后果将不堪设想。最后,在能源问题已经变成世界经济发展当中一个非常重要的问题的时候,必须正视由于能源结构不合理所造成的世界能源安全问题以及各个能源组织及世界主要大国的能源博弈问题。同时,经济的增长对于不可再生能源的消耗问题也是各国所不能忽视的。

关键词

国内迁移　国际移民　老龄化指数　贫困　绝对贫困　相对贫困　社会排斥　贫困恶性循环理论　基尼系数　经济行为的负外部性　清洁生产　末端控制

复习思考题

1. 简述影响世界人口、贫困、环境和能源问题的相关因素。
2. 试述人口增长与经济发展之间的关系。
3. 如何处理可持续发展中的人口问题?
4. 贫困的根源是什么?如何消除贫困?
5. 环境问题的经济根源是什么?如何协调世界经济发展与全球环境保护问题?
6. 能源危机的主要表现是什么?如何解决当前的能源危机?

第十二章

世界经济的可持续发展

18世纪工业革命以来,尤其是二战以后,发达国家经历了20多年经济发展的"黄金时代",发展中国家也普遍获得了经济的增长。但是经济的增长是以资源的大量消耗、环境的污染为代价的。20世纪70年代以后,资源、环境、人口与经济的增长和发展构成了严重的冲突,人类开始反思自己的行为,重新认识经济的增长和发展,实现可持续发展成为整个社会共同的奋斗目标。要实现经济的可持续发展应坚持发展、可持续、公平性、高效性等原则,同时,在具体实行过程中采用科学的评价指标评估人类的经济活动。造成不可持续发展的原因很多,包括传统的生产和消费模式、科学技术不平衡、不合理的国际经济秩序等。因此,要实现可持续发展就要对以上进行改革。

第十二章　世界经济的可持续发展

学习目标

学习本章后,你应该能够:
1. 了解世界经济发展面临的困境,探讨该困境基础上的经济增长思想的转变;
2. 分析可持续发展的内涵、原则,并在一定程度上认识掌握可持续发展的评价指标;
3. 解释世界经济可持续发展面临的制约,了解中国可持续发展的成就和现状。

第一节　可持续发展思想的由来

一、世界经济发展面临的困境

人类改造和利用自然总是依赖一定的社会物质条件。社会物质条件主要包括资源、环境和人口等因素,它们是社会生产的物质前提和必要条件。20世纪人类社会的高度发展,一方面表明人类改造和利用自然能力的提高,创造了巨大的物质财富和空前的人类文明;但是另一方面长期过度开发和不合理利用自然造成资源的短缺、环境的污染、人口增长过快等问题,经济、社会发展面临严峻的挑战。

（一）资源问题

这里的资源问题是指狭义的资源即自然资源。自然资源是在一定社会经济条件下,能被人类开发和利用以提高自己福利水平,处于自然状态或没有被加工过的具有经济价值和稀缺性的物质。自然资源种类繁多,根据是否可再生可分为可再生和不可再生自然资源。不可再生资源一般是指矿产资源。矿产资源包括各种金属和非金属矿产资源,是在长期自然力的作用下形成的,需要经历漫长的物理和化学变化,而今天这种形成条件已经不存在了,随着开发利用,其储存量不断减少,最终将会耗竭。可再生资源主要是动植物资源、水资源、土地资源、风能、太阳能等。虽然动植物资源、水资源、土地资源等一般是可再生的,并且动植物资源、水资源、土地资源一般都处在生态平衡之中,但是一旦生态平衡被破坏,就会面临减少和耗竭的问题,也就成为不可再生资源。

社会经济的持续发展需要资源的不断投入,但是资源并不是无限的。人口增长过快加速了资源的消耗,此外长期过度开发和不合理利用资源,对环境造成污染,使资源短缺成为制约经济发展的重要因素。资源短缺主要表现为：水资源缺乏、耕地不足、能源危机和生物多样性减少等。

1. 水资源缺乏

根据联合国统计,全球一半以上地区水资源不足,全世界有15亿人口饮用不适宜饮用的水,发展中国家只有29%的人能饮用清洁水。随着人口的增加和工业化带来的水污染,使水资源需求和水资源短缺矛盾不断增加。甚至有专家估计为争夺有限的水资源,人类会爆发第三次世界大战。

2. 耕地不足

人类对森林的不合理利用,导致森林面积每年以1 800公顷的速度消失,世界森林覆盖率已达到30%的警戒水平,再加上不合理的耕种方式,使水土流失和荒漠化加速,全球每年水土流失达到250亿吨左右,每年的土地荒漠化达到600万公顷。此外,20世纪以来人口的迅速增长,更使人均耕地面积急剧减少。世界人均耕地面积已经从1975年的0.31公顷下降到2000年的0.15公顷。这使耕地不足的问题日益严重。

3. 能源危机

随着近代工业的发展,特别是二战以来,全世界能源矿产和非能源矿产消耗日益扩大。其中能源是现代工业文明的命脉。目前石油占世界能源消费的40%左右,被称为"现代工业的血液"。全世界已探明的石油储量为4 550亿桶,煤炭为50 000亿吨,天然气为3.23×10^{16}立方厘米。按照现在的消耗速度,石油大约可维持20年,煤炭110年,天然气22年。而且随着开采的深入,受地理条件和地域的限制,开采和运输的成本将越来越大。非能源矿产是现代工业发展的基础。虽然理论上,地壳中非能源矿产总储量数量巨大,但是由于开采品位和可开采的深度,实际可利用的非能源矿产并不可观。按照现在消耗速度,除铁和铬之外,其余非能源矿产都不能维持100年以上。

4. 生物多样性减少

生物种类的多样性是生态平衡的基础和关键。在自然长期发展进化中,不断有生物被淘汰,但是这种淘汰是自然淘汰且过程非常缓慢。工业革命以来,由于人类活动的加剧,许多生物赖以生存的自然环境遭到破坏,使生物淘汰的速度加快,更使许多生物处于灭绝的困境。现在全世界每天灭绝150~200种生物,大约有3.3万种生物濒临灭绝。

(二)环境问题

这里的环境是指狭义的环境即自然环境,包括人类赖以生存和发展的土地、水、大气和生物等。自然环境通常可以通过物质循环和能量守恒维持特殊的关联和平衡关系,但是当外力作用超过自然环境自我调节能力,自然环境平衡遭到破坏,就会出现环境问题。

工业革命之前,人类生产活动对环境的影响是有限的。环境问题是局部的,对人类的生存和发展影响不大。工业革命之后,科学技术的进步,人类改造利用自然能力增强,因而改造利用自然的规模和程度不断扩大加深,不合理的开发破坏了原来的生态平衡,使环境问题成为阻碍经济发展的重要因素。环境问题主要有环境污染和生态破坏两大类。环境污染主要有水污染、大气污染和土壤污染等;生态破坏主要有森林破坏、水土流失、土地沙漠化和生物种类的减少等。

1. 水污染

水污染是指生活污水和工业废水对江河、湖泊、海洋和地下水造成的污染。大量的工业废水、残留农药和生活垃圾直接危害水体生物,恶化水质,加速疾病的传播,更严重的是减少了饮用水资源。水污染中海洋污染最引起国际社会的关注,因为江河污染主要表现为上游对下游流动性危害,而海洋面积占地球面积的71%,海水的循环流动在更大的程度上加速污染的传播。根据估计,每年有1 000万吨石油、390万吨锌、30多万吨铅、25万吨铜、2.5万吨多氯联苯及5 000吨汞进入海洋。水污染危害水体生物,导致部分物种的灭绝,破坏了水体的生态平衡。

2. 大气污染

大气污染主要包括温室效应、臭氧层空洞及酸雨等问题。

(1)温室效应。地球的大气是多种气体组成的稀薄的气体层,气体中如二氧化碳、甲烷、水蒸汽、臭氧等能吸收红外射线,保持地球的温度。但是随着工业化和城市化进程的加快,二氧化碳等气体的排放量迅速增加,形成温室效应超过正常强度,使全球气候变暖。这将使水灾和旱灾交替发生,更严重的是导致南北两极冰雪的融化,海平面上升。这严重影响了农业的发展和人类生存。工业革命到现在大气中二氧化碳浓度从 270 ppm 上升到 350 ppm[①],达到人类诞生以来的最高点,并且二氧化碳浓度以每年 1.5 ppm 的速度增加,如不加以控制,温室效应将进一步恶化。

(2) 臭氧层空洞。臭氧不仅可吸收红外射线,而且可以阻止并减少 70%~90% 紫外线,保护生物免受紫外线的伤害。1985 年,科学家首次在南极上空发现臭氧层空洞,随后臭氧层空洞又呈现扩大趋势。这无疑是人类日益扩大的社会经济活动的结果。破坏臭氧层的主要物质是氟氯烷,而氟氯烷基本是人工产生,用于制冷剂、发泡剂、清洁剂、灭火剂等。如果臭氧层空洞继续扩大,紫外线辐射强度将不断加强,这将导致皮肤癌和眼睛疾病患者急剧增加,对其他生物和整个生态系统造成严重危害。

(3) 酸雨。酸雨是酸碱度小于 5.6 的降雨,它是重化工业的产物,尤其是火力发电厂和机动车辆排放的尾气最为严重。有害气体物质可随大气流动,飘散到一国其他地区,甚至飘散到其他国家,在合适的条件下形成酸雨。酸雨会直接导致农作物的减产、森林的破坏以及造成水污染和土地污染,危害人体健康。

3. 土壤污染

土壤污染主要是由水污染、大气污染的衍生物和生活及工业固体垃圾污染导致的土地荒漠化、盐渍化、土地的板结等问题。由于水的循环流动性,水污染直接导致土地污染;大气污染的衍生物如酸雨使土地盐渍化,降低耕地质量;而大气污染的另一衍生物温室效应使全球气温上升,加快了土地的沙漠化;人类自身不适当的使用化肥及农药的滥用也加重了土地的污染,使土地的生态系统遭受破坏。

4. 生态破坏

生态破坏是指外力作用主要是水污染、大气污染、土壤污染等环境污染造成的危害,超过自然环境自我调节能力,自然环境平衡遭到破坏,主要表现为森林破坏、水土流失、土地沙漠化和生物种类的减少等问题。这其中生物种类的减少最引起人们关注。

(三) 人口问题

人口的增长主要取决于社会生产力的发展。在第一次工业革命以前,人口增长十分缓慢。公元前 500 年左右,世界人口达到 1 亿;公元 1000 年世界人口达到 3.4 亿;第一次工业革命前夕 1650 年左右,世界人口达到 5 亿;第一次工业革命后直至第二次世界大战,发达资本主义国家生产力获得很大的提高,人口急剧增长。当时世界人口的增长主要是由于发达资本主义国家人口增长引起的。1800 年,世界人口达到 9 亿左右;1900 年,世界人口上升为 16 亿左右;1930 年,世界人口达到 20 亿左右;二战以后,发展中国家经济得到发展,人民生活水平有了很大提高,死亡率大大降低,出现人口迅猛增加的局面。而发达国家由于观念改变等多方面原因,人口增长率出现低增长。1960 年,世界人口为 30 亿;1987 年,世界人口为 50 亿;2000 年,世界人口超过了 60 亿。世界人口的迅速增长,大大加重了资源和环境的压力,使人类的生存和发展与经济发展的矛盾日益尖锐。人口的剧增成为经济持续健康发展的主要障碍。

---

① 现在,国家标准 GB 3101—93 明确指出不能使用此缩写,应改成 10^{-6},故 350 ppm 应写作 350×10^{-6}。(parts per million)是以前对环境大气(空气)中污染物浓度的表示方法之一,表示一百万体积的空气中所含污染物的体积数。

在当今社会,发达国家以世界20%的人口消耗着世界70%左右的资源,这种以大量资源投入带来的经济增长的生产模式和消费模式已经造成严重的资源问题和环境问题。二战后,发展中国家又纷纷沿袭发达国家的工业化历程,采用传统的生产和消费模式来发展国家经济,提高生活水平。由于发展中国家自身面临的困难,人口剧增带来了严重的社会、资源和环境问题。

首先,发展中国家科技水平不高、劳动生产力较低、人口增长过快,使经济增长的很大一部分被迅猛增加的人口所抵消。这导致发展中国家人均国民生产总值增长缓慢,生活水平不高。

其次,发展中国家由于经济发展程度还比较落后、产业结构不合理、教育水平落后、工业化和城市化水平较低、社会所吸纳的就业人口不多,使每年新增人口很多成为失业者。这在非洲国家尤为严重。

再次,人口迅猛增加给住房、交通运输等公共设施和基础设施以及能源造成巨大压力,尤其是非再生能源的大量消耗,使资源短缺问题日益严重。住房和粮食需求增加又造成对环境的破坏,使生态环境恶化。如果人口继续剧增,开发利用资源和环境的规模继续扩大,那么由此引发的社会问题、资源问题和环境问题将进一步威胁发展中国家的生存和发展。

人口剧增带来的经济落后、失业率高,使发展中国家社会问题严重,社会动荡,经济发展陷入恶性循环。20世纪80年代,世界最不发达国家有36个,而现在已经增加到48个。这48个国家人口占世界比例为10%,而国民生产总值占世界比例仅仅只有0.1%。

二、可持续发展思想的由来

(一)传统经济增长理论及其经济衡量指标

20世纪70年代以前,各国都把经济高速增长作为首要目标,以实现经济增长的工业化为主要内容,忽略了资源的有限性和环境的承受能力。国民生产总值和国内生产总值是衡量经济增长的主要指标。但是随着社会经济发展,各国开始意识到传统经济衡量指标的不足。

1. 传统经济衡量指标涉及面不广,忽略许多经济活动

传统经济衡量指标只包括用于销售的经济生产活动,而不包括用于满足自己需要的生产活动,即用来满足自己需要而非用来交换的产品都不计算在传统经济之内。如农民种植的用来自己消费的粮食、蔬菜等农产品。而这种生产活动对许多发展中国家,甚至对发达国家来说都是非常重要的。

2. 传统经济指标只衡量总产出,无法衡量产出分配和福利水平

国民生产总值和国内生产总值只是说明一个国家的总体经济实力,但并没有说明产出如何在国民间的分配。国民生产总值和国内生产总值可能掩盖多数财富集中在少数人手里,贫富差距很大的现象。

3. 传统经济指标只衡量经济生产中的一般成本,没有衡量生产的资源与环境成本

经济生产活动中,资源和环境的破坏造成的损失很多是无法用金钱来衡量的。例如许多非再生资源被消耗是无法再恢复的。因此,传统经济衡量指标可能不是意味着生活水平的提高,而是一种巨大的社会代价。

(二)增长极限理论及其评价

随着经济的增长,各国意识到传统经济衡量指标的不足,但是并没有提出更好的办法。伴随着经济增长,资源短缺、环境污染、人口增长过快等问题日益严重,经济、社会发展面临严峻的挑战。许多经济学家开始关注资源、生态等问题,并提出了一些有影响的研究成果。

第十二章　世界经济的可持续发展

美国经济学教授鲍尔丁(K. E. Boulding)在 20 世纪 60 年代发表了《一种科学——生态经济学》，提出了宇宙飞船经济理论。他在书中指出，地球是宇宙中一艘小飞船，按照当前的发展模式，宇宙飞船的有限资源终将被消耗完，并造成环境的污染，最终导致人类社会的毁灭。鲍尔丁是第一个研究这方面的经济学家，指出了经济增长中资源环境的重要性，引起了人们的广泛关注。

1968 年，来自 25 个国家的 70 位专家、学者在意大利组成了专门讨论发展与资源、环境关系，寻求新的发展战略的研究机构——"罗马俱乐部"。1972 年，罗马俱乐部发表了丹尼斯·麦多斯(D. L. Meadows)等 17 位专家、学者的研究报告——《增长极限》。报告从人口、资源、环境、粮食、投资等五个因素出发，认为以往的经济增长模式将会给人类带来灾难。人口增长引起粮食需求的增加，经济增长引起非再生资源消费速度的加快以及环境污染的扩大，这将导致资源的耗尽和环境的崩溃。经过模型的推算，按照当时的速度，整个世界体系在 2100 年前毁灭。据此，报告提出，第一，要保持人口的动态平衡，即出生率等于死亡率；第二，要保持资本存量的动态平衡，即投资率等于折旧率；第三，大力发展科学技术，减少单位能耗和污染的排放。

增长极限预测的结论是如此悲观和振聋发聩，使人与资源、环境关系得到一个极其深刻的认识，但也受到众多的批评。

1. 人口问题

人口增长可能并没有指数增长的性质。从人口增长历史来看，一般会经历三个阶段：(1) 出生率高，但由于经济和生活条件差，死亡率也很高，导致人口增长缓慢。这是工业革命之前人口增长的状况。(2) 出生率高，由于经济发展和生活水平的提高，死亡率降低，从而人口增长迅速。发达国家在工业革命之后到二次世界大战之间就属于这种情况，发展中国家现在正处于这个阶段。(3) 随着经济的进一步发展，生育观念的改变，出生率大大降低，人口呈现负增长。发达国家现在正处于这个阶段。联合国统计调查也表明，随着经济的发展，一开始人口增长率是呈上升趋势，但到一定程度后，增长率会下降。

2. 资源问题

增长极限忽略了价格对资源的作用。当一种资源变得越来越稀少，价格必然会上升反映其稀缺程度，从而使消费者节约资源，加速资源回收，并积极开发新的替代资源。另一方面，现在还不能开发利用的资源，可能随着科技的进步，能获得充分的开发利用，提高资源利用效率。

3. 环境问题

增长极限理论把经济增长和环境问题对立起来，认为经济发展的同时一定会带来环境的污染和生态的破坏。但是现代社会已经证明了国家可通过法律和经济手段来解决环境问题，在不影响经济发展的同时把污染控制在环境可承受的范围内。

从增长极限理论诞生以来的 30 多年世界经济发展证明，增长极限理论并没有变成现实，它低估了科技进步的力量和社会意识的觉醒。

(三) 可持续发展思想的形成

20 世纪 70 年代以来，各国开始意识到经济与环境健康发展的重要性，开始反思传统经济行为，重新认识经济增长和发展问题。

1972 年，联合国在瑞典首都斯德哥尔摩召开了第一届人类与环境会议，来自 113 个国家的 1 300 多位代表通过了《人类环境宣言》，提出了保护和改善人类环境的目标，拉开了可持续发展国际合作的序幕。这是可持续发展史上的第一个里程碑。

1978年，世界环境和发展委员会首次在有关文件中正式使用了可持续发展的概念：在不牺牲未来几代人需要的情况下，满足我们这代人的需要。这是对过去单纯追求经济总量增长的一种历史反思。

1980年，国际自然保护联盟受联合国环境规划署委托，制定了《世界自然保护大纲》，对可持续发展概念进行了讨论，提出了可持续发展的途径。1981年，国际自然保护联盟又发表了《保护地球——可持续发展战略》，对可持续发展进行了进一步阐述：改善人类生活质量，同时不超过持续发展的生态系统的承受能力。

1987年，联合国世界环境和发展委员会发表了《我们共同的未来》。报告从多方面对环境和发展关系进行阐述，对可持续发展的内涵进行全面的评价，正式提出了可持续发展战略，并获得代表的共识。在此，可持续发展被概括为：既满足当代人的需要，又不影响危害后代人满足其需要的能力的发展。

1992年，联合国环境与发展大会在巴西里约热内卢举行，183个国家和地区的代表出席了此次会议。会议通过了《21世纪议程》和《里约环境和发展宣言》两个纲领性文件以及《关于森林问题的原则声明》，另外还通过了联合国《气候变化框架公约》和《生物多样性公约》。这次大会集中体现了可持续发展的思想，是一整套综合的可持续发展战略，也是第一次把可持续发展的思想变为了现实。《21世纪议程》是全球实施可持续发展战略的行动准则，它的出台标志着可持续发展全球行动的正式启动。

2002年，可持续发展世界首脑会议在南非约翰内斯堡召开，191个国家派团参加了这次会议，其中104个国家的元首或政府首脑参加了这次会议。经过长时间的讨论和复杂谈判，会议通过了《可持续发展世界首脑会议实施计划》和《关于可持续发展的约翰内斯堡宣言》两个文件。这次会议的主要目的是回顾《21世纪议程》的执行情况、取得的进展和存在的问题，并制定了一项新的可持续发展行动计划，这是全面执行《21世纪议程》的关键。

第二节 可持续发展及其评价指标体系

一、可持续发展的概念及原则

（一）可持续发展的概念

1989年，第15届联合国环境规划署在《我们共同的未来》基础上通过《关于可持续发展的声明》，其中对可持续发展的定义获得了广泛的接受和认可。

1997年，中国向联合国递交了《中国可持续发展国家报告》，表示接受和认可《关于可持续发展的声明》，并结合中国国情，对可持续发展问题强调了五个方面的内容：（1）可持续发展的核心是发展；（2）可持续发展的主要标志是资源的永续利用和良好的生态环境；（3）可持续发展既要考虑当前的发展，又要考虑未来发展的需要，不以牺牲后代人的幸福为代价来满足当代人的利益；（4）实现可持续发展的关键在于综合决策机制和管理机制的改善；（5）可持续发展最深厚的根源在于民众之中。

（二）可持续发展的原则

可持续发展是一套全球性的、综合的、长期的关于人和自然现在与未来的发展思想和战略。

它的核心思想是健康的经济发展应建立在生态可持续能力、社会公正和人民积极参与自身发展决策的基础上。它所追求的目标是：既要使人类的各种需要得到满足，个人得到充分发展；又要保护资源和生态环境，不对后代人的生存和发展构成威胁。它特别关注的是各种经济活动的生态合理性，强调对资源、环境有利的经济活动应给予鼓励，反之则应予摒弃。其基本原则可概括为以下四个方面。

1. 发展原则

可持续发展的前提和核心是发展，是在平衡与稳定基础上的持续不断的发展。1987年联合国第42届大会通过的《我们共同的未来》的决议，提出了实现可持续发展的七种途径：提高经济增长速度，解决贫困问题；改善增长质量，改变以破坏环境和资源为代价的问题；千方百计地满足人民对就业、粮食、能源、住房、水、卫生保健等方面的需要；把人口限制在可持续发展水平；保护和加强资源基础；技术发展要与环境保护相适应；把环境和发展问题落实到政策、法令和政府决策中去。由上可知，发展是人类活动的主旋律，要明确地把发展摆在首位。不发展就难以解决人口增长与人民生活改善问题，也难以解决资源环境所面临的种种问题。

2. 可持续性原则

可持续性包括经济的可持续性、社会的可持续性、生态的可持续性。三者之间是互相关联而不可分割的：生态的可持续性是基础，经济的可持续性是条件，社会的可持续性是目的。人类共同追求的应该是生态、经济、社会复合系统的持续、稳定、健康发展。可持续性原则要求走资源节约和科技进步的发展道路，将生态、社会、经济三者发展有机地结合起来。

经济的可持续性的推动力是科技进步，在不损害环境的条件下，实现经济持续增长，促进社会的全面进步，满足当代人的需要，又为后代人的可持续发展创造条件。

社会的可持续性的核心是以人为本，改善人口结构，提高人口素质，实现人与社会的协调发展。社会的可持续性建立在消除贫富差距的基础上，实现公平和可持续的相互统一。

生态的可持续性是指自然资源利用和生态环境对社会经济的可持续发展所具有的可持续性，要求将人类对资源的开发利用限制在环境的承受能力之内，使生态保持持续性。这一方面要保持自然资源及开发利用间的平衡。这就要求：可再生资源的使用不应该超过其再生速度；对再生资源利用超过其再生速度的，要采取行动保护，对已经不可持续利用的资源提倡不使用，要及时补充替代物；非再生资源的利用不应该超过其替代物的生产速度。另一方面要使人类的生产和生活方式保持与环境承受能力的平衡。人类应根据可持续性的条件调整自己的生活方式，在生态可能的范围内确定自己的消耗标准。人类与自然之间应保持一种互惠共生的关系，从而实现可持续发展。

3. 公平性原则

可持续发展要求当代人在考虑自己的需求与消费的同时，也要对未来各代人的需求与消费负起历史的责任。公平性原则是指机会选择的平等性。这里所说的公平具有两方面的含义：一方面是指本代人间的公平，即同代人之间的横向公平性；另一方面是指代际间公平性，即世代之间的纵向公平性。这是可持续发展与传统发展模式的根本区别之一。

本代人间的公平包括国家之间、国内地区之间以及人与人之间的公平。1992年，联合国环境与发展大会在巴西里约热内卢通过《里约环境和发展宣言》，宣言规定"各国拥有按照本国的环境与发展政策开发本国自然资源的主权权利，并负有保证在管辖范围内或在其控制下的活动不会损害其他国家或国家管辖范围之外地区环境的责任"。发达国家以世界20%的人口消耗世界 70% 左右的资源,这种以大量资源投入带来的经济增长的生产模式和消费模式已经造成严重的资源问题和环境问题。这使发展中国家不可能通过这种方式来实现本国的工业化,可持续发展道路漫长。国内地区之间公平发展要求国家各地区在资金、技术、政策等方面要分配合理。一国可以在一个阶段优先发展某一地区,但是一段时间后,必须回馈其他地区,带动其他地区的发展,不能导致社会的动乱和国家宏观经济的失衡。许多发展中国家地区间发展失衡,导致地区间差异很大,城市和农村二元经济长期畸形发展。人与人之间的公平要求每一个人应当享有平等的生存权利和受教育的权利,每个人都应享有同等选择的机会。一个贫富差距悬殊、两极分化的世界,是不可能实现可持续发展的。

代际间公平性,是指可持续发展不仅要实现当代人之间的公平,而且也要实现当代人与未来各代人之间的公平。未来各代人应与当代人享有同样的权利来提出他们对资源与环境的需求。虽然,当代人在资源开发和利用方面处于一种无竞争的主宰地位,但是当代人没有权利不负责任地开发利用资源、破坏环境来满足自己的需要。各代人都应有同样选择的机会和空间。

4. 高效性原则

可持续发展的发展原则、可持续性原则、公平性原则,实际上已经隐含了高效性原则。前三项原则是建立在高效性原则的基础之上的。要实现以上三个原则,必然要求社会经济更少地消耗资源,生产更多的产品来满足需求,这就需要社会经济发展建立在科技进步、劳动生产力不断提高的基础上。高效性不仅要根据其经济生产率来衡量,更重要的需要根据人们的基本需求得到满足的程度来衡量,是人类整体发展的综合和总体的高效。

二、可持续发展评价指标

可持续发展从理论转变为实践的过程中,国内外专家学者就一直积极研究可持续发展的指标体系。目前,专家学者尤其是国际组织从不同的研究角度,运用不同的方法提出了各自的评价指标和体系,对可持续评价指标的建立和完善产生了积极影响。根据研究的思路和角度,大致可将评价指标分为两大类:环境经济学指标体系和社会经济统计学指标体系。

(一) 环境经济学指标体系

环境经济学指标体系通过评估人类经济活动引起的资源的消耗和环境的破坏以及资源、环境存量,用管理经济学成本-收益的方法,评价可持续发展的实际状况。

1. 传统经济衡量指标的修改与拓展

前面谈到,国民生产总值和国内生产总值等传统经济衡量指标存在着许多不足。传统经济衡量指标忽略了许多经济活动,不能反映分配和福利水平,更没有衡量人类活动中的资源和环境成本。因此,一些学者以可持续发展的内容和原则修改传统的经济衡量指标,使它能反映社会经济发展所致的资源、环境代价。如学者戴力(H. Daly)通过修改、拓展传统经济衡量指标,给出了 SSNNP 的指标:

$$SSNNP = NNP - DE - DNC$$

其中,SSNNP 为可持续发展的净国民生产总值;NNP 为净国民生产总值;DE 为防御性支出;DNC 为自然资产折旧。

2. 真实财富评价指标

1995 年,世界银行公布了衡量可持续发展的新的国家财富评价指标体系和计算方法。按照国家和地区的经济实力和可持续发展能力,世界银行将可持续发展指标分为自然资本、人造资本、人力资本和社会资本四大要素。自然资本包括土地、水、森林、石油、煤、金属与非金属矿产等资源;人造资本包括所使用的机器、厂房、基础设施(供水系统、公路、铁路……)等;人力资本即人的生产能力(如教育、营养等)所具有的价值;社会资本在新体制中目前尚未作出单独的测量,主要定义为"人类组织性"和"规模性"的生产价值。

这种指标强调人力资本对可持续发展的重要性,改变了传统经济中将人造资本作为衡量国家财富的方式,更加准确地估计了国家和地区的真实财富,一定程度上体现了国家和地区的可持续发展能力。按照这种评价指标,人造资本等以货币衡量的财富只占真实财富的20%左右,自然资本和人力资本才是真实财富的主要来源。

(二)社会经济统计学指标体系

社会经济统计学指标体系通过社会经济统计学方法将社会、经济、资源和环境等多方面因素综合起来,再将大指标分成多种小且容易评价计算的指标,形成多指标的评价体系。目前,被广泛接受和应用的社会经济统计学指标体系主要是由国际组织研究制定的。

1. 联合国可持续发展委员会指标

联合国可持续发展委员会评价指标分为社会指标、经济指标、环境指标和机构指标四大类,并且将每个大类分为驱使力指标、状态指标和响应指标。驱使力指标表示不可持续发展的人类社会经济活动和消费模式;状态指标表示发展过程中各系统的状态;响应指标表示为实现可持续发展所应采取的行动和措施。这套评价指标很全面地描述了环境压力与环境破坏的关系。

2. 联合国开发署人类发展指数

早在1990年,联合国开发署发表第一份《人类发展报告》就公布了人类发展指数。它使用了预期寿命、成人识字率、综合入学率以及修正的实际人均收入等指标来衡量福利水平。1994年,在埃及开罗召开的联合国国际人口与发展会议,强调可持续发展问题的核心是人。联合国开发署调整了实际人均收入指标,突出可持续发展是追求合理的生活水平,不是追求对物质的无限占有,进一步发展完善了人类发展指数。

第三节 可持续发展面临的问题

可持续发展是在人口猛增、粮食短缺、能源紧张、资源破坏和环境污染等问题日益恶化,生态危机逐步加剧,局部地区社会动荡等情况下,经过不懈的努力和探索,发现的人类长期生存和发展的道路。可持续发展涉及社会、经济、自然等多个方面,彻底改变了人们的传统发展观和思维方式。这一历史的转变注定会面临各种困难和制约。

一、世界经济可持续发展面临的问题

(一)传统工业化的生产和消费模式

为促进工业化和国家经济发展,传统发展模式以投入和消耗大量资源和能源,鼓励消费来刺激经济发展。工业革命以来,这种生产和消费模式已经造成世界资源的短缺和严重的环境问题。二战后,发展中国家纷纷独立,仍然采用传统工业化的生产模式,来实现国家经济的发展和人们生活水平的提高。但是,无论是从资源的消耗还是污染物的排放的总量和人均量来衡量,发达国家远远超过发展中国家。发达国家以世界20%的人口消耗世界70%左右的资源,这已经剥夺了发展中国家利用资源发展经济的机会,使发展中国家很难再用传统工业化模式继续发展下去。传统工业化模式使本来就严重的环境问题更加不堪。因此,传统工业化的生产和消费模式已成为世界经济可持续发展的制约因素之一。

(二)科学技术发展的不平衡

世界经济的可持续发展对科学技术的发展提出了更高的要求,尤其是在资源的利用、环境的保护以及废物的控制等方面。但是科学技术的发展很不平衡,发达国家在信息技术、生物工程、高新技术和新材料等多方面占有垄断地位。科技革命从总体来说,使发展中国家和发达国家的科学技术差距越来越大,在经济的可持续发展中处于很不利的地位。发达国家科技水平高,对环境保护意识强,有能力保护环境和治理污染。许多发展中国家,缺乏高新技术,一般采用传统落后的技术,而且对人与自然的关系认识不深,造成环境和资源的破坏和浪费。此外,发达国家出口的技术很多都是成熟普遍技术,甚至是国内禁止的严重污染技术,更加危害发展中国家的环境。这种科学技术发展的不平衡,使发展中国家在可持续发展中困难重重,从而使世界经济的可持续发展陷入困境。

(三)发展中国家的贫困落后

世界经济的可持续发展是建立在一定经济水平基础上的。二战以后,发展中国家在经济发展、产业结构和经济独立等方面,取得了一定的成就,成为世界经济中的一支新兴力量。但是,许多发展中国家仍然经济落后,有些甚至连温饱还没有解决。它们为获取发展所需的资金,不惜过度开发本国的资源,出口能源或初级产品,加重了资源和环境的破坏。另外,发展中国家人口增长迅猛,导致粮食、住房、公共设施等的巨大压力,更加使经济发展、环境问题恶化。西方7国集团人口占世界人口的12%,国民生产总值占世界的62%,但最不发达的48个发展中国家人口占世界的10%,国民生产总值却仅占世界的0.1%。发展中国家的贫困落后使之根本没有能力实现可持续发展。

(四)不合理的国际经济秩序

二战以后,民族解放运动和社会主义运动蓬勃发展,广大亚、非、拉地区的殖民地半殖民地国家掀起了民族解放运动的高潮,纷纷建立了独立的国家,帝国主义殖民体系土崩瓦解,但是维持这一体系的国际经济旧秩序依然存在,发展中国家对发达国家的经济依赖依然存在。

垄断是国际经济旧秩序的本质特征。发达国家通过对国际贸易和金融的垄断,控制发展中国家的经济命脉。20世纪60年代迅速发展的跨国公司成为发达国家的主要工具。国际贸易领域,如关税与贸易总协定及后来的世界贸易组织,各种贸易规则的制定仍然由发达国家控制;国际金融领域,通过建立国际货币基金组织和以美元为中心的国际货币体系,发达国家将危机救援资金、救援条件控制在手中。这使发展中国家在新的历史条件下仍然受发达国家的影响和控制。

不合理的国际分工是国际经济旧秩序的基础。二战以来,随着科技进步,国家分工的内容和形式发生了巨大变化,但是不合理的国际分工依然存在,发展中国家在国际经济中仍然处于不利地位。发展中国家对初级产品没有定价权力,处于国际分工的末端。为获得经济的增长,发展中国家不断出口初级产品和低附加值产品,而发达国家从发展中国家低价进口原材料和初级产品,加工成为高附加值的工业制成品。发展中国家和发达国家的初级产品和工业制成品之间的价格剪刀差越来越大。这使世界的贫富差距越来越大,形成两极分化。不解决不合理国际经济旧秩序,世界经济的可持续发展就不可能真正实现。

(五)可持续发展评价指标体系的不完善

目前,专家学者尤其是国际组织从不同的研究角度,运用不同的方法提出了各自的评价指标和体系,对可持续评价指标的建立和完善产生了积极影响。但是各种评价指标仍存在一定的问题,体系还不完善。

传统经济衡量指标的拓展,虽然简单便于使用,弥补了传统经济衡量指标不能反映人类活动造成的环境、资源的代价,但并没有解决资源环境的经济计量问题。

世界银行的真实财富评价指标,虽然更加准确地估计了国家的真实财富,动态地表达了一个国家或地区的可持续发展能力,但是自然资本、人造资本、人力资本和社会资本四大要素货币化存在一定的难度,用单一货币尺度衡量比较困难。这导致真实财富指标评价体系实际操作不易。

联合国可持续发展委员会评价指标详细具体,比较好地描述了环境受到压力和环境退化之间的关系,但是选择的指标数目过多,给实际应用带来困难,并且很难评价社会经济指标的因果关系,这两个缺点使这指标对社会、经济等类别指标用处不大,需要改进。

联合国开发署人文发展指标虽然被世界各国广泛采用,强调了人在可持续发展中的中心地位,很好地衡量了人在发展方面取得的福利水平,但是许多指标内涵从严格意义上来说并不等同于可持续发展。

此外,许多学者提出了不同类型的可持续发展的评价指标,这些指标各有侧重,有些已经有实际可操作的框架或模型,有些还停留在概念性的设计阶段,但目前都还处在研究和探索阶段,没有形成统一的可持续发展的评价指标体系,我们期待有更科学、更便于实际操作的评价指标的出现。

二、世界经济可持续发展的途径

(一)走低碳经济之路,减少碳排放

2008年全球金融危机后低碳经济已成为世界经济的主题词,它不仅强调减少温室气体排放,同时也涵盖了优化能源结构、扩大低碳产业投资、增加就业机会,以及促进经济繁荣。在全球房地产泡沫破灭的同时,可再生能源的投资价值凸显出来。而新能源和可再生能源技术取得重大进展后,将为缓解和适应气候变化奠定坚实的基础,为发展低碳经济和建设低碳社会提供有力支撑。

低碳经济以降低温室气体排放为主要关注点,基础是建立低碳能源系统、低碳技术体系和低碳产业结构,发展特征是低排放、高能效、高效率,核心内容包括制定低碳政策、开发利用低碳技术和产品,以及采取减缓和适应气候变化的措施。

普林斯顿大学教授 Pacala 及 Socolow 提出的"稳定楔"(stabilisation wedge)概念,现被公认为处理气候变化问题的最佳策略之一。十几年以来,全球人类温室气体排放量一直在以每年1.5%的速度增加,如果我们不采取任何行动,等到2055年,年碳排放量就会翻一番,达到每年140亿吨。两位学者提出了15项措施,如果得到实施,其中每一项都能使我们在2055年减少10亿吨碳排放量(即一个"楔角")。实际上,只需要实施这15项中的7项,就可以使碳排放量维持在2005年的水平。这15项措施归纳起来主要有五个方面:提高能源使用效率;燃料使用的转换与二氧化碳的捕获及储存;核能发电;可再生能源;森林和耕地对二氧化碳的吸收。

政府间气候变化专门委员会(Intergovernmental Panel on Climate Change, IPCC)也提出了现在在商业上可行的主要缓解温室气体排放的技术方案。其主要的方向也是在节约能源效率、开发新能源等方面。从国际能源署(International Energy Agency, IEA)刻画的减排的边际成本来看,节能的边际成本是最低的,其次是采取可再生能源、核能等发电除碳化的措施。

为了实现全球减排,《京都议定书》中引入了三个灵活履约机制,其中之一就是清洁发展机制,简称CDM(clean development mechanism)。CDM的核心,是允许发达国家和发展中国家进行项目级的减排量抵销额的转让与获得。具体来看,CDM是在强制减排的发达国家和发展中国家间展开,发达国家通过在发展中国家实施具有温室气体减排效果的项目,把项目所产生的温室气体减少的排放量,作为履行《京都议定书》所规定的一部分义务。应该说,CDM是一种双赢的机制,对发达国家而言,给予其一些履约的灵活性,使其得以用较低成本履行义务;对发展中国家而言,协助发达国家能够利用减排成本低的优势从发达国家获得资金和技术,促进其可持续发展。

从广泛的意义来看,任何有益于温室气体减排和温室气体回收或吸收的技术,都可以作为CDM项目的技术。在CDM之下,转让温室气体减排量,形成了全球性的碳金融市场,对全球金融经济生活产生重要影响。自2004年起,全球以二氧化碳排放权为标的的交易总额,从最初的不到10亿美元增长到2007年的640亿美元,4年时间增长了63倍。交易量也由1 000万吨迅速攀升至30亿吨。根据《京都议定书》,在2008年至2012年,35个工业化国家的二氧化碳及其他五种温室气体的排放量要比1990年减少5.2%,基于这一压力,发达国家纷纷通过在中国等发展中国家成员国投资温室气体减排项目,购买减排额度。世界银行预测,2012年碳交易市场规模将达到1 500亿美元。

（二）明确发达国家和发展中国家"共同但有区别"的责任

《21世纪议程》指出,发达国家和发展中国家"应享有与自然和谐的方式,过健康而富有的生活的权利,并公平地满足今世后代在环境和发展方面的需要"。为此,发达国家和发展中国家应承担"共同但有区别"的责任。

对发达国家来说,首先,必须认识到自身在全球可持续发展中的责任和义务。发达国家从近代以来的殖民主义扩张和所追求的高生产、高消费以及由此造成的高污染,对落后国家和地区以及本国的生态环境造成了严重的危害。因此,发达国家对全球自然环境的恶化负有不可推卸的历史和现实的主要责任,应该承担向发展中国家提供资金和技术的责任和义务。其次,发达国家要充分理解和尊重发展中国家的生存和发展权。生存权是人类最基本的权利,任何把民主、人权凌驾于生存权之上的做法都是不人道的。发展权是每个发展中国家的主权。发达国家不应该以保护环境、资源为借口,限制发展中国家的发展,更不能为了自身的私利向发展中国家转嫁生态危机。

对发展中国家而言,首先,发展是硬道理。发展经济,尽早消灭贫困,是发展中国家可持续发展的前提。国际经验表明,没有经济发展作为基础和大量的资金投入,没有技术进步和正确的政策指导,是不能解决环境问题的。例如,美国在20世纪60年代末、70年代初着手大规模研究环境问题时,人均国民生产总值已达11 000美元(1980年价格);日本在大规模实施污染控制时,人均国民生产总值也已达4 000美元。而目前大多数发展中国家在人均国民生产总值只有几百美元的情况下,要完全解决经济、环境、资源问题是不现实的。其次,发展中国家在坚决维护自己的生存和发展权利的同时,也应该积极履行义务。要从本国的环境与发展的具体情况出发,正确处理人口、资源、环境与经济发展辩证统一的关系,做到"边发展、边治理,边利用、边保护",而不能走西方国家"先污染、后治理"的老路。再次,发展中国家要自强自立。在保持本国稳定发展的同时,把握国际机遇,搞好本国的经济社会改革和对外开放。只有经济的发展才能促使环境保护水平的提高,并进一步巩固发展中国家的政治独立性。

《联合国气候变化框架公约》(United Nations Framework Convention on Climate Change,UNFCCC)是应对气候变化的第一份国际协议,该协议于1992年在巴西里约热内卢举行的联合国环境与发展大会上通过,目前有190多个缔约方,《公约》的最终目标,是将大气中温室气体浓度稳定在不对气候系统造成危害的水平,但它没有设定强制性减排目标。第一份具有强制性减排目标的国际协议是《京都议定书》(Kyoto Protocol),全称《联合国气候变化框架公约的京都议定书》,是《联合国气候变化框架公约》的补充条款。1997年12月签订,2005年2月16日开始强制生效,将于2012年失效。根据《京都议定书》,在2008年至2012年期间,所有发达国家六种温室气体——二氧化碳、甲烷、氧化亚氮、氟代烷(HFCs)、全氟烷烃(PFCs)、六氟化硫(SF_6)的排放量,要比1990年减少5%。《京都议定书》要求,作为温室气体排放大户的发达国家,采取具体措施限制温室气体的排放,而发展中国家不承担有法律约束力的温室气体限控义务。至目前为止,共有170多个国家签署了《京都议定书》。美国于2001年退出了《京都议定书》。

2009年12月7日至19日,《联合国气候变化框架公约》第15次缔约方会议暨《京都议定书》第5次缔约方会议在丹麦哥本哈根召开。发达国家和发展中国家在谈判中展开了复杂的利益博弈和激烈的政治较量,大会最终达成《哥本哈根协议》。该文件坚持了《联合国气候变化框架公约》及《京都议定书》的规定,即发达国家和发展中国家根据"共同但有区别的责任"原则,分别应当承担的义务和采取的行动,表达了国际社会在应对气候变化问题上的共识。《哥本哈根协议》坚持长期减排目标,通过向发展中国家提供资金、技术支持,增加减排的透明度,确保将全球气温上升幅度控制在2℃以内。但是该文件并未对日后发达国家排放二氧化碳形成强制性的法律约束,此外对于给发展中国家的资金援助也没有列出具体举措,因此遭到强烈的批评。

三、中国可持续发展的现状及问题

(一)中国可持续发展的成就

1992年联合国环境与发展大会后,我国政府制定了《中国21世纪议程——中国21世纪人口、环境与发展白皮书》,作为指导我国国民经济和社会发展的纲领性文件。该议程分四部分:一是可持续发展总体战略;二是社会可持续发展;三是经济可持续发展;四是资源和环境的合理利用和保护。《中国21世纪议程》的制定标志着我国可持续发展进程的开始。为配合和加快可持续发展,我国还专门制定了许多政策和规划,如中国环境保护战略、中国环境保护行动计划、中国生物多样化保护行动计划、中国林业21世纪议程,等等。经过10多年的努力,我国实施可持续发展取得了举世瞩目的成就。

1. 经济发展方面

国民经济持续、快速、健康发展,综合国力明显增强,2005年我国国内生产总值达到182 321亿元,成为发展中国家中吸引外国直接投资最多的国家和世界第三大贸易国,人民物质生活水平和生活质量有了较大幅度的提高,经济增长模式正在由粗放型向集约型转变,经济结构逐步优化。

2. 社会发展方面

人口增长过快的势头得到遏制,科技教育事业取得积极进展,社会保障体系建设、消除贫困、防灾减灾、医疗卫生、缩小地区发展差距等方面都取得了显著成效。

3. 生态建设、环境保护和资源合理开发利用方面

国家用于生态建设、环境治理的投入明显增加,能源消费结构逐步优化,重点江河水域的水污染综合治理得到加强,大气污染防治有所突破,资源综合利用水平明显提高,通过开展退耕还林、还湖、还草工作,生态环境的恢复与重建取得成效。

4. 可持续发展能力建设方面

各地区、各部门已将可持续发展战略纳入了各级各类规划和计划之中,全民可持续发展意识有了明显提高,与可持续发展相关的法律法规相继出台并正在得到不断完善和落实。

(二) 中国可持续发展的现状

我国可持续发展的突出矛盾主要是:经济快速增长与资源大量消耗、生态破坏之间的矛盾,经济发展水平的提高与社会发展相对滞后之间的矛盾,区域之间经济社会发展不平衡的矛盾,人口众多与资源相对短缺的矛盾,一些现行政策和法规与实施可持续发展战略的实际需求之间的矛盾等。具体来说主要有以下几点。

1. 资源消耗大,供给不足

中国资源利用率和转化率相对发达国家偏低,就是与某些发展中国家相比也低。我国的耗能设备能源利用效率比发达国家普遍低30%~40%;水资源循环利用率比发达国家低50%以上。据有关部门统计,我国每创造1美元产值消耗的能源,是美国的4.3倍,德国和法国的7.7倍,日本的11.5倍;1983年我国成品钢材消费量仅为3 000多万吨,到2003年,钢材消费量已高达2.5亿吨,20年增长了8倍,接近美国、日本和欧盟钢铁消费量的总和,约占世界总消费量的40%;电力消费已经超过日本,仅低于美国,居世界第二位。资源利用率和转化率低,使我国资源消耗大,以至能源短缺严重。我国沙漠和沙漠化土地占国土面积的15%,35%的国土受到风沙威胁,37%的国土面积水土流失严重,8 000万亩以上的耕地遭受不同程度的大气污染,这使我国人均耕地不足世界人均耕地的40%;我国水资源人均占有量仅为世界人均占有量的25%,全国缺水总量为300亿~400亿立方米,每年受旱农田面积达700万~2 000万公顷,110座城市严重缺水。

2. 环境污染严重

我国大气中二氧化硫排放量达1 995万吨,比国家二级标准要求的1 200万吨容量高66.3%,农田化肥农药污染、重金属污染、各种持久性有机污染日趋严重。2001年全国七大水系断面监测,达到三类水质以上的水量仅占29.5%,而劣五类水质的水量高达44%,全国有80%的江河湖泊受到不同程度的污染,污水灌溉的农田已占灌溉面积的7.3%,因固体废弃物堆放而被占用和毁损的农田面积已达200万亩以上。据世界银行测算,90年代中期,我国每年因环境污染造成的经济损失占GDP的比重已经高达6%~8%。

3. 国民生态观念、环保意识不强

长期以来,我国只有环境保护部门和专业人士能清醒地认识到生态环境恶化的趋势对经济增长的制约关系,其他部门和人员对经济增长带来的生态环境问题并没有引起应有的重视。虽然1992年我国政府就已经把可持续发展作为发展战略,并在政策方面给予了充分的重视,但是,在社会大众的意识中,GDP还是我国经济和社会发展优先考虑的目标,生态环境作为生活

质量和效用的内涵仍处于朦胧状态,并没有形成把生态环境当做生产要素的意识。生态环境被看作是自然赋予人们的生产和生活的外部环境。1998年长江流域特大洪水灾害唤醒了各级政府和广大群众的生态环境意识,推进了退耕还林、退耕还草等具有实践意义的生态环境保护与恢复政策的出台和真正实施。

除此之外,中国可持续发展面临的问题还有:能源结构中清洁能源比重仍然很低,自然资源开发利用中的浪费现象突出,生态环境恶化的趋势没有得到有效控制,资源管理和环境保护立法与实施还存在不足等。

(三) 中国可持续发展的对策及战略选择

根据我国可持续发展的成就、现状以及问题,中国应从国内与国际两个层面入手,采取有效措施,努力实现经济与资源、环境的和谐发展,实现可持续发展的目标。

1. 国内对策及战略选择

在国内层面,应确立《中国21世纪议程》的国家战略地位,并将其逐步纳入各级国民经济和社会发展计划,积极推进实施。一方面,改革体制,建立有利于可持续发展的综合决策机制,调整现有政府部门的职能,加强部门间的广泛协商和合作,建立协调的管理运行机制和反馈机制,使各部门之间采取协调一致的行动,必要时建立新的组织协调机构,以保证可持续发展战略目标的顺利实现。另一方面,开展对现行政策和法规的全面评价,制定可持续发展法律、政策体系,突出经济、社会与环境之间的联系与协调。通过法规约束、政策引导和调控,推进经济与社会和环境的协调发展。

2. 国际对策及战略选择

加强同国际社会的经济、科学和技术交流与合作。通过国家间的磋商和对话,寻求有效的国际合作机制,保证现有发展援助资金,同时寻求新的、额外的资金,支持中国和其他发展中国家有效地参与保护全球环境的国际行动和补偿履行全球环境义务而带来的经济损失。积极参与全球环境保护行动,在温室气体控制、臭氧层损耗物质的替代品和替代技术开发利用、防止有毒有害化学品和废物污染与越境转移、保护海洋环境和生物多样性等方面,扩大与国际社会的交流与合作。

中国政府于2002年9月3日核准签署《京都议定书》。由于中国是条约控制纲要以外的国家,所以不受温室气体排放的限制。中国对温室气体排放的态度主要表现在两方面:第一,着重人均排放。中国的人均排放仅接近于美国的1/5。世界银行的数据显示,2003年,美国人均二氧化碳排放为19.8吨,而中国人均排放量为3.2吨。2004年中国人均排放量是发达国家(OECD成员国)人均水平的33%。第二,着重历史累计排放。从工业革命到1950年,发达国家的排放量占全球累计排放量的95%;从1950年到2000年,发达国家排放量占全球的77%;从1904年到2004年间,中国累计排放占全球的8%。因此,中国政府坚持《公约》所确定的各项基本原则,特别是"共同但有区别的责任"的原则,是指导气候变化谈判的基础;将在可持续发展的框架下采取行动,发展经济,消除贫困,改变不可持续的奢侈消费方式,走发展经济与环境保护相协调的道路。

面对气候变化的严峻挑战,中国作为负责任的发展中国家已决定,到2020年中国单位国内生产总值二氧化碳排放比2005年下降40%~45%,将其作为约束性指标纳入国民经济和社会发展中长期规划,并制定相应的国内统计、监测、考核办法;通过大力发展可再生能源、积极推进核电建设等行动,到2020年我国非化石能源占一次能源消费的比重达到15%左右;通过植树造林和加强森林管理,森林面积比2005年增加4 000万公顷,森林蓄积量比2005年增加13亿立方米。这是中国政府根据国情采取的自主行动,是中国人民为全球应对气候变化做出的巨大努力。同时,中国主张通过切实有效的国际合作,共同应对气候变化。中国将坚持《联合国气候变化框架公约》和《京都议定书》基本框架,坚持"共同但有区别的责任"原则,主张严格遵循巴厘路线图授权,加强《公约》及《议定书》的全面、有效和持续实施,统筹考虑减缓、适应、技术转让和资金支持,推动《哥本哈根协议》取得积极成果。2010年3月9日,中国致信联合国气候变化秘书处表示批准《哥本哈根协议》,成为最新一个批准该协议的重要经济体。中国的批准,标志着世界主要的经济体和主要的二氧化碳排放国家,除俄罗斯外都批准了《哥本哈根协议》。

本章小结

二战以后,发达国家经历了20多年经济发展的"黄金时代",发展中国家也普遍获得了经济的增长。但是经济的增长是以资源的大量消耗、环境的污染为代价的。20世纪70年代以后,资源、环境、人口与经济的增长和发展构成了严重的冲突,人类开始反思自己的行为,重新认识经济的增长和发展,实现可持续发展成为整个社会共同的奋斗目标。人类重新考虑资源、环境、人口与经济增长的关系,实现资源、环境、人口和经济的和谐发展,这是人类历史上对自然关系认识的一次重大飞跃,它对世界产生了积极而深远的影响。

本章是本篇的最后一章,在了解经济增长理论和经济周期的基础上,基本上勾勒出可持续发展的逻辑结构。在本章里,主要探讨了什么是可持续发展、可持续发展面临的问题和对策选择。本章前一节重点阐述了世界经济发展面临的困境,从而讨论经济增长思想的转变过程,引出了可持续发展这个人类社会的客观历史选择。第二节,详细探讨了可持续发展的定义、内涵和基本的原则,加深对可持续发展的内涵和本质的了解,并简单介绍了可持续发展的评价指标。本章最后一部分着重阐述了世界经济可持续发展面临的多种制约,同时讨论了中国可持续发展的成就和特殊问题,以及世界和中国的战略选择和对策,从而使读者认识到实现可持续发展已经成为整个社会共同的奋斗目标。

关键词

自然资源　可再生资源　不可再生资源　传统经济增长理论　增长极限理论　可持续发展

复习思考题

1. 试论世界经济发展面临的资源问题、环境问题和人口问题。
2. 试论传统经济增长理论及其缺点。
3. 试论增长极限理论的不足。
4. 试论可持续发展的原则。
5. 目前可持续发展评价指标体系主要有哪几种?试对其进行评价。
6. 试论世界经济可持续发展面临的问题,并对中国的可持续发展问题进行分析和评价。

第五篇　世界经济与全球经济治理

第十三章

国际经济协调

经济全球化已将世界经济融合为一个整体,各个国家经济联系日益紧密,一国经济受到外来经济冲击的影响也越来越大,因此迫切需要国家间的经济协调。国际经济协调的主要内容包括国际贸易的协调、国际货币与汇率的协调以及宏观经济政策的协调。其中国际贸易协调主要通过GATT以及WTO展开多轮谈判以促进国际贸易的正常运行;国际货币与汇率的协调主要经历了固定汇率以及浮动汇率下的国际协调,国际货币基金组织在其中发挥了重要作用;宏观经济政策的协调在二战后主要是通过G7对财政政策、货币政策等宏观经济政策进行协调。国际经济协调极大地促进了世界经济的稳定,促进了世界经济的发展,但是随着经济全球化的进一步推进,国际经济协调也日益暴露出如协调缺乏预见性、公正性、权威性以及协调的效果与目标相偏离等局限性。

第十三章 国际经济协调

学习目标

学习本章后,你应该能够:
1. 了解国际经济协调的含义、内容、效果以及主要的国际协调机构;
2. 分析为什么要进行国际经济协调;
3. 理解国际经济协调的各种途径。

第一节 国际经济协调的形成与发展

一、国际经济协调的含义和主要形式

国际经济协调(international economic coordination)是指以各个国家或地区的政府为主体,在承认世界经济相互依存的前提下,为了解决彼此间在经济利益中的矛盾与冲突,维护并促进世界经济稳定和正常发展,通过一定的方式,联合对国际经济运行进程进行干预或调节。

国际经济协调按组织形式的不同可以分为以下几种形式:国际经济协调机构协调、区域经济集团协调、国际经济条约与协定协调和国际会议协调。它们在不同的时期分别充当着国际经济协调的主要形式,对各国经济的约束与影响以及对世界经济的贡献也各不相同。

(一)国际经济协调机构协调

国际经济协调机构主要是指政府间的以协商解决经济问题为主的国际经济组织,它是由三个以上的主权国家或地区通过条约或协定所组建的国际性经济协调管理机构。国际经济协调机构有着明确的宗旨和制度,其成员国既是其主体,也是其权力的授让者,各成员国必须按照条约或协定规定接受国际经济协调机构的管理。

国际经济的协调机构按照不同的划分标准可以分为:全球性的和区域性的、综合性的和专门性的,以及政府间的和非政府间的。随着人们对国际经济协调机构要求的不断提高,一些国际经济协调机构的成员国逐渐让渡出部分国家主权,因而又有了国家间的协调机构和超国家协调机构之分。

按照参与机构组织的国家范围为划分标准,可将国际经济协调机构分为全球性的和区域性的国际经济协调机构。全球性的经济协调机构顾名思义,是指那些成员国遍及世界各地,旨在为全球性的经济事务服务的机构组织,如联合国的相关经济组织、世界贸易组织、国际货币基金组织、世界银行等。区域性经济协调机构往往是基于一定的地缘经济关系建立起来的。区域性协调机构由于参与的国家数量较少,因此机构的目的、宗旨一般更为具体明确,并且对区域外的国家表现出较为明显的排斥性。

根据国际经济协调机构的职能为划分依据,可将国际经济协调机构分为综合性的和专门性的国际经济协调机构。综合性的国际经济协调机构的协调领域是多元化的,其协调对象并不固定,多是针对当前所发生的具体事件进行协商解决,如联合国的有关经济机构、经济合作与发展组织等。专门性的国际经济协调机构是专门从事于特定技术领域协调管理的机构组织,它们的协调活动往往是定期的,因而具有稳定、经常、持续的特点,如国际海事组织、世界知识产权保护组织等。

根据国际经济协调机构的参加者类型不同,可分为政府间的和非政府间的国际经济协调机构。政府间的国际经济协调机构是基于政府间的协议建立和运作的国际经济机构,它的参加者是各国政府。这种组织在国际经济事务中发挥着重要作用。国际货币基金组织、世界银行、世界贸易组织等都是典型的政府间的国际经济协调机构。非政府间的国际经济协调机构不是由政府间协议创建的国际经济机构,其参加者不是主权国家的政府而是个人、民间团体、法人等。这种组织在国际经济关系的特定方面往往也有重要的影响力,典型的如国际商会、国际清算银行等。

国际经济协调机构实际上就是为了解决不断涌现的国际经济关系问题而建立和发展的。由于生产力的发展以及世界经济一体化所蕴含的是国际经济关系在深度和广度上的持续推进,在各国经济相互依赖性、一体化日益增强的今天,原有的那种仅仅为主权国家提供一个解决问题的平台或是作为一个协调中介的国际经济协调机构的局限性已经日益明显,不能充分发挥国际经济协调的效用。因此,成员国让渡出部分主权,超国家的国际经济协调机构也陆续诞生,例如欧盟,其统一货币的发行无疑是国际经济协调道路上的一个里程碑,并且为其他国家起到了一个很好的表率和示范作用。

(二)区域经济集团协调

自20世纪50年代以来,为了促进国家间经济合作与贸易的发展,以欧盟、北美自由贸易区、亚太经合组织为代表的区域经济集团在世界范围内得到了蓬勃的发展。20世纪末期,由于受到欧盟成功经验的鼓舞以及出于自身经济安全的需要,掀起了一阵建立各种多边与双边区域经济集团的高潮。据WTO统计,截至2010年2月,向WTO通报的区域经济合作安排已达到462个,正在实行的有271个。其中,WTO成立后通报的有339个,平均每年通报数目超过20个,而WTO成立之前,世界上每年大约成立三四个区域经济合作组织。

与国际经济组织的协调相比,区域经济集团所覆盖和影响到的国家要少得多,但是区域经济集团的成员国往往会通过协议让渡部分的国家主权给区域经济组织,这就使得区域经济协调所涉及的范围更广、程度更深。例如,欧盟就可以对其成员国间的贸易、金融、投资、劳动力等各个方面进行协调,且执行力度和效果明显优于其他经济组织。区域经济集团的协调效果和该集团成员国之间的一体化程度有直接联系,一体化程度越高,其协调对成员国经济发展的促进作用也就越明显。

(三)国际经济条约与协定协调

国际经济条约与协定是两个或两个以上的国家或地区为了确定彼此之间的经济权利和经济义务而缔结的书面协议。国际经济条约和协定具有法律效力,并且具有时效性,它由各国分别落实,但没有专门的机构组织协调,当出现新的问题时,由国家之间进行临时磋商解决。国际经济条约与协定以书面的形式管理、协调国际经济的交往,使世界经济的运行更加规范。如《联合国国际货物销售合同公约》、《保护工业产权巴黎公约》和《商标注册马德里协定》等。由于国际经济条约和协定自身时效性的特点以及新的经济状况不断地发生,都促使这些条约与协定随着世界经济的发展而不断地更新、完善,当然这个过程中存在着时滞的问题。

(四)国际会议协调

国际会议是主权国家间政府代表通过会晤,就相互间经济关系和有关国际经济问题进行协商,进而规定各方权利和义务的协调方式。相对于其他几种组织形式,国际会议的约束力较差,

大多是临时性的,而且很不稳定。国际会议一般没有长期固定的议题,与会国主要就当前迫切需要处理的经济问题交换意见,进行协商,最终达成某项共识。会议可能成立国际经济组织或区域经济一体化组织,也可能产生国际经济条约和协定,但也可能仅就某方面的政策性协调表明共同的意见或立场。

国际会议的参与国数量、级别和举行期限都不固定,因此比较灵活,包括双边的和多边的、首脑级的和部长级的,以及定期的和不定期的等多种形式。目前,在众多国际会议中对世界经济影响最大的是西方七国首脑和财长会议。1975年以来七国集团每年定期举行会议,针对经济增长、国际贸易、国际金融、南北关系、环境保护等国际经济政治问题进行广泛的讨论,并在干预石油价格、稳定美元汇率、抑制通货膨胀、缓解第三世界国家的债务危机和对国际金融危机的救助上都取得过显著的成效。随着世界多极经济格局的形成,发展中国家对世界经济的影响越来越大。1997年亚洲金融危机的爆发使国际社会认识到,国际金融问题的解决除西方发达国家外,还需要有影响的发展中国家参与。因此,为了推动发达国家和新兴国家之间就实质性问题进行讨论和研究,以寻求合作并促进国际金融稳定和经济的持续增长,1999年9月25日,八国集团财长在华盛顿宣布成立二十国集团(G20),成员国包括中国、印度、巴西、阿根廷、墨西哥等发展中国家。G20以非正式的部长级会议运行,集团财长和央行行长每年举行一次会议、一至两次副手级会议,每年的部长级例会一般与七国集团财长会议相衔接。其他具有较大影响的国际会议还包括发展中国家的国际会议,如不结盟国家和政府首脑会议、东盟政府首脑会议、安第斯集团首脑会议以及针对人类社会的某项具体问题而举办的会议,如世界粮食大会、世界环境与发展大会等。

二、国际经济协调的基础

(一)国际经济协调的理论基础

1. 相互依存理论分析

国际经济政策协调是世界经济相互依存不断加深的产物。20世纪50年代末60年代初,西方经济学家通过对国际经济相互依存问题的深入研究,提出了国际经济相互依存理论。当时该理论主要阐述西方发达国家之间的相互依存关系;60年代末70年代初,相互依存理论有了很大发展。其中,美国学者理查德·库珀(Richard N. Copper)做了较为权威的国际经济相互依存理论的研究。他在50年代末60年代初开始研究欧洲经济一体化进程,并于1968年发表了专著《相互依存经济学:大西洋共同体的经济政策》(*The Economics of Independence: Economic Policy in the Atlantic Community*)。其后,西方经济学家在深入研究西方发达国家相互依存关系的同时,还提出了"南北"相互依存理论;进入80年代以后,随着世界经济全球化的发展,相互依存理论又有了进一步发展。

西方经济学家认为,相互依存可以概括为以下几个方面的内容:第一,结构上的相互依存,即两个或更多的国家经济相互之间高度开放,这样,一个国家的经济事件、经济活动就会强烈地影响到其他国家的经济事件或经济活动。这是由于结构上的开放,引起了经济上的相互依存。第二,经济目标上的相互依存,即一个国家关心和注意另一国家的经济目标,有时一国经济目标的实现要依赖于其他国家经济政策上的配合。例如,稳定外汇汇率,保持国际收支平衡等。第三,两个或两个以上外生干扰因素之间高低相关度的相互依存,即如果这些干扰因素是低度相关的,那么,当一个国家受到外生干扰冲击的时候,另一个国家受到的影响程度就比较小;但是,如果两个国家外生干扰因素的相关程度比较高,则会加强相互之间的联系。第四,国家之间政策上的相互依存,即一个国家的最佳政策得以实现,更取决于其他国家的行动,这种政策上的相互依存是由于结构上的相互依存和目标上的相互依存所直接引起的。

在过去几十年里,世界经济相互依存性的加强给世界经济发展带来了许多好处。例如,促进了国际贸易的飞速发展和国际资本流动的不断自由化,并且使世界资源得到了更有效的利用。此外,科学技术的国际交流也使知识、技术和管理技能得以广泛传播,带动了世界经济的发展。但不争的事实也有力地说明,国家间经济越来越大的相互依存性极大地降低了国内经济政策的有效性,并增加了向世界各国的溢出效应。尽管理论分析表明,各主权国家的政府都能通过国内货币政策和财政政策的调整来实现其内部经济和外部经济的平衡。但实际上在相互依存的国际环境中,一国采取经济政策和措施的成败,在很大程度上依赖于其他国家的政策、行动和做出的反应。由于国内经济政策自主权的减少,其政策的作用与效力便难以预测。例如,美国为刺激经济而实行的宽松的货币政策会降低其利率,但由此导致的资本外流,将破坏扩张性货币政策带来的膨胀效应,在其他条件不变的情况下导致美元贬值;同时,其他国家则面临资本流入和货币升值,这也会破坏这些国家为达到它们自己的具体目标而做出的努力。很显然,在一个相互依存的世界经济中,各国的经济政策应该相互协调,而且,随着国家间相互依存的增强,国际经济政策协调变得更加重要而不可或缺。

2. 国际经济传递机制分析

由于世界各国相互依赖性的增强,一国经济会通过一些渠道传递或溢出到其他国家,由此形成经济变量的一系列变动过程。国际经济传递主要通过以下几种途径得以实现。

(1)国际贸易传递机制。国际贸易传递机制主要是通过世界市场的需求及价格的波动对一国的国内经济造成影响。一国经济可以分为开放部门和非开放部门两部分,在经济全球化的今天,各个国家开放部门的运行都与世界市场的价格息息相关。当世界市场价格发生变化时,首先会引起各国开放部门价格的相应变动,开放部门价格的变动又会引起国内其他相关部门价格的变动,从而导致整个国内市场价格水平的变动,最终引起国内产量和就业水平的变动。如果一国的开放部门在国内经济中所占的比重越大,或是一国的外贸总额在世界贸易总额中所占的份额越高,再或是一国某种商品在世界市场上的总供给或总需求中所占的比重越大,世界市场的传递机制表现得就越明显,世界市场价格的变动对该国经济的影响也就越大。

(2)国际金融的传递机制。与国际贸易相比,由于二战后国际金融的迅速发展,以及国际金融自身流动性较强的特点,国际金融具有更为广泛的传递渠道。

首先是信贷关系的传递。在国际货币信贷关系极为密切的今天,这一渠道的影响力已经越来越引起人们的关注。当一国的主要债权国由于经济衰退或是其他原因需要回收资金时,该国的短期信贷就会大量地被抽回,企业和银行就会面临支付和信用危机,甚至爆发国家乃至区域性的金融危机。20世纪末墨西哥爆发的"比索危机"就是一个很好的例证。

其次是汇率的传递。汇率是指两国货币的比值,它直接对本国和他国的进出口价格产生影响。当一国宣布货币对外贬值,就会增强该国国内企业在国际市场上的竞争力,扩大出口、减少进口,改善国际收支,但是相应的会把赤字和失业带给其他国家。20世纪世界大战期间所爆发的货币战就是这一理论的延伸。

再次是利率的传递。当一国的利率与国际金融市场的利率有差距时,国际资本就会依据利率平价条件相应地流入或流出,进而影响其他国家的利率和资本的供给,从而导致各国的通货膨胀率与世界通货膨胀率趋于同步。在国际游资于国际金融市场上大量存在的今天,利率传递对国际经济的影响已经受到了人们越来越多的重视。

最后是货币政策的传递。一国的通货膨胀水平与该国的货币政策是直接相关的。当一国采取扩张性货币政策,该国的通货膨胀率高于世界其他主要国家的通货膨胀率时,资本便会流向国外,从而把本国的通货膨胀传到国外。同样的道理,当国内的通货膨胀水平低于国外时,资本又会内流。这时,为了避免资本的过多流入,该国又不得不施行相应的货币政策使得国内的通货膨胀率与世界一致,这样就导致国外的通货膨胀传递到了国内。

决定国际金融各个渠道传递效应大小的因素主要包括国内外资本的交叉程度和一国金融市场的国际化程度。如果本国的外资数量和本国在国外的资本数量越大,例如本国银行中国外存款的比重较多,本国拥有的外国有价证券和外币的数额较大,并且在这些资本债券构成中短期资产所占的比例较高,或是本国与他国政府对资本流入流出的限制较少,国内利率与国际金融市场利率的差异明显,汇率波动幅度较大等情况下,国际金融的传递效应对本国的影响就较大。如果一国对资本流入、流出进行严格的控制,国内的金融市场发展相对滞后,则国际金融传递的影响也会相应较小。

(3) 劳动力的传递机制。劳动力由于其自身的特点,它的国际流动要比商品和资本的国际流动在规模和程度上都小得多,主要受各国政府对劳动力流动政策的影响。当然,外籍工人在国际市场上的流动仍然是存在的,这种传递机制主要是通过工人工资水平的传递和失业人数的转移来实现的。当两个国家对彼此之间人员流动限制较低时,劳动力就会从低工资国家向高工资国家或是低就业国家向高就业国家转移,这就会对两个国家的生产成本和就业情况造成影响。

3. 博弈论分析

博弈论(theory of game)又称对策论,是研究决策主体在其行为发生直接相互作用时的决策方法,以及这种决策的均衡问题,亦即决策主体面临两难选择时,如何选择最佳的对策。其主要特征是决策主体之间的行为是直接相互影响的,因此,决策主体在决策时必须考虑其他决策主体的反应。在相互依存性很强的世界经济中,各国经济政策的外部性越来越明显,作为世界经济中的行为主体,一国的经济政策行为会影响到其他国家的社会福利函数,反过来,又受其他国家政策的影响。因此,各国宏观经济政策的制定及选择过程就好似一局博弈。一国在制定经济政策以及实施经济行为时,不得不考虑他国的反应以及将会采取的措施,以做出尽可能地使自身利益最大化的决策。

西方经济学家中最早将博弈论引入宏观经济分析和国际经济协调理论的是西托夫斯基(Scitovsky)和哈里·约翰逊(Harry Johnson),他们分别于1942年和1953年撰写了通过博弈论对国际贸易冲突进行分析的文章。理查德·库珀(Richard Cooper)也在其1968年发表的专著中对当时欧共体的经济政策协调作出了策略性分析。而到了七八十年代,日本经济学家滨田宏一(Koichi Hamada)在其所著的《国际货币相互依存的政治经济学》(The Political Economy of International Monetary Interdependence,1985)中对货币领域的国际协调(特别是对国际货币体制的选择)进行了策略分析,并且还设计出了能够演绎各国的宏观经济决策当局在三种不同行为模式的假设条件下,通过国际经济协调能够达到均衡的过程及结果的一般均衡动态模型。

博弈论在宏观经济分析中的应用并不能直接为国际经济协调提供具体的方法,也不能为世界各国制定一个切实可行的经济发展战略,但是它有助于人们加深对国际经济相互依存条件下各种利益冲突所包含的利弊得失的理解,并为各国间的宏观经济政策协调设计出一个更加完善的理论框架,告诉人们通过加强各国经济合作以达到世界经济的"帕累托改善"的目的是可行的。

(二)国际经济协调的现实基础

1. 经济全球化导致世界各国相互依赖影响程度的加强,需要国际范围内的经济协调

第二次世界大战结束以后,经济全球化已经成为一个不可逆转的趋势迅速渗透到世界的每一个角落,世界各国,无论是发达或是不发达国家都先后被纳入到世界经济的发展体系中。伴随着贸易的全球化、生产的全球化以及世界各国金融自由化和金融国际化步伐的加快,世界经济相互依赖、相互影响的特点日益明显。除此之外,国际人员流动、技术贸易、信息传递等也都极大地增强了各国经济的关联度。20 世纪 70 年代以来,世界各国经济同步性的趋势表现得愈加明显,如 70 年代各发达国家经济发展的"滞胀"、80 年代的经济复苏以及其间发生的两次世界性经济危机,都是世界各国相互依赖程度加深的表现。现如今,世界上几乎每一个国家都面临着如何在完善国内经济运行条件的同时改善外部经济环境的问题,而要同时处理好这两个问题,单纯依靠国内外市场的自发调节以及本国宏观经济政策的干预显然是不够的,国际经济协调愈来愈显示其必要性。例如为了走出 20 世纪 70 年代经济低迷的困境,七国集团在 1978 年的波恩首脑会议上,提出了由美国、日本、联邦德国三个世界上经济实力最强、影响力最大的国家共同推行扩张性的货币政策,作为世界经济的"火车头"来带动世界经济的增长。同时,会议还强调了在经济衰退期间,一国如果单独实行扩张性政策,会使该国的国际收支进一步恶化,但若是多个国家合作,共同实行扩张性政策,则可以使世界经济得到帕累托改善,每个国家都获得最大化利益。

2. 开放经济条件下,各国为了追求更高的经济利益需要国际经济协调

一国开放本国经济,主要是为了增强与其他国家的资金、商品、技术、劳动力等方面的交流,加快经济的发展,但是这种目标的达成往往会受到其他国家经济发展状况及对外经济政策的影响,这主要体现在市场进入障碍和过度竞争上。一方面,一国实行对外开放,发展对外经济所能获得的经济利益受到其他国家经济开放程度的影响。现如今,在经济全球化的背景下,各个国家在努力发展对外经济关系的同时,也都不同程度地实行了各种限制保护措施,如限制进口、限制对外资本及金融交易、实行外汇管制和限制移民等。这些限制措施的实施,不仅削弱了开放经济所带来的经济利益,还经常导致世界各国在国际经贸领域内的摩擦与冲突。另一方面,世界各国在经济往来过程中,为了实现各自利益的最大化,常常会相互采取一些损害他国利益的竞争策略,进而导致恶性竞争,这样不仅不能让本国的经济条件得到改善,反而会使各国的经济利益都受到损失。由于市场进入障碍和过度竞争主要靠各国宏观经济政策的调节,因此在凭借市场机制发挥其基础调节作用的同时,还必须加强国家之间的经济交流与合作,这样才能够创造一个适合国际经济发展的良好环境。

3. 二次大战后世界经济中频繁出现的危机和波动需要加强国际经济协调

这主要体现在以下三个方面。

(1)周期性世界经济危机的不断爆发需要各国联合起来共同地应对。二战后到 90 年代共发生了 6 次周期性的经济危机,尽管每一次危机在各个国家发生的时间不完全相同,但总的说来,各个国家危机的爆发还是具有非常明显的连带作用。在这种情况下,各国意识到不能仅仅

是被动地等待危机爆发后对国内经济进行调整,而是需要加强各国宏观经济政策的协调。自1975年11月首次召开朗布依埃首脑会议以来,每遇到周期性经济危机七国首脑会议都会就此内容进行协商,并取得了积极的效果。

(2) 除了周期性经济危机以外,在某些国家的某些领域还经常发生局部性的经济危机。这种危机往往也会对世界经济产生严重的影响。如20世纪80年代发展中国家的债务危机、90年代先后在墨西哥和东南亚国家爆发的金融危机,它们不仅给危机发生国造成了巨大的损失,而且都还不同程度地影响到世界其他国家经济的发展。这些都需要西方大国及其他相关的国际经济组织进行干预、协调,以降低危机所造成的损失。

(3) 国际货币体系的改变以及汇率的变动会影响世界经济的稳定及发展,需要各国协调应对。20世纪70年代的滞胀以及布雷顿森林体系的瓦解、各国汇率的剧烈波动,对世界经济的运行造成了极为消极的影响。由于世界各国长期以来推行凯恩斯主义扩张性的经济政策,外加国际金融体系的巨大变革,各主要资本主义国家经济纷纷陷入了经济增长停滞和通货膨胀并存的困境,利率和汇率剧烈波动、国际金融市场动荡不安、贸易保护主义抬头、各国之间的贸易战愈演愈烈,整个世界经济处于非常混乱的状态。为了使国际贸易市场和国际金融市场恢复正常,西方七国首脑会议、世界贸易组织、国际货币基金组织以及各区域经济组织不断地进行磋商和谈判,从而达成了一系列的协议,并确立了新的国际金融体系,将世界经济重新带上了健康发展的轨道。

4. 世界经济发展的不平衡导致的多极化格局需要国际经济协调

20世纪70年代以来,随着美国巨额的贸易逆差和财政赤字以及以美元为中心的布雷顿森林体系的崩溃,美国在世界经济中的地位不断下降。与此同时,西欧、日本经济相继崛起,它们在世界经济中的地位逐渐上升,并在国际贸易领域不断地蚕食美国在世界市场的份额。美元不再是单一的世界货币,其在国际借贷市场和全球外汇储备资产中的比例都慢慢地被日元、马克所取代。这样在70~80年代,由于世界各国发展的不平衡,世界经济逐渐地从早期美国一家独霸演变为了美、日、欧三足鼎立的局面。

到了90年代以后世界经济格局又发生了新的变化。欧洲经济共同体(及后来的欧盟)虽然经济增长速度较为缓慢,但随着其成员国的逐渐增多和经济一体化程度的不断提高,其总体实力仍然在不断地壮大。世界经济中另一极的日本,由于1985年广场协议后日元的大幅升值对其出口商品的竞争力造成了严重的削弱,再加上"泡沫经济"以及政局的动荡,导致了日本的股票和房地产市场的最终崩盘,从而令日本陷入了漫无边际的衰退之中,国际竞争力受到了严重的削弱。与之相对应,美国在走出了80年代末的衰退后,凭借其尖端技术实力的不断增强,进出口贸易的持续不断增长,以及大量的金融创新,美国重新获得了世界霸主的地位,其国际竞争力得到了迅速的恢复和提高。

21世纪以来发达国家在世界经济中仍占据主导地位,但是发展中国家也在崛起,其在世界经济中的地位不断提高。首先,发展中国家的整体经济增长速度高于发达国家,进入21世纪,发展中国家的经济增长速度呈现出迅速发展的态势,众多亚非拉国家在2000年至2007年期间平均增长率达到6%左右;而且2007爆发的世界金融危机对发达国家的冲击也远大于发展中国家。其次,发展中国家的国际贸易额占世界贸易的比重也稳步增长,1980年至2007年,发展中国家出口额占世界总出口的比重由29.41%上升到37.52%。发展中国家在国际经济事务中的作用也在不断增强。

世界经济发展的不平衡局势,实际上是西方大国综合国力此消彼长的过程。在这个过程中,由于各个国家经济实力的变化而导致的国际贸易、金融、投资领域的矛盾和冲突加剧,都需要加强国际经济协调。

三、国际经济协调的发展

(一)第一阶段(第二次世界大战结束至70年代初)

二战结束后,世界经济进入了全面的复苏阶段,各个国家之间的交往加深,这要求世界各国加强对国际贸易和国际金融领域的协调与合作。在这样的背景下,各超国家的国际经济组织陆续在这一时期建立起来,如被称为世界经济三大支柱的国际货币基金组织、世界银行、关税及贸易总协定以及发达国家建立的经济合作与发展组织等。这一时期的国际经济协调的特点主要体现在两方面。

一方面,国际经济协调的形式以国际经济组织的协调为主。国际货币基金组织、世界银行、关贸总协定、经济合作与发展组织等都对世界经济的复苏和发展发挥了积极的推动作用。以布雷顿森林体系为核心所建立的固定汇率制度,为当时国际贸易的发展创造了良好的金融环境;通过关贸总协定的六轮谈判,世界各国的关税和非关税壁垒都大幅降低,极大地促进了国际贸易的发展。

另一方面,国际经济政治发展不平衡,国际协调主要体现西方大国、尤其是美国的意志。当时的国际经济秩序基本上是以布雷顿森林体系为框架,以关贸总协定为基础,而美国凭借着其强大的经济、政治及军事上的优势,在很大程度上影响甚至操纵了这些经济组织,从而控制了国际经济的协调。这种以美国为核心、以国际贸易和金融的机构性协调为主体的国际经济协调仅仅是国际经济协调发展的初级阶段,它随着70年代初美国经济实力的相对衰弱、布雷顿森林体系的瓦解,其协调地位也逐渐下降。

20世纪50~60年代,国际经济协调体系从以下两个方面得到扩充和完善。首先,区域经济集团陆续建立。在这一时期,随着世界政治和经济发展的不平衡,区域经济一体化组织开始出现,如主要欧洲发达国家建立了欧洲经济共同体(1958年)、欧洲原子能联盟(1958年)、欧洲自由贸易协会(1960年);发展中国家建立了亚洲的东南亚国家联盟(1961年)、非洲的非洲统一组织(1963年)、拉美地区的安第斯条约组织(1969年)等等。其次,南北国家间的协调从20世纪60年代中期开始被引入国际经济协调的范围。发展中国家为了改善它们在国际经济秩序中所处的不利地位,从未放弃为建立新的国际经济秩序的努力,积极地参与国际经济协调。例如1964年,由发展中国家组成的"七十七国集团"为摆脱发达国家的控制、稳定初级产品的价格、改善贸易条件做出了大量的努力。1965年,关贸总协定在内容中增加了专门处理发展中国家问题的第四部分。

(二)第二阶段(20世纪70年代初至80年代中期)

在20世纪70~80年代,由于全球经济政治发展不平衡,两次石油危机的冲击以及布雷顿森林体系的崩溃,使得原有的国际经济体系发生变化,世界经济的波动加剧,从而对国际经济协调提出了更高的要求。这主要体现在以下几点。

(1)国际金融环境趋于动荡。布雷顿森林体系解体,原有的以美元为中心的固定汇率体系宣告终结,越来越多的国家尤其是发达国家采用有管理的浮动汇率制,国际储备货币趋于多元化,这使得国际金融体制更加复杂化,不利于国际贸易的发展,世界各国都迫切需要开展国际经济协调以创造一个稳定的国际金融环境。

(2) 经济增长缓慢与通货膨胀并存。20世纪70年代,除日本外西方主要国家的经济长期陷于经济增长缓慢与高通货膨胀率并存的困境难以自拔。例如美国在1970～1982年的13年间,国民生产总值与工业产值有5年为负增长,其他年份的增长率也较低,这两项指标平均增长速度只有2.44%和1.99%,而平均通货膨胀率却高达7.8%。因此,各主要发达国家也需要加强彼此之间的经济政策的协调,以求走出经济低谷。

(3) 世界经济格局发生变化。20世纪70年代以后,随着日本持续高速的经济增长和西欧一体化程度的不断加深,美国的经济地位日趋衰弱,从而使得世界经济格局从原先的美国一家独霸发展成为美、日、欧三足鼎立的局面。日本和西欧由于自身经济地位的提高,要求增加各自在世界经济中的影响力,而美国为了维护其霸主地位,利用其在政治上的优势与日本和西欧在世界市场上展开激烈的争夺。在这种背景下,美国和日本之间、美国和欧共体之间以及日本和欧共体之间的贸易摩擦不断激化,各种非关税壁垒层出不穷,贸易保护主义抬头,严重地影响了世界经济的发展。

(4) 能源问题日益突出。由于两次石油价格的暴涨所引发的世界性经济危机,资本主义国家普遍的高通胀率引发了人们对能源问题的关注。

出于上述的种种原因,原有的国际经济协调已经不能满足世界经济发展的需要。因此,70年代中期开始,国际经济协调的特征主要表现为以下几方面。

(1) 七国集团开始在国际经济协调中发挥重要作用。自1975年起,西方的7个主要发达国家美、日、德、英、法、意、加每年定期召开首脑会议,以求更好地协调各国的经济发展政策,促进世界经济健康稳定发展。七国集团的正式成立体现了国际经济协调从原先的以美国为中心的协调逐渐转变为多国共同协调。

(2) 经济协调领域进一步扩大。除了在协调的形式上作出了相应的改变,协调的领域也不断地向参加国的内部经济体制、产业政策、财政及货币政策等方面渗透。例如七国首脑会议要求与会国对各自的国内政策作出相应的协调;国际债务危机中,国际货币基金组织要求债务国施行紧缩的经济政策;美国由于长期对日本贸易逆差,从而向日本施压,对日本的经济管理体制造成一定程度的影响等。

(三) 第三阶段(20世纪80年代后期至今)

20世纪80年代后期至今,国际经济协调在深度和广度上进一步发展,其主要体现在区域经济一体化的发展和国际贸易协调两个方面。

1. 区域经济一体化的进程明显加快

出于本国经济发展、抵御危机的需要以及受先前区域一体化组织示范作用的影响,区域经济一体化组织的数量在这段时期内急剧增加。这一时期,亚太经济合作组织(1989年)、北美自由贸易区(1994年)等区域一体化组织也相继成立,极大促进了区域经济一体化的发展。伴随着新建组织数量的不断增加,原有区域一体化组织也在不断地壮大。以欧盟为例,欧共体1986年吸纳了西班牙和葡萄牙,其成员国增加到12个;1993年欧共体正式启动统一大市场,使商品、劳务、资本在区域内得以自由流动;1995年,奥地利、瑞典、芬兰加盟;1999年,欧元正式启动(英国、丹麦、瑞典和希腊当时未加入),成立欧洲中央银行,协调成员国的经济、财政和金融政策,组成欧洲经济与货币联盟;2000年6月19日,希腊加入欧元区;2004年,欧盟东扩,又有10个欧洲国家加入欧盟,这使欧盟成员国数量扩大到25个。2007年1月1日,罗马尼亚和保加利亚加入欧盟,欧盟成员国达到 27 个。

2. 国际贸易协调领域扩大,新的协调机制建立

1995 年 1 月 1 日,世界贸易组织正式取代关贸总协定行使其职能,从而令国际贸易协调进入到一个新的时期。相对于关贸总协定只对农产品、纺织品以外的部分货物贸易进行监管,世贸组织不仅对所有货物贸易进行管辖,还将范围扩大到服务贸易、知识产权,甚至是环境保护等新的领域。不仅如此,世贸组织规定成员国必须以"一揽子"方式接受世贸组织制定的所有协定、协议,并且争端仲裁机构所作出的决策除非世贸组织成员完全反对,否则视为通过。这些改革,令国际贸易协调的权威性和效率都得到了大大的提高。

这一阶段的国际经济协调主要表现出如下特点。

(1) 国际经济组织继续发挥着各自的作用,但是其局限性日益明显,迫切需要改革。例如,战后成立的国际货币基金组织一直以来在促进国际货币合作、稳定汇率、调整国际收支以及对危机国家的救助方面发挥着积极的作用。然而由于其自身经济实力有限,当危机爆发时无法迅速有效地采取行动,并且其提供贷款所附带的一系列苛刻的经济改革条件对受援国的经济也产生了诸多负面影响,所以近年来遭到了越来越多专家学者的质疑和批判,人们对 IMF 改革的呼声愈加地强烈。

(2) 美国伴随着 90 年代新经济的强劲增长,在国际经济协调中仍然占据着主导地位,但是其单边主义及霸权主义的手法受到了越来越多的抵制。长期以来,当美国自身经济出现问题时美国政府往往不从本国寻找解决问题的方案,而是把矛头直指国外,要求别国作出相应的调整。例如 21 世纪初,美国就将它的"双赤字"问题和失业问题归咎于日元和人民币,在不同的场合对日本和中国施压,要求日本停止对汇率的干预,要求中国令人民币升值。随着经济多极化趋势的发展,美国这种霸权主义的手法受到了世界各地的反对。

(3) 发展中国家在国际经济协调的地位得以显现。二战后,在国际经济的协调领域中,发达国家控制的国际经济组织以及发达国家组成的七国集团始终占据着主导地位,整个国际经济体系是以发达国家的利益为中心而建立的。正因为如此,发展中国家在经济发展的同时面临着重重的障碍,许多困难由于自身经济规模有限无法自己解决,而且又常常是历次金融危机的受害者,因此强烈地要求参与到国际经济协调中来,以改变现有不合理的国际经济秩序。而另一方面,随着发展中国家经济实力的增强,国际经济协调也确实需要发展中国家的参与。1997 年亚洲金融危机的爆发使国际社会认识到,国际金融问题的解决除西方发达国家外,还需要有影响的发展中国家参与。1999 年 9 月 25 日,七国集团的财长在华盛顿宣布成立二十国集团(G20),成员国包括中国、印度、巴西、阿根廷、墨西哥等发展中国家,以此推动发达国家和新兴国家之间就实质性问题进行讨论和研究,以寻求合作并促进国际金融稳定和经济的持续增长。

第二节 国际经济协调的内容

一、国际贸易协调

(一) 早期的国际贸易协调

国际贸易协调的主要内容是指消除关税和非关税壁垒,推动贸易自由化的进程。早在世界

经济初步形成,以聚敛金银为主要目标的重商主义外贸政策在欧洲盛行时,关税就是各国政府重要的外贸手段之一。到了18世纪、19世纪,亚当·斯密和大卫·李嘉图创立并发展了自由贸易理论。该理论认为各国通过参与国际分工,进行自由贸易能够提高生产效率。

亚当·斯密及大卫·李嘉图的自由贸易理论主要是为当时的工业强国尤其是英国服务的,并不适用于所有国家,因此受到了许多倡导贸易保护主义的经济学家的挑战,其中李斯特的《保护幼稚工业论》最具有代表性。在贸易保护理论的指导下,工业发展相对落后的国家为了保护国内的幼稚工业,纷纷推行贸易保护政策。例如美国自1816年通过了第一个保护性关税法案后,就不断地提高各种产品的进口关税,1862～1864年又将关税的平均税率从37%提高到47%;1890年10月通过了《麦金利关税法》更是将进口关税提高至创纪录的49%。1929～1933年,资本主义世界经历了一场规模空前的世界性经济危机,造成了严重的失业以及大量商品的滞销,整个世界经济陷入了大萧条之中。不仅仅是美国,德国、意大利、俄国、法国,甚至是英国也相继转向贸易保护政策。世界各国为了转嫁危机,维持国内经济的正常运转,纷纷制定了以邻为壑的对外贸易政策,除了实行高额关税外,还大量采用了数量限制、外汇管制、卫生检疫措施、烦琐的海关手续等新的保护措施。这些都使得国际贸易大幅萎缩,世界市场陷入一片混乱,并最终成为第二次世界大战爆发的原因之一。

世界各国的"贸易战"加深了20世纪30年代的经济大萧条,多数发达国家也日益意识到战时的那种贸易保护主义政策无益于本国和世界经济的发展,推行自由贸易,建立一个和平稳定的国际贸易环境才有利于各国经济的正常运行。二战结束以后,美国的经济实力空前强大,成为资本主义世界唯一的超级大国,而原来的老牌资本主义国家因为受到战争的破坏,其实力都已经大不如前,再加上需要美国经济的援助以恢复国内经济,这时国际贸易协调都是由美国主导和推动的。但该时期的国际贸易协调主要采取的是双边贸易谈判的方式,主要原因为,当时美国内部一部分人强烈呼吁降低关税,推行自由贸易,认为这能够使广大消费者受益,并有助于美国产业结构的调整。但是这项提议却遭到了来自进口替代产品生产区的国会议员的反对。为此,美国政府不得不采取折中的办法,大量地与其他国家签署双边贸易协议,把减少对本国进口替代产业的保护同其他国家拆除贸易壁垒、扩大本国的出口有机地联系起来,以争取得到国内更多的支持。通过一系列双边性质的关税削减协议,美国的平均进口关税从1932年的59%降至二战结束时的25%。

但是,30年代中期兴起的这种双边贸易谈判也有缺点,即因为第三国"搭便车"的现象而削弱了有关国家进行关税减让的内在动力,从而不能在全球范围内实现贸易政策协调所带来的经济利益。例如,A国同B国就X产品的贸易进行双边谈判,谈判结果是A国削减了对B国X产品的进口关税。如果A国是贸易大国,那么X产品在国际贸易市场上的交易量就会扩大,这就使得其他未参与谈判但出口X产品的国家获益。正因为如此,再加上国际贸易内在的多边性倾向以及各国经济相互依赖性的日渐加深,削减关税的双边谈判最终发展成为涉及多个国家的多边贸易谈判,有关贸易政策的国际协调开始在全球范围内展开。

(二) GATT与全球国际贸易协调

为了实现全球范围内的贸易政策的协调,战争结束后,以美国为首的西方国家便着手建立新的国际经济秩序。1947年4月10日至10月30日,在联合国贸易与就业会议筹备委员会第二次会议期间,与会国在起草《国际贸易组织宪章》草案的同时,进行了有关相互间减让关税的多边贸易谈判。会议结束后,与会国决定将该宪章草案中有关多边贸易的规定作为业已取得一致的关税减让的基础,并将这些规定和各国所作的"关税减让表"结合成为独立的《关税与贸易总协定》(GATT)附于《会议最后文件》中。1947年10月30日,与会国签署了最后文件。同日,23个最后文件签署国制定了关税及贸易总协定临时使用议定书。于是自1948年开始,作为与贸易有关的国际框架的GATT体制正式发挥其职能,并支撑了战后国际贸易的发展。

在GATT的体制框架下,世界各国一共举行了八轮多边贸易谈判(见表7-1)。这些贸易谈判虽然是各个国家实力较量的结果,受到许多大国意志的左右,但是一次次的谈判使得国际贸易壁垒得到大幅的降低,并且由于发展中国家的积极参与,GATT也陆续制定了许多有利于发展中国家的协定,从而极大地推动了国际贸易在世界范围内的发展。在第八轮乌拉圭回合谈判中,与会国更是取得了突破性的进展,令GATT对国际贸易的调控能力得到大大增强。此轮谈判无论从规模、参与国数目,还是从议题内容和涉及面来看,都大大超过了之前的任何一次多边贸易谈判,特别是签署了《建立世界贸易组织协议》,决定建立取代关贸总协定的更具全球性的世界贸易组织(WTO),更是让国际贸易的协调进入了一个新的时期。这也是对20世纪40年代联合国贸易与就业会议建立国际贸易组织(ITO)目标的圆满完成。

(三) WTO框架下的国际贸易协调

1. WTO的多边贸易协调

世界贸易组织是1995年1月1日正式建立的国际贸易协调机构。它在与关贸总协定并存一年后,于1996年取代GATT,担当起国际贸易的协调组织管理的职能。

世界贸易组织的目标是建立一个完整的、更具有活力的和永久性的多边贸易体制。与关贸总协定相比,世界贸易组织管辖的范围除传统的和乌拉圭回合确定的货物贸易外,还包括长期游离于关贸总协定外的知识产权、投资措施和非货物贸易(服务贸易)等领域。与GATT相比,世界贸易组织具有法人地位,它在调解成员争端方面具有更高的权威性和有效性。

世贸组织的基本职能包括:(1)制定和规范国际多边贸易规则。WTO制定和实施的一整套多边贸易规则涵盖面非常广泛,几乎涉及当今世界经济贸易的各个方面,从原先纯粹的货物贸易,到后来的服务贸易、与贸易有关的知识产权、投资措施,一直延伸到21世纪才被逐渐关注的一系列新议题,如贸易与环境、竞争政策、贸易与劳工标准以及电子贸易等。(2)组织多边贸易谈判。如果将目前尚未完结的多哈回合谈判计算在内,WTO与其前身GATT已经组织了九轮多边贸易谈判,大幅地削减了各成员国的关税和非关税壁垒,极大地推动了国际贸易的发展。(3)解决各成员之间的贸易争端。WTO的争端解决机制在保障WTO各协议有效实施以及解决成员间贸易争端方面发挥了重要的作用,为国际贸易顺利发展创造了稳定的环境。(4)监督各成员贸易政策,并与其他同制定全球经济政策有关的国际机构进行合作。

WTO成立后又陆续地举行了许多协调内容更加广泛、深入的合作谈判。目前谈判已达成4个重要的协议:1995年7月28日签订的自然人流动协议;1997年2月15日,69个国家政府签订了关于电信服务方面的协议;1997年3月26日,43个国家政府成功地达成了关于信息技术产品零关税的协议;1997年12月12日,70个成员国签署了涉及银行、保险、证券和金融信息等领域95%贸易量的金融服务协议。新千年开始,许多关于农业和服务业的谈判又被提上了议程。

2001年11月在卡塔尔的多哈举行的第四届WTO部长级会议上,与会国正式启动新一轮"多哈回合谈判"。多哈回合谈判在议题范围和参加成员数量方面又获得了进一步的扩展,谈判内容包括了农业、非农产品市场准入、新加坡议题、服务贸易、与贸易有关的知识产权和规则、争端解决、贸易与环境、贸易与发展等,许多新的发展中国家也参与到了多哈回合谈判中来。

更加自由的多边贸易体制虽然为各成员发展国际贸易带来了明显的好处,但是在谈判过程中,因为涉及各方利益的进退取舍,谈判始终十分艰难。多哈回合启动以来,谈判进程一波三折。2003年在墨西哥坎昆召开的WTO第五次部长级会议无果而终。此后,经广大成员共同努力,各方于2004年7月达成了"多哈框架协议"。根据这一协议,发达国家成员方同意在具体时限内取消所有形式的农产品出口补贴,对扭曲农业贸易的国内支持进行实质性的削减。作为补偿,发展中成员方同意降低工业品的进口关税和其他壁垒,进一步开放非农产品市场,降低市场准入门槛;对一些极度贫穷的成员方,协议允许它们继续在一些关键领域实行贸易保护政策。同时,还增加了对最不发达成员和新成员待遇安排上的灵活度。但这一协议只设定指导原则和基本内容,不包含具体的减让条款。2005年底,世贸组织第六次部长级会议在香港举行,然而这次会议依然是在各个国家之间达成一个初步协议,在事关多哈回合成败的削减农业补贴、降低非农产品关税和开放服务业等关键领域,谈判仍未取得突破性进展。2006年7月27~28日,由于各方分歧严重,WTO总干事拉米建议多哈回合谈判中止。2007年1月27日WTO小型部长级会议在瑞士达沃斯举行,与会成员一致同意正式、全面地恢复多哈回合谈判。2008年7月21~29日,WTO小型部长级会议在日内瓦召开,美国、欧盟、印度、巴西、中国等30多个成员派代表参加会议,目的在于就多哈回合中农业与非农业这两大核心议题的谈判模式达成共识,并讨论未来推进服务业规则和知识产权等领域谈判的最佳方式。通过这次会议,在造成贸易扭曲的补贴限制,总体关税削减,敏感产品、特殊产品、棉花和热带产品等方面各方意见趋同,但因为成员之间在特殊保障机制促发条件方面的分歧而最终未能达成协议。

2. 双边贸易协调——区域贸易协定

出于对WTO多哈回合谈判前景的谨慎,近年来全球范围内的双边区域性自由贸易安排(FTA)发展得极为迅速,丝毫没有受到WTO建立的影响。根据WTO的官方统计,截至2010年2月,向WTO及其前身GATT通知备案的自由贸易协定总计达462个,其中339个是1995年1月WTO成立后备案的。在WTO的所有成员中,除蒙古国以外,其他都是一个或多个区域自由贸易协定的当事方,协定当事方之间的贸易额占到全球贸易总额的一半以上。

20世纪末、21世纪初世界范围内形成的区域自由贸易协定名目繁多,其中对全球经济发展有重大影响的区域自由协定主要有:以美国为中心的双边自由贸易协定,以中国、日本、韩国及东盟为主体的自由贸易协定和欧盟东扩及其与世界其他国家进行的双边贸易合作。

美国在北美自由贸易区的基础上,近年来不断地与中南美洲国家磋商、协调,力图建立一个包括全美洲国家在内的美洲自由贸易区(FTAA)。现在,除了少数南美国家对美洲自由贸易区的启动持有异议,其他大多数的国家都在美国的作用下同意参与美洲自由贸易区的建立。除了在美洲,美国还积极参与亚太地区的双边自由贸易谈判。《美国-新加坡自由贸易协议》于2003年生效,美国希望以此为范本,将其推广到美国与东盟其他成员国的贸易关系中。

东南亚国家在亚洲金融危机后区域意识明显增强,各个国家都充分意识到相互之间一荣俱荣、一损俱损的相互依存关系。因此,在近10年的时间里,以东盟-中日韩为主体的东亚区域合作发展得极为迅速,其合作已经扩展到诸多领域,如金融、货币、贸易、农业、旅游、卫生、打击犯罪等各个方面,并已建立了10多个部长级会议机制。2002年11月,中国东盟签署《中国与东盟全面经济合作框架协议》。2010年元旦,中国-东盟自由贸易区全面启动;日本-东盟自由贸易区预计于2012年启动;东盟-韩国自贸协定的投资谈判已经完成。

欧盟在 2000 年的尼斯会议上通过了《尼斯条约》，正式开始实施"东扩计划"，并于 2004 年 5 月使其成员国最终扩大到 25 个，几乎涵盖了所有欧洲国家，进一步扩大了其贸易区的规模。另一方面，欧盟也积极开展跨区域的双边经济合作，并先后与墨西哥、智利、南方共同市场、中东与地中海沿岸国家建立了自由贸易区。例如，1999 年欧盟单独同南方共同市场成员国阿根廷、巴西、巴拉圭、乌拉圭及智利举行了首脑会晤，具体商讨关于在 2005 年建立两大集团的自由贸易区问题。因欧盟农业高关税和补贴等分歧，谈判于 2004 年中断。2010 年 5 月 18 日，欧盟和南方共同市场在第六次欧盟-拉丁美洲及加勒比峰会上宣布 7 月份重启中断了 6 年的自贸区谈判。2000 年，欧盟与摩洛哥、阿尔及利亚、突尼斯、埃及、约旦等 12 个国家起草了《欧盟-地中海和平与稳定宪章》，计划到 2010 年建成欧洲-地中海自由贸易区。2008 年 7 月 13 日，首届地中海峰会在巴黎闭幕，与会领导人决定正式启动"地中海联盟"计划。这一新联盟包括 44 个国家，其中 27 个欧盟成员国和 17 个地中海沿岸的非洲和中东国家，旨在深化欧盟和地中海国家的合作。此外，欧盟与海湾国家、南非、墨西哥、俄罗斯等国也都有双边自由贸易方面的合作。

二、国际货币体系与汇率的协调

（一）金本位制下的国际协调

历史上的第一个国际货币体系是国际金本位制。国际金本位制是在英国、拉丁货币联盟（含法国、比利时、意大利、瑞士）、荷兰、若干北欧国家及德国和美国实行国内金本位的基础上形成的。当时由于英国是世界上经济实力最强的国家，在国际贸易中居于支配地位，并且英国率先通过了一系列法规规范黄金的进出口和中央银行的业务，较早地实现了黄金的国际流通、英镑的国际化和英国金融市场的国际化，因此到了 19 世纪 70 年代，世界上各主要国家都相继实行金本位制，从而形成了以英镑为中心、以黄金为基础的国际金本位制。

金本位制除了以黄金作为本位币这一基本的特征外，还具有三个典型特征：（1）黄金自由输出入，各国的储备货币主要是黄金，国与国之间的结算也主要使用黄金。黄金自由输出或输入国境，其数量不受限制，这就保证了各国货币之间的比价相对稳定。（2）自由兑换，各种金属辅币和银行券可以自由地去交换金币或金币等量的黄金，本国货币当局随时准备以本国货币固定的价格买卖黄金。这保证了黄金与其他代表黄金流通的金属铸币和银行券的比价相对稳定。（3）自由铸造，任何人都可以按本国货币的含金量将金块交给国家造币厂铸成金币，以调节市面上的货币流通量，使各国物价水平保持相对稳定。

在当时的条件下金本位制对汇率的稳定、国际贸易和资本流动的发展，以及各国经济的发展起到了积极的作用。在金本位制的条件下，当国际收支不平衡时，国际贸易参加国的国内货币供应量与其国际收支状况直接相连：逆差国货币供应下降，物价水平下降；顺差国货币供应增加，物价水平上升。而国内物价水平的变化又会改变顺差国和逆差国商品的国际竞争力，使得顺差国的出口能力相对削弱，逆差国的出口能力相对增强，这就逐渐地使国际收支恢复平衡。

不过国际金本位制也有其自身难以克服的缺点，这最终导致了金本位制的垮台，其主要表现在：（1）金本位制下国与国之间的清算完全依赖于黄金的输出与输入，而黄金本身作为一种自然资源，其供给量显然无法跟上国际市场对其的需求量，这导致了黄金价格的不断调整、上扬，从而引起世界市场上商品价格的动荡。（2）由于资本主义国家发展的不平衡，较发达国家能够通过国际贸易和一些有利的贸易规则不断地积累黄金，这使得黄金的分配很不均衡。例如，在 1913 年，英、美、法、德、俄五国的黄金存储量占到了世界黄金总量的 2/3，使得其他国家

很难继续维持金本位制。(3)金本位制下的国际货币协调机制——物价铸币流动机制调节国际收支并不是完美的,它往往要求各国以本国经济内部的不稳定为代价来换取外部的收支平衡,这无疑就为金本位制的崩溃埋下了伏笔。

由于上述的种种原因,使得国际金本位制受到了越来越大的挑战,在第一次世界大战爆发前,由于世界各国相互之间经济矛盾的激化,各资本主义国家不得不采取各种各样的贸易限制措施,增加银行券的发行量,限制黄金的自由兑换等手段来维持内部经济的平衡并为战争筹措资金。终于在大战爆发时,各国纷纷终止了银行券与黄金的自由兑换,国际金本位制宣告瓦解。

大战结束后,出于对经济恢复的需要,世界各国又着手开始进行世界货币体系的重建。1922年,在意大利的热那亚召开了世界货币金融会议,讨论重建国际货币体系的问题。当时人们普遍倾向于恢复到战前相对稳定的国际金本位制,然而在缺乏国际合作,无法全面提高黄金价格的条件下,已有的黄金储备显然不足以支撑世界各国对黄金的需求。

因此,在此次会议上就确立了一种节约黄金的国际货币制度——国际金汇兑本位制。这种货币制度又称为"虚金本位制",其特点是:(1)黄金依然是国际货币体系的基础,各国纸币都规定了相应的含金量,并代替黄金执行流通清算和支付手段的职能;(2)一些主要发达国家的货币与黄金直接挂钩,其他国家通过与这些国家的货币维持固定的比价而与黄金间接挂钩;(3)国际禁止黄金的自由流通,黄金的输出输入由中央银行负责办理,当那些没有与黄金直接挂钩的国家需要黄金时,必须通过购买挂钩货币来获取黄金,并需要在直接挂钩的国家存入一定数量的外汇和黄金作为维持汇率的平准基金;(4)黄金只在最后才充当支付手段,以维持汇率的稳定。

国际金汇兑本位制度在一定程度上解决了黄金储备不足的难题,在一定时期维护了金本位制在世界范围内的继续,但是从本质上说黄金数量的增长依然满足不了世界经济增长和汇率稳定的需要,因此它充其量也只能作为一种旧事物在作出局部改善后的一种延续,并不能摆脱被历史淘汰的命运。

金本位制度下,国际收支均衡化的过程需要各国中央银行的国际合作与相互支持,主要是货币政策方面相互配合,例如中心规定平价要切合实际,一国对黄金流失进行干预时其他国家要实行政策协调来帮助该国恢复国际收支平衡。这些金本位下的国际货币协调是根据金本位制度的要求产生的,而不是出自各国政府的考虑。而一旦各国从本国经济角度出发,采取刺激本国经济增长的政策,则很容易导致金本位的垮台。

(二)固定汇率制下的国际协调——国际货币基金组织全球协调作用的发挥

二战结束后,布雷顿森林体系所制定的固定汇率制度成为国际货币体系在相当长时间内的主要特征。布雷顿森林体系在规范国际货币秩序、促进国际贸易发展的同时,还成立了国际货币基金组织和世界银行。

国际货币基金组织是政府间的国际货币金融协调机构。它是根据1944年7月在美国新罕布什尔州布雷顿森林召开的国际货币金融会议上通过的《国际货币基金协定》建立起来的,并于1945年12月27日正式成立,1947年3月1日开始办理业务,同年11月15日成为联合国的一个专门机构。

国际货币基金组织的宗旨包括:(1)通过设置一常设机构就国际货币问题进行磋商与协作,从而促进国际货币领域的合作。(2)促进国际贸易的扩大和平衡发展,从而有助于提高和保持高水平的就业和实际收入以及各成员国生产性资源的开发,并以此作为经济政策的首要目标。(3) 促进汇率的稳定,保持成员国之间有秩序的汇率安排,避免竞争性通货贬值。(4) 协助在成员国之间建立经常性交易的多边支付体系,取消阻碍国际贸易发展的外汇限制。(5) 在具有充分保障的前提下,向成员国提供临时性贷款,以增强国际社会对它的信心,使其能有机会在无需采取有损本国和国际繁荣的措施的情况下,纠正国际收支失衡。(6) 根据上述宗旨,缩短成员国国际收支失衡的时间,减轻失衡的程度。

国际货币基金组织的主要职能包括:(1) 监督成员国及全球的经济、金融发展和政策,并以其多年的经验为基础,向成员国提供政策建议。(2) 向有国际收支困难的成员国提供贷款,不仅是提供暂时性融资,还对旨在纠正基础问题的调整和改革政策给予支持。(3) 在其专长领域向成员国政府和中央银行提供技术援助和培训。例如前苏联解体后,基金组织便参与进来,帮助波罗的海国家、俄罗斯及其他前苏联国家的中央银行建立起国库体系,作为从计划经济向市场经济体制转轨的一部分。

总之,在布雷顿森林体系下,IMF 发挥了其重要的维持国际汇率稳定的重要作用,但是由于以美元为中心的固定汇率制度本身存在着不可克服的缺陷——"特里芬难题",国际社会如果要持有足够的国际货币,则美国国际收支必须逆差,否则各国就无法持有足够的美元,但是如果美国国际收支持续逆差,则美元的国际地位下降,各国就不再愿意持有美元。因此,布雷顿森林体系只有在美国经济持续强劲增长的情况下才能保持稳定。随着美国经济 20 世纪 60,70 年代的逐渐下滑,布雷顿森林体系也最终瓦解。

(三) 浮动汇率制下的国际协调

浮动汇率制下,国际货币汇率协调发生一些变化,主要表现为以下几方面。

1. IMF 的治理机制和职能面临着改革

在从以固定汇率制为特征的布雷顿森林体系过渡到以浮动汇率制为特征的牙买加体系之后,国际货币基金组织的职能也遇到了挑战。一方面维持固定汇率制的职能自然消失,国际货币基金组织的职能弱化;另一方面浮动汇率制下汇率剧烈波动带来的风险又要求国际货币基金组织具备更多的功能,这就给国际货币基金组织的改革提出了新的要求。它要求国际货币基金组织能够适应金融全球化发展的进程,为成员国提供更加高效、安全、及时的援助和保护。

此外,亚洲金融危机后,由于缺乏有效的危机预警机制,国际货币基金组织未能及时发出危机警报,危机发生后,又反应迟缓,救助不力。因此,国际社会普遍认为,国际货币基金组织应加强这方面的功能,建立有效的危机预警机制。一是加强对成员国特别是发展中国家资产负债表、外汇储备和外债情况的研究和评估,加强对金融风险因素的分析、监测和预测。二是增强国际货币基金组织的信息发布和传播功能,及时、准确和充分地将所获信息和分析、监测的情况通过各种方式传递给各成员国(包括在相关出版物上发布这些信息),并据此对成员国经济政策的调整提供建设性建议,帮助其作出正确的判断,必要时应发出风险警告。三是增强国际货币基金组织对成员国国际收支逆差进行干预和援助的职能。国际货币基金组织应对长期处于严重逆差状态的国家进行政策规劝及对政策的实施提供帮助,以防止成员国国际收支的不断恶化和金融危机的爆发。四是增加基金份额,增强其防范和化解国际金融风险的经济实力。可以按现有比例增加成员国的交纳份额,也可以由基金组织牵头建立若干个区域性的储备调拨机制,以便在某个国家或地区发生危机时,增加国际货币基金组织动用资金的规模。

2. 七国汇率协调开始发挥重要作用

自 1973 年浮动汇率制取代固定汇率制以来,西方各主要国家的货币汇率波动加剧,对世界经济的稳定性造成了很大的负面影响。由于新的国际货币体系很难在近期建成,世界外汇市场的协调主要依靠发达国家尤其是七国集团进行干预,特别在 80 年代以后,西方各国针对美元、日元、马克等几种主要世界货币之间汇率的联合干预和协调变得更加的频繁。例如在 20 世纪 80 年代中期,日元对美元汇率就发生了两次大幅度调整:一是 1985 年 9 月的广场协议,主要为解决日美贸易争端,日元对美元大幅度升值;二是 1987 年 2 月的罗浮宫协议,主要为解决美元过度贬值对世界经济带来的不利影响,日元对美元出现短暂性的大幅度贬值。

西方国家的联合干预尽管对特定时期的具体事件有一定的成效,但是它在国际汇率协调方面仍然存在着许多弊端。

(1) 西方各国在联合干预外汇市场的同时常常因为彼此在宏观经济政策的协调方面缺乏配合而使得最终效果大打折扣。例如令欧洲货币体系自成立以来受到最大冲击的 1992 年欧洲金融风暴,从根本上讲,其爆发的原因就是欧共体内部各个国家货币政策的失调。

(2) 现行的浮动汇率体制仍存在布雷顿森林体系下的非对称性问题。由于世界经济中货币协调体系的非对称性,各国政府间所进行的货币政策往往出现冲突,从而最终导致了世界性的通货膨胀或通货紧缩。现行货币体系仍采用某些国家的主权货币作为国际储备货币,这些主权货币国中的某一个或几个就会出现国际收支赤字。而一旦这种赤字不断扩大,就会损害对该货币的信心。所以该国如果为了继续保持国际货币供给不断增加货币供应量,则会进一步损害对该货币的信心,进而导致国际性的通货膨胀;若是该国为了缩小赤字,采用紧缩性的货币政策,则会减少国际货币供给,导致国际性的通货紧缩。例如 1979 年后,为了抑制美元汇率的不断上涨,日本和西欧国家都在不同程度上紧缩银根,对外汇市场进行干预。但是美国并没有相应的增加货币供应量,使得世界经济发生通货紧缩,这也在一定程度上加剧了 80 年代世界经济的衰退。

(3) 各国政府制定本国经济政策的出发点仍是最大化本国的经济利益。由于参与世界经济的主体都是主权国家,在其违背经济协议或是不履行其应尽义务时,也很难对其制定和施行某种国际制裁措施来约束它们,所以在现实中,各国经济政策的协调很大程度上并非取决于各国的经济实力,而是取决于各国政府要相互协调经济的决心。

3. 区域货币合作取得重大进展

由于新的国际货币体系难以在近期建成,而区域性货币体系安排既能为集团内更多成员国所接受,又有利于维持国际金融秩序,防范大规模的、破坏性的金融风险和危机。因此,在布雷顿森林体系崩溃之后,为了加强国际货币合作和国际金融合作,有效地控制汇率波动和防范金融风险,各货币区域联盟纷纷建立。其中,欧洲区域货币合作取得重大进展,在欧洲货币协调中发挥了重大作用。

欧盟对于货币汇率的协调也是逐步进行的,其主要措施包括以下几方面。

(1) 实行联合浮动。

这是欧共体最初采取的协调形式。1972 年 4 月 10 日,为了缩小成员国汇率的波动幅度、稳定各国汇率,欧共体决定组成联合浮动集团,实行蛇洞制。具体规定是:成员国货币间汇率可在 ±1.125% 范围内波动,对美元等非成员国货币,汇率波动幅度可达 ±2.25%。根据这一协定当某一成员国货币受到冲击,对美元汇率上升或下降时,其他成员国要采取一致行动,使本国货币对美元汇率也大致升降相同幅度,以保持相互之间的汇率稳定。

欧共体的联合浮动措施确实在一定时期减少了成员国的汇率波动,促进了各国经济的稳定发展。但在1973年秋以后,由于相继发生了石油危机和严重的世界经济危机,英国等国由于严重的国际收支赤字,不得不放弃固定汇率;欧共体成员国忙于应付自身的经济困难,无暇顾及欧洲经济货币联盟计划,货币合作暂时停止。

(2) 建立欧洲货币体系。

70年代后期,欧共体的货币合作再度受到重视。1979年3月13日,欧共体9国首脑在巴黎举行的欧共体理事会上正式建立起欧洲货币体系,以增强对成员国间汇率政策的协调作用,促进西欧国家的联合。

欧洲货币体系的主要内容有:创立欧洲货币单位——埃居,以其代替过去的欧洲记账单位;建立双重中心汇率制;建立欧洲货币基金。欧洲货币体系建立后,对稳定成员国的国际收支和汇率起到了显著作用,并促进了欧共体的经济一体化发展。

(3) 统一货币,建立欧洲中央银行。

为适应国际收支领域平稳发展的要求,推动欧盟内部的合作,欧盟于1999年1月1日创立欧元,统一了成员国的货币。为确保统一货币的正常运行,协调成员国间的货币政策,欧盟同时也成立了欧洲中央银行。这些措施极大地保证了欧洲各国汇率与国际收支的稳定。

三、宏观经济政策的协调

所谓宏观经济政策的协调,是指在有关国家解决失业或是通货膨胀目标不一致时,在相互协商的基础上,就这些国家的财政政策、货币政策等宏观经济政策进行协调,达成某项协议或临时默契。宏观经济政策协调的目标不仅仅局限于为抑制出现的经济危机而采取临时性的应急措施,而是为了各国的共同利益而采取一致的对策,即通过对财政政策、货币政策等宏观经济政策的长期而持久的调整,来消除国与国之间在经济结构、发展水平和政策制度等方面的不平衡性,使得整个世界经济能够更加协调稳定地发展。当然这种协调的结果对于整个世界经济来说是一种最优的选择,但是短期内对于某一个或某一些国家来说就并不一定是最佳的选择,这常常会阻碍各国经济政策协调的正常推行。

第二次世界大战结束以后,伴随着社会生产力的不断提高,市场经济的缺陷日益明显,为了解决市场失灵问题,西方国家不得不利用宏观经济政策对本国经济进行调节。然而由于世界经济相互依赖性的不断加强,世界性的经济问题对各国的影响不断地放大,这就使得一国单方面对本国经济进行宏观调控的能力受到削弱。各国政府发现,通过协调与合作来制定和实施有关经济政策要比各自为政、彼此独立地进行经济调控取得更好的效果。不过就目前而言,西方国家的经济政策协调还是处于较低层次,其协调的方式具有临时性的特点,协调的对象也往往是当前世界经济所发生的较为棘手严峻的问题,而对于各国经济发展中诸如产业结构的调整、发展中国家贸易条件的改善等深层次的问题一般很少涉及。而即便是对一些已经引起人们重视、各国进行共同协商解决的问题,有关国家也常常是为了本国的利益而进行激烈的讨论,最后得到的结果通常体现出大国的意志。

在国际宏观经济政策协调中,七国集团国际经济政策协调机制占有重要地位。七国集团包含两个层次:一是七国首脑会议;二是七国财长及央行行长会议。七国财长及央行行长会议从80年代中期开始在首脑会议以外对国际宏观经济政策进行协调,是七国集团宏观经济政策协调的重要决策者。很多重要议题都是由七国财长与央行行长会议通过后,再提交首脑会议签字对外发布的。从70年代中后期开始,七国集团在国际宏观经济政策协调方面发挥了越来越重要的作用,其主要内容包括财政政策协调和货币政策协调。

1. 财政政策协调

财政政策是指政府通过变动税收和支出以影响总需求,进而影响就业和国民收入的宏观经济政策。作为宏观经济政策协调的主要内容,财政政策的协调在 G7 进行经济协调过程中十分重要。在每年一度的 G7 首脑会议或 G7 财长会议上,G7 首脑或财政部长就各国的政府预算、税收政策等方面进行讨论协商并达成一定的协议,以期促进各国经济的持续增长、保持较低的失业率和通货膨胀率。1978 年,为了解决西方国家经济发展的不平衡问题,G7 在当年召开的波恩会议上开始就财政政策协调达成了一系列具体的政策协调措施,提出了"护舰队计划",七个经济体共同实行了适度的扩张性财政政策。由于后来的一些客观原因,波恩会议的财政政策协调并没有取得很好的效果,但却为 G7 的财政政策协调开了头。

在此后的 20 多年中,财政政策协调一直是 G7 促进各国经济增长、减少各国之间经济发展不平衡的主要协调手段。在不同的历史阶段,由于经济理念和经济发展阶段的差异,G7 财政政策协调的具体内容及各国的参与程度也在不断变化。不同国家对于宏观经济政策的适用偏好不同,由于政治、经济和历史方面的原因,美国一向对财政政策作为反周期工具存有依赖,特别支持实施扩张性的财政政策以推动经济增长,因此 G7 之中,往往是美国在频繁地推动其他各国实施"协同增长计划",而德国、日本对财政政策的协调却相对比较保守被动。

2. 货币政策协调

各国货币政策的目标主要是国内经济目标,如低通胀率、低失业率、经济增长等,但在经济全球化趋势日益增强的今天,一国的货币政策往往会产生溢出效应而影响其他国家。为避免以邻为壑的政策,G7 在货币政策方面进行了协调,必要时,还对本国的货币政策作出了适当调整,以适应他国的需要,其中主要表现为对利率政策的协调。G7 的利率协调主要通过 G7 央行行长和财政部长会议来协商、确定政策方向,通过国内的宏观政策加以实施。20 世纪 80 年代初协调降低利率,以促进经济回升与发展;80 年代中期以后,随着通货膨胀率有所上升,又调高利率;而在股市危机和经济不景气时又调低利率。从自身利益出发,虽然各国的意见有时不尽一致,但总的说来通过协调,大都能在短期内实现一定的政策目标。

第三节 国际经济协调的效应分析

一、国际经济协调对世界经济的促进作用

(一) 促进了世界经济的稳定发展

1. 减轻各种经济危机对世界经济的冲击

二战后,除了周期性的世界经济危机外,各种局部性危机如石油危机、债务危机、金融危机也时常发生。这些危机往往对整个世界经济或是世界经济的某一部分造成严重的破坏,但是由于各国政府以及相关的国际经济组织的积极配合并针对这些危机采取相应的对策,从而大大减轻了它们的危害性。

以世界周期性经济危机来说,二战后每次爆发经济危机,国际货币基金组织和关贸总协定等国际经济组织以及西方七国集团都会直接进行干预和协调,以阻止经济危机的发展和蔓延。

例如,面对20世纪70年代中期世界经济的不景气,西方七国首脑会议决定采取一系列防止经济进一步衰退、刺激经济复苏的政策,包括协调各国利率、减少贸易壁垒、刺激国内消费等一系列反危机措施,最后终于使得世界经济走出了低谷。之后,国际经济协调在历次石油危机和金融危机中也都发挥了重要的作用。各国通过积极协商和采取共同行动,减缓了危机对世界经济的影响。

2. 缓和各国经济之间的矛盾和冲突

二战后,国际竞争和国际经济摩擦不断加剧,特别是在世界经济危机期间。每当发达国家间的矛盾和冲突变得一触即发时,国际经济协调都使各国之间的矛盾得以缓解,这在很大程度上抑制了国际经济的波动,为各国经济的复苏和发展减少了障碍。例如,在20世纪70、80年代,美国为了解决其日益增大的贸易逆差,与日本、欧共体之间进行了多轮贸易谈判,令日本、欧共体作出让步,对自身的贸易政策作出调整。其结果虽然不能消除它们彼此的不满和矛盾,但毕竟使它们之间的利害冲突得到暂时缓解,对全球经济的稳定发展起到了积极的作用。

3. 抑制通货膨胀的发展

20世纪70年代,由于长期以来实行的扩张性经济政策以及各种危机的影响,各主要发达国家经济陷入了经济增长停滞和高通货膨胀的困境。为此,西方七国首脑和国际货币基金组织等曾多次举行会议,协调行动,要求西方国家共同实施紧缩政策,控制货币供应量、提高利率、削减政府支出。到20世纪80年代初,高通货膨胀得到抑制。20世纪80年代中期,通货膨胀再次出现,西方国家吸取先前的经验,采取共同行动,使刚刚抬头的通货膨胀得到了有效的控制,并出现了逐年下降的趋势。按国际货币基金组织公布的数字显示,七国集团平均通货膨胀率由1972~1982年的9.3%,降至1983年的4.5%,1986年的2.0%,1989年的4.2%和1992年的3.1%。在20世纪90年代初危机过后的经济增长期间,西方发达国家仍继续保持着低通货膨胀。据经济合作与发展组织1997年公布的资料,整个经济合作与发展组织国家1994~1996年平均通货膨胀率为3.7%。与此同时,国际货币基金组织于20世纪80年代初还要求发展中国家采取通货紧缩政策。经过数年的努力,20世纪90年代以来多数发展中国家的通货膨胀也出现了逐年下降的趋势。据统计,发展中国家的平均通货膨胀率由1994年的48.0%,下降到1995年的17.4%和1996年的8.9%;即使经济增长最快的亚洲也不过5.7%,低于发展中国家的平均数。

4. 促进国际贸易的发展和国际资本的流动

第二次世界大战后,以美国为首的西方资本主义国家建立了以各主要国际经济组织为核心、其他的局部性协调(如针对某些特定商品的双边协议或是一些区域经济组织)为补充的国际贸易、金融协调机制,对战后国际贸易和资本流动的迅速恢复和发展产生了积极的推动作用。

在国际贸易方面,参与关贸总协定的成员国通过前后八轮谈判,大幅降低了各成员国之间的关税与非关税壁垒,制定了各国参与国际贸易所应遵守的游戏规则,尤其是最后一轮乌拉圭回合谈判,更是将其协调领域扩大到服务和知识产权保护等新领域,并且还建立了世界贸易组织,进一步巩固和加强了该组织对国际贸易的协调作用。在国际金融方面,国际货币基金组织在维持世界金融体系稳定的同时,还督促并帮助其成员国调节外汇供求、平衡国际收支、建立健全的国家金融体系等,为国际资本提供了一个良好的投资环境。而当国际贸易和国际投资出现严重失衡,危及世界经济的正常运行时,各主要的国际经济组织和西方大国又把解决国际经济失衡问题作为首要目标加以解决,促使世界经济尽快地回到正常的运行轨道。例如,在20世纪80年代初期,许多发展中国家出现了大量的贸易逆差,从而产生了债务危机,严重影响了它们经济的发展,国际货币基金组织为此组织了多次磋商,先是要求发展中国家调整经济结构,紧缩经济;到了80年代中期,国际货币基金组织又设立了"结构调整贷款"基金,促进发展中国家增加投资,扩大供给,加快经济的增长。而随着发展中国家经济条件的改善,到80年代末,它们的国际收支严重失衡的问题也得到了缓和。

(二)纠正世界经济不平衡

世界经济的发展是不平衡的,国际经济协调机构为了缓解发达国家和发展中国家经济发展的不平衡,对发展中国家进行了许多的援助。

1. 订立各种有利于发展中国家的条约与协定

二战后发展中国家为改善自身经济条件付出了大量的努力,令国际社会制定了许多有利于发展中国家的条约、协定,以改善发展中国家的经济状况。例如自1975年起,欧洲国家就与非洲、加勒比海和太平洋地区等的许多不发达国家签订了旨在帮助这些国家经济发展的"洛美协定"。"洛美协定"的主要内容包括对非加太地区提供财政援助和单项的贸易优惠措施等,到目前为止,洛美协定已经续签了四次,为非加太地区的经济发展做出了突出的贡献。五次洛美协定的具体内容见表13-1。

表13-1 五次洛美协定(Lome convention)

洛美协定	生效日期	有效期	主要内容(由欧洲国家成员向非加太成员提供)
第一个	1976-04-01	5年	财政援助(约42亿美元)
第二个	1980-04-01	5年	财政援助(约74.57亿美元)
第三个	1986-05-01	5年	财政援助(约93.5亿美元)
第四个	1990-07-01	10年	分两阶段提供财政援助(合计约322亿美元);欧洲国家放宽市场限制;帮助非亚太成员国家调整经济结构
第五个	2000-05-31	20年	财政援助(135亿欧元);逐步向自由贸易区过渡

资料来源:中华人民共和国外交部网站。

2. 向发展中国家提供信贷及技术援助

战后发展中国家普遍面临着由于国内资金不足,无法有效地调整产业结构、扩大经济规模、稳定社会环境、建立完善的现代工业体系的难题,而IMF、世界银行以及发达国家对发展中国家的信贷援助就在一定程度上缓和了这一矛盾。不仅在资金方面,一些国际经济组织还会向发展中国家提供一些技术上的培训和指导,以促使它们改正国内经济结构的弊端,建立更加健全的市场经济体系。例如,国际货币基金组织采取总部成员短期访问或专家长期派驻当地等形式帮助会员国加强现行经济管理制度和人力资源的配置,以改善这些国家在资产管理(主要是微观经济政策)、货币和外汇政策、财政政策和管理、微观经济统计等领域的调控能力。

3. 为解决发展中国家遇到的各种危机提供帮助

随着近代经济全球化趋势的不断增强,世界各国的交往越发密切,这就导致了各国经济受国外经济的影响和冲击加剧,风险增加。相对于发达国家,发展中国家由于国内自身经济、金融体系不够完善,经济规模较小,并为了加快发展本国经济,对国外资本的依赖程度较大,很容易成为各种经济危机的牺牲品。然而作为融入全球化经济加快自身发展的另一面,有时是很难防范、甚至是无法避免的,这就需要国际经济组织和发达国家的援助,以将危机发生的可能性以及危机发生后的危害降到尽可能低。事实上,一些国际经济组织和国家的帮助确实也起到了积极的作用。例如在 1995 年爆发的墨西哥金融危机中,美国、国际货币基金组织、国际清算银行就提供了近 500 亿美元的应急资金,帮助墨西哥渡过难关。

二、国际经济协调的局限性

国际经济协调在取得积极效应的同时,也存在着很大的局限性。尤其是发展中国家,常常成为各次经济危机的受害者。而在危机尚未威胁到发达国家利益时,国际经济协调往往表现得非常迟缓。国际经济协调机制旨在保证世界经济的稳定增长的目标并没有真正实现。此外,世界经济发展的不平衡,特别是国际贸易的发展不平衡、国际收支失调、南北差距等问题依然突出。所有这些,都与国际经济协调的不完善及其局限性紧密相关。

国际经济协调的局限性主要表现在以下几方面。

(一)国际经济协调缺乏预见性

20 世纪 80 年代以来,经济全球化进入了一个新的阶段,国际分工更加深入,跨国公司迅速发展。越来越多的国家逐渐放开各自的产品和金融市场,这使得商品流通和资本流动的规模迅速膨胀,国际市场的争夺更加激烈,危机在世界各国尤其是发展中国家频繁爆发。据国际货币基金组织的资料显示,从 1980 年起,发展中国家为应对各种突如其来的危机所花费的清理费用总额已超过 2 500 亿美元。面对如此高昂的代价,应对危机的最佳方法就是在其爆发之前而非爆发后对其进行补救,然而在近年来发生的一次又一次危机中,国际货币基金组织等相关的国际经济协调机构在危机的预警方面表现得很差,有时甚至做出误导。例如,在 1997 年东南亚金融危机爆发前,各大经济组织几乎没做出任何警告,国际主流媒体上也是争相鼓吹"亚洲经济奇迹",这都令来势汹汹的金融风暴更加顺利地席卷了东南亚主要经济国家。尽管危机爆发之后国际货币基金组织以及其他主要发达国家对主要受灾国进行了救助,但是危机仍然对这些国家的经济造成了极大的损害。

(二)国际经济协调政治色彩浓重,缺乏公正性

国际经济协调的主要目的是为了缓解世界经济的矛盾与冲突,促使世界经济在更加平稳的环境中运行和发展。然而,近年来,西方主要发达国家,尤其是超级大国常常企图通过国际经济协调的途径来控制和支配世界,使得国际经济协调带上了越发浓重的政治色彩。这不但导致了国际经济协调目标的偏移,还严重影响了国际经济协调的实际效果,甚至引起国家之间的矛盾与冲突。

不仅如此,由于国际经济协调大多是以发达国家为主导的国际经济组织发起并推动的,因此主要是发达国家在参与协调,而发展中国家由于自身的经济实力不强,因此对国际经济协调的决策影响力有限,这种情况造成了现有的国际经济协调更多的是从发达国家的利益出发,有时甚至是以损害发展中国家利益为代价的。当发展中国家经济遇到困难需要国际经济组织或其他国家协调帮助的时候,除非严重触及发达国家的利益,国际经济协调的开展一般都进行得十分缓慢。例如,20 世纪 80 年代初,拉美国家爆发了严重的债务危机,不仅给拉美经济的发展造成了沉重的负担,还给债权国的资金周转带来一定的影响。为了解决这个问题,国际金融机

构与西方发达国家提出了各种解决方案,然而在相当长时期内,这些协调措施仅仅是要求债务国紧缩国内经济,减慢发展,并没有从实际意义上让这些国家的负担得以减轻,从而收效甚微。直到 1989 年在发展中国家的强烈要求下,美国才提出一个"布雷迪计划",要求国际商业银行以一定的折扣率购买新债券或作为债务国的直接投资,即将债务证券化或资本化,使债务国所欠的债务总额有所减少;或通过降低利率和提供新贷款的方法,使还本付息的负担有所减轻。

（三）国际经济协调的执行缺乏权威性

由于世界经济的行为主体是各个主权国家、独立的经济实体,而国际经济的协调机构并不是一个超国家的组织,不具有世界政府的性质,因此国际经济的协调与一国政府对国内经济的干预和调节是不同的,它不可能像一国政府那样具有极高的权威性。另一方面,国际经济协调都以不干预一国内政为前提,而国内经济和世界经济是密不可分的,这就又为国际经济协调手段的运行设置了障碍。由于国际经济协调一般情况下无法制定和执行真正意义上的法律、法令、法规或是采取各种行政措施来推动其经济政策的实现,而只能要求其成员国依照其规章办事、承担起相应的义务和责任,这就使得它对各国缺乏相应的约束力和权威性,对超级大国来说则更是如此。例如,为了挽救 1997 年东南亚金融危机,国际货币基金组织协同美国、日本等大国达成 1 270 亿美元（韩国 550 亿,泰国 170 亿,印度尼西亚 330 亿,俄罗斯 220 亿）的一揽子紧急救援计划,但是具体落实起来却是阻力重重,尤其是美国和日本,作为亚太地区最大的经济体,本应率先支持基金组织的计划,但是其实际行动却令人失望。

（四）国际经济协调的效果往往与目标相偏离

国际经济协调尽管从总体上能够为世界经济的稳定和发展作出贡献,但是由于各国的经济结构、发展战略以及参与国际经济协调的目的不同,从而导致许多协调的结果与最初的目标还是有一定的差距,有时甚至造成负面的影响。例如 20 世纪 80 年代为了降低日本对美国和西欧的大量贸易顺差,在 1985 年 9 月,西方 7 国财长会议作出了要求日本调整外汇市场的决定,迫使日本提高日元兑美元的汇价。然而,日元在大幅升值之后,日本对美国的贸易顺差不降反升,同时在日本还掀起了海外购并的狂潮,许多美国的公司企业被日本兼并和购买,美国这时成为日本最大的海外投资国。因此,此次的国际经济协调并没达到缓和日美经济、日欧经济发展不平衡的目标,而后来的事实证明,日元的升值正是导致日本泡沫经济,令日本在整个 90 年代陷入萧条的一个重要原因。

本章小结

国际经济协调是在世界经济联系日益紧密的条件下,为了解决彼此间在经济利益中的矛盾与冲突,维护并促进世界经济稳定和正常发展而产生的一种方式。国际经济协调按组织形式标准可以分为以下几种形式:国际经济组织协调、区域经济集团协调、国际经济条约与协定协调和国际会议协调。相互依存理论、国际经济传递机制、博弈论是国际经济协调的理论基础,而战后世界各国相互矛盾的加深、危机的频繁爆发以及许多单靠个别国家无法解决的世界性经济问题则成为国际经济协调的现实基础。国际经济协调大体经历了三个发展阶段,其中每一个阶段都有其各自的特点。国际经济协调的主要内容包括国际贸易的协调、国际货币与汇率的协调以及宏观经济政策的协调。其中国际贸易协调主要通过 GATT 以及 WTO 展开多轮谈判以促进国际贸易的正常运行;国际货币与汇率的协调主要经历了固定汇率以及浮动汇率下的国际协调,国际货币基金组织在其中发挥了重要作用;宏观经济政策的协调在二战后主要是通过 G7 对财政政策、货币政策等宏观经济政策进行协调。国际经济协调对世界经济的发展有一定的贡献,它能够促进世界的稳定发展,纠正世界经济的不平衡,但是随着经济全球化的进一步推进,国际经济协调也日益暴露出如协调缺乏预见性、公正性、权威性以及协调的效果与目标相偏离等局限性。

关键词

国际经济协调　相互依存理论　国际经济的传递机制　博弈论　国际贸易协调　国际货币与汇率协调　宏观经济政策协调

复习思考题

1. 简述国际经济协调的组织形式。
2. 简述国际经济协调的理论基础。
3. 简述国际经济协调的现实基础。
4. 简述二战后国际经济协调的主要内容。
5. 简述国际经济协调对世界经济的促进作用。
6. 简述国际经济协调的效果。
7. 简述国际经济协调的局限性。

第十四章

区域经济一体化与世界经济一体化

当今世界经济的整体趋势是世界经济全球化与区域经济一体化并行发展,两者又相互促进。区域经济一体化是"自由贸易与保护贸易"、"扩大开放与经济安全"的理性结合,是全球经济"最优"化中的"次优选择"。区域经济一体化开始于第二次世界大战以后,到了20世纪60年代至70年代,区域经济一体化进入了第一次高潮,在20世纪80年代中后期出现了第二次高潮。特别是在90年代,在全球化真正形成的时期,区域经济一体化也随之进入大发展时期。区域经济一体化最主要的理论基础是关税同盟理论、大市场理论、协议性国际分工理论、相互依赖理论、集体自力更生理论等,当今世界上最典型的三大区域经济一体化组织为欧盟、北美自由贸易区、亚太经济合作组织。

第十四章 区域经济一体化与世界经济一体化

学习目标

学习本章后,你应该能够:
1. 了解经济全球化、区域经济一体化和世界经济一体化的定义,并掌握它们之间的联系和区别;
2. 掌握区域经济一体化的类型与21世纪以来区域经济一体化组织的最新进展;
3. 会用区域经济一体化的理论分析和解释当今世界出现的典型的区域经济一体化组织,了解欧盟、北美自由贸易区和APEC的发展历史并进行前景展望。

第一节 区域经济一体化:内涵、类型与经济学分析

一、区域经济一体化的内涵

"一体化"一词最初是用来指微观层面的厂商之间通过协定、卡特尔、康采恩、托拉斯及兼并等方式联合而成的经济联合体。20世纪50年代初,在西欧国家酝酿煤钢共同体的时候,人们开始使用"经济一体化"来表示以政府为主体的国与国之间在社会再生产的某些领域实行联合和调节的事态和过程。在经济学的一般理论中,经济一体化尚未有明确、统一的定义。正如《新帕尔格雷夫经济学大辞典》所指出的,"在日常用语中,一体化被定义为把各个部分结为一个整体。经济文献中,'经济一体化'这个术语却没有这样明确的含义。一方面,两个独立的国民经济体之间,如果存在贸易关系就可以认为是经济一体化;另一方面,经济一体化又指各国经济之间的完全联合"①。

经济一体化有全球性和区域性的区分,本节要论述的是区域经济一体化(regional economic integration)。关于区域经济一体化的含义,不同的学者有不同的理解。

丁伯根于1954年第一个提出了经济一体化的定义,认为经济一体化是消除阻碍经济发展的各种人为的障碍,有意识地导入调整和统一必需的所有因素,创造国际经济组织。他把经济一体化分为"积极一体化"和"消极一体化":消除歧视和管制制度,引入经济交易自由化是消极一体化;运用强制的力量改造现状,建立新的自由化政策和制度为积极一体化。

巴拉萨把区域经济一体化表述为整体内部各个部分的联盟,是利益相近的国家之间的联合,他认为取消属于不同民族国家之间的歧视性措施,必然导致货物销售的自由市场以及资本、劳动统一市场的建立②。同时巴拉萨认为区域经济一体化既是一个过程,又是一种状态。作为一个过程的一体化意味着取消国家间的经济歧视,强调了动态性质;作为一种状态的一体化意味着国家间不存在各种经济歧视,强调了静态性质。

---

① 约翰·伊特韦尔,等:《新帕尔格雷夫经济学大辞典》第2卷,经济科学出版社1992年版,第45页。
② 贝拉·巴拉萨:《经济一体化理论》,转引自埃拉尔多·穆尼奥斯·巴伦瑞拉·弗郎西斯科·奥雷戈·比库尼亚:《拉美的地区合作:状况和未来的计划》,墨西哥学院1987年版,第36页。

林德和金德尔伯格则认为,区域经济一体化是指宏观经济政策的一体化和生产要素的自由移动以及成员方之间的自由贸易[1]。也是通过共同的商品市场、共同的生产要素市场,达到生产要素价格的均等和自由流通,以及成员方之间的自由贸易[2]。

上述关于区域经济一体化的含义尽管存在一定的差异,但也可从其中找出一些共同点:第一,区域经济一体化是两个或两个以上独立的国民经济体之间联合而成的更大的经济体,即是分散的各个国家的经济在范围更大的体系内相结合。第二,区域经济一体化实行内外有别的歧视性政策,即"对内自由,对外保护",在区域内至少要实行商品的自由流动,更高层次的一体化安排则要求在区域内实现生产要素的自由流动,与此同时,对区域外,则针对这些流动的限制措施仍然存在。第三,区域经济一体化是一个逐步发展、不断前行的动态过程。

综上所述,区域经济一体化可以定义为:为了获取比单独一国时更大的经济福利,两个或两个以上的国家或地区的政府在彼此自愿地让渡自己的部分经济主权下,通过达成经济合作的某种承诺或签订条约、协议,实行某种程度上的经济联合和共同的经济调节而形成的一个区域性的经济合作组织的过程。

二、区域经济一体化的类型

按照区域经济一体化涉及的经济领域、达到的层次和程度的不同,可以把区域经济一体化分为以下几种类型。

(一) 特惠贸易安排

特惠贸易安排(preferential trade arrangements,PTA)是指成员方之间对全部或部分商品实行特别的关税优惠。这是区域经济一体化中最低级、最松散的一种形式。例如二战后初期的东南亚国家联盟。

(二) 自由贸易区

自由贸易区(free trade area,FTA)是指各成员方之间取消了商品贸易的关税壁垒,商品在区域内完全自由流动,但各成员仍保持各自的关税结构,按照各自的标准对非成员国征收关税。其特点是用关税措施突出了成员国与非成员国之间的差别待遇。例如 1960 年成立的欧洲自由贸易同盟和 1994 年建立的北美自由贸易区。值得注意的是自由贸易区非常注重原产地规则。

(三) 关税同盟

关税同盟(customs union,CU)是指成员方之间在消除贸易壁垒、允许商品自由流动的基础上,通过实行共同的对外关税制度而形成的一种区域经济一体化形式。简单来说,关税同盟即是自由贸易区加共同的对外关税。除包括自由贸易区的基本内容外,各成员国对同盟外的国家和地区建立了共同的、统一的关税税率。例如 1967 年成立的欧洲共同体。

(四) 共同市场

共同市场(common market,CM)是指成员方之间消除贸易壁垒、允许商品自由流动并实行共同的对外关税之外,也允许劳动、资本等生产要素自由流动。共同市场可简单理解为关税同盟加生产要素自由流动。例如 1993 年后的欧盟。

---

[1] 彼得·林德特、查尔斯·德尔伯格:《国际经济学》,上海译文出版社 1985 年版,第 191 页。
[2] 同上书,第 204 页。

（五）经济联盟

经济联盟（economic union, EU）是指在共同市场的基础上，成员方还在某些经济政策和社会政策上进行统一和协调。经济联盟是现实中存在的最高级的区域经济一体化形式，目前来说欧盟是唯一达到这一标准的区域经济一体化组织。

（六）完全经济一体化

完全经济一体化（complete economic integration）是指在经济联盟的基础上，成员方之间实行完全统一的贸易、金融和财政政策，并且这些政策是由一个极其权威的超国家的经济组织制定和实施的。目前，欧盟正在向完全的经济一体化的目标迈进。

按照经济一体化程度的不同，我们可以把区域经济一体化的主要形式由低到高排列如下：特惠贸易协定—自由贸易区—关税同盟—共同市场—经济联盟—完全经济一体化。但是我们必须注意到上述区域经济一体化类型并不需要按照以上路径进行演进，实践中的区域经济一体化组织还可能兼有两种类型的某些特征。如北美自由贸易区已经突破商品的自由流动，还涉及其他生产要素的流动。在以后的区域经济一体化发展中可能会出现创新型的区域经济一体化类型。

三、区域经济一体化的政治经济学分析

（一）区域经济一体化是全球经济"最优"化中的"次优选择"

区域经济一体化由于在存在贸易创造效应的同时，还存在贸易转移效应，因而有可能给成员国带来福利损失，只有世界经济一体化才能达到帕累托最优，才能达到资源的最有效配置，没有福利损失。对于区域经济一体化来说，参与国的数量越多，越少数量的国家的贸易会转移，一体化带来的利益才可能越大。当世界上所有国家都被囊括到一体化组织中时，利益将达到最大，因为不再可能有任何的贸易转移。因此，与世界经济一体化比较而言在目前这种状态下的区域经济一体化是一种次优选择。

（二）区域经济一体化是"自由贸易与保护贸易"、"扩大开放与经济安全"的理性结合

一方面，区域经济一体化组织的内部以自由贸易为主要的取向，成员方之间给予更大的优惠，更大程度地降低和取消贸易壁垒，实行商品、资本和人员的自由流动；然而区域经济一体化成员方结成一个集团共同应对来自区域外国家的竞争，实行对外的保护贸易，具有一定的排外性，对其他国家和地区形成一种障碍。另一方面，区域经济一体化组织不可能完全把自己的经济活动限制在本区域内，必然要与外部世界联系，面向全球市场，扩大开放，防止全球经济危机的传导，共同应对经济安全问题。因此，区域经济一体化是对内自由和对外保护、扩大开放与经济安全的理性结合。从区域经济一体化组织的发展来看，时而自由贸易占上风，时而保护贸易占上风，两种政策的相互融合产生了区域内的有管理的经济贸易政策。

（三）区域经济一体化是集团化的战略贸易政策，同时也是应对全球化的基本手段

在全球化快速推进的同时，区域经济一体化也在快速发展，可以用下面这个函数公式表示：

$$区域经济一体化发展程度 = F(经济全球化推进速度)$$

两者呈现出一种正向关系，即经济全球化推进速度越快，区域经济一体化发展程度也就越高。区域经济一体化对成员外的国家或地区的保护贸易政策，用集团化的手段保护区域内部的市场，往往会牺牲区域外国家的利益，是一种以邻为壑的战略性贸易政策。

(四)区域经济一体化是发展中国家经济国际化的辅助形式、防卫措施,属竞争单一导向型

发展中国家同样要参与到全球化的竞争中,去实现经济的国际化,但是由于自己的经济实力有限,它们往往需要用区域经济合作来防范全球化风险,需要通过区域经济一体化组织来增强自己的经济实力和与外部竞争、抗衡的实力。由于发展中国家通常在资源、或产品、或资本、或规模某一方面具有竞争优势,它们的区域经济一体化组织多属于竞争单一导向型。比如在欧盟东扩、东盟10+1(或10+3)等区域经济合作中就体现出了这种性质。

四、区域经济一体化动因的经济学分析

(一)囚徒困境与区域经济一体化

囚徒困境实际上是一种博弈论的情境:两个囚徒被分别关在两个屋子里,不能互相交流。他们处于两难境地:究竟应该不招供以求指控他们的罪名不能成立,还是应该招供并揭发对方以求得宽大处理?这种两难境地可通过两个囚徒间的合作来化解,合作则能获益。在经济全球化时代,各个国家间的竞争日趋加剧,国家间不想两败俱伤,都想共同分享经济全球化的利益。这就促使国家之间积极寻求合作,通过政府的作用形成区域经济一体化组织,共同应对经济全球化的风险。

(二)交易费用与区域经济一体化

交易费用是新制度经济学中的概念,它是指组织、维持和实施一种制度安排的各项规则的所有费用。传统的自由贸易理论是建立在交易费用为零的基础上的,而现实中的市场是不完全的,存在市场失灵的情况,这都是制度本身的缺陷所造成的。现实中,各国市场的分割以及主权国家所采取的关税或非关税壁垒等限制性政策,是市场失灵的主要原因。正是由于它的存在导致了跨国界的经济活动遭遇了许多的障碍,承担了高额的交易费用。当分工和专业化生产要求冲破国界的阻挠,制度性的障碍使得各国承担较高的交易费用时,人们就会创造一种制度使得多方获得的利益大于创造这种制度的成本。可以说区域经济一体化就是在完全的自由贸易无法实现的条件下而产生的,不断追求较低的交易费用是区域经济一体化的内在动因。

(三)集体行动逻辑与区域经济一体化

集体行动逻辑的两个基本前提假设是集团成员都是理性人,对成本和收益有比较分析,然后才付诸行动。在国际经济合作中,无疑每一个成员国家都遵循着上述的两条基本前提假设。因此,可以把世界经济一体化看作一个大集团行动过程,区域经济一体化看作一个小集团行动过程。从集团规模和集团行为的角度看,小集团更具有凝聚力和有效性。詹姆斯教授发现,在各种公共和私人以及国家地方机构中,"采取行动"的集团一般要比"不采取行动"的集团规模小。"采取行动"的集团的平均成员数量是6.5个,"不采取行动"的集团平均成员数量为14个。比起大集团来,小集团的行动更果断,而且能更有效地运行它们的资源[①]。集团越大就越需要组织和协议来获得集体公共物品。从国际合作的角度看,无疑各国发展合作协调的工作量巨大,在各方利益的博弈中,要达成一致的难度随着集团规模的扩大而显著提升。所以一个区域经济一体化相对较少的成员国之间的协调比起世界经济一体化的大集团的利益协调难度要小

[①] 曼瑟·奥尔森:《集体行动的逻辑》,上海人民出版社1995年版,第65页。

第十四章　区域经济一体化与世界经济一体化

得多,这样区域经济一体化就更容易产生。

五、区域经济一体化的发展历程与最新特征

(一) 区域经济一体化的发展历程

区域经济一体化开始于第二次世界大战以后,随着信息技术的兴起,各国国际化程度日益加深,再加上一系列国际组织如关贸总协定、国际货币基金组织、世界银行等的成立,推动了贸易和投资的自由化。在此背景下,一些地理位置邻近、经济发展水平相近的国家开始尝试区域经济一体化合作。最早成立的区域经济一体化组织是经济互助委员会和欧洲共同体。经济互助委员会建立于1949年,于1991年解体。它是中东欧国家与前苏联及古巴、蒙古和越南通过经济互助委员会结成的一个经济集团,是前苏联为了对抗资本主义国家而在社会主义国家之间达成的经济合作。欧洲共同体成立于1958年,建立在部分欧洲国家实施"煤钢联营"的成功实践的基础上,是目前为止发展得最为成功的区域经济一体化组织。

到了20世纪60年代至70年代,区域经济一体化进入了第一次高潮,由于一大批殖民地国家摆脱了殖民统治,强烈要求重新建立新的对外经贸关系,再加上欧共体的初步成功带来的巨大的"示范效应",为不同经济发展水平的国家进行区域经济一体化合作提供了参照。在20世纪60年代全球区域经济一体化组织有19个,70年代增至28个。在这期间建立的比较有代表性的区域经济一体化组织有欧洲自由贸易联盟(1960年)、中美洲共同市场(1960年)、拉美自由贸易联盟(1961年)、东非共同体(1961年)、东南亚国家联盟(1967年)、西非共同体(1973年)等。

区域经济一体化在20世纪80年代中后期出现了第二次高潮,随着前苏联解体和冷战结束,国际政治形势缓和,各国致力于经济建设,再加上全球化的推进,国际竞争日趋激化,正是由于各国已有的区域经济一体化组织的这种"压迫效应",促进了不同层次、不同形式和不同内容的区域、次区域和小区域经济合作组织犹如雨后春笋般地涌现。1986年2月欧共体签署《欧洲经济一体化文件》,计划到1992年实现商品、资本、劳务的完全自由流动,形成内部统一大市场。1989年1月美国和加拿大签订自由贸易协定,后来又开始就建立北美自由贸易区进行谈判。日本提出建立"东亚经济圈",希望通过贸易、投资和"货币一体化"合作加强亚洲"四小龙"和东盟国家间的经济联系,组成亚太区域性经济集团。越来越多的发展中国家开始积极组建和加入不同层次的经济一体化组织。

20世纪90年代,是全球化真正形成的时期。在该时期,形成了三个世界上最大、最有影响力的区域经济一体化组织:欧盟、北美自由贸易区和亚太经合组织(表14-1)。同时,90年代,区域经济一体化也随之进入大发展时期,呈现出了以下特征。

1. 区域经济一体化组织外延不断扩大、内涵不断深化

在这里区域经济一体化组织的外延定义为区域经济一体化组织涉及的地域范围、广度和包含的成员数量规模。区域经济一体化组织的内涵定义为区域经济一体化涉及的经济领域、达到的层次和程度。

首先,从区域经济一体化的外延看,区域经济一体化组织的数目激增,许多区域经济一体化组织及其成员相互交叉和重叠。根据WTO的统计,1995~1999,2000~2003,2004~2007这三段时间中,生效的区域贸易协定(RTA)数目分别为36个、53个和64个,有效的RTA的增长速度远高于WTO成立前。而且关于服务贸易的RTA数目显著增加。截至2010年2月,向GATT/WTO通报的RTA共有462项,其中271项在实施之中。WTO 2007年的国际贸易数据报告显示,实施

中的 RTA 有 44%是跨区域的,已签订和在协商中的 RTA 中有 67%是跨区域的。

其次,从区域经济一体化的内涵来看,90 年代建立的区域经济一体化组织以比较低级的自由贸易区为主,约占区域贸易协定的 90%①。但是原有的以自由贸易区为主要形式的区域经济一体化组织正在向更深内涵的共同市场或经济联盟靠拢。以欧盟为例,它在 1993 年建成统一大市场以后,在 1999 年又推出了欧洲单一货币——欧元,成为经济联盟,现在又推出《欧盟宪法草案》,不断向完全经济一体化迈进。又比如安第斯集团在 1990 年决定组建自由贸易区,以后又逐渐实现了农业发展的一体化,并允许资本、劳务和人员的自由流动。

2. 传统的区域经济一体化的条件被打破

按照西方传统的经济理论,一个成功的区域经济一体化组织必须具备以下几个基本条件:(1)经济发展水平相似或人均收入水平相近;(2)地理位置邻近;(3)社会文化形态一致;(4)在政治上都能承诺参加区域一体化组织的责任和义务。但是,1994 年由世界上最发达国家美国、加拿大和发展中国家墨西哥建成的北美自由贸易区,是世界上第一个南北型的区域经济一体化组织。它打破了经济发展水平相似和社会文化形态一致的要求,成员国出现了异质化。另外,不同意识形态、不同社会制度的国家也开始进入区域经济一体化组织,比如 1995 年越南加入东盟就是一个突破。而亚太经合组织的成员方更加复杂,它包含了不同地理位置、社会意识形态和经济发展水平的国家或地区。

3. 在次区域经济合作中,出现了创新性的合作方式

传统的区域经济一体化的类型中都是以国家为主体推进一体化进程的。然而,在东盟的次区域经济合作中出现了以私人企业为合作主体的次区域经济合作——"成长三角"②。印度尼西亚、马来西亚、新加坡"成长三角"的领导人还同意将创造更为便利的投资、经营环境,以支持和鼓励私营部门参与区域贸易和旅游业发展。"成长三角"这种亚洲特有的经济合作形式具有强大的生命力,它可以部分克服亚太地区存在着的由不同经济及政治制度所造成的合作困难,从而发挥亚太地区的自然与人力资源的互补性。由于这一经济合作方式涉及的范围较小,建设成本也相应减少。这一特点对于不少苦于资金来源不足和合作经验甚少的亚太国家来说至关重要。"成长三角"的另一大特点是,它的成功经验可以很快地移植到参与国的内地去,从而把小规模的经济合作推广到更大的范围内。

(二)区域经济一体化 21 世纪的最新进展

进入 21 世纪,伴随着美国经济发生衰退,世界经济增长放缓,贸易保护主义重新流行起来,由于多边的贸易自由化谈判的屡屡受挫,双边自由贸易协定和区域贸易协定比建立在多边一致基础上的世界贸易组织框架更易达成协定,更易找到共同点,也更易于操作。因此,这种形势反向地促进了区域经济一体化的进一步发展。

1. 东亚成为区域经济一体化最为活跃的地区

东南亚国家在克服 1997~1998 年金融危机之后,继续高速发展。特别是在中国经济快速

---

① 张蕴岭:《世界区域化的发展与模式》,世界知识出版社 2004 年版,第 1 页。
② "成长三角"模式是 20 世纪 80 年代末 90 年代初,东南亚地区出现的一种新的国际经济合作模式。1989 年 12 月,新加坡总理吴作栋提出,在与新加坡毗邻的印尼廖内群岛(主要是巴塔姆岛)、马来西亚的柔佛州,建立一个三国联合组成的自由经济区,即"新柔廖成长三角"。这一经济合作模式的主要内容是,各国在地域毗邻的一个较大区域内建立经济开发区,发挥各自的优势,利用商品、人员、资金和技术的大规模自由流动,通过生产要素的互补性和优化组合,达到互惠互利,从而带动三国的经济发展。

发展的同时,东亚国家从中国的经济发展中获得了大量的红利。中国和东亚其他国家越来越感到加速东亚区域合作的必要性和紧迫性。在中国等国的推动下,21世纪的东亚区域经济合作有了最新进展。2002年中国开启了与东盟自由贸易区的谈判,2010年1月1日中国—东盟自由贸易区建成,形成了人口19亿、国内生产总值6万亿美元、贸易总额达4.5万亿美元的庞大自由贸易区。2002年起中国提出了中日韩自由贸易区建立问题,接着2003年10月在印度尼西亚巴厘岛举行的东盟与中日韩会议上,中方再次提出继续深入研究中日韩自由贸易区问题,同时还提出研究建立包括东盟和中日韩在内的东亚自由贸易区的可行性。此外,中国与智利、先后达成了自由贸易协定。日本也受此影响,与东盟达成协议,计划在2012年建立自由贸易区,在此之前,日本已于新加坡签署自由贸易协定,并对与墨西哥、泰国、智利就建立自由贸易区进行研究。东盟作为一个区域性国际组织正在与澳大利亚、新西兰、美国和欧盟进行关于签订自由贸易协定的谈判。

2. 欧盟东扩并继续沿着完全经济一体化的道路前行

2004年5月1日,东欧波罗的海沿岸和地中海沿岸的中东欧10国正式加入欧盟,从此欧盟作为世界中的一极更加强大,欧盟增加为25国,面积从原来的333万平方公里增至430万平方公里,人口由3.7亿增加到近4.55亿,总产值近10万亿欧元。2004年10月,欧盟25国首脑在意大利首都罗马签署了《欧盟宪法条约》。这是欧盟的首部宪法条约,旨在保证欧盟的有效运作以及欧洲一体化进程的顺利发展。2007年1月1日,罗马尼亚、保加利亚加入欧盟。2007年10月18日,欧盟27个成员国首脑在葡萄牙首都里斯本就《里斯本条约》的文本内容达成共识。2009年11月3日欧盟27个成员国全部完成了对《里斯本条约》的批准,全球范围内区域合作程度最高的欧洲一体化进程迈入新阶段。2009年11月19日比利时首相范龙佩、英国人阿什顿女士分别被选举为欧洲理事会常任主席(即"欧盟总统",在欧盟内部协调立场,在国际舞台上代表欧盟各成员国首脑)以及欧盟外交和安全政策高级代表(即"欧盟外长")。

3. 西半球的区域经济一体化仍在继续

在西半球的区域经济一体化中,美洲自由贸易区逐渐被提上日程。美洲自由贸易区的设想是美国在1994年迈阿密西半球首脑会议上提出的,目的是于2005年初在西半球建立一个世界上面积最大、年GDP总值达14万亿美元、拥有8亿人口的自由贸易区。美国在其中有着明显的主导性。美国在与一些中美洲国家就双边自由贸易进行谈判的同时,美洲34国就美洲自由贸易区的谈判一直没有中断。但是在农业补贴、降低关税、市场准入等关键问题上美国与其他拉美国家存在较大分歧。谈判一直停留在议程和框架层面上,无法深入。美洲自由贸易区谈判面临着巨大的挑战。因此,西半球的区域经济一体化还有很长的路要走。

表14-1 世界主要区域经济一体化组织

名称	成立时间	总部所在地	现今成员国(或地区)	形式(目标)
欧洲				
欧洲自由贸易联盟(EFTA)	1960	日内瓦	冰岛、列支敦士登、挪威、奥地利、芬兰、瑞典、瑞士	自由贸易区

续表

名称	成立时间	总部所在地	现今成员国(或地区)	形式(目标)
欧洲共同体(欧盟)(EU)	1958	布鲁塞尔	法国、德国、荷兰、卢森堡、丹麦、比利时、瑞典、芬兰、奥地利、西班牙、希腊、英国、意大利、葡萄牙、爱尔兰、波兰、捷克、爱沙尼亚、拉托维亚、立陶宛、匈牙利、斯洛文尼亚、斯洛伐克、马耳他、塞浦路斯	经济联盟
独联体经济联盟(CIS)	1993	莫斯科	俄罗斯、白俄罗斯、哈萨克斯坦、乌兹别克斯坦、吉尔吉斯斯坦、摩尔多瓦、塔吉克斯坦、阿塞拜疆、亚美尼亚	自由贸易区
中北美洲及加勒比海地区				
北美自由贸易区(NAFTA)	1994	墨西哥城	美国、加拿大、墨西哥	自由贸易区
加勒比共同体(CARICOM)	1983	乔治敦	安提瓜和巴布达、巴哈马、巴巴多斯、伯利兹、多米尼克、格林纳达、圭亚那、圣卢西亚、圣基斯和尼维斯联邦、牙买加、特立尼达和多巴哥、圣文森特和格林纳丁斯、蒙特塞拉特、苏里南、海地	关税同盟
中美洲共同市场(CACM)	1993	圣萨尔瓦多	萨尔瓦多、洪都拉斯、危地马拉、尼加拉瓜	关税同盟
南美洲				
南方共同市场(MERCOSUR)	1991	亚松森	阿根廷、巴西、巴拉圭、乌拉圭、委内瑞拉、智利、玻利维亚、秘鲁、哥伦比亚	关税同盟
安第斯国家共同体(CAN)	1969	利马	智利、玻利维亚、哥伦比亚、厄瓜多尔、秘鲁、委内瑞拉	共同市场
拉美一体化协会(LAIA)	1981	蒙得维的亚	阿根廷、玻利维亚、巴西、秘鲁、玻利维亚、厄瓜多尔、哥伦比亚、墨西哥、委内瑞拉、乌拉圭、智利	
南美洲国家共同体(南美洲国家联盟)	2004		阿根廷、巴西、巴拉圭、乌拉圭、委内瑞拉、玻利维亚、哥伦比亚、厄瓜多尔、秘鲁、智利、圭亚那、苏里南	
亚洲及环太平洋地区				
东南亚国家联盟(ASEAN)	1967	雅加达	文莱、印度尼西亚、老挝、马来西亚、缅甸、菲律宾、新加坡、泰国、越南、柬埔寨	自由贸易区
亚太经济合作组织(APEC)	1989	堪培拉	日本、中国、韩国、文莱、印度尼西亚、马来西亚、菲律宾、新加坡、泰国、加拿大、美国、墨西哥、澳大利亚、新西兰、中国香港、中国台湾、巴布亚新几内亚、智利、俄罗斯、秘鲁	自由贸易区
南亚区域合作联盟(SAARC)	1985	加德满都	孟加拉国、不丹、印度、巴基斯坦、马尔代夫、尼泊尔、斯里兰卡	特惠贸易协定

第十四章 区域经济一体化与世界经济一体化

续　表

名　称	成立时间	总部所在地	现今成员国（或地区）	形式（目标）
海湾合作委员会（GCC）	1981	利雅得	阿联酋、阿曼、巴林、卡塔尔、科威特	关税同盟
澳新自由贸易联盟	1990	堪培拉	澳大利亚、新西兰	自由贸易区
非洲				
东非共同体	2001	阿鲁沙	坦桑尼亚、肯尼亚、乌干达、布隆迪（2007）、卢旺达（2007）	共同市场
南部非洲开发共同体（SADC）	1980	哈伯罗内	安哥拉、博茨瓦纳、津巴布韦、莱索托、马拉维、莫桑比克、纳米比亚、斯威士兰、坦桑尼亚、赞比亚、南非、毛里求斯、刚果民主共和国、塞舌尔	
东南非洲共同市场（COMESA）	1994	卢萨卡	布隆迪、埃塞俄比亚、吉布提、科摩罗、肯尼亚、卢旺达、毛里求斯、索马里、苏丹、安哥拉、津巴布韦、马拉维、斯威士兰、乌干达、赞比亚、纳米比亚、马达加斯加、威立特里亚、塞舌尔、刚果民主共和国、埃及	共同市场
西非国家经济共同体（ECOWAS）	1975	瓦加杜古	贝宁、布基纳法索、科特迪瓦、马里、毛里塔尼亚、尼日尔、塞内加尔、多哥、佛得角、冈比亚、几内亚比绍、几内亚、加纳、利比里亚、尼日利亚、塞拉利昂、多哥	自由贸易区
中非国家共同体	1985	利伯维尔	安哥拉、布隆迪、喀麦隆、中非、乍得、刚果共和国、刚果民主共和国、加蓬、赤道几内亚、圣多美和普林西比	
阿拉伯马格里布联盟（AMU）	1989	摩洛哥	阿尔及利亚、利比亚、毛里塔尼亚、摩洛哥、突尼斯	自由贸易区

资料来源：根据丹尼斯 R. 阿普尔亚德，小艾尔佛雷德 J. 菲尔德：《国际经济学》，机械工业出版社（第 4 版）2003 年版，第 301 页；刘力：《发展中国家经济一体化新论》，中国财政经济出版社 2002 年版，第 8 页；世界银行：《2000 世界发展指标》，中国财政经济出版社 2001 年版，第 329 页，并补充最新资料整理而得。

第二节　区域经济一体化理论与实践

一、区域经济一体化理论

（一）标准的区域经济一体化理论——关税同盟理论

关税同盟是成员方之间免除关税障碍，并且对非成员方施行统一关税的一种区域经济一体化类型。在区域经济一体化理论中，关税同盟理论是区域经济一体化理论的奠基石。它是由美国的经济学家维纳(J. Viner)在1950年的《关税同盟》一书中提出的。维纳认为关税同盟同时具有贸易创造效应和贸易转移效应,并分析了关税同盟对贸易流量的影响。后来由德比尔斯、莫里斯·拜等对关税同盟理论进行了完善和发展。

1. 关税同盟理论的静态效应

关税同盟理论的静态效应即是关税同盟成立以后就直接产生的效应,分为贸易创造效应和贸易转移效应。贸易创造效应意味着促进经济,而贸易转移效应意味着阻碍经济,因此,关税同盟的最终效应取决于两种基本力量的对比。

所谓贸易创造效应,是指关税同盟成立以后,产品从成本较高的本国生产转向由成本较低的成员国生产,同时其他成员国成本较高的产品可能转向由本国提供,由此达到节约成本和规模经济,从而导致经济福利的增加。所谓贸易转移效应,是指进口产品来源从原先成本较低的非成员国转向成本较高的成员国,造成进口成本的上升,从而导致经济福利的减少。

关税同盟的经济效益取决于贸易创造效应与贸易转移效应相互比较的结果。如果关税同盟的贸易创造效应大于贸易转移效应,则建立关税同盟是有利的,反之是不利的。一般说来,伙伴国的价格越接近低成本的世界市场的价格,区域经济一体化对代表性国家的影响越有可能为正;此外,最初的关税税率越高,区域经济一体化的影响越有可能为正;还有,供给曲线和需求曲线越是富有弹性,区域经济一体化的效应越有可能为正,因为曲线的弹性越大,消费者和生产者数量调整的幅度也就越大,贸易创造效应就越大;最后,参与国的数量越多,区域经济一体化越有可能带来利益。

关税同盟的静态效应还包括以下几方面。

第一,关税同盟的建立,无需再设置政府官员来对越过边境的伙伴国的产品和服务进行监督,因此可以减少行政机构,节约管理成本,减少行政支出。

第二,关税同盟建立后,一般情况会减少对区域外的出口供给和进口需求,导致其出口价格上升和进口价格下降,从而改善其对世界其他国家的集体贸易条件。

第三,关税同盟的建立后,成员国在同世界其他国家进行谈判时,可以具有更大的讨价还价的能力,谈判地位大大提高。

2. 关税同盟理论的动态效应

各国在进行区域经济一体化之后,它们的经济结构与经济运行状况可能会有很大的改观,导致这种情况的因素就是区域经济一体化的动态效应。

(1) 规模经济效应

组建区域经济一体化组织以后,原来各国分散的小市场结合成一个统一的大市场,这样企业可以摆脱市场规模的限制,获得规模经济效应。这些规模经济的实现可能是区域经济一体化参与国出口厂商规模的扩大而在其内部产生,也可能是厂商外部经济条件的变化而使投入成本降低,但都是区域经济一体化组织形成后市场扩张所激发出来的。

(2) 竞争效应

区域经济一体化组织建立之后,原来的关税壁垒和非关税壁垒废除,原有的一国范围内垄断被打破,国内的企业要面临成员国企业的强大竞争,从而促使这些企业降低成本,提高生产率。

(3) 投资效应

区域经济一体化有可能刺激内部和外部的投资者都增加在成员国的投资。一方面,由于市场的扩大和需求的增加,各成员国企业会增加投资。同时,强大的竞争压力也会促使企业增加投资。另一方面,区域经济一体化组织内部取消了贸易壁垒,但是对非成员国的壁垒并未取消。非成员国企业希望在成员国内投资生产来避免贸易限制和较高的共同外部关税而被逐出区域经济一体化组织之外。

(4) 其他动态效应

第一,增强要素流动性。在共同市场层次上的区域经济一体化,资本和劳动力会更自由地从充裕地区流动到稀缺地区,促进生产要素的合理配置,减少生产要素的闲置。

第二,促进技术进步。在面对强大的竞争压力和扩大规模生产时,企业可能会增加研发方面的投资,加强新技术的开发和利用,从而促进技术进步。

以上把注意力都集中在分析区域经济一体化建立对一个代表性国家所产生的经济福利影响上,但却忽视了两个重要的问题:一个是涉及与成员国之间的利益分配有关的问题,另一个是涉及与国家主权有关的问题。因此,尽管区域经济一体化为成员国提供了广大的市场和潜在的规模经济等有利影响,但是利用这些经济效应还取决于它们是否愿意放弃部分的国内经济控制权,是否能够解决成员国之间的利益分配问题。

(二) 大市场理论

西托夫斯基和德纽是大市场理论的代表人物,大市场理论以共同市场作为分析的基础。该理论的核心论点是:共同市场可以把那些被保护主义分割的小市场统一结成大市场,获得规模经济,并促进竞争,提高经济与资源的利用效率。西托夫斯基通过对西欧国家的考察,发现存在狭窄市场与企业家保守态度的恶性循环,而通过组建共同市场使企业竞争加剧,转向大规模生产,令生产成本和价格下降,大众的消费增加,从而出现市场的进一步扩大的良性循环。德纽认为,大市场的建立会导致机器的充分利用,大量生产、专业化、最新技术的应用和竞争的恢复,这些因素使生产成本下降和价格降低,从而引起消费的提高。这样,经济会滚雪球式地扩张。消费的提高会引起新一轮的投资,投资会带动生产规模的扩大⋯⋯①

(三) 协议性国际分工理论

协议性国际分工理论由日本经济学家小岛清提出,他认为单单依靠比较优势理论不一定能完全实现规模经济,反而有可能导致各国企业的集中和垄断,影响经济的福利。因此,要实现规模经济,需要区域经济一体化组织成员方政府的协议和调节机制来确定国际分工。协议性国际分工可以有效地配置区域内的资源来增进各成员方的福利。同时,他还认为达成协议性分工有前提条件:第一,达成协议的国家应该经济实力接近,在劳动资本禀赋方面差别不大,工业化水平和经济发展水平大致相当,分工对象的产品在其中任何一国都能生产。第二,作为协议性分工的产品应当具备达到规模经济的条件。第三,不管对于哪一协议国,协议分工中的产业给自己和别国带来的利益应大体相当,不应有太大差距。从中可以看出:协议性国际分工理论只能用于同等发展阶段的国家之间建立区域经济一体化。

(四) 相互依赖理论

在经济全球化的今天,各国的经济之间存在某种程度的依赖关系。相互依赖是国家间关系的一种状态,指一个国家的行为或政策将对其他国家产生的影响力,这种影响力取决于相互依赖的程度。

---

① Deniau JF, *The Common Market, Its Structure and Purpose*, London, 1961.

1. 衡量相互依赖的程度

一般来说,西方经济学者多用以下指标来反映国际经济相互依赖的程度:(1)各国出口贸易与国内生产总值比率的变化状况;(2)国际贸易的增长与国内生产总值的增长之比;(3)国与国之间资本双向流动包括直接投资与间接投资的指标。

2. 相互依赖的内容

一般包括:(1)结构上和经济目标上的相互依赖;(2)外生干扰因素之间的高度或低度的相互依赖;(3)国家之间政策上的相互依赖;(4)相互依赖条件下的传导机制。

美国学者卡尔·多伊奇运用相互依赖理论来解释区域经济一体化。他认为相互依赖有正向的或积极的,也有反向的或消极的。前者会促使国家间的区域经济一体化合作,促进各国经济的发展;后者会加剧国家间的竞争,发生经济利益上的冲突。因此,各成员国之间应加强政策上的协调①。

西方的相互依赖理论过于强调了各国之间的相互依赖和相互联系,但从现象上看比较接近区域经济一体化的政策协调,因此可以把相互依赖理论作为区域经济一体化的一种理论根据。

(五)发展中国家的区域经济一体化理论——集体自力更生理论

标准的区域经济一体化理论对发展中国家来说,只是一种启示作用,发展中国家如何实行区域经济一体化却有另外一套理论,这就是集体自力更生理论。

1. 中心-外围理论

本书第七章论述的阿根廷经济学家普莱维什1949年提出的"中心-外围论"证明了国际贸易会使发展中国家日益贫困化的机制。"中心-外围论"认为,由发达国家(即中心国家)和发展中国家(即外围国家)组成的国际经济秩序是不合理的,它只会有利于发达国家而损害发展中国家的发展。发展中国家只有摆脱这种旧的国际经济秩序,加强与其他发展中国家的经济合作,才能实现经济的成功发展。具体来说有以下几个方面。

(1)发展中国家走上发展的道路必须打破"中心-外围"的国际经济结构。国际贸易使世界形成了"中心与外围"的经济结构,这一结构的形成、运行均从属于中心国家的利益。外围国家的资金源源流入中心国家,使它们的资本积累能力受到很大阻碍,同时进口的能力也受到了限制,妨碍了工业化的发展,因此,外围国家率先发展的前提必须是打破"中心-外围"结构。

(2)发展中国家必须实行进口替代的工业化战略才能摆脱外围的地位。发展中国家依靠初级产品的出口并不能带来利益,反而使贸易条件逐步恶化,外围国家需要实行进口替代的工业化战略,以工业制成品来取代从中心国家的进口和本国初级产品的出口。

(3)发展中国家必须以发展中国家之间区域经济一体化的合作来打破旧的国际经济体系。由于发展中国家的市场狭小,需要进行区域经济一体化合作联合成一个广阔的市场,以集体的力量来与发达国家抗衡。外围国家组成区域经济一体化组织一方面可以促进互惠贸易,另一方面可以通过分工的专业化使工业化配置更加合理化。

2. 国际依附理论

国际依附理论主要由阿明、巴兰、弗兰克等学者在20世纪60,70年代提出,他们主要认为:

---

① 卡尔·多伊奇:《国际关系分析》,世界知识出版社1992年版,第276页。

对发达国家的依赖是发展中国家贫穷落后的根源。发展中国家要实现经济的发展需要对自身的制度、结构和经济运行机制进行改革。同时,发展中国家要实现区域经济一体化来与现行的国际经济秩序脱钩。

中心-外围理论和国际依附理论存在许多共同的主张,都认为现在的国际经济体系不利于发展中国家的经济发展,需要彼此间的区域经济一体化。同时,这些理论也在一定程度上促进了20世纪80年代蓬勃发展的发展中国家的南南合作。

二、区域经济一体化实践

(一) 欧盟(EU)

西欧区域经济一体化是一项开拓性的事业,其一体化始终在探索中前行,它所经历的50多年的历史本身就是区域经济一体化理论和实践的创新,同时也为世界其他地区提供了宝贵的经验。欧盟是目前是世界上最大的也是经济一体化程度最高的一体化组织。

1. 欧洲经济一体化的进程

虽然政治因素是欧盟前身欧共体成立的初始动因,但是真正推动它不断前进发展的是经济因素。西欧国家在长期的发展中形成的密切的经济联系、地理位置的毗连、市场制度的相同、经济结构的相似、文化传统的接近使之存在联合的潜力。战后在科技革命的推动下,生产力迅速发展,竞争加剧,而且欧洲很多产业已处于劣势。欧盟的成立扩大了互补性和生产要素流动的广泛性,给企业提供了重新组织和提高竞争能力的机会和客观条件。通过兼并或企业间的合作,促进了企业效率的提高,同时实现了产业结构的高级化和优化,促进了成员国间的贸易迅速增长,对欧盟成员国经济发展发挥了重要的促进作用,增强了经济实力。同时欧盟以统一的声音同其他缔约方谈判,不仅大大增强了自己的谈判实力,也敢于同任何一个大国或贸易集团抗衡,达到维护自己贸易利益的目的。

欧洲经济一体化经历了四个阶段:战后初期至1957年,为准备和实验阶段,以《煤钢共同体条约》作为法律基础;1958~1985年为关税同盟阶段,以《罗马条约》(即《欧洲经济共同体条约》和《欧洲原子能共同体条约》)作为法律基础;1985~1992年为共同市场阶段,以《单一欧洲法案》作为法律基础;1993年至今为经济联盟阶段,以《马斯特里赫特条约》又称《欧洲联盟条约》作为法律基础。目前欧洲的经济一体化在不断深化的同时,已开始向政治一体化迈进。

表14-2 欧洲经济一体化进程大事年表(1950~2009年)

时 间	事 件
1950年5月9日	舒曼计划①的出台
1951年4月	法国、德国、意大利、荷兰、比利时、卢森堡6国签署了《欧洲煤钢共同体条约》,即《巴黎条约》
1952年7月25日	煤钢共同体正式生效

---

① 法国外长舒曼发表了在欧洲历史上影响深远的声明,声明指出欧洲统一的关键在于解决好法德冲突,而解决法德矛盾的有效途径就在于把法德的全部煤钢生产置于一个其他国家都可参加的高级联营机构的控制下。

续 表

时 间	事 件
1957年3月	《罗马条约》签定,根据该条约上述6国建立了欧洲经济共同体和欧洲原子能共同体
1958年1月1日	《罗马条约》生效,欧洲经济共同体正式成立
1962年	1月,欧洲经济共同体通过了"建立农产品统一市场折衷协议",7月共同农业政策正式实施
1967年7月1日	欧洲经济共同体、欧洲原子能共同体和欧洲煤钢共同体合并,改称"欧洲共同体",简称欧共体,以取代欧洲经济共同体
1968年7月	欧洲共同体6国建成关税同盟,取消了各成员国之间的关税,对外实行统一的关税政策
1973年1月1日	欧共体的第一次扩大期,丹麦、英国和爱尔兰加入欧共体,由6国增加到9国
1979年	欧洲货币体系建立,欧洲议会举行第一次议员选举
1981年1月1日	欧共体的第二次扩大期,希腊加入欧共体,欧共体成员国增加到10国
1985年	欧共体于6月通过了《完成内部市场》白皮书,制定了1992年底完成内部大市场的建设蓝图。12月,欧共体第一次对共同体条约作出系统修订的《单一欧洲法案》签署
1986年1月1日	欧共体的第二次扩大期,西班牙和葡萄牙加入,欧共体成员国增加到12国
1989年	欧共体通过关于经济与货币联盟的《德洛尔报告》,提出分三阶段建设经济与货币联盟,核心是建立欧洲中央银行,发行单一货币,协调各国经济政策
1991年12月	《欧洲联盟条约》即《马斯特里赫特条约》签订,成为欧洲一体化道路上的新的里程碑
1993年1月1日	欧洲内部统一大市场建成
1993年11月	马约正式实施,欧洲联盟成立
1995年1月1日	欧共体的第三次扩大期,奥地利、芬兰和瑞典加入欧共体,欧共体成员国增加到15国
1999年1月1日	欧元正式发行,欧洲中央银行确定统一的货币政策,在资本市场开始使用欧元,各金融市场也以欧元进行结算
2001年1月1日	希腊正式加入欧元区,成为欧元区的第12个成员
2002年1月1日	欧元正式进入流通领域
2002年3月1日	欧元区内各国的原货币完全退出流通,欧元成为欧元区内12个国家唯一的法定货币

第十四章 区域经济一体化与世界经济一体化

续　表

时　　间	事　　　件
2003年6月	《欧洲宪法条约草案》正式出笼
2004年5月1日	欧盟的第四次扩大期，10个中东欧和波罗的海国家正式加入欧盟，成员国数量增加到25国，这是欧洲一体化史上最大的一次扩张
2007年1月1日	罗马尼亚和保加利亚加入欧盟，欧盟扩大为27国
2007年12月13日	27个成员国首脑签订《里斯本条约》
2009年11月3日	27个成员国完成了对《里斯本条约》的批准

2. 欧盟的区域内贸易与投资实证分析

欧盟成员国之间的区域经济一体化有力地促进了贸易和投资的发展，其积极效应远远大于消极效应。

(1) 对贸易的影响。

首先，从静态效应来看，欧盟的创造效应比较明显，而同时贸易转移效应要小得多。在煤钢共同体建立的最初几年，内部贸易发展很快，1952年到1955年初，钢产量贸易增长了151%，煤增长了40%，铁矿砂增长了37%。从表14-3可以看出，1960年到1986年间随着新的国家加入一体化，内部贸易额从最初的10.3亿美元增至450.4亿美元，作为一个整体，其内部贸易额占世界出口的比重也达到了21.3%。这说明欧共体关税同盟成立带来的贸易创造效应要大于贸易转移效应，同时也说明了欧共体内部净福利的增加。而且整个欧共体在1961~1970年间实际GNP的年均增长率为4.8%，人均GNP增长率为4.0%。这比同期美国3.8%的GNP增长率和2.5%的人均GNP增长率水平要高。图14-1和图14-2也表明从1991年到2008年，欧盟无论是总的出口额和对内部成员国的出口额以及对外部国家的出口额都呈现不断上升的趋势。同样，欧盟总的进口额和对内部成员国的进口额和对外部国家的进口额也呈现不断上升的趋势。1991年到2003年(欧盟东扩之前)，欧盟对内部成员国的出口增长了80%，对内部成员国的进口也增加了80%以上。

表14-3　欧洲共同体成员国相互贸易的增长(1960~1986年)

年　份	内部贸易额 (10亿美元)	内部出口贸易占 世界出口的比重(%)	内部贸易占集团出口 总额的比重(%)
1960	10.3	8.0	34.6
1970	43.3	13.9	48.9
1973	122.9	21.3	51.6
1986	450.4	21.3	57.1

注：1960年及1970年为6国数字，1973年为9国数字，1986年为12国数字。
资料来源：杨逢珉：《欧洲联盟的中国经贸政策》，华东理工大学出版社2001年版，第18页。

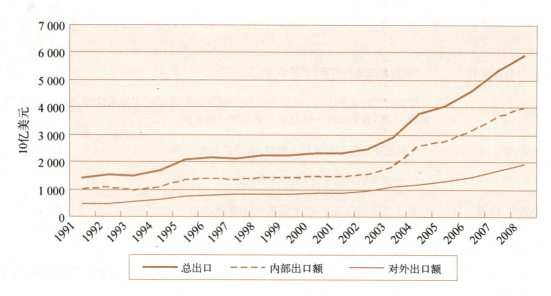

图 14-1 欧盟商品贸易出口额(1991～2008 年)

注：2004 年前的数据为 15 个成员国的,2004～2006 年的数据为 25 个成员国的,2007 年、2008 年的数据为 27 个成员国的。

资料来源：http://www.wto.org/english/res_e/statis_e/statis_e.htm。

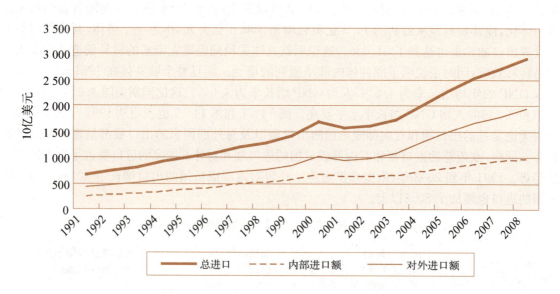

图 14-2 欧盟商品贸易进口额(1991～2008 年)

注：2004 年前的数据为 15 个成员国的,2004～2006 年的数据为 25 个成员国的,2007 年、2008 年的数据为 27 个成员国的。

资料来源：http://www.wto.org/english/res_e/statis_e/statis_e.htm。

其次,动态效应也是积极的。从表 14-4 可以看出,1993 年统一大市场建成后,由于更充分地利用规模经济而获得的利益占欧共体国内生产总值的 2.10%,由于竞争加剧而获得的利益占国内生产总值的 1.60%。

表 14-4　1992 年统一大市场对欧洲共同体经济福利影响的估计

	占国内生产总值的百分比
所得来源：	
由于取消贸易壁垒而获益	0.20%
由于取消影响生产的壁垒而获益	2.20%
由于更充分地利用规模经济而获益	2.10%
由于竞争加剧、减少企业的低效率、垄断利润而获益	1.60%
合计	6.10%

资料来源：彼得·林德特：《国际经济学》，中国经济出版社 1992 年版，第 223 页。

(2) 对投资的影响。

从欧盟内部的投资和外部国家对欧盟的投资来看，在 1984 年到 1992 年之间欧盟内部成员国之间 FDI 流动量有一个明显的提高，FDI 占 GDP 的比例从 1984 年的 0.15 攀升到 1992 年的 0.62，增长了 3 倍之多。1984~1985 年间成员国之间年平均直接投资量占欧盟吸引的 FDI 的比例为 46%，1986~1990 年间增长到 55%，1991~1993 年间增长到 62%。到 2000 年，欧盟成员国对外直接投资量达到了 7 700 亿欧元，其中 60% 是流向其他成员国的。这一变化趋势表明，在投资区位选择上，欧共体内部市场对成员国的重要性在不断增强。另一方面，区域经济一体化对于成员国吸引非成员国的 FDI 同样有着重要影响。1986 年欧共体修订了《罗马条约》，代之以《单一欧洲法案》，规定除去欧共体成员国之间还存留的所有阻碍货物、服务和资源自由流动的障碍。1993 年欧共体在事实上成为一个统一的市场。在此期间，外部资本出于受到统一市场的吸引和害怕欧共体提高进入门槛而大量涌入。

3. 欧盟的前景

欧盟在区域经济一体化方面已经取得了巨大的进展。当前，欧洲的区域经济一体化还在继续深化。同时，欧盟政治一体化的目标已经确定并开始采取相应的措施。从发展前景上看，欧盟在 21 世纪将在经济和政治上不断完善和巩固其一体化的成果，稳步向完全一体化迈进。欧盟的扩大将进一步增强其经济政治实力，欧盟将在国际事务中发挥越来越重要的作用，在世界格局中成为重要的一极。另外，欧洲经济一体化对世界经济一体化也有典型的示范作用，以经济一体化作为其他一体化的先导，必须以法律制度的建立与完善作为一体化的基础，还需以渐进的方式实现预定的目标等经验都值得世界其他地区的经济一体化借鉴。

(二) 北美自由贸易区

北美自由贸易区 (NAFTA) 开创了南北型国家区域经济一体化的先河。它的组建是区域经济一体化在 20 世纪 90 年代深入发展的一个突出标志，同时也为发展中国家今后的区域经济一体化提供了宝贵的经验和启示。

1. 北美自由贸易区的进程

北美自由贸易区的组建是出于美国、加拿大和墨西哥更高层次发展经贸关系的内在需要。首先，由于国际经贸关系的变化，美国在世界经济中的地位下降，促使美国推进北美自由贸易区的谈判;其次,美加自由贸易协定为北美自由贸易区提供了经验;最后,墨西哥加速经济改革为三国建立自由贸易区创造了条件。这些因素促使了北美自由贸易区的建立。北美自由贸易区的组建分为两步:第一步是美国和加拿大达成自由贸易协定;第二步是美国、加拿大和墨西哥三国进行谈判。最终北美自由贸易区在1994年正式开始执行(表14-5)。

表14-5　北美自由贸易区进程大事年表(1965～1994年)

1965年	美国和加拿大签订《汽车协定》
1985年3月	加拿大总理马尔罗尼同美国总统里根会晤,首次正式提出美加实行自由贸易的主张
1987年10月	经过18个月的会谈,双方达成协定
1988年7月2日	美国和加拿大两国正式签署《美加自由贸易协定》
1989年1月1日	经美国国会和加拿大联邦议会批准,该协定生效。《美加自由贸易协定》是美加经济关系史上的一个重要里程碑。北美自由贸易区第一阶段完成
1987年11月	美国和墨西哥两国政府正式会谈,草签了一项有关磋商两国贸易和投资的框架原则和程序的协议
1988年12月	新任墨西哥总统萨利纳斯大力推进美墨自由贸易
1990年	6月墨西哥总统萨利纳斯访美,9月美国总统布什向国会提交开始美墨自由贸易谈判的要求,11月布什总统访墨,双方认为加拿大也应参加磋商,并决定举行三边谈判
1991年	2月三国政府同时宣布尽快举行三边会谈,6月三国首次举行部长级会议,确定了市场准入、贸易规范、劳务、投资、知识产权和纠纷处理6项议题,并建立了17个工作组。但是该年年底三国谈判出现僵局
1992年	8月12日三国对北美自由贸易协定文本达成协议,12月17日三国领导人分别签署协定,北美自由贸易区正式宣告成立
1994年1月1日	北美自由贸易协定正式开始生效执行

2. 北美自由贸易区的主要内容

北美自由贸易区的主要内容包括:(1)原产地原则。制定原产地原则的目的是为了确定哪些产品可以享受优惠关税待遇,从而保障仅仅北美地区制造的产品才能享受优惠,而其他国家制造的商品全部或大部分不能享受到这种优惠。(2)关税和非关税壁垒。来自北美的产品大部分立即取消关税,有些产品在5～10年逐步取消,若干敏感的产品关税可在15年内取消。同时还对海关手续费和退税问题作出了规定。(3)投资。协定规定将取消重要的投资障碍,并建立一种解决贸易协定成员国之间可能发生的争端的机制。另外这个协定还包括了农业、金融和服务业、环境保护、专利和知识产权、争端的解决等条款。

从北美自由贸易协定的内容可以看出,这是一个极为广泛的三边协议,它不仅涉及贸易,而且还涉及生产、服务、投资等等,有的还超出自由贸易区的内容,几乎是一个全面的经济合作协议。

3. 北美自由贸易区区域内贸易与投资实证分析

(1)对贸易的影响。

首先,从货物贸易来看。经过15年的发展,NAFTA成员国间的货物贸易迅速增长,从

1993 年的 3 060 亿美元增长到 2008 年的 10 130 亿美元,三边贸易额增长了近 2 倍以上。而且对外部国家和对内部成员国的贸易总额都在稳定增长,如图 14-3 和图 14-4 所示,NAFTA 总的出口额和进口额分别增长了 207% 和 264%。其中对内部成员国之间的出口额和进口额都增长 2 倍以上;由于 2004 年以后对外出口额有了很大的增长,至 2008 年,对外部国家的出口额和进口额分别增加了近 2 倍和 3 倍。1993~2008 年之间,美国对加拿大的出口额从 1 004 亿美元增长到 2 611.5 亿美元,增长了 1.6 倍,进口从 1 112.2 亿美元增长至 3 394.9 亿美元,增长了 2.1 倍;1993 年至 2008 年,美国对墨西哥的出口从 415.8 亿美元增长到 1 512.2 亿美元,增长了 2.6 倍,进口从 399.2 亿美元增长至 2 159.4 亿美元,增长 4.4 倍。2009 年,加拿大和墨西哥分别列美国出口贸易伙伴的第一位和第二位,进口贸易伙伴的第二和第三位①。

图 14-3　NAFTA 商品贸易出口额(1991~2008 年)

资料来源:http://www.wto.org/english/res_e/statis_e/statis_e.htm。

图 14-4　NAFTA 商品贸易进口额(1991~2008 年)

资料来源:http://www.wto.org/english/res_e/statis_e/statis_e.htm。

---

① 数据来源于美国 International Trade Administration。

其次,从服务贸易来看。虽然北美自由贸易协定涉及许多服务贸易的条款,但是 NAFTA 对服务贸易的影响不是十分明显。美国与加拿大的服务贸易额从 1993 年的 261 亿美元增加到 2008 年的 702 亿美元,增长 169%;同期美国对墨西哥的服务贸易额由 178 亿美元增长到 408 亿美元,增长 129%;而在同样的时间内,美国服务贸易总额由 2 810 亿美元增长到 8 901.52 亿美元,增长 217%,高于美国与加拿大和墨西哥之间服务贸易的增长[①]。

(2) 对直接投资的影响。

NAFTA 实施之后,美国和加拿大之间的直接投资并没有太大的变化,然而美国对墨西哥和加拿大对墨西哥的直接投资在迅速增长,这主要是取决于墨西哥有廉价的劳动力和便利的运输和税收优惠。从 1993～2001 年美国对墨西哥的 FDI 存量从 160 亿美元增长到 640 亿美元,增长了 300%,远高于同期美国对非成员国 FDI 增长的 169%。从 1990～2001 年,墨西哥占美国 FDI 流出的比例从 2.2% 上升到 2.9%,占加拿大 FDI 流出的比例从 0.2% 上升到 1.0%[②]。这些数据都说明了由于墨西哥与美国和加拿大在经济发展水平差异很大的情况,FDI 更易从区域内资金充裕的发达国家流向区域内劳动力成本低廉的发展中国家。

(三) 亚太经济合作组织

1. 亚太经济合作组织的进程

亚太经济合作组织(APEC)成立于 1989 年(表 14-6),是亚太地区影响最大的地区合作组织。其宗旨是维护亚太地区的经济发展,增进成员国的相互了解与经济交往,推进区域内的国际贸易与经济合作。该组织现有 21 个成员国或地区,是亚太地区重要的政府间和能够代表整个亚太区域经济合作的组织。从亚太经济合作组织 1989 年 11 月正式创建至今,其发展历程可以分为三个阶段:第一阶段,从首届 APEC 部长会议的召开到 1993 年首届领导人非正式会议的召开,APEC 面临的主要任务是制定各种规则和健全组织结构;第二阶段,从 1994 年的印度尼西亚会议发表《茂物宣言》到亚洲金融危机爆发以前,APEC 的工作中心是就贸易和投资自由化和便利化的相关问题进行协商和制订实施方案;第三阶段,1997 年亚洲金融危机爆发以后至今,APEC 的行动计划曾被打乱,中心任务一度发生偏离。特别是近几年,APEC 的主要任务除了既定的贸易自由化、便利化和经济技术合作外,又加上了打击国际恐怖主义和稳定金融秩序等新的议题。

表 14-6　亚太经济合作组织进程大事年表(1966～2009 年)

1966 年	日本经济学家小岛清教授提出借鉴欧共体经验,提议建立"太平洋自由贸易区"
1967 年	经日本提议,日本、美国、加拿大、澳大利亚和新西兰 5 国商界、银行界和工业界人士成立"太平洋盆地经济理事会"(PBEC),这是亚太地区第一个规模较大、较正式的经济合作组织
1968 年	在日本的推动下,又成立了"太平洋贸易与发展会议"(PAFTAP)
1980 年 9 月	太平洋经济合作会议成立,它是亚太经济合作组织的雏形,标志亚太地区区域合作由民间性质转向半官方性质,使亚太合作走出实际一步

---

① 美国经济分析局网站数据。
② 张蕴岭:《世界区域化的发展与模式》,世界知识出版社 2004 年版,第 93 页。

第十四章 区域经济一体化与世界经济一体化

续　表

1989 年	1 月澳大利亚总理霍克在访问韩国时提出"汉城倡议"，建议召开亚太地区各国部长会议。11 月 5～7 日，澳大利亚、美国、加拿大、日本、韩国、新西兰和东盟六国在澳大利亚首都举行首届亚太经济合作部长级会议，标志着亚太经济合作组织的正式成立
1991 年 11 月	中国、中国香港和中国台湾地区同时加入亚太经济合作组织
1993 年	APEC 西雅图会议发表《APEC 贸易与投资框架宣言》，确定了 APEC 在贸易投资领域的自由化目标
1994 年	APEC 印度尼西亚会议发表了《茂物宣言》，承诺发达成员在 2010 年前，发展中成员在 2020 年前实现贸易投资自由化
1995 年	APEC 日本大阪会议制定了实施《茂物宣言》的《大阪行动计划》，阐明 APEC 的基本原则框架，确立了 APEC 贸易投资自由化和便利化的 15 个领域以及经济技术合作的 3 个领域，从此 APEC 两个轮子同时推进
1996 年	APEC 马尼拉会议通过了《APEC 马尼拉行动计划》，对 APEC 贸易投资自由化和便利化以及经济技术合作中的重要问题进行了阐述，同时会议发表了《APEC 加强经济合作与发展框架宣言》
1997 年	7 月 APEC 各成员国提出了部门"自愿提前自由化"（EVSL），8 月形成了 EVSL 的初步清单，10 月确立了 EVSL 的 41 个部门，11 月的加拿大会议就 EVSL 问题进行深入讨论最终确定了 15 个部门，其中 9 个领域于 1999 年开始实施
1998 年	在亚洲金融危机最严重时候的 APEC 马来西亚会议上，APEC 将 ESVL 问题交由 WTO 处理，从而使 APEC 遇到成立以来的最大一次失败
2001 年	APEC 进程中加入了"反恐"的内容
2003 年	APEC 泰国部长级会议称赞了近来 APEC 在改革方面的努力，重新规划 APEC 进程，进一步简化 APEC
2004 年 11 月	第 16 次部长级会议和第 12 次成员首脑非正式会议在智利首都圣地亚哥举行，推进了各国的合作
2005 年 11 月	第 17 次部长级会议和第 13 次成员首脑非正式会议在韩国釜山举行，讨论了世界经济不平衡和多边贸易体制等问题
2006 年 11 月	第 18 次部长级会议和第 14 次成员首脑非正式会议在智利首都圣地亚哥举行，深入讨论支持多哈回合谈判、实现"茂物目标"、区域贸易安排和亚太经济合作组织的改革
2007 年 9 月	第 15 次成员首脑非正式会议在澳大利亚悉尼举行，成员领导人签署了《悉尼首脑会议宣言》《关于气候变化、能源安全保证、清洁能源开发的悉尼宣言》和"关于 WTO 谈判"的特别声明
2008 年 11 月	第 16 次成员首脑非正式会议在秘鲁首都利马举行，会议讨论了世界经济形势、贸易投资自由化安排、粮食安全、能源安全、区域经济一体化、企业社会责任、气候变化、防灾减灾等议题
2009 年 11 月	第 17 次领导人非正式会议在新加坡举行，《新加坡宣言》指出，APEC 共同目标不变，即通过自由、开放的贸易与投资，支持亚太地区经济增长与繁荣

2. 亚太经济合作组织的特点

由于亚太地区的特殊性和复杂性,所以其经济合作与经济一体化不同于其他地区。根据亚太经济合作组织(简称亚太经合组织)当前的发展情况,再结合区域经济一体化的基本特征可以分析它的特点。

(1) 参与国的广泛性与差异性。

目前,亚太经济合作组织的成员国已达 21 个,涉及亚洲国家或地区,以及欧洲、大洋洲、美洲国家。其中既包括发达国家美国和日本等,包括新兴工业化国家或地区,也包括众多的发展中国家。这些国家在社会意识形态、经济发展水平、文化、社会背景等各个方面都存在着巨大的差异,这些差异也决定了亚太经济合作组织在组织结构和运行上的复杂性与独特性。

(2) 合作的多层次性与交叉性。

亚太地区地域辽阔,政治经济结构复杂,其经济合作呈现多层次和交叉性的发展态势。亚太经济合作组织与其他的区域经济一体化组织不同,它在统一的亚太经济合作组织下面,还有若干成员组成的次区域经济一体化组织,比如东南亚国家联盟、北美自由贸易区、澳新紧密经济联盟。另外,有些国家既处于某一大区域组织中,同时又是其中某一个,甚至是某几个次区域组织的成员,形成一种"大圈套小圈,小圈扣小圈"的多层次交叉性的结构。

(3) 松散性与开放性。

与一般的区域经济一体化组织不同,从本质上说,亚太经济合作组织是一个松散的官方论坛,不具备采取共同实际行动的功能,而是通过协商,达成共识,各自采取行动,并且各种活动均建立在"自主自愿"的基础上,强调非约束性。另外,亚太经合组织具有一个鲜明的特点,即坚持开放的地区主义。开放的地区主义包括:第一,亚太经合组织遵循世界贸易组织的宗旨和原则,在成员方之间适用世界贸易组织的规则,而不制定自己特殊的规则。第二,亚太经合组织内部的贸易投资自由化的成果原则上也适用于外部的非成员国家,即经合组织外的国家可以分享亚太经合组织成员之间的市场开放的好处。第三,亚太经合组织要为全球贸易和投资自由化作出贡献,这有利于世界经济一体化的进程。

3. 亚太经济合作组织的贸易投资自由化、便利化和经济技术合作

贸易投资自由化、便利化和经济技术合作是 APEC 的两个车轮,其中贸易自由化和便利化是其核心问题。新世纪以来,APEC 在这些领域取得了一些新的进展,并提出了一些新的议题。

(1) 贸易投资自由化与便利化。

贸易自由化的主要内容包括关税减让、非关税措施减少或消除以及服务领域的市场准入三个方面。贸易便利化涉及的领域非常广泛,几乎包括了贸易过程中的所有环节。1994 年印尼茂物会议通过的《茂物宣言》,首次明确确定了发达成员最晚期限为 2010 年,发展中成员为 2020 年实现贸易和投资自由化。1995 年通过的《大阪行动议程》,进一步提出了实现贸易和投资自由化目标的 9 项原则、集体行动计划及总的执行框架。1996 年,各成员国分别提交了实施自由化的单边行动计划,就关税减让和削减非关税措施提出短期和中长期目标。这些年,各成员国围绕集体行动计划和单边行动计划做了不少的努力,使贸易投资自由化目标取得了明显的成果。

在贸易自由化方面,有 9 个国家和地区明确表示到 2010~2020 年实现零关税,进程的大致安排是:智利、中国香港、新西兰、新加坡、文莱在 2010 年关税降为零;澳大利亚到 2000 年将一般税率削减到 0~5%;美国、加拿大、日本到 2000 年取消信息技术产品关税。同时,亚太经济

合作组织的所有成员都承诺取消出口补贴、不正当的出口限制等。图 14-5 和图 14-6 表明从 1991 年至 2003 年间，APEC 总的出口额和进口额分别增长了 1.15 倍和 1 倍。其中对内部成员国之间的出口额和进口额分别增长了 1 倍和 1.2 倍；对外部国家的出口额增长 60%，对外部国家的进口额增加了 70%。无论从关税下降速度，还是市场开放程度来看，APEC 各成员均不同程度地超过了乌拉圭多边贸易协议框架。APEC 在贸易便利化方面也做了不少工作，如简化海关手续和建立海关通行数据信息网系统等。

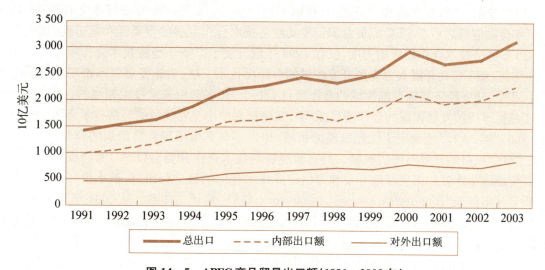

图 14-5　APEC 商品贸易出口额(1991~2003 年)

资料来源：http：//www.wto.org/english/res_e/statis_e/statis_e.htm。

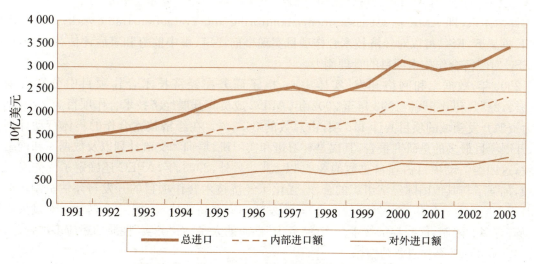

图 14-6　APEC 商品贸易进口额(1991~2003 年)

资料来源：http：//www.wto.org/english/res_e/statis_e/statis_e.htm。

在投资自由化和便利化方面，各国要保证投资政策的透明度，减少那些禁止或限制外资进入的部门，逐步对外资实施国民待遇。亚太经合组织成员经济体在投资自由化和便利化承诺的进展方面较为显著，各国承诺取消了对外国投资过程中市场准入和机构设置等环节的限制，对外国投资实行最惠国待遇或国民待遇，进一步扩展对外国投资的保护措施。

无论是在贸易还是在投资方面,APEC 的贸易与投资自由化与便利化都会给成员国带来实质性的利益,成员国的经济增长幅度大致在 0.1%~10% 之间,其中发展中国家的增长幅度大于发达国家。可以说贸易投资自由化和便利化是 APEC 内进展相对较快的领域。

(2) 经济技术合作。

APEC 在经济技术合作方面也取得了显著的成就,在人力资源能力建设、发展新经济、消除数字鸿沟等方面做出了积极的贡献。1992~2006 年间,APEC 共实施经济技术合作项目 1 661 个。1997 年前,经济技术合作处于起步和框架建议阶段,因此开展的项目非常有限,但是在 1997 年金融危机之后,APEC 成员意识到推动经济技术合作发展的重要性和紧迫性,加大了推动 APEC 经济技术合作发展的力度,仅在 1998 年就开展了 274 个经济技术合作项目。1996~2006 年间,APEC 共开展人力资源开发领域的合作项目 471 项、实施发展资本市场领域的合作项目 52 个、开展经济基础设施领域的合作项目 180 个、开展利用未来技术领域的合作项目 228 个、实施促进持续发展领域的合作项目 52 个、实施振兴中小企业领域的经济技术合作 110 个。

2003 年,APEC 还确定了优先发展的领域,加强了与其他国际经济组织的合作,强化了经济技术合作项目的开发与评估机制。高官会经济与技术合作分委会(ESC)专门成立了一个小组,并责成该小组就如何更好地开发和评估经济技术合作项目进行研究,该小组开发了一个名为"质量评审框架"(quality assessment framework, QAF)的评估体系。从 2004 年开始,高官会经济与技术合作分委会(ESC)决定从两个层次来加强对经济技术合作的评估与监督。首先是在工作组层次上,通过独立评估和审核,敦促各工作组提高工作效率;其次是在合作项目层次上,构建更加全面的评估框架,强化对合作项目的监督。2005 年,ESC 开发出一个名为"监督与评价框架"(monitoring and evaluation framework)的评估体系,并成功地以此体系对正在实施的和已经完成的合作项目进行评估实验。ESC 决定将两个评估体系合并成为一个更为全面的新的评估体系,即 AME 框架(assessment, monitoring and evaluation framework)。在全新的 AME 框架下,ESC 可以对经济技术合作项目实现事前评审、事中监督和事后评估,极大地增强了 ESC 对经济合作技术项目的管理能力。

2000 年,数据库和网络开发、实体中心、电子商务在经济技术合作项目中分别占到了 16.9%,2.3% 和 0.6%。1993 年至 2002 年,APEC 成员间开展经济技术合作项目 362 个,其中人力资源开发领域的项目共计 116 项,占总数的 36.2%。在经济技术合作的集体行动计划方面,开展项目最多的是研究报告,其次是补习班和实习班、培训和交流计划以及数据库和网络的开发,这四类活动项目占项目总数的 80% 以上[①]。另外,2003 年,APEC 还确定了优先发展的领域,加强了与其他国际经济组织的合作,强化了经济技术合作项目的开发与评估机制。但是同时亚太经济合作组织中的经济技术合作中,发达国家在高新技术的出口和转让上对发展中国家仍有许多的限制,这些经济技术合作中"务虚"性质的太多,而"务实"性质的还应多加强。

4. 亚太经济合作组织的前景

首先,在经济全球化这个大背景下,亚太地区的区域经济一体化合作趋势会进一步增强,这也是亚太地区各国家或地区加强经济联系,实现贸易与投资自由化和便利化目标的大势所趋。其次,因为 APEC 奉行开放的地区主义和组织上的松散性,容易造成对各国自由化进程的有效

---

① 中华人民共和国外交部国际司,中华人民共和国商务部国际司,中国 APEC 研究院:《亚太经济发展报告》,南开大学出版社 2004 年版,第 177 页。

约束，APEC 的作用方式及未来的发展受到了某些质疑，所以应该解决亚太经济合作组织的改革和未来发展目标问题。再次，APEC 内部发达国家与发展中国家的利益冲突还较为明显，能否真正如期达成一个综合和全面的协定仍值得期待。最后，APEC 内部的各种双边的自由贸易协定仍然是短期内亚太经济合作的最容易取得成就的方式，自由贸易区的灵活和容易操作性可以弥补 APEC 松散性和非机制化特征所带来的一些不足。

第三节　世界经济一体化

一、世界经济一体化的含义

战后以来，世界经济经历了一个持续增长的时期，同时也是世界各国相互依赖、相互渗透不断加深的时期，这就是世界经济一体化过程。世界经济一体化是在市场机制外在联系的基础上成长起来的。既然区域经济一体化是在世界某一地区的各国联合起来结成经济联合组织的过程，那么世界经济一体化就是在世界各国的经济基础上结成一个相互依存、共同运行的整体。在经济全球化和区域经济一体化展开的同时，世界经济一体化也蕴涵其中，不断发展和加强。

世界经济一体化是指世界各国经济的联合或统一的发展态势、发展进程和发展趋势，即世界经济趋同化。换句话说，就是各国政府在世界范围通过共同协商，制定共同遵守的协议，形成一个世界性的管理机制，共同对世界经济进行干预和调节，使世界各国经济在各个领域向着结成一体的方向发展，向着实现生产要素的质和量的均衡方向发展，最终使世界经济达到帕累托最优。

二、世界经济一体化面临的矛盾

（一）国家经济主权的让渡与分享

在世界经济一体化进程中，各国要分享世界经济一体化的好处，就需要让渡一定的经济主权。在国家存在的情况下，出现了主权让渡，但它是以对等为原则的。分享是让渡的前提，没有分享也就不会有让渡。世界经济一体化迫使各国把两者结合起来，出现了相互协调。第一，在世界经济一体化过程中，需要有保障全球经济健康运行的共同协议、共同的全球管理机制和全球的超国家的管理机构。这就要求各国政府的经济政策要遵守国际的协议和规章准则，某些经济主权要让渡给世界性的超国家机构来执行，这就造成了一国经济主权受到了一定程度的软化。例如由于世界贸易组织的存在，各国的贸易政策受到了一定的制约，使得一国对本国企业的贸易保护受到了严格的管理，同时各国之间出现的贸易争端使得各国的贸易裁决权部分地移交给了世界贸易组织。第二，由于跨国公司造成的生产国际化也在一定程度上削弱了国家的经济主权，跨国公司在各国经济生活中地位的提高，使国家对产业政策的干预作用在减弱。

（二）国家经济利益的冲击与分享

世界经济一体化使世界各国的经济联系不断加强，各国经济相互交织、相互结合，形成了全球经济的有机整体。目前，一国的经济利益已经成为各国国家利益的核心。在世界经济一体化进程中，各国分享的经济利益是不对等的。同时，随着世界经济一体化趋势的加强，影响各国经济利益的因素也在增多。除了传统的军事、政治、人口、资源、环境等因素的影响外，新的贸易保护主义带来的争端、投机资本的规模越来越大等因素也在进一步冲击着国家的经济利益。

三、世界经济一体化、区域经济一体化与经济全球化的关系

(一) 区域经济一体化与经济全球化并行不悖

1. 区域经济一体化与经济全球化的联系

经济全球化和区域经济一体化现已成为世界经济发展两大重要趋势。第一,经济全球化与区域经济一体化是相互促进的。经济全球化是在全球范围内实现贸易、金融与生产的全球化,追求规模经济、提高经济效益和增强竞争力,它促使了区域范围内国家形成区域合作组织,共同参与全球化竞争,共同应对全球化风险。同时,区域经济一体化内部实行生产要素的自由流动,必将加速资本的相互渗透,深化成员国之间的联系和国际分工,从而推动全球的贸易、金融和生产的全球化过程。第二,经济全球化与区域经济一体化是相互适应的。贸易全球化是经济全球化的核心和先导,区域经济一体化往往也是从贸易的合作开始的,其基本的目标是解决区域内的贸易自由化。区域经济一体化组织并不是完全封闭的,它们是以更大的规模参与到经济全球化过程中去。

2. 区域经济一体化与经济全球化的区别

首先,从经济发生的范围上看,经济全球化是在全球范围内展开的,而区域经济一体化是在各区域范围内展开的。其次,对于区域经济一体化,一国存在相对自主的选择权,即可以通过是否达成国家间的契约、协议和制度来推动区域一体化进程。它取决于一国在潜在利益和现实成本(包括谈判费用)之间的权衡。与之相反,经济全球化是一国难以控制的市场自发行为的过程。各微观经济主体在利益最大化目标驱动下,在世界范围内配置要素资源进行生产和贸易。最后,全球自由市场的风险难以规避,而在区域经济一体化下,风险可能得到控制和化解。

(二) 世界经济一体化与经济全球化的交融

世界经济一体化是国际经济障碍的消除,由一个超国家机构进行协调而使全球经济融为一体的过程。而经济全球化是在市场机制的推动下,商品和生产要素在全球范围内的扩展。实际情况下,世界经济一体化是滞后于经济全球化的发展的,但是两者在世界范围内又是互动的。

1. 世界经济一体化与经济全球化的联系

经济全球化的推进是由于全球市场机制的作用,是一个自发的活动,经济全球化往往会由于市场机制的缺陷带来世界的混乱,从而导致世界的失衡和波动,不利于全球经济的发展。同时,由于各国的经济政策都会对别国产生溢出效应,因此世界经济就需要各国政府进行贸易、财政和货币政策的干预和协调,这样在经济全球化的基础上产生了世界性的管理机制,来消除全球商品和生产要素流动的障碍,这就是世界经济一体化。所以可以说从经济全球化到世界经济一体化是一个从"自发"到"自觉"的过程,世界经济一体化是以经济全球化为前提和基础的,只有经济全球化的发展才能实现世界经济一体化,世界经济一体化又会反过来促进经济全球化。经济全球化是世界经济一体化的外在形式,而世界经济一体化是经济全球化的内在机制。

2. 世界经济一体化与经济全球化的区别

经济全球化是以市场机制为主要的推动力,是世界经济的一种自发的过程,是客观的状态;而世界经济一体化则需要人为的努力,即以世界各国政府为主体在协议、契约或制度基础上建立一定的机构,来对世界经济进行干预和协调,是世界经济发展到一定程度各个国家政府自觉的状态。因此,世界经济一体化是制度性的,而经济全球化是非制度性的。

（三）世界经济一体化与区域经济一体化的互动

世界经济一体化与区域经济一体化的互动在新世纪越来越明显，两者不是互相独立的，而是相互补充、相互促进的。

1. 世界经济一体化与区域经济一体化的联系

一方面，区域经济一体化是世界经济一体化的组成部分，也是世界经济走向一体化的过渡阶段。首先，区域经济一体化的发展，使区域成员国之间的经济交往和相互依赖程度不断加深，推动了世界经济一体化的前进。随着世界经济的发展，当区域市场不能满足区域内国家的进一步发展时，区域内的国家会把新的国家或区域经济一体化组织纳入本区域内，甚至会出现大的区域经济一体化组织之间进行一体化联合，使世界经济融为一体。其次，区域经济一体化正在日益向缩小和消除各国经济发展水平差距的方向发展，这是对世界经济一体化的极大促进。最后，区域经济一体化可以作为向世界经济一体化过渡的阶段，使得区域一体化组织成为一个利益共同体，减少世界经济一体化的谈判困难。

另一方面，世界经济一体化的发展也在一定程度上促进了区域经济一体化的发展。世界经济一体化的发展意味着世界市场的竞争加剧，对任何国家都带来了一定的压力，迫使同一地区的国家组建区域经济一体化组织来应对更大的风险。同时，世界经济一体化与区域经济一体化之间存在的落差，也会促使区域经济一体化的发展。

2. 世界经济一体化与区域经济一体化的区别

首先，区域经济一体化是在局部的范围展开经济一体化，而世界经济一体化是在全球范围内展开经济一体化。其次，区域经济一体化在组织程度上要强于世界经济一体化，区域经济一体化意味着主权上的某种让渡，而世界经济一体化在部分让渡主权方面还不如区域经济一体化，而更多地涉及非主权形式的让渡。在一体化内容上，世界经济一体化在机制上更具有联合的意义。最后，世界经济一体化是一种动态的过程和一种趋势，而区域经济一体化既是一种动态的过程又是一种静态的区域组织。

四、世界经济一体化的前景

世界经济一体化是一个发展和加强的过程。但是目前看来，世界经济一体化是落后于经济全球化的，如今的世界经济一体化在点上的进展表现在地区层面，即区域经济一体化，在面上的进展表现为全球层面，即经济全球化。随着经济全球化的快速发展，世界经济开始向一体化的方向迈进，但是实现世界经济一体化是一个艰难和漫长的过程。从目前来看，世界经济一体化面临着有利的方面和不利的方面，究竟世界经济一体化应该朝什么样的路径演进呢？

（一）世界经济一体化的有利因素

纵观世界经济形势，世界经济一体化趋势越来越明显，并不断加强。其主要表现在以下几方面。

1. 贸易自由化使世界各国的贸易融为一体

到 2008 年 5 月为止加入世界贸易组织的国家数达到了 153 个，已经占到全世界国家数的 2/3 以上。越来越多的国家参与到贸易自由化的进程当中来。目前世界贸易的增长速度不断加快，大大超过了世界经济增长的速度。贸易自由化除了商品贸易自由化外，服务贸易的自由化也开始提上了日程，并且发展速度非常之快。2005 年世界贸易额首次突破 10 万亿美元大关，高达 10.12 万亿美元，较 2004 年增长 13%，服务贸易额增长 11%，达到 2.4 万亿美元。

2008年,世界贸易额更是达到16.03万亿美元,较2007年增长14.8%;服务贸易额达到3.86万亿美元,增长12.9%。与此同时,各国间的贸易依赖程度也在不断加深。

2. 全球金融市场逐渐融为一体

目前,全球金融市场的联系越来越紧密切,推动和促进了各国金融机构一体化以及各国金融监管的一体化。再加上信息技术的强大支撑,全球外汇交易以国际金融中心为轴心通过电子信息系统形成了覆盖全球的网络。1997年的亚洲金融危机不止在一个国家发生,2007年美国金融危机在全世界的蔓延,对全球的经济都产生了不利的影响,这也在一定程度上说明了全球金融市场开始融为一体。

3. 全球生产网络的形成使世界各国形成一个"全球工厂"

目前,传统的国际分工开始演变为世界化,以跨国公司为核心的国际生产体系正在逐步形成。跨国公司自己内部的产品调拨与资金流动,占世界贸易与国际资金流动的比重越来越大。跨国公司的迅速发展,开始成为世界经济一体化的主要载体。现在全球网络式的生产体系是以世界为工厂、各国为生产车间为主要特征的,以要素为界限的产品内分工的贸易投资一体化趋势不断加强。跨国公司目前在更高的水平和范围上进行着全球性的生产和经营,从而进一步推动了世界经济一体化。

(二)世界经济一体化的不利因素

1. 世界经济的主要协调组织主要受发达国家控制,新的贸易保护主义重新抬头

目前的世界贸易组织虽然是全世界的贸易协调组织,其宗旨是推进贸易自由化,但是其多是由发达国家控制和操纵,离世界经济一体化要求的既有协调性又有超国家性质的组织还有很大的差距。此外,在贸易自由化成为主流的同时,贸易保护主义重新抬头,反倾销案件与贸易摩擦不断增多。再加上美国与欧盟对农产品补贴的争端升级导致了多边贸易谈判频频受阻。坎昆会议的失败是多边贸易体系遭受的一次严重挫折。2005年国际贸易组织的香港会议的谈判实质进展也不大。2008年7月在日内瓦召开的WTO小型部长级会议虽然在造成贸易扭曲的补贴的限制、总体关税削减、敏感产品、特殊产品、棉花和热带产品等方面各方形成意见趋同,但因为成员之间在特殊保障机制促发条件方面的分歧而最终未能达成协议。这样便给世界经济一体化在贸易自由化领域的实现带来很大的困难。

2. 发达国家与发展中国家经济发展的不平衡和利益分配的不平等

世界经济一体化从根本上来说,推动了世界经济的发展,增进了全球的福利水平。但是,各国在世界经济一体化过程中享受到的利益具有不对称性,不同的国家之间的分配并不均等,在一定程度上拉大了发达国家与发展中国家的差距。发达国家本身的经济实力比发展中国家强大,发展中国家在国际竞争中处于不平等的地位,再加上国际"游戏规则"由发达国家制定,这样更不利于发展中国家。特别是在高新技术产业的研发与利用上的差距在发达国家与发展中国家之间也在逐步扩大。因此,发达国家与发展中国家之间在经济利益上不平等的矛盾与冲突始终存在,发达国家的发展在一定程度上是建立在牺牲发展中国家的利益上,影响了发展中国家的经济发展,这在某种程度上会影响世界经济一体化向前推进。

3. 各国参与主体的巨大差异性和全球化问题的严重性

一方面,由于各国在参与推进世界经济一体化的过程中,自身市场经济模式和文化意识形态存在巨大差异。同时,民族国家在国际经济协调与管理中仍发挥着重大的作用,它们在让渡国家经济主权时会更加困难。另一方面,世界经济一体化是建立在世界经济可持续发展的前提

上,而目前资源、环境、人口与经济发展越来越不和谐。世界经济一体化引起了资源、环境、人口问题的全球化,而资源、环境、人口问题的全球化又影响着世界经济一体化的进程。所以,世界各国应该在全球性问题上进行更多的协调。

(三)世界经济一体化的路径

区域经济一体化是世界经济一体化在点上发展的集中体现,世界经济一体化是一种最优状态,而区域经济一体化是一种次优状态。因此,从区域经济一体化过渡到世界经济一体化成为一种可能的路径。但是这种路径依赖于世界经济一体化与区域经济一体化的兼容性。

目前,区域经济一体化中的有些协定与目前多边体系的协定是兼容的并且程度很深,但是有些协定与目前的多边协定是相抵触的。这就需要在推进世界经济一体化的过程中,各个区域经济一体化组织必须进行更大范围和更深层次的协调。

总之,世界经济一体化具有众多的矛盾与困难,滞后于经济全球化的发展,它是一个漫长和艰苦的过程。同时从区域经济一体化过渡到世界经济一体化是一条可能路径,但是具有很大的不确定性和曲折性。

本章小结

本章主要探讨了区域经济一体化和世界经济一体化两个问题。本章第一节重点阐述了区域经济一体化的定义、类型与区域经济一体化发展的历程以及21世纪以来的最新进展。区域经济一体化是指为了获取比单独一国时更大的经济福利,两个或两个以上的国家或地区的政府在彼此自愿地让渡自己的部分经济主权下,通过达成经济合作的某种承诺或签订条约、协议,实行某种程度上的经济联合和共同的经济调节而形成的一个区域性的经济合作组织的过程。区域经济一体化主要有以下几种类型:特惠贸易安排、自由贸易区、关税同盟、共同市场、经济联盟和完全经济一体化。区域经济一体化是全球经济"最优"化中的"次优选择"。区域经济一体化是"自由贸易与保护贸易"、"扩大开放与经济安全"的理性结合。区域经济一体化是发展中国家经济国际化的辅助形式、防卫措施,属竞争单一导向型。区域经济一体化是集团化的战略贸易政策,同时也是应对全球化的基本手段。区域经济一体化开始于第二次世界大战以后,到了20世纪60年代至70年代,区域经济一体化进入了第一次高潮,在20世纪80年代中后期出现了第二次高潮。特别是在90年代,在全球化真正形成的时期,区域经济一体化也随之进入大发展时期,呈现出了以下特征:(1)区域经济一体化组织外延不断扩大、内涵不断深化。(2)传统的区域经济一体化的条件被打破。(3)在次区域经济合作中,出现了创新性的合作方式。21世纪以来区域经济一体化的最新进展有:(1)东亚成为区域经济一体化最为活跃的地区,特别是中国和日本等国积极推动了中国与东盟自由贸易区、日本与东盟自由贸易区的建立。(2)欧盟东扩并继续沿着完全经济一体化的道路前行,对世界经济格局产生了重大影响。(3)西半球的区域经济一体化仍在继续,美洲34国就美洲自由贸易区的谈判一直没有中断。

本章第二节着重阐述了区域经济一体化的理论,最主要的是关税同盟理论。关税同盟理论的静态效应,分为贸易创造效应和贸易转移效应;关税同盟的动态效应包括投资效应、规模经济效应、竞争效应、其他动态效应。随后又介绍了大市场理论、协议性国际分工理论、相互依赖理论、集体自力更生理论。并介绍了当今世界上最典型的三大区域经济一体化组织——欧盟、北美自由贸易区、亚太经济合作组织的演进历史、发展特点与状况，以及前景展望。最后，本章第三节对世界经济一体化进行了分析，让读者不仅明晰了世界经济一体化、区域经济一体化、经济全球化三者的联系与区别，而且了解世界经济一体化是一种最优状态，但面临着许许多多的困难。

关键词

区域经济一体化　特惠贸易安排　自由贸易区　关税同盟　共同市场　经济联盟 EU　NAFTA　APEC　贸易创造效应　贸易转移效应　囚徒困境　交易费用　集体行动逻辑　经济互助委员会　成长三角　规模经济效益　投资效应　关税同盟理论　大市场理论　协议性国际分工理论　相互依赖理论　集体自力更生理论　中心-外围理论　国际依附理论　世界经济一体化

复习思考题

1. 什么是区域经济一体化？区域经济一体化有哪些类型？21世纪以来区域经济一体化有什么样的最新进展？

2. 试对区域经济一体化进行政治经济学分析。

3. 试对区域经济一体化的动因进行经济学分析

4. 试述关税同盟理论的静态效应与动态效应。

5. 什么是世界经济一体化？并阐述经济全球化、世界经济一体化与区域经济一体化之间的联系与区别。

参考文献

著作

1. 毕世杰：《发展经济学》，高等教育出版社 2002 年版。
2. 陈宝森：《剖析美国"新经济"》，中国财政经济出版社 2002 年版。
3. 蔡金魁：《东欧转轨中的市场经济》，武汉出版社 1994 年版。
4. 陈金明：《金融发展与经济增长：兼论中国金融发展与经济增长问题》，中国社会科学出版社 2004 年版。
5. 陈继勇：《美国新经济周期与中美经贸关系》，武汉大学出版社 2004 年版。
6. 陈漓高、杨新房、赵晓晨：《世界经济概论》，首都经济贸易大学出版社 2006 年版。
7. 崔连仲、刘明翰、刘祚昌：《世界通史》，人民出版社 2004 年版。
8. 陈同仇、薛荣久：《国际贸易》，对外经济贸易大学出版社 1997 年版。
9. 程伟：《世界经济十论》，高等教育出版社 2004 年版。
10. 曹文振：《经济全球化问题与应对》，中国海洋大学出版社 2003 年版。
11. 池元吉：《世界经济概论》，高等教育出版社 2003 年版。
12. 陈宗德、吴兆契：《撒哈拉以南非洲经济发展战略研究》，北京大学出版社 1987 年版。
13. 陈芝芸：《拉丁美洲对外经济关系》，世界知识出版社 1991 年版。
14. 杜厚文、朱立南：《世界经济学：理论·机制·格局》，中国人民大学出版社 1994 年版。
15. 冯特君：《当代世界经济与政治》，经济管理出版社 2005 年版。
16. 高德步、王珏：《世界经济史》，中国人民大学出版社 2005 年版。
17. 高惠珠：《科技革命与社会变迁》，学林出版社 1999 年版。
18. 郭吴新：《世界经济》（第 1～4 册），高等教育出版社 1989～1990 年版。
19. 郭吴新：《当代世界经济格局与中国》，湖北教育出版社 1997 版。
20. 谷源洋、林水源：《世界经济概论》，经济科学出版社 2002 年版。
21. 胡涵钧：《WTO 与中国对外贸易》，复旦大学出版社 2004 年版。
22. 黄梅波：《国际货币合作的理论与实证分析》，厦门大学出版社 2002 年版。
23. 黄梅波：《世界经济国别经济》，厦门大学出版社 2005 年版。
24. 何曼青、马仁真：《世界银行集团》，社会科学文献出版社 2004 年版。
25. 韩世隆：《世界经济简明教程》，四川大学出版社 1988 年版，1990 年修订版。
26. 韩廷春：《金融发展与经济增长：理论、实证与政策》，清华大学出版社 2002 年版。
27. 姜波克：《国际金融新编》，复旦大学出版社 2001 年版。
28. 江时学：《拉美发展模式研究》，经济管理出版社 1996 年版。
29. 江时学：《拉美与东亚发展模式比较研究》，世界知识出版社 2001 年版。
30. 季铸：《世界经济导论》，人民出版社 2003 年版。

31. 雷达、于春海：《走进经济全球化》，中国财政经济出版社2001年版。
32. 李丹红：《发展中国家金融自由化研究》，经济日报出版社2005年版。
33. 李金珊：《欧盟经济政策与一体化》，中国财政经济出版社2000年版。
34. 刘力、宋少华：《发展中国家经济一体化新论》，中国财政经济出版社2002年版。
35. 刘力、章彰：《经济全球化 福兮？祸兮？》，中国社会出版社1999年版。
36. 赖明勇、许和连、包群：《出口贸易与经济增长理论、模型及实证》，上海三联书店2003年版。
37. 李平、王志宏：《东亚地区的经济结构调整与中国》，经济科学出版社2000年版。
38. 刘锐、阎晓田、赵连杰：《东西方的金融改革与创新》，中国金融出版社1989年版。
39. 李扬、黄金老：《金融全球化研究》，上海远东出版社1999年版。
40. 李琮：《世界经济百科辞典》，经济科学出版社1994年版。
41. 李琮：《世界经济学大辞典》，经济科学出版社2000年版。
42. 李琮：《世界经济学》，经济科学出版社2000年版。
43. 李琮：《经济全球化新编》，中国社会科学出版社2005年版。
44. 马君潞：《21世纪金融大趋势：金融自由化》，中国金融出版社1999年版。
45. 钱俊瑞：《世界经济概论》（上下册），人民出版社1983，1985年版。
46. 仇启华：《世界经济学》，中共中央党校出版社1989年版。
47. 孙放：《全球化论坛2001》，北京邮电大学出版社2001年版。
48. 苏振兴：《拉丁美洲的经济发展》，经济管理出版社2000年版。
49. 宋则行、樊亢：《世界经济史》，经济科学出版社1998年版。
50. 孙执中：《战后资本主义经济周期史纲》，世界知识出版社1997年版。
51. 谭崇台：《发展经济学概论》，武汉大学出版社2001年版。
52. 唐任伍：《世界经济大趋势研究》，北京大学出版社2001年版。
53. 陶大镛：《世界经济讲话》，《陶大墉文集》，北京师范大学出版社1998年版。
54. 陶大镛：《陶大镛文集·世界经济卷》，北京师范大学出版社1998年版。
55. 陶季侃、姜春明：《世界经济概论》，天津人民出版社1984，2000，2003年版。
56. 谈世中：《反思与发展：非洲经济调整与可持续性》，社会科学文献出版社1998年版。
57. 谈世中、王耀媛、江时学：《经济全球化与发展中国家(论文集)》，社会科学文献出版社2002年版。
58. 谈世中：《历史拐点：21世纪第三世界的地位和作用》，中国经济出版社2004年版。
59. 唐朱昌：《俄罗斯经济转轨透视》，上海社会科学院出版社2001年版。
60. 王国刚：《全球金融发展趋势》，社会科学文献出版社2003年版。
61. 王娟、崔朝东：《世界经济概论》，中国统计出版社2004年版。
62. 王洛林、李向阳：《2005～2006年：世界经济形势分析与预测》，社会科学文献出版社2006年版。
63. 吴兴南、林善炜：《全球化与未来中国》，中国社会科学出版社2002年版。
64. 伍贻康、周建平：《区域性国际经济一体化的比较》，经济科学出版社1994年版。
65. 伍贻康、张幼文：《全球村落一体化进程中的世界经济》，上海社会科学院出版社1999年版。

66. 邢安军：《当代世界经济与政治》，郑州大学出版社2002年版。

67. 薛荣久：《国际贸易》，对外经济贸易大学出版社2003年版。

68. 徐文渊：《走向21世纪的拉丁美洲》，人民出版社1993年版。

69. 苏旭霞：《国际直接投资自由化与中国外资政策》，中国商务出版社2004年版。

70. 谢康：《超越国界：全球化中的跨国公司》，高等教育出版社1999年版。

71. 许新：《叶利钦时代的俄罗斯·经济卷》，人民出版社2001年版。

72. 许新：《重塑超级大国——俄罗斯经济改革和发展道路》，江苏人民出版社2004年版。

73. 熊性美：《战后国家垄断资本条件下经济周期危机》，经济科学出版社1992年版。

74. 杨宇光：《经济全球化中的跨国公司》，上海远东出版社1999年版。

75. 张安定、孙定东、杨逢珉：《世界经济概论》，上海人民出版社2005年版。

76. 周八骏：《迈向新世纪的国际经济一体化》，上海人民出版社1999年版。

77. 郑必坚、张伯里：《当代世界经济》，中共中央党校出版社2003年版。

78. 褚葆一、张幼文：《世界经济学原理》，中国财政经济出版社1989年版。

79. 张伯里：《世界经济学》，中共中央党校出版社2004年版。

80. 中华人民共和国外交部国际司、中华人民共和国商务部国际司、中国APEC研究院：《亚太经济发展报告》，南开大学出版社2004年版。

81. 张荔：《金融自由化效应分析》，中国金融出版社2003年版。

82. 赵莉、王振锋：《世界经济学》，中国经济出版社2003年版。

83. 张密生：《科学技术史》，武汉大学出版社2005年版。

84. 庄起善：《世界经济新论》，复旦大学出版社2001年版。

85. 赵庆寺、黄虚峰：《当代世界经济与政治》，华东理工大学出版社2004年版。

86. 张曙宵、吴丹：《世界经济概论》，经济科学出版社2005年版。

87. 张蕴岭：《世界区域化的发展与模式》，世界知识出版社2004年版。

88. 张幼文：《世界经济一体化的历程》，学林出版社1999年版。

89. 张幼文：《世界经济学》，立信会计出版社1999年版。

90. 张幼文、屠启豪：《世界经济概论》，高等教育出版社、上海社会科学院出版社2001年版。

91. 庄宗明：《世界经济学》，科学出版社2003年版。

论文

92. 顾钢、毛宗强、张晶、王革华："2004世界能源发展总体态势"，国际经济技术研究所。

93. 陈迎："世界经济全球可持续发展的制度架构及发展趋势"，世界经济与政治研究所工作论文系列，2003年。

94. 黄梅波："宏观经济政策的进展和成效"，《世界经济》2004年第3期。

95. 黄梅波："七国集团宏观经济政策协调的有效性分析"，《国际经济评论》2004年第9～10期。

96. 林利民等："'BRICs'现象剖析"，《现代国际关系》2004年第9期。

97. 朱重贵："经济全球化对非洲经济的影响"，《现代国际关系》1998年第11期。

98. 赵登华："经济全球化与反全球化"，《经济日报》2001年11月26日。

99. 张二震、方勇："要素分工与中国开放战略的选择"，《南开学报》2005年第6期。

100. 张留禄:"IMF 拯救东亚金融危机的方案及其争议",《经济经纬》2003 年第 5 期。
101. 翟文忠、张存刚:"科技革命与经济全球化进程",《兰州商学院学报》2001 年第 1 期。
102. 张玉柯、马文秀:"论国际经济政策协调的理论基础",《河北大学学报》2001 年第 1 期。
103. 张远鹏:"论国际分工的新发展",《世界经济与政治论坛》2003 年第 5 期。
104. 杨帆:"新经济:新科技革命与全球化的结合",《电子科技大学学报》2001 年第 1 期。
105. 余志森:"两次全球化高潮比较研究",《江西师范大学学报》2003 年第 2 期。

译著

106. 〔美〕爱德华·肖著,邵伏军译:《经济发展中的金融深化》,三联书店 1991 年版。
107. 安格斯·麦迪森著,伍晓鹰等译:《世界经济千年史》,北京大学出版社 2003 年版。
108. A·G·肯伍德、A·L·洛赫德著,王春法译:《国际经济的成长:1820~1990》,经济科学出版社 1997 年版。
109. 〔法〕贝尔纳·夏旺斯著,吴波龙译:《东方的经济改革——从 50 年代到 90 年代》,社会科学文献出版社 1999 年版。
110. 〔英〕戴维·赫尔德著,杨雪冬等译:《全球大变革》,社会科学文献出版社 2001 年版。
111. 〔美〕戈德史密斯著,浦寿海等译:《金融结构与发展》,中国社会科学出版社 1993 年版。
112. 〔英〕简·阿特·斯图尔特著,王艳莉译:《解析全球化》,吉林人民出版社 2003 年版。
113. 〔印〕Kanhaya L. Gupta 著,申海波、陈莉译:《金融自由化的经验》,上海财经大学出版社 2002 年版。
114. 坎哈亚·L·古普塔、罗伯特·伦辛克著,沈志华译:《金融自由化与投资》,经济科学出版社 2000 年版。
115. Maurice Schiff, L. Alan Winters 著,郭磊译:《区域一体化与发展》,中国财政经济出版社 2004 年版。
116. 〔美〕麦金农著,卢骢译:《经济发展中的货币与资本》,上海三联书店、上海人民出版社 1997 年版。
117. 〔美〕曼昆著,梁小民译:《经济学原理》,北京大学出版社 1999 年版。
118. 〔荷〕尼尔斯·赫米斯、罗伯特·伦辛克著,余昌森等译:《金融发展与经济增长:发展中国家(地区)的理论与经验》,经济科学出版社 2001 年版。
119. 〔俄罗斯〕普京:《普京文集》,中国社会科学出版社 2002 年版。
120. 〔美〕托马斯·E·斯基德莫尔、彼得·H·史密斯著,江时学译:《现代拉丁美洲》,世界知识出版社 1996 年版。
121. 萧琛主译:《美国总统经济报告 2001》,中国财政经济出版社 2003 年版。
122. 曾万达、罗伯特·科克著,黄兴海等译:《亚洲国家的金融自由化、货币需求和货币政策》,中国金融出版社 1992 年版。

国际出版物与数据库

123. 国际货币基金组织(IMF):《世界经济展望》,中国金融出版社,相关各期。
124. 国际货币基金组织(IMF):《金融全球化对发展中国家的影响:实证研究结果》,中国金融出版社 2004 年版。
125. 国际货币基金组织(IMF):*Global Financial Stability Report*,相关各期。

126. 国际货币基金组织(IMF)：《国际资本市场：发展、前景和主要政策问题》，中国金融出版社 1999，2002 年版。

127. 世界银行(WB)：《世界发展指标》，相关各期。

128. 世界银行(WB)：《世界发展报告》，中国财政经济出版社，相关各期。

129. 国际清算银行(BIS)：*International Banking and Financial Market Developments*，相关各期。

130. 国际清算银行(BIS)：*BIS Annual Report*，相关各期。

131. 联合国贸发会议(UNCTAD)：《世界投资报告》，相关各期。

132. 中国国家统计局：《国际统计年鉴》，相关各期。

133. 世界交易所联盟(WFE)：*Annual Report and Statistics*，相关各期。

134. 非洲经济委员(ECA)：《非洲经济报告》，相关各期。

135. 欧佩克(OPEC)：*Annual Statistical Bulletin*，2005。

英文文献

136. Goldman Sachs (2003), "Dreaming with BRICs: The Path to 2050", *Global Economics Paper*, No: 99.

137. Robert G. King & Ross Levine(1993), "Finance and Growth: Schumpeter Might Be Right", *The Quarterly Journal of Economics*, Vol. 108, No. 3.

138. Alan H. Gelb(1989), "Financial Policies, Growth, and Efficiency", World Bank PPR Working Paper, No. 202.

139. David, D. & Kraay, A. (2001), "Trade, Growth, and Poverty", WB, Policy Research Working Paper No. 2615.

140. Richard L. Kitchen(1986), "Finance for the Developing Countries", Chichester; New York: Wiley.

第一版后记

世界经济学是一门具有鲜明中国特色的学科。世界经济研究和世界经济学在中国的发展，是一个理论和实践相结合，并随着世界经济发展的要求不断进行理论探索和创新的过程。20世纪80年代以来，世界经济学的理论基础和学科体系得到了很大的发展，世界经济学科已经发展成为一个比较完整的教学和科研体系。

本教材由厦门大学世界经济研究中心组织编写。全书采用集体编写的方式，全书的基本框架、逻辑体系和篇章的安排由黄梅波拟订，并负责稿件的修改、统稿。具体内容的写作分工为：

黄梅波：导言；

熊爱宗：第三章第三、四、五节，第七章，第八章；

王　彦：第二章第一、二节，第九章，第十四章；

刘金扬：第四章，第五章；

陈音峰：第十章，第十二章；

吴　俊：第二章第三节，第三章第一、二节，第六章，第十一章；

陈汉鹏：第一章，第十三章。

本书在写作过程中，参考了大量国内外有关世界经济的教材、专著和论文，我们在参考文献中均一一列示，在此，我们也对这些著述的作者表示感谢。

世界经济目前正在迅速发展变化之中，我们对世界经济的理论研究还不够深入，对世界经济现象和问题理解还很不充分，因此，书中从内容体系以及具体内容的写作方面肯定还存在着许多缺点和问题，我衷心希望世界经济学界的同仁和本书读者，对书中的不足和错误之处提出宝贵意见，以便在修订时加以补充和完善。

编　者

2007年7月于厦门

第二版后记

本书第一版于2007年由复旦大学出版社出版，包括厦门大学在内的许多国内高校在世界经济教学中使用了本教材。经过三年的使用，本书得到了国内许多高校从事世界经济教学和研究的教师的认可，在教学过程中学生也反映良好。然而，世界经济学是一门随世界经济形势变化而不断发展的学科。在这三年中，美国金融危机爆发并在全球蔓延，能源问题、环境问题进一步引起全球的关注，欧洲主权债务问题端倪初现，危机后发展中国家在世界经济中的地位进一步上升，等等。世界经济形势的发展要求我们世界经济教学的内容也与时俱进。同时，在三年世界经济的教学与研究过程中，我们对世界经济理论和世界经济问题的理解也有了一些调整。因此，在复旦大学出版社的支持下，我们决定对原书进行修订。

本书第二版仍是由厦门大学世界经济学科集体完成的。厦门大学世界经济学科始建于1972年成立的经济系世界经济教研室。1981年厦门大学建立世界经济硕士点，1998年建立世界经济博士点，2007年建立国家级重点学科。历经数十年的积累，目前本学科点师资力量雄厚，已经形成较深厚的学术底蕴和良好的教学、科研传统，具有自己鲜明的研究特色和优势。

相对于上一版，本版本总的章节设计不变，仅对某些章内节的顺序作了调整。如第一章的第四节"科技革命"调整为第二节，以便按照"科技革命—国际分工—世界市场"的逻辑关系来探讨世界经济形成的动力和基础。某些章节的名称作了少许的调整，以更切合各章的内容。根据教学过程中发现的问题，对第一版中一些问题作了进一步的说明，一些文字进行了重新梳理，一些累赘的文字进行了简化。数字图表是我们这本教材的特点，为保持该特点，我们更新了相关的数据资料，以便读者能及时把握世界经济的最新变化。

本次修订过程中，厦门大学世界经济学科的熊爱宗博士做了大量的工作，世界经济专业的张麒丰、施莹莹、许月莲和蒙婷凤同学参与了数据及资料的更新工作，刘爱兰同学帮忙对图表进行了整理，在此对他们的工作表示感谢。

完美是我们追求的但却永远无法达到的目标，我们的工作永远只是逐渐地向该目标的努力和靠近。我们希望在新版本教材的写作中更科学地构建世界经济学的研究框架和理论体系，更清晰地阐述和分析世界经济发展的重大趋势和问题，更恰当地使用相应的文字。但是限于我们的理论水平和对世界经济现象和问题的认识程度，本教材的框架、内容以及文字等方面都还有很多方面值得推敲，衷心希望世界经济学界的同仁和使用本书的老师和同学们，对书中的不足和错误之处提出宝贵意见，以便在进一步修订时加以补充和完善。

黄梅波
厦门浅水湾畔
2010年7月1日

图书在版编目(CIP)数据

世界经济学/黄梅波主编. —2 版. —上海：复旦大学出版社，2010.12(2019.2 重印)
(复旦博学·21 世纪国际经济与贸易系列)
ISBN 978-7-309-07617-2

Ⅰ.世…　Ⅱ.黄…　Ⅲ.世界经济学　Ⅳ.F11-0

中国版本图书馆 CIP 数据核字(2010)第 190417 号

世界经济学(第二版)
黄梅波　主编
责任编辑/谢同君　罗　翔

复旦大学出版社有限公司出版发行
上海市国权路 579 号　邮编：200433
网址：fupnet@fudanpress.com　http://www.fudanpress.com
门市零售：86-21-65642857　团体订购：86-21-65118853
外埠邮购：86-21-65109143　出版部电话：86-21-65642845
崇明裕安印刷厂

开本 787×1092　1/16　印张 23.75　字数 563 千
2019 年 2 月第 2 版第 5 次印刷
印数 10 901—12 000

ISBN 978-7-309-07617-2/F·1641
定价：52.00 元

如有印装质量问题，请向复旦大学出版社有限公司出版部调换。
版权所有　侵权必究